21世纪应用型本科规划教材

STATISTICS

统计学概论

李刚　曾乐　主编

东北财经大学出版社
Dongbei University of Finance & Economics Press
大连

图书在版编目（CIP）数据

统计学概论/李刚，曾乐主编．—大连：东北财经大学出版社，2023.1

（21世纪应用型本科规划教材）

ISBN 978-7-5654-4713-6

Ⅰ.统…　Ⅱ.①李…②曾…　Ⅲ.统计学-高等学校-教材　Ⅳ.C8

中国版本图书馆CIP数据核字（2022）第235361号

东北财经大学出版社出版

(大连市黑石礁尖山街217号　邮政编码　116025)

网　　址：http：//www.dufep.cn

读者信箱：dufep@dufe.edu.cn

大连雪莲彩印有限公司印刷　　　东北财经大学出版社发行

幅面尺寸：170mm×240mm　字数：362千字　印张：17.25　插页：1

2023年1月第1版　　　2023年1月第1次印刷

责任编辑：田玉海　　　责任校对：孙　平

封面设计：冀贵收　　　版式设计：原　皓

定价：40.00元

前　言

统计学是经管专业的核心课程之一，统计学知识对于经济管理的学习和工作有着基础性的作用，只要有数据的地方就会用到统计。可以说，在信息社会，几乎所有的工作领域都要用到统计方法。作为一种通用的数据处理方法，统计学已经成为学习、生活和工作的一种必备工具。

本书力求既全面介绍统计学的基本思想和方法，又做到简明扼要，以便为学生在后续各个方向上进一步的学习打下坚实的基础。具体来说，本书的主要特点有：（1）注重知识体系的完整性。作为一本入门教材，首要的就是遵循统计研究基本规律，我们对统计调查、统计数据、统计分析等基本的统计知识都安排专门章节进行介绍。（2）注重应用性。理论和实践是需要紧密结合的，本书安排了大量的案例进行阐释，以使学生更为直观地理解有关知识。（3）注重知识的延伸与提高。各章在适当位置安排了各种专栏：有理论的延伸，以引导想深入学习的学生；有实践中的应用，以加强知识的融会贯通；有数据和资料，以便为学习提供帮助。教材是知识的载体，更是育人的载体。高等教育不仅要传授专业技能，还要立德树人。因此，我们在每章设置了“思政课堂”的专栏，以帮助授课教师进行本课程的思政建设，加强教材的立德树人属性。

本书共分9章，具体为：第1章为绪论，第2章介绍统计调查，第3章介绍统计数据，第4章进一步介绍数据的分布特征，第5章介绍抽样分布与参数统计，第6章介绍抽样分布和参数估计，第7章介绍相关分析与回归分析，第8章介绍时间序列分析与预测，第9章介绍指数的基本知识。

为方便教师授课，本书配有电子课件，请登录东北财经大学出版社网站“www.dufep.cn”免费注册下载。

本书受教育部高校“双带头人”教师党支部书记工作室建设项目和山西工商学院重点建设科研团队建设计划项目资助，在此表示感谢。

本书由李刚、曾乐任主编，各章的编写分工如下：李刚撰写第1、2章，常艳花撰写第3、4、7章，王丽英撰写第5章，曾乐撰写第6、8、9章。李刚最后总纂定稿。

在编写过程中，作者参考了大量文献，在此表示感谢。由于作者水平有限以及时间紧迫，不当之处请读者多提宝贵意见，以便我们不断完善。

编　者

2023年元月

目　录

第1章　绪　论

学习目标

- 了解统计的含义；
- 理解统计学的含义；
- 明确统计学的研究对象；
- 掌握统计研究的基本方法；
- 了解统计学学习与研究常使用的软件。

1.1　统计与统计学

统计是人们日常工作、学习和生活中经常能遇到的实践活动，小到一个家庭计算自家一年收入有多少，大到一国调查有多少人口、核算全国一年生产了多少物质财富，都是统计。统计学是一门关于数据收集、处理、分析和解释的理论与方法的科学。

1.1.1　统计的含义

要学习统计学，首先要了解什么是统计。

统计一词源自中世纪拉丁语“status”，意思是各种现象的状态和状况。由这一词根组成的意大利语“stato”，意思为国家，是一国的国家结构和国情知识的总称，英语中的国家“state”即来源于此。统计最早作为学名使用是在1749年，德国哥丁根大学政治学教授阿亨瓦尔（G. Achenwall）将课程“国势学”定名为“statistik”（统计）。此后，各国相继沿用统计一词，并将其译为自己的文字，如英国将其译为“statistics”。至此，统计一词成为记述国家和社会发展状况数量关系的总称。

具体来说，人们日常所说的统计实际上有三层含义，即统计资料、统计工作、统计学。例如，下级政府向上级政府报送的经济产值报表，就是统计资料，主要为数据；商场的高管要求销售部门“把上个月各款手机的销售情况报上来”，这属于统计工作；高校开设统计课程，这是指统计学。

统计有广泛的应用前景，比如，在医学界，人们利用统计方法来研究疾病的原因、发展或影响因素，判断药物、疫苗和治疗方法的有效性，如2020年以来媒体上经常能见到的各国对新冠肺炎病例数的统计；在考古界，人们利用统计方法来推断特定文物的历史年代；在心理学界，人们利用统计方法来分析特定刺激的心理效应；在气象学界，人们利用统计方法来预测未来的天气情况；在物理学界，人们利用统计方法对由大量粒子组成的宏观物体的物理性质及宏观规律作出微观解释；在生物学界，人们利用统计方法来研究基因定律；在经济学界，人们利用统计方法来研究股市、经济现状和分析未来走势……

1.统计资料

统计资料是反映大量经济与社会情况的数字资料及有关文字说明。统计资料的主要表现形式有4种：一是以统计表形式提供的统计资料，包括调查表、综合表、图表及文字说明；二是以统计报告形式提供的统计资料，包括统计报告、统计分析研究材料；三是以电讯、磁介质形式提供的统计资料，包括统计表资料和统计报告资料；四是具备一定权威性的官方机构发布的信息，如一国发布的年度国内生产总值数。以数据为核心的统计资料是各类社会主体有关信息的主要组成部分。

2.统计工作

统计工作是关于搜集、整理、分析统计资料以发现问题和探求本质与规律的实践活动。经济统计工作的主要内容是对国民经济和社会发展情况进行调查、整理和分析，提供统计资料，供决策工作使用。

3.统计学

统计学是研究如何搜集、整理和分析大量现象的数量资料并探究其本质和规律的理论和方法，如社会经济统计学、数理统计学。

统计的上述3种含义之间有着密切的关系：统计资料是统计工作的成果，统计学是统计工作的经验总结和理论概括，统计实践是统计学的基础，统计学的丰富和发展推动和提高统计工作。

1.1.2 统计活动的产生与发展

统计作为一种社会实践活动有悠久的历史。人类社会初期的结绳记事，可以被视为最原始的统计。随着社会的形成，统计活动便产生了。随着人类社会的发展和国家管理的需要，统计不断发展和完善。

据记载，中国在夏禹时代（公元前22世纪）分为九州，有人口约1 352万，土地约2 438万公顷。《尚书·禹贡》记述了九州的基本土地情况，这被西方经济学家推崇为“统计学最早的萌芽”。西周建立了较为系统的统计报告制度。战国时，秦《商君书》中提出“强国知十三数，欲强国，不知国十三数，地虽利，民虽众，国愈弱至削”，其中包括粮食储备、人口数量、农业生产资料及自然资源等。秦始皇最早建立了全国规模的人口调查登记制度，东汉进行了全国性土地测量，唐代有了计口授田制度，宋、明有田亩鱼鳞册等。

在西方，公元前3050年，埃及为了建造金字塔和大型农业灌溉系统，曾进行过全国人口和财产调查。公元前15世纪，犹太人出于战争的需要进行了男丁情况的调查。公元前约6世纪，罗马帝国规定每5年进行一次人口、土地、牲畜和家奴的调查，并以财产总额作为划分贫富等级和征丁课税的依据。

工业革命以后，17世纪至18世纪，资本主义开始发展，人口、工业和农业的"国情普查"逐渐形成制度，商业、工业、农业、海关、外贸、物价等方面的统计都得到发展。19世纪中叶之后，数学，特别是古典概率的引入，使统计活动有了很大飞跃。20世纪30年代，各国普遍采用了随机抽样的方法。20世纪40年代，电子计算机的应用不仅提高了统计数据处理的效率和准确性，更为数据的积累、存储、更新、检索、加工、自动化处理提供了技术基础。20世纪50年代，以国民经济为整体的统计研究方法（国民经济账户体系及投入产出法）的推广应用，大大提高了统计的认识能力。

从东西方的实践来看，宏观的统计是因国家管理社会的需要而产生的活动。与此同时，家庭、作坊、农场、地主等经济与社会的主体也有简单的统计自身各种要素的活动。

1.1.3　统计学的含义

1.统计学的产生与发展

工业文明之前，生产的落后限制了统计实践活动和统计科学的发展。资本主义兴起后，特别是现代化大生产开始后，统计活动和统计科学获得大发展。统计学是统计实践活动的经验总结和理论概括。统计的起源可以追溯至原始社会，但统计学正式成为一门科学却只有300多年的历史。从统计学发展的过程来看，可以将其划分为古典、近代和现代3个时期。

（1）古典统计学。

古典统计学时期是指17世纪中叶至18世纪中叶的统计学萌芽时期，其代表学派有国势学派和政治算术学派。

国势学派也称记述学派，产生于17世纪的德国，创始人是17世纪中叶德国的康令（H.Conring，1606—1681），他在西尔姆斯特大学开设"国势学"课程，其内容是分门别类记述包括土地、人口、立宪、社会秩序、行政、财政等的"国家显著事项"。阿亨瓦尔是国势学派的主要继承人，他在《近代欧洲各国国势学论》中首先使用"统计学"这个名称。该学派的特点是以文字记述为主，但并未把数量分析作为基本特征。

国势学派在进行国势比较分析中，偏重用文字描述事物性质，而不注重数量对比和数量计算，因而相对于后人所认知的统计学有"实不符名"的缺陷，但却为统计学的发展奠定了经济理论基础。

政治算术学派产生于17世纪的英国，代表人物是英国的威廉·配第（William Petty，1623—1687），他的代表著作《政治算术》的问世，标志着古典政治经济学的产生，也标志着统计学的诞生。这本书运用数量分析的方法对比英、法、荷三国的“财富和力量”，以批驳英国当时的悲观论断。他的“用数字、重量和尺度来表达自己想说的问题”的观点，奠定了统计学的方法论基础。马克思评价他是“政治经济学之父，在某种程度上也可以说是统计学的创始人”。约翰·格朗特的代表作为《关于死亡表的自然观察和政治观察》，书中运用大量观察的方法，对伦敦人口的出生率、死亡率、性别比例和发展趋势做了分类计算和预测；并且该书第一次编制了初具革命性的“生命表”，对年龄、性别、死亡率及人口寿命作了具体分析，他被后人称为“人口统计之父”。

由于政治算术学派运用大量观察法、分类分析法和对比分析法来综合研究社会经济问题，因此被认为是虽无统计学之名、但有统计学之实的学派。

政治算术学派与国势学派同时并存，相互影响，两派之间有许多共同点，诸如都是以社会经济现象作为研究对象，以实际调查资料为根据，以反映基本国情、国力为主要目的。两派的主要区别在于是以定量分析为主还是以定性分析为主。为了谁是统计学的正统，双方进行了长达百年之久的争论，直到1850年，德国统计学家克尼斯（K.G.A.Knies）发表了《独立科学的统计学》一文，主张国势学和统计学的科学分工，从此，统计学具有数量特征的论点被确立下来。

（2）近代统计学。

近代统计学时期是指18世纪末至19世纪末这一时期，代表学派有数理统计学派和社会统计学派。这一时期的代表性事件是大数定律和概率论被引入统计学。之后，最小平方法、误差理论和正态分布理论等相继成为统计学的重要内容。

数理统计学派产生于19世纪中叶，创始人是比利时的统计学家凯特勒（A. Quetele，1796—1874），他的代表作是《社会物理学》，书中论述了社会生活中随机现象也具有必然的规律性，可以根据概率计算规律的存在形式。凯特勒对统计学发展的最大贡献，就是把古典概率引入统计学，他因此被称为“现代统计学之父”。随着概率论研究方法在各个领域应用的迅速发展，数理统计学又逐渐形成两个分支，早期着重于现象总体数量特征的描述和比较，这称为描述统计学，以皮尔逊（K.Pearson，1857—1936）为代表。到了20世纪20年代，大工业的发展对产品质量检验问题提出了新的要求，即只抽取少量产品作为样本对全部产品的质量好坏作出推断。因为大批量产品要做全面的检验，既费时、费钱，又费人力，加之有些产品的质量检验要做破坏性检验，全部检验已不可能。为了适应实际需要，统计方法发展到以随机样本为基础推断有关总体数量特征的方法，这被称为推断统计学，其创始人是费希尔（R.A.Fisher，1880—1962）。

社会经济统计学产生于19世纪末，是在马克思主义奠基人广泛使用统计方法进行资本主义的经济分析过程中，逐步建立并发展起来的，它适应社会主义建设的需要。列宁强调，社会经济统计是认识社会的有力武器。

数理统计学派与社会统计学派也同样并存，争论了百年之久。在早期，由于数理统计学派尚未充分发展，社会统计学派在欧洲占有优势地位，对世界各国都有很大的影响。随着数理统计理论的不断发展，其应用领域也不断扩大，数理统计学派开始在国际统计学界占据优势地位，但总的来说，二者出现了融合趋势。

（3）现代统计学。

19世纪末至今，是现代统计学时期。这一时期的显著特点是数理统计学由于同自然科学、工程技术科学紧密结合及被广泛应用于各个领域而获得迅速发展，各种新的统计理论与方法，尤其是推断统计理论与方法得以大量涌现，如英国统计学家卡尔·皮尔逊的卡方分布理论，戈赛特（W.S.Gosset，1876—1937）的小样本t分布理论，费希尔的F分布理论和实验设计方法，波兰统计学家尼曼（J. Neyman，1894—1981）和英国统计学家E.S.皮尔逊（E.S.Pearson，1895—1980）的置信区间估计理论和假设检验理论，以及非参数统计法、序贯抽样法、多元统计分析法、时间数列跟踪预测法等都应运而生，并逐渐成为现代统计学的主要内容。

20世纪50年代以来，统计理论、方法和应用进入了一个全面发展的新阶段。一方面，统计学受计算机科学、信息论、混沌理论、人工智能等现代科学技术的影响，新的研究领域层出不穷，如多元统计分析、现代时间序列分析、贝叶斯统计、非参数统计、线性统计模型、探索性数据分析、数据挖掘等。另一方面，统计方法的应用领域不断扩展，几乎所有的科学研究都离不开统计方法。因为不论是自然科学、工程技术、农学、医学、军事科学，还是社会科学都离不开数据，要对数据进行研究和分析就必然用到统计方法。

近年来，随着计算机和互联网技术的发展，大数据学科兴起，统计学的知识体系产生了一定程度的调整，并一度引起热议。就本质来说，统计学是方法论，而大数据则更关注于整个数据价值化的过程，大数据研究不仅需要统计学知识，还需要具备数学知识和计算机知识。从未来的发展趋势来看，一方面统计学会进一步向大数据倾斜，包括目前不少统计学专业的研究生课题，都逐渐开始向大数据方向拓展，另一方面大数据会在发展的初期大量采用统计学相关理论和技术，这也能够提升大数据相关技术的落地应用能力。

2.统计学的定义

总的来说，统计学是搜集、处理、分析数据并得出一定结论的方法论科学。从这个定义来看，统计学的研究内容包括：

（1）数据收集。数据收集是统计工作的基础，只有得到数据才能进行研究。要想在实践中找到我们需要的数据，就要使用一定的统计调查方法。

（2）数据处理。数据搜集上来以后，还要进行必要的处理，比如将数据用图表的形式展示出来，使数据更加直观、清晰和易读。对于大多数人来说，掌握一些必要的数据处理方法是十分有用的。

（3）数据分析。数据分析是指运用统计方法对有关数据进行处理，并从数据中提取出有效信息的过程。如何正确选择和运用有关统计方法对于数据分析至关重要。恰当的数据分析方法可以使人们准确地描述和推断数据所表达的信息，并从数据中得出想要的结论。

在我国的统计学界，曾长期存在社会经济统计学和数理统计学的学派。1992年，国家技术监督局公布学科分类目录，首次将统计学从经济学中独立出来，成为与经济学、数学并列的一级学科。1998年，国家教委将本科专业目录中的统计学归入理学门类，上升为与经济学、数学等并列的学科。2010年，国务院学位委员会进行研究生专业目录调整，将统计学提升为一级学科，可授理学学位，也可授经济学学位。2022年发布的《研究生教育学科专业目录》中，分别在经济学门类下设有“应用统计”和在理学门类下设“统计学（可授理学、经济学学位）”的一级学科。

3.统计学的性质

通过前面统计学的定义可知，统计学是一门方法论科学，它研究如何收集数据、整理数据并分析数据，以便从中作出正确推断，这是统计学的性质。首先，统计学的研究目的是揭示客观事物的规律性；其次，为了达到这个目的，需要运用各种统计方法。因此，统计学是认识客观事物的方法论科学。

数学和统计学都是研究数量关系的科学，它们之间有一定的联系。一方面，数学以抽象的概念和方法研究各种数量关系和空间形式，而统计学则是对客观现象在质和量的相互联系中研究数量方面，揭示数量变动的规律，这是它们之间的本质不同；另一方面，数学又为统计学提供大量的计算分析方法，尤其是数理统计不仅用于研究社会经济现象，也可用于研究自然技术现象。工业产品、农副产品的抽样调查、生产过程的检验和控制等就是数理统计方法在社会经济领域中的应用。

统计学在研究客观现象的数量特征和数量关系时，必然要以相关科学的基本理论和基本知识为指导，如经济学、社会学、物理学、生物学、心理学等。而且，统计学的基本理论在各个领域中的应用形成了各种专门统计学，如经济统计学、人口统计学、科技统计学、金融统计学、经营统计学、心理统计学等。统计学与相关科学的结合同时也促进了统计理论和方法的发展。

4.统计学的分类

随着统计方法在各个领域的广泛应用，统计学已发展成为具有多个分支学科的学科体系。根据不同的视角，统计学有不同的划分，可分为描述统计学（descriptive statistics）和推断统计学（inferential statistics），还可分为数理统计学和社会经济统计学。

（1）描述统计学与推断统计学。

①描述统计学。

描述统计学研究如何取得反映客观现象的数据，并通过图表形式对所搜集到的数据进行加工、整理和显示，进而通过综合、概括与分析得出反映事物的数量特征和数量关系的统计方法。

例如，2019年女排世界杯结束后，官网发布了各单项技术统计，其中个人得分榜见表1-1。

表1-1　2019年女排世界杯个人得分榜

序号	运动员	总得分	扣球得分	拦网得分	发球得分
1	冈察洛娃（俄罗斯）	209	184	20	5
2	布耶里卡（塞尔维亚）	209	187	13	9
3	马丁内兹（多米尼加）	197	181	13	3
4	朱婷（中国）	178	153	16	9
5	斯洛特耶斯（荷兰）	171	156	13	2
6	石井优希（日本）	170	158	3	9
7	洛伦内（巴西）	161	139	16	6
8	加比（巴西）	159	140	10	9

中国女排队员朱婷的总得分为178分，排名第四，这是她在部分场次轮休的情况下取得的分数。这也说明，要想进一步分析各运动员的得分能力，还要看各人出场的次数、时间，得出其得分的效率，从而可以准确评价运动员的能力。

②推断统计学。

推断统计学是研究如何利用样本数据来推断总体特征的统计方法。它是在对搜集的样本数据进行描述的基础上，对统计总体的未知数量特征作出以概率形式表述的推断。其中，总体是指我们所要研究事物的全体，样本是指从总体中抽取的一部分单位的集合。

比如，要了解消费者对手机的品牌偏好，我们不可能对每个消费者一一进行测试，而只能选取一部分消费者，通过这部分消费者的情况对全体消费者的情况进行推断。这就应用了推断统计学。

描述统计学与推断统计学的划分，反映了数据分析的不同层次。如果我们所处理的数据是一个总体的数据，则可以通过描述统计学认识该总体的数量规律性；如果我们所处理的数据只是总体的一部分，就必须通过推断统计学对总体的数量规律性进行科学的推断。

描述统计学与推断统计学都是统计学的重要组成部分，描述统计学是统计学的基础，推断统计学是统计学的主干。随着数据量的不断增多和统计任务的不断复杂化，统计工作的重心已经从对过去的回顾转移到对现状的分析和对未来的预测上来。在当前情况下，大量的统计工作所搜集的数据是样本数据，因此，推断统计学在统计学中的地位和作用日益增强。当然，这并不意味着描述统计学已经不重要了，事实上，描述统计学在日常工作和生活中一直有大量的应用，而且如果没有描述统计提供有效的样本信息，推断统计也难以进行。

描述统计学与推断统计学的关系可如图1-1所示。

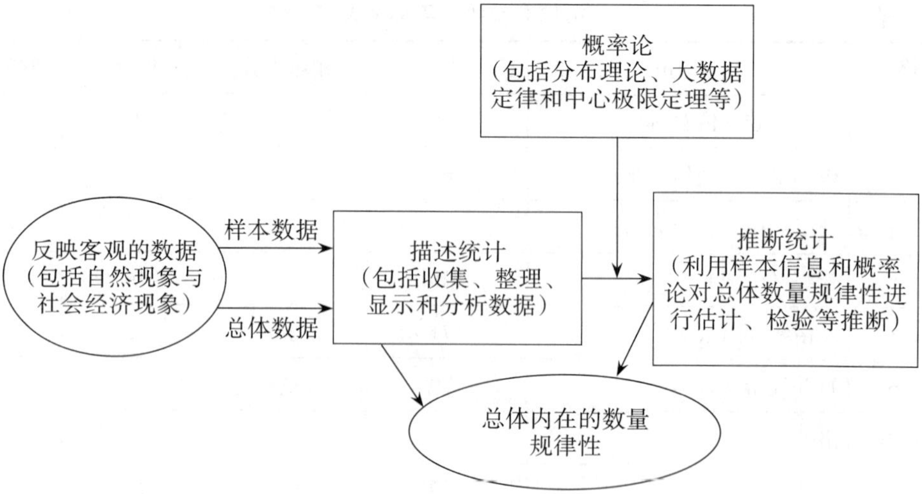

图1-1　描述统计学与推断统计学的关系

（2）数理统计学和社会经济统计学。

①数理统计学。

数理统计学以概率论为理论基础，对受随机因素影响的不确定性现象进行大量的观测或试验，以有效的方法获取样本、提取信息，进而对随机现象的统计规律（如参数、分布、相关性等）作出推断，具有随机性、数量性、总体性等特征。数理统计学运用模型和新技术对通过社会调查收集的数据进行统计分析和处理。

数理统计学需要严格的假设和严密的数学逻辑推理，其处理的数据量巨大，运行程序或算法相当复杂。随着计算机的运用和功能齐全的统计软件的开发，数理统计学研究领域不断扩大，新的方法、新的理论层出不穷。

在一些比较前沿的科技问题以及国民经济问题中，都可以利用数理统计学对这些复杂的重大问题进行预先推断和判断，以此为决策与行动提供可靠的依据和建议，除此之外，对于社会与政府中存在的问题，也可以应用数理统计学对其进行分析和处理。因而，数理统计学是应用十分广泛的基础性学科。

②社会经济统计学。

社会经济统计学是以社会再生产理论为依据，研究国民经济的生产、分配、流通、使用各环节的经济运行和社会发展情况的科学。它有强有力的国家统计信息网络支撑，可为国家准确、及时、全面、系统地掌握国民经济和社会发展情况，对国民经济和社会运行实施有效管理提供咨询服务，是我国应用最广泛的应用统计学。

专栏1-1

中国统计学发展的百年历史

我国的统计学教育是从20世纪初的清朝末年开始的，1902年制定的《钦定京师大学堂章程》规定，在商科大学开设统计学课程。

民国期间，随着我国赴欧美留学生人数的增长，越来越多的欧美统计学著作与教材被翻译介绍过来，成为大学中使用的主要教材。当时所教授的统计方法并非只就某一专门学科而言，而是兼收并蓄了经济、商业、教育、心理、生物、生命等各种统计方法。

中华人民共和国成立前，我国多数大学中的统计学是作为方法课程在理、工、农、医、商学、社会学等学科专业开设的。我国最早设立统计学系的大学是重庆大学和复旦大学。重庆大学1937年建立了会计统计系，复旦大学1938年在商学院下设了统计学系。

中华人民共和国成立后，我国受到苏联的较大影响，将统计学一分为二，即数学中的概率论和数理统计与社会科学中的社会经济统计。在动荡的年代里，统计学受到较大的干扰，发展缓慢甚至停滞。

1977年恢复高考后，统计学专业和统计教育得以恢复。1977年，厦门大学、天津财经学院、东北财经学院、山西财经学院和北京经济学院的统计学专业（属经济学类）首批恢复招生。1983年7月，教育部首次批准在华东师范大学、复旦大学、南开大学设立数理统计（属数学类）专业，当年招生。

随着社会对统计学和统计人才需求的不断提升，统计学得到了快速发展。

1992年，国家技术监督局公布学科分类目录，首次将统计学从经济学中独立出来，成为与经济学、数学并列的一级学科。1998年，当时的国家教委将本科专业目录中的统计学归入理学门类，上升为与经济学、数学等并列的学科。2010年，国务院学位委员会进行研究生专业目录调整，将统计学提升为一级学科，可授理学学位，也可授经济学学位。此外，在我国还有一个“流行病与卫生统计”专业，可授医学学位。

不论是本科生还是研究生的培养，改革开放以来，统计学教育都取得了长足的进步。以中国人民大学本科生招生志愿和录取分数为例，1980—1990年统计学专业录取的第一志愿学生很少，很多是服从分配的，入学平均分数在各专业中也是中等水平。进入新世纪以来，统计学专业录取的生源质量越来越好，现在基本都是校内第一志愿，录取的平均分数在学校60多个专业中名列前5，特别是二、三年级转专业时统计学已成为学生最愿意选择的专业之一。学生的毕业去向也很好，本科生一半以上出国继续读研或在国内读研。读研和就业的领域都很广，具有广泛的适应性。

资料来源：袁卫.机遇与挑战——写在统计学成为一级学科之际［J］.统计研究，2011（11）.

1.2 统计学的研究对象和研究方法

1.2.1 统计学的研究对象

统计学的研究对象是客观事物的数量特征和数量关系。数量特征具体指研究对象的规模、水平、结构、比例等；数量关系是指各种平衡关系、依存关系、质量互变的数量界限等。如前所述，统计学是关于数据收集、整理、归纳、分析的方法论科学，因此，统计学的目的是探索数据的内在数量规律性。

社会经济统计研究社会经济现象，包括社会的政治、经济、文化、人民生活等领域的各种现象。比如，国民财富与资产、人口与劳动力资源、生产与消费、财政与金融、教育与科技发展状况、城乡人民物质文化生活水平等。通过对这些基本的社会经济现象的数量方面的认识，来了解整个社会的基本经济状况。

统计学的研究对象有如下几个基本特征：

（1）数量性。

事物有质和量两个方面的属性，从数量上认识事物的性质和规律，是统计研究的基本工作。统计运用科学方法收集、整理、分析反映现象特征的数据，并通过统计指标反映现象的规模、水平、比例、速率及变动规律。认识事物的数量，是研究事物质的表现的前提和基础。社会经济统计研究的目的是通过数据认识社会经济发展变化的过程和规律，提高社会经济管理水平。

（2）总体性。

统计研究是要对大量同类事物构成的总体进行综合研究，通过统计调查取得数据，然后加以综合汇总，得出反映现象总体的数量特征，展现研究对象变化的规律。个别事物有很大的偶然性，大量事物具有共性，统计学正是要从大量的客观事物中找出其共性，即规律性。例如，中国第一至第七次人口普查数分别为5.74亿、7.23亿、10.08亿、11.34亿、12.95亿、13.71亿、14.12亿，简单来看，人口数呈现逐渐增长、增长速度逐渐降低的特点。

（3）具体性。

统计研究的数量是事物在具体时间、具体地点、具体情况下所表现的数量，具体性就是指在时间、地点、条件三方面有着明确的规定性。当条件改变时，数量就发生改变，意义也不再相同。统计上的数量、数字有着特定的含义，这是统计学有别于数学的根本特征。

1.2.2 统计学的研究方法

统计学作为一门方法论科学，具有自己丰富的方法体系。具体的统计研究方法有很多，从总体看，其基本研究方法有以下几种：

1.大量观察法

大量观察法是统计活动收集数据阶段的基本方法，是指对研究总体的全部或足够多数单位进行调查并进行综合分析。“大量”的标志不在于总体单位的多少，而在于认识总体的准确程度，只要达到一定准确性的要求，就足够多。之所以采用大量观察法，是因为观察单位本身受诸多因素影响，有必然因素也有偶然因素，有主要因素也有次要因素，错综复杂。只有选择足够多数单位，才能使各种偶然因素有更多的机会相互抵消，从而显示现象稳定特征，体现其本质和规律性。统计学的各种调查方法都属于大量观察法。

2.统计分组法

统计分组法是根据统计研究的需要和现象内在的特点，按一定的标志将总体划分为若干部分的一种统计方法。由于所研究现象本身的复杂性、差异性及多层次性，需要我们对所研究现象进行分组或分类研究，以期在同质的基础上探求不同组或不同类之间的差异性。统计分组在整个统计活动过程中都占有重要地位，具体的分组法有传统分组法、判别分析法和聚类分析法等。

3.综合指标法

综合指标法是指应用统计的综合指标来反映和探究研究对象方法。所谓综合指标，是指用来从总体上反映所研究现象数量特征和数量关系的范畴及数值，常见的有总量指标、相对指标、平均指标和标志变异指标等。综合指标法在统计学尤其是社会经济统计学中占有十分重要的地位，是描述统计学的核心内容。如何最真实客观地记录、描述和反映所研究现象的数量特征和数量关系，是统计指标理论研究的一大课题。实际中运用的统计指标多种多样，概括起来主要有总量指标、相对指标和平均指标。

统计分组和综合指标体现的是质与量的关系，二者相互依存。失去了分组的指标仅仅是个笼统的数量，没有指标的分组，同样不能揭示现象的数量特征。

4.统计推断法

统计推断法是指由个别到一般、由事实到概括的推理方法。在统计研究活动中，所观察的现象往往是部分或有限的单位，而需要判断的总体对象范围却很大，甚至是无限的，这就需要我们根据概率论和样本分布理论，运用参数估计或假设检验的方法，由样本观测数据来推断总体数量特征。这种由样本来推断总体的方法就叫统计推断法。统计推断法已在统计研究的许多领域得到应用，除了最常见的总体指标推断外，统计模型参数的估计和检验、统计预测中原时间序列的估计和检验等，也都属于统计推断的范畴，都存在着误差和置信度的问题。在实践中这是一种有效又经济的方法，是现代统计学的基本方法。

上述各种方法之间是相互联系、互相配合的，共同组成了统计学方法体系。

专栏1-2

大数据时代，统计学还有用吗?

在数据“爆炸”的时代，大数据常常被寄予厚望。到底什么样的数据才算大数据，怎样才能用好大数据，传统统计学还有用武之地吗?

※让大数据区别于数据的，是其海量积累、高增长率和多样性

什么是数据?数据（data）在拉丁文里是“已知”的意思，在英文中的一个解释是“一组事实的集合，从中可以分析出结论”。笼统地说，凡是用某种载体记录下来的、能反映自然界和人类社会某种信息的，就可称之为数据。古人“结绳记事”，打了结的绳子就是数据。步入现代社会，信息的种类和数量越来越丰富，载体也越来越多。数字是数据，文字是数据，图像、音频、视频等都是数据。

什么是大数据呢？量的增多，是人们对大数据的第一个认识。随着科技发展，各个领域的数据量都在迅猛增长。有研究发现，近年来，数字数据的数量每3年多就会翻一番。

大数据区别于数据，还在于数据的多样性。正如高德纳咨询公司研究报告指出的，数据的爆炸是三维的、立体的。所谓的三维，除了指数据量快速增大外，还指数据增长速度的加快，以及数据的多样性，即数据的来源、种类不断增加。

从数据到大数据，不仅是量的积累，更是质的飞跃。海量的、不同来源、不同形式、包含不同信息的数据可以容易地被整合、分析，原本孤立的数据变得互相联通。这使得人们通过数据分析，能发现小数据时代很难发现的新知识，创造新的价值。

通过数据来研究规律、发现规律，贯穿了人类社会发展的始终。人类科学发展史上的不少进步都和数据采集分析直接相关，如现代医学流行病学的开端。伦敦1854年发生了大规模的霍乱，很长时间没有办法控制。一位医师用标点地图的方法研究了当地水井分布和霍乱患者分布之间的关系，发现有一口水井周围，霍乱患病率明显较高，借此找到了霍乱暴发的原因：一口被污染的水井。关闭这口水井之后，霍乱的发病率明显下降。这种方法，充分展示了数据的力量。

从本质上说，许多科学活动都是数据挖掘，不是从预先设定好的理论或者原理出发，通过演绎来研究问题，而是从数据本身出发通过归纳来总结规律。近现代以来，随着我们面临的问题变得越来越复杂，通过演绎的方式来研究问题常常变得很困难。这就使得数据归纳的方法变得越来越重要，数据的重要性也越发凸显出来。

※大数据是非竞争性资源，有助于政府科学决策、商家精准营销

大数据时代，数据的重要作用更加凸显，许多国家都把大数据提升到国家战略的高度。

政府合理利用大数据，引导决策的将是基于实证的事实，政府会更有预见性、更加负责、更加开放。中国古代治国就已经有重视数据的思想，如商鞅提出，“强国知十三数……欲强国，不知国十三数，地虽利，民虽众，国愈弱至削”。大数据时代，循“数”治国将更加有效。小数据时代，政府做决策更多依凭经验和局部数据，难免头痛医头、脚痛医脚。比如，交通堵塞就多修路。大数据时代，政府做决策能够从粗放型转向集约型。路堵了，利用大数据分析，可以得知哪一时间、哪一地段最容易堵，或在这一地段附近多修路，或提前预警引导居民合理安排出行，实现对交通流的最佳配置和控制，改善交通。

对于商家来说，大数据使精准营销成为可能。一个有趣的故事是，沃尔玛超市的“啤酒、尿布”现象。沃尔玛超市分析销售数据时发现，顾客消费单上和尿布一起出现次数最多的商品，竟然是啤酒。跟踪调查后发现，有不少年轻爸爸会在买尿布时，顺便买些啤酒。沃尔玛发现这一规律后，搭配促销啤酒、尿布，销量大幅增加。大数据时代，每个人都会“自发地”提供数据。我们的各种行为，如点击网页、使用手机、刷卡消费、观看电视、坐地铁出行、驾驶汽车，都会生成数据并被记录下来，我们的性别、职业、喜好、消费能力等信息，都会被商家从中挖掘出来，以分析商机。

大数据也将使个人受益。从生物学、医学角度讲，以前生物学家只是通过对单个或几个基因的观察来研究其对生物体的影响，很难发现整体的关联。现在由于技术的发展，可以分析很多，如遗传信息、全体基因的表达量信息、蛋白质族谱信息、全基因组甲基化信息、表观遗传信息等。同时还有个人健康指标、病历、药物反应等数据。如果真能达成生物学上多维多向数据的有机融合，就能够把个人完整地描述出来，从而实现精准医疗的目的。

大数据时代，审核数据的真实性也有了更有效的手段。大数据的特征之一是多样性，不同来源、不同维度的数据之间存在一定的关联度，可以交叉验证。例如，某地的工业产值报告增长了一倍，但用电量和能耗却没有达到相应的程度。这就是数据异常，很容易被系统识别出来。发现异常后，相关部门再进行复核，就能更有针对性地防止、打击数据造假。

数据是一种资源，但数据又跟煤、石油等物质性资源不一样。物质性资源不可再生，你用多了，别人就用少了，因而很难共享。数据可以重复使用、不断产生新的价值。大数据资源的使用是非恶性竞争的，在共享的前提下，更能够制造双赢。从另一个角度来说，数据如果不被融合、联系在一起，也就不能被称为大数据。

※大数据不能被直接拿来使用，统计学依然是数据分析的灵魂

现在社会上有一种流行的说法，认为在大数据时代，“样本=全体”，人们得到的不是抽样数据而是全数据，因而只需要简单地数一数就可以下结论了，复杂的统计学方法可以不再需要了。

在我看来，这种观点非常错误。首先，大数据告知信息但不解释信息。打个比方说，大数据是“原油”而不是“汽油”，不能被直接拿来使用。就像股票市场，即使把所有的数据都公布出来，不懂的人依然不知道数据代表的信息。在大数据时代，统计学依然是数据分析的灵魂。正如加州大学伯克利分校迈克尔·乔丹教授指出的：“没有系统的数据科学作为指导的大数据研究，就如同不利用工程科学的知识来建造桥梁，很多桥梁可能会坍塌，并带来严重的后果。”

其次，全数据的概念本身很难经得起推敲。全数据，顾名思义就是全部数据。这在某些特定的场合对于某些特定的问题而言确实可能实现。比如，要比较清华、北大两校同学整体上数学能力哪个更强，可以收集两校同学高考时的数学成绩作为研究的数据对象。从某种意义上说，这是全数据，但是，并不是说我们有了这个全数据就能很好地回答问题。

一方面，这个数据虽然是全数据，但仍然具有不确定性。入校时的数学成绩并不一定完全代表学生的数学能力。假如让所有学生重新参加一次高考，几乎每个学生都会有一个新的成绩。分别用这两组全数据去做分析，结论就可能发生变化。另一方面，事物在不断地发展和变化，学生入校时的成绩并不能够代表现在的能力。全体学生的高考成绩数据，仅对于那次考试而言是全数据。“全”是有边界的，超出了边界就不再是全知全能了。事物的发展充满了不确定性，而统计学既研究如何从数据中把信息和规律提取出来，找出最优化的方案，也研究如何把数据当中的不确定性量化出来。

所以说，在大数据时代，数据分析的很多根本性问题和小数据时代并没有本质区别。当然，大数据的特点确实对数据分析提出了全新挑战。例如，许多传统统计方法应用到大数据上，巨大计算量和存储量往往使其难以承受；对结构复杂、来源多样的数据，如何建立有效的统计学模型也需要新的探索和尝试。对于新时代的数据科学而言，这些挑战也同时意味着巨大的机遇，有可能会产生新的思想、方法和技术。

资料来源：刘军. 大数据时代，统计学还有用吗？[N]. 人民日报，2015-07-20（12）.

1.2.3 统计软件

统计面对的数据是海量的，在当今的计算机时代，大量的数据处理工作可以借助计算机完成，学会运用统计软件对学习统计学乃至相关的进一步研究非常重要。统计软件有很多，这里我们介绍常见的一些。

1.Excel

Microsoft Excel是微软公司为使用Windows和Apple Macintosh操作系统的电脑编写的一款电子表格软件，是微软办公套装软件的一个重要组成部分，它可以进行各种数据的处理、统计分析和辅助决策操作，广泛应用于管理、统计、财务、金融等众多领域。其界面直观、计算功能出色、图表工具方便实用，加上成功的市场营销，Excel已成为最流行的个人计算机数据处理软件。Excel可以胜任基本的数据整理和统计图表的制作工作，能够实现一些基本的统计分析功能。

2.SPSS

SPSS的全称是“统计产品与服务解决方案”（Statistical Product and Service Solutions），最初软件名称为“社会科学统计软件包”（Solutions Statistical Package for the Social Sciences），随着SPSS产品服务领域的扩大和服务深度的增加，SPSS公司已于2000年正式将英文全称更改为“统计产品与服务解决方案”，这标志着SPSS的战略方向作出重大调整。它是世界上最早采用图形菜单驱动界面的统计软件，最突出的特点就是操作界面极为友好，输出结果美观。它将几乎所有的功能都以统一、规范的界面展现出来，使用Windows的窗口方式展示各种管理和分析数据方法的功能，对话框展示各种功能选择项。用户只要掌握一定的Windows操作技能，粗通统计分析原理，就可以使用该软件从事统计分析工作。2009年7月28日，IBM以

12亿美元现金收购了SPSS，并且将其更名为IBM SPSS。从被IBM收购之后，SPSS的更新都是一年一个版本，于每年的8月中旬推出。该软件在IBM官网上可以查到，网址为“https：//www.ibm.com/products/spss-statistics”。

3.SAS

SAS（Statistical Analysis System）是顶级的专业统计软件，其统计功能非常齐全，供统计专业人员使用，模块化选择，一般需要用SAS语言编程。SAS在国际上被誉为统计分析的标准软件，在各个领域得到广泛应用。与SPSS比较起来，SAS更加专业，需要使用者对所使用的统计方法有清楚的认识，并允许使用者通过输入程序实现更为准确的统计分析。对于非专业人士来说，SAS有一定难度。其官方网址为“http：//www.sas.com”。

4.R软件

R软件是一个免费的、由志愿者管理的统计分析软件，主要特点是功能强大、免费。R语言编程很方便，有各个专业方向统计学家编写的统计软件包。目前R软件是发展最快的软件，受到世界上统计专业人员及师生的欢迎，是网上程序资源更新及时、方法最齐全的软件，是用户量增加最快的统计软件。在R软件主页（http：//www.r-project.org）可以下载安装程序、各种外挂程序和文档。

5.Eviews

Eviews是Econometrics Views的缩写，直译为计量经济学观察，通常称为计量经济学软件包。它的本意是对社会经济关系与经济活动的数量规律，采用计量经济学方法与技术进行“观察”。Eviews是美国QMS公司研制的在Windows下专门从事数据分析、回归分析和预测的工具。使用Eviews可以迅速地从数据中寻找出统计关系，并用得到的关系预测数据的未来值。Eviews的应用范围包括科学实验数据分析与评估、金融分析、宏观经济预测、仿真、销售预测和成本分析等。

6.Statistica

Statistica是由美国俄克拉何马州的StatSoft公司研制的大型专业统计图表分析软件包。Statistica是功能强大而齐全的“傻瓜化”软件。其功能有：基本统计分析（Basic Statistics）、非参数统计分析（Nooparametrics）、方差分析（General ANOVA）、多元回归分析（Multiple Regression）、非线性估计（Nonlinear Estimation）、时间序列预测（Time Series / Forecasting）、聚类分析（Cluster Analysis）、因子分析（Factor Analysis）、典型分析（Canonical Analysis）、多维尺度分析（Multidimensional Scaling）、路径分析（SEPATH）、可靠性/项目分析（Reliability/Item Analysis）、判别分析（Discriminant Analysis）、对数线性分析（Log-linear-analysis）和生存分析（Survival Analysis）。Statistica的图形功能很完备，显示输出的图形细腻美观。StatSoft公司的网址是“http：//www.statsoft.com”。

目前，常用的统计软件都有专门的教材，可供大家在使用有关软件时学习。

1.3 统计学的基本概念

1.3.1 总体与样本

1.总体

所谓总体（population），是指根据一定工作和研究目的确定的所要研究的事物的全体，它是由客观存在的、具有某种共同性质的许多个别事物构成的整体。组成总体的每个个别事物称为个体，也称为总体单位。总体这一名称源自数理统计，在数理统计中称为母体。

总体按照总体单位数量是否有限可以分为有限总体和无限总体两类。有限总体是指总体的范围能够明确确定，即总体所包含的个体数目是有限的、可数的。无限总体是指总体所包含的个体数目是无限的、不可数的。区分有限总体和无限总体，以便于采用不同的统计调查研究方法。

总体有3个基本特点：

（1）同质性。同质性是指构成总体的各个单位具有某一个共同的特征和性质。例如，全国人口普查中，每个人虽然存在许多差异，但共同性质是都是同一国籍。

（2）大量性。大量性是指总体是由许多单位组成的，仅由个别或少数单位不能构成总体。也就是说，构成总体的单位要足够多，这样偶然因素的影响最大程度地降低，从而发现一般性的特征、规律。

（3）差异性。差异性是指构成总体的每一个总体单位除了具有共同的性质外，都有自身的特征。同质性是统计研究的基础，差异性是统计研究的前提，如果没有差异性，那也就没有统计研究的必要了。例如，一碗米饭中，每一个饭粒可以认为几乎完全同质，没有区分和统计的必要。

2.样本

所谓样本（sample），是指从总体中抽取的一部分个体构成的集合，构成样本的单位数目称为样本容量。抽取样本的目的是根据样本的数量特征推断总体的数量特征。几乎所有的统计理论和方法都是建立在样本之上的，而统计实践研究现象的数量方面也总是由样本开始的。这是因为，对总体的每一个个体进行调查，很多时候既不可能也没必要。例如，大选前的调查，不可能把每一位选民都调查到，只要有代表性地把不同年龄、地域、性别、学历、职业等的人抽取到了，就能够得出总的判断。

1.3.2 标志与统计指标

1.标志

标志是说明总体单位所具有的特征的名称，例如，企业的行业类型、资产规模、职工人数、市值，学生的性别、年龄、身高、年级、籍贯等。标志分为品质标志和数量标志。品质标志说明总体单位质的特征，它不能用数值表示。例如，行业的类型、学生的性别和籍贯等不能用数值表示，这样的标志就是品质标志。数量标志说明总体单位量的特征，可以用数值表示。例如，企业的市值、学生的年龄和身高只能用数值表示，这样的标志就是数量标志。

按照表现是否相同，标志又分为不变标志和可变标志。在同一总体内，某一标志的标志表现都相同，即为不变标志。例如，在某届学生这个总体中，届这一标志是不变标志，其标志表现都是该届。在一个总体中至少要存在一个不变标志才能把各单位结合成一个总体，不变标志是总体同质性的反映。可变标志指的是在同一总体内，某一标志的标志表现各不相同。例如，在某届学生这个总体中，各个学院、专业、班级的学生有所不同。可变标志体现的是总体的差异性，是统计的意义所在。

2.统计指标

（1）统计指标的定义。

统计指标，也称指标，是反映总体数量特征的概念和数值，由指标名称和指标数值组成。比如，球队队员的平均身高是185cm，其中，“平均身高”是概念，“185cm”是数值，既有概念又有数值的“平均身高185cm”是指标。

客观事物是错综复杂的，为了更全面地反映总体各方面的情况，有时需要通过多个不同指标来研究总体。这些由反映同一总体多个方面数量特征的、一系列相互联系的指标所组成的体系，被称为指标体系。

（2）统计指标的特点。

统计指标有3个基本特点，即数量性、综合性和具体性。

①数量性。统计指标反映的是现象的数量特征，以数字表现，这是统计指标的基本特征，没有不能用数字表现的统计指标。

②综合性。统计指标既是对同质总体大量个体单位的总计，又是对个体单位标志值差异的综合。

③具体性。任何统计指标都不是抽象的概念和数字，而是反映社会经济现象在具体时间、地点条件下的规模和水平。

（3）指标的类型。

①按所反映特点和内容的不同，统计指标可以分为数量指标和质量指标两类。用来反映事物总规模或总水平的统计指标是数量指标，如人口总数、耕地面积、国内生产总值等。反映事物所处水平的统计指标是质量指标，它表示事物的内涵情况，如利润率、生产率、平均工资等。质量指标是用相对数或平均数表示的，在统计工作中，这类指标通常是以相对指标或平均指标的形式出现。

②按数值表现形式的不同，统计指标可以分为绝对数指标、相对数指标和平均数指标。反映事物总体规模和水平的指标，就是绝对数指标，也称总量指标，如国内生产总值、进出口商品总额等。反映事物内部结构的指标，就是相对数指标，如人均GDP、人均收入、产品合格率、课程及格率等。反映事物一般水平的指标就是平均数指标，如某班平均分数、产品单位成本、商品平均价格等。

③按反映内容的不同，统计指标可以分为数量指标和质量指标。数量指标是指

反映客观现象总体规模和水平的指标，如产量、总产值、工人数等；质量指标是指反映客观现象相对水平或一般水平的指标，如平均工资、合格品率、升学率等。

（4）标志与统计指标的区别和联系。

①标志与统计指标的区别：第一，说明的对象不同。指标是说明总体特征的，而标志是说明总体单位特征的。第二，表现形式不同。统计指标都可以量化，即可用数值表示；而标志却有可用数值表示的数量标志和不能用数值表示的品质标志两种表现形式。

②标志与统计指标的联系：第一，指标数值是由总体单位特征综合而来，它是总体单位属性特征的计数总和或某一数量标志值的总和。第二，统计指标与数量标志之间存在相互变换关系。这一点源于总体和总体单位随研究目的而形成的互换性。

（5）指标体系。

由于事物、研究对象的复杂性，一个统计指标往往只能反映某个方面的特征，要想全面系统地认识总体、描述事物，就要运用统计指标体系。所谓统计指标体系，是指具有某种内在联系的一系列指标所构成的整体。例如，一个工业企业，把产品产量、净产值、劳动生产率、产品合格率、原材料消耗、成本、销售收入、利润等统计指标联系起来，就组成了指标体系，这便于我们全面、准确地评价该企业的生产经营情况。

指标体系按其考核范围不同，可分为宏观指标体系、中观指标体系和微观指标体系；按功能不同，可分为描述性指标体系、评价性指标体系和预警性指标体系；按作用不同，可分为基本统计指标体系和专题统计指标体系。

设计统计指标体系是一项科学性很强的复杂工作，在构建体系时，要遵循科学性、关联性、可操作性等基本原则，还要兼顾指标体系的通用性和稳定性，使指标体系尽可能长时间地服务于统计工作。

1.3.3 差异与变量

1.差异

差异，也称变异，是用来反映总体单位和总体的标志与指标所体现出的差别。例如，标志中的可变标志，因时间、地点、条件不同而反映出数量差异。所有这些呈现出来的各种差异，在统计学上就称为差异、变异。可变的品质标志和可变的数量标志也是统计分组和一系列统计分析和计算的基础。

2.变量

变量是指可变的数量标志和指标，可变的数量标志表现和所有的统计指标的取值均称为变量值。例如，某企业中职工的工资分别为5 000元、6 000元、8 000元……，某班级学生的成绩分别是50分、60分、70分、80分、90分……，这里的工资和成绩都是变量，50、60、70、80、90就是变量的值。变量的具体表现称为变量值。

（1）按数值是否连续，变量分为离散变量和连续变量。

①离散变量。只能取整数的变量称为离散变量，即离散变量的变量值不能为小数。例如，企业的员工人数、机器设备台数、企业数等，都是离散变量。

②连续变量。可以取小数的变量称为连续变量，即连续变量的取值是连续不断的，相邻两值之间可做无限分割。例如，学生的身高、体重；物体的长度、重量；企业的成本、产值、利润等。

（2）按性质的不同，变量分为确定性变量和随机变量。

①确定性变量。确定性变量是指受确定性因素影响的变量，即影响因素是确定的或可人为控制的，变量变化的方向和程度是可以确定的。例如，企业总成本受单位成本和产量两个因素的影响，它是确定性变量。

②随机变量。随机变量是指受随机因素影响的变量，即影响变量值变化的因素是不确定的。例如，农作物产量受土壤、水分、气温、光照、施肥、管理等多种因素的影响，而水分、气温、光照等的变化是无法预知和控制的，因而农作物产量是不确定的随机变量。

1.3.4 参数和统计量

1.参数

参数是总体参数的简称，是用来描述总体数量特征的概括性量度，即总体指标，包括总体均值、总体比例和总体标准差等，通常用希腊字母或大写的英文字母表示，如P、σ。在统计研究中，总体参数往往是未知的，需要进行抽样调查推断得出。

2.统计量

样本统计量简称统计量，是用来描述样本数量特征的概括性量度，即样本平均数、样本比例、样本标准差等，通常用小写英文字母表示，如p、s。在统计研究中，样本统计量是随机变量。除上述统计量外，还有一些是为统计分析而构造的，比如t统计量、F统计量等，其含义将在后续章节介绍。

专栏1-3

统计学专业的就业方向

从所学专业角度，统计学专业的学生就业方向主要是到政府统计部门、经济管理部门，银行、证券公司、保险公司等金融机构以及信息咨询公司等从事研究和教学工作或者到大型企业部门从事数据分析工作。

应用统计学专业的毕业生主要到企业、事业单位和经济、管理部门从事统计调查、统计信息管理、数量分析等开发、应用和管理工作，或在科研、教育部门从事研究和教学工作。

具体来讲，去向主要有升学（攻读学位）；出国留学；金融和保险部门；投资、证券及社会保障机构；市场调研、咨询及信息产业部门；国家统计部门；各类公司等。

【思政课堂】

中华人民共和国统计法

【思政元素】法治思维、法治观念。

《中华人民共和国统计法》于1983年12月8日由第六届全国人民代表大会常务委员会第三次会议通过。1996年5月15日，第八届全国人民代表大会常务委员会第十九次会议通过了《关于修改〈中华人民共和国统计法〉的决定》。2009年6月27日，第十一届全国人民代表大会常务委员会第九次会议再次进行了修订，自2010年1月1日起施行。本法适用于各级人民政府、县级以上人民政府统计机构和有关部门组织实施的统计活动。全文共七章五十条。

第一章　总则

第一条　为了科学、有效地组织统计工作，保障统计资料的真实性、准确性、完整性和及时性，发挥统计在了解国情国力、服务经济社会发展中的重要作用，促进社会主义现代化建设事业发展，制定本法。

第二条　本法适用于各级人民政府、县级以上人民政府统计机构和有关部门组织实施的统计活动。

统计的基本任务是对经济社会发展情况进行统计调查、统计分析，提供统计资料和统计咨询意见，实行统计监督。

第三条　国家建立集中统一的统计系统，实行统一领导、分级负责的统计管理体制。

第四条　国务院和地方各级人民政府、各有关部门应当加强对统计工作的组织领导，为统计工作提供必要的保障。

第五条　国家加强统计科学研究，健全科学的统计指标体系，不断改进统计调查方法，提高统计的科学性。

国家有计划地加强统计信息化建设，推进统计信息搜集、处理、传输、共享、存储技术和统计数据库体系的现代化。

第六条　统计机构和统计人员依照本法规定独立行使统计调查、统计报告、统计监督的职权，不受侵犯。

地方各级人民政府、政府统计机构和有关部门以及各单位的负责人，不得自行修改统计机构和统计人员依法搜集、整理的统计资料，不得以任何方式要求统计机构、统计人员及其他机构、人员伪造、篡改统计资料，不得对依法履行职责或者拒绝、抵制统计违法行为的统计人员打击报复。

第七条　国家机关、企业事业单位和其他组织以及个体工商户和个人等统计调查对象，必须依照本法和国家有关规定，真实、准确、完整、及时地提供统计调查所需的资料，不得提供不真实或者不完整的统计资料，不得迟报、拒报统计资料。

第八条 统计工作应当接受社会公众的监督。任何单位和个人有权检举统计中弄虚作假等违法行为。对检举有功的单位和个人应当给予表彰和奖励。

第九条 统计机构和统计人员对在统计工作中知悉的国家秘密、商业秘密和个人信息，应当予以保密。

第十条 任何单位和个人不得利用虚假统计资料骗取荣誉称号、物质利益或者职务晋升。

第二章 统计调查管理

……

第三章 统计资料的管理和公布

……

第四章 统计机构和统计人员

……

第五章 监督检查

……

第六章 法律责任

……

第七章 附则

……

限于篇幅，本书对第二章至第七章具体内容予以从略，详细法律条文请到国家统计局官网阅读。

资料来源：国家统计局. 中华人民共和国统计法［EB/OL］.［2009-06-29］. http://www.stats.gov.cn/ zjtj/tjfg/tjfl/200906/t20090629_8791.html。

本章小结

人们日常所说的统计有三层含义，即统计资料、统计工作、统计学。①统计资料，是反映大量经济与社会情况的数字资料及有关文字说明。②统计工作，是关于搜集、整理、分析统计资料以发现问题和探求本质与规律的实践活动。③统计学，是研究如何搜集、整理和分析大量现象的数量资料并探究其本质和规律的理论和方法，如社会经济统计学、数理统计学。

根据不同的视角，统计学有不同的划分，可分为描述统计学和推断统计学，还有分为数理统计学和社会经济统计学。

统计学的基本研究方法有：大量观察法、统计分组法、综合指标法、统计推断法。各种方法之间是相互联系、互相配合的，共同组成了统计学方法体系。

统计学的基本概念包括：总体与样本、标志与统计指标、差异与变量、参数和统计量。

总体是指根据一定工作和研究目的确定的所要研究的事物的全体，它是由客观存在的、具有某种共同性质的许多个别事物构成的整体。样本是指从总体中抽取的一部分个体构成的集合，构成样本的单位数目称样本容量。

标志是说明总体单位所具有的特征的名称，分为品质标志和数量标志。统计指标，也称指标，是反映总体数量特征的概念和数值，由指标名称和指标数值组成。统计指标有3个基本特点，即数量性、综合性和具体性。

差异，也称变异，是用来反映总体单位和总体的标志与指标所体现出的差别。变量是指可变的数量标志和指标。

总体参数简称参数，是用来描述总体数量特征的概括性量度，即总体指标，包括总体均值、总体比例和总体标准差等。样本统计量简称统计量，是用来描述样本数量特征的概括性量度，即样本平均数、样本比例、样本标准差等。

第2章　统计调查

学习目标

- 了解统计调查的基本要求；
- 掌握统计调查方案的设计；
- 掌握统计调查方法，能够进行调查问卷设计。

2.1　统计调查概述

2.1.1　统计调查的意义

统计调查是指根据统计研究的目的和要求，设计统计方案，运用调查方法，有目的、有计划地获取统计资料的工作过程。统计调查是统计分析的前提和基础。

统计调查的基本任务是按照所确定的指标体系，通过具体的调查，取得反映社会经济现象总体全部或部分单位以数字资料为主体的信息。这些信息是总体单位有关标志的表现，是经过整理的、系统化的原始资料，或有过初步整理必须进行进一步系统化的次级资料。可以认为，搜集大量的、以数字资料为主体的信息是统计调查不同于一般社会调查的主要特征。

统计调查在统计工作的整个过程中，担负着提供基础资料的任务，所有的统计计算和统计研究都是在统计调查的基础上建立起来的。统计工作的各个环节是紧密衔接、相互依存的。统计调查作为统计工作的基础环节，在调查过程中所得到的原始资料，其质量直接影响最终成果的质量。

只有搞好统计调查，才能保证统计工作达到对于客观事物规律性的认识目标，进而预测未来。从统计工作实践来看，统计调查所得的资料不仅是调查主体制定政策的依据，同时也是检查和监督政策的贯彻执行情况的依据。

2.1.2　统计调查的基本要求

《中华人民共和国统计法》（以下简称《统计法》）第七条规定："国家机关、企业事业单位和其他组织以及个体工商户和个人等统计调查对象，必须依照本法和国家有关规定，真实、准确、完整、及时地提供统计调查所需的资料，不得提供不真实或者不完整的统计资料，不得迟报、拒报统计资料。"由此可知，统计调查要求准确、及时、完整。

1.准确性

准确性是指统计资料必须真实、准确，如实反映所研究对象的客观实际，既不修饰也不渲染，既不能有错误，也不能有遗漏。这是保证统计数据质量的首要因素。

2.及时性

及时性是指对统计工作的时间限制，包括完成调查任务和调查资料的及时上报等，即在统计调查所规定的时间内，按时调查、上报规定的各种统计资料。及时性是最基本的要求，因为过时的资料落在了形势发展的后面，失去时效，犹如“雨后送伞”，没有用处。

3.完整性

完整性是指统计调查取得的资料必须全面完整，不重复、不遗漏，将应该调查的单位及其调查项目的数据毫无遗漏地进行搜集。如果搜集的资料不完整，就不能准确地反映被调查对象的全面情况，会给统计整理和统计分析带来困难，影响到整个统计工作的进度和质量。

2.1.3 统计调查的种类

社会经济现象错综复杂，有很多还处于不断的变化过程中。为获取准确、及时、完整满足需要的统计资料，必须根据调查的目的和调查对象的特点，选择合适的获取统计资料的方式和方法。统计调查，按照不同的分类标准，可以分为不同的方式和方法。

1.按调查的组织方式不同，分为统计报表和专门调查

统计报表是国家统计系统和专业部门为了定期取得系统、全面的统计资料而采用的一种搜集资料的方式。它是按照国家统一规定的调查要求和表格形式，自上而下统一布置、自下而上逐级提供统计资料的一种统计调查方式，目的在于获取反映国家政治、经济、文化等方面的基本统计资料，为进行宏观调控和各相关部门制定政策提供依据。

专门调查是为了解和研究某一特定现象或专门问题而专门组织的统计调查，如人口普查、经济普查、在校贫困大学生状况调查、高校教育质量调查等。专门调查包括普查、抽样调查、重点调查和典型调查等几种调查方式。

2.按调查对象包括的范围不同，分为全面调查和非全面调查

全面调查是对构成调查对象的全部单位进行无一遗漏的调查登记的一种统计调查方式，包括全面统计报表和普查。例如，为全面掌握全国人口的基本情况，每隔十年进行一次的人口普查，就属于全面调查。

非全面调查是对调查对象中的一部分单位进行调查登记的一种统计调查方式，包括非全面统计报表、抽样调查、重点调查和典型调查。例如，为了解城市职工生活情况，而选出一部分职工家庭进行的调查；为了解市场物价变动情况，而选出一部分商品进行的调查。

3.按调查登记的时间是否连续，分为经常性调查和一次性调查

经常性调查又称连续性调查，指随着调查对象情况的变化，随时进行连续不断地登记的一种统计调查方式。例如，对工业企业增加值、产品产量、原材料消耗量等在观察期内连续登记，这些指标的数值变动很大，必须进行经常登记才能满足需要。经常性调查获取的统计资料，能够反映社会经济现象在一定时期内的总量，它一般适用于对时期现象进行调查。

一次性调查又称不连续调查，是指间隔一定时间，一般是相当长的时期，进行的调查登记。例如，土地面积调查、每隔五年进行一次的经济普查、每隔十年进行一次的人口普查、机器设备台数登记等。这些调查对象的指标数值在一定时期内变动不大，不需要进行连续不断的登记，而只需要间隔一定的时间进行登记即可满足需要。一次性调查所获取的资料反映现象在某一时刻（瞬间）的水平，它一般适用于对时点现象进行调查。

专栏2-1

历届人口普查

人口普查（census）是指在国家统一规定的时间内，按照统一的方法、统一的项目、统一的调查表和统一的标准时点，对全国人口普遍地、逐户逐人地进行的一次性调查登记。人口普查工作包括对人口普查资料的搜集、数据汇总、资料评价、分析研究、编辑出版等全部过程，它是当今世界各国广泛采用的搜集人口资料的一种最基本的科学方法，是全国基本人口数据的主要来源。从1949年至今，我国分别在1953年、1964年、1982年、1990年、2000年、2010年与2020年进行过7次全国性人口普查。

1.第一次人口普查

1953年4月3日，中央人民政府政务院颁布《全国第一次人口普查办法》，为准备全国及地方人民代表大会选举，做好选民登记工作，并为国家的经济、文化建设提供确实的人口数字，决定开展全国第一次人口普查。普查登记的标准时间为：1953年6月30日24时。

1954年11月1日，国家统计局发表了《关于全国人口普查登记结果的公报》，公布了这次普查的主要数字：全国在1953年6月30日24时总人口为601 938 035人，其中直接调查的人口为574 205 940人，用其他办法间接调查到的人口为27 732 095人。

2.第二次人口普查

1964年人口普查是我国第二次全国人口普查。中共中央和国务院于1964年2月11日颁布了《关于进行第二次全国人口普查工作的指示》，明确指出，这次普查的目的是为制定第三个五年计划（1966—1970年）和长远规划提供依据。全国人口登记计算的标准时间为1964年6月30日24时。普查项目除保留第一次普查的六个项目外，还新增了文化程度、本人成分、职业三项，后两项不作汇总。同时，要求对1964年上半年出生、死亡、迁出、迁入的人口进行核对和登记。1964

年人口普查数字当时没有公布。1981年第5期《统计》杂志上刊载了国家统计局提供的《第二次全国人口普查结果的九项主要统计数据》。普查结果为：1964年6月30日24时，全国人口为720 370 269人，28个省、自治区、直辖市为694 581 759人（不包括台湾省人口、港澳同胞和国外华侨）。

3.第三次人口普查

中共中央和国务院于1982年2月19日颁布了《第三次人口普查办法》，共28条，规定1982年7月1日零时为全国人口普查的标准时间。

普查项目共19项，按人填报的项目有姓名、与户主关系、性别、年龄、民族、常住人口的户口登记状况、文化程度、职业、不在业人口状况、婚姻状况、生育子女数和存活子女总数、1981年生育胎次等13项，按户填写的有户的类别（家庭户或集体户）、本户住址、本户人数、本户1981年出生人数、本户1981年死亡人数和有常住户口已外出1年以上的人数等6项。第三次人口普查结果主要数据是，1982年7月1日零时全国人口为1 031 882 511人，其中大陆29个省、自治区、直辖市（不包括福建省的金门、马祖等岛屿）的人口和现役军人共1 008 175 288人。

4.第四次人口普查

1990年人口普查是我国第四次人口普查。国务院于1989年5月9日发出了《关于进行第四次全国人口普查的通知》。1989年10月25日，国务院颁布了《第四次人口普查办法》，共33条。全国人口普查登记的标准时间为1990年7月1日零时。

普查表有21项，其中：按人填报项目为15项，即姓名、与户主关系、性别、年龄、民族、户口状况和性质、1985年7月1日常住地状况、迁来本地的原因、文化程度、在业人口的行业、在业人口的职业、不在业人口状况、婚姻状况、妇女生育、存活子女数、1989年1月1日以来的生育状况；按户填报的有6项，即本户编号、户别、本户人数、本户出生人数、本户死亡人数、本户户籍人口中离开本县市1年以上的人数。第四次人口普查的主要数据是，1990年7月1日全国人口为1 160 017 381人，其中大陆30个省、自治区、直辖市（不包括福建省的金门、马祖等岛屿）和现役军人共1 133 682 501人。

5.第五次人口普查

2000年人口普查是我国第五次人口普查。国务院于1998年6月17日发出了《关于进行第五次全国人口普查的通知》。2000年1月25日，国务院颁布了《第五次人口普查办法》，共46条。全国人口普查登记的标准时间为2000年11月1日零时。普查表有49项，其中：按人填报项目为26项，即姓名、与户主关系、年龄、民族、户口登记状况、户口性质、出生地、何时来本乡镇街道居住、从何地来本乡镇街道居住、迁出地类型、迁移原因；5岁及以上的人填5年前常住地；6岁及以上的人填是否识字、受教育程度、学业完成情况；15岁及以上的人填是否有工作、工作时间、行业、职业、未工作情况、未工作者主要生活来源、婚姻状况、初婚年月；15～50岁妇女填生育子女数、1999.11.1—2000.10.31生育状况。按户填报的有23项，即户编号、户别、本户普查登记人数、本户户籍人口中外出不满半年人数、本户户籍人口中外出半年以上人数、暂住本乡镇街道离开户口登记地不满半年人数、本户1999.11.1—2000.10.31出生人数、本户1999.11.1—2000.10.31死亡人数、本户住房间数、本户住房建筑面积、住房用途、本住房中是否有其他合住户、住房建成时间、建筑层数、住宅外墙墙体材料、住房内有无厨房、主要炊事燃料、是否饮用自来水、住房内有无洗澡设备、住房内有无厕所、住房来源、购建住房费用、月租房费用。

2001年3月28日，国家统计局发布第五次人口普查的主要数据，2000年11月1日全国人口为129 533万人，其中大陆31个省、自治区、直辖市（不包括福建省的金门、马祖等岛屿）和现役军人共126 583万人。

6.第六次人口普查

中国政府网2009年5月6日公布了《国务院关于开展第六次全国人口普查的通知》。通知指出，根据国家普查项目和周期安排的有关规定，国务院决定于2010年开展第六次全国人口普查。第六次全国人口普查的标准时点为于2010年11月1日零时。

此次普查的主要目的是查清10年来我国人口在数量、结构、分布和居住环境等方面的变化情况，为实施可持续发展战略、构建社会主义和谐社会提供科学准确的统计信息支持。人口普查主要调查人口和住户的基本情况，内容包括：姓名、性别、年龄、民族、受教育程度、行业、职业、迁移流动、社会保障、婚姻生育、死亡、住房情况等。

2011年4月28日，国家统计局发布第六次人口普查的主要数据，全国总人口为1 370 536 875人。其中：普查登记的大陆31个省、自治区、直辖市和现役军人的人口共1 339 724 852人，香港特别行政区人口为7 097 600人，澳门特别行政区人口为552 300人，台湾省人口为23 162 123人。

7.第七次人口普查

第七次全国人口普查的标准时点是2020年11月1日零时，彻查人口出生变动情况以及房屋情况。普查对象是普查标准时点在中华人民共和国境内的自然人以及在中华人民共和国境外但未定居的中国公民，不包括在中华人民共和国境内短期停留的境外人员。普查主要调查人口和住户的基本情况，内容包括：姓名、居民身份证号码、性别、年龄、民族、受教育程度、行业、职业、迁移流动、婚姻生育、死亡、住房情况等。2021年5月11日，国家统计局、国务院第七次全国人口普查领导小组办公室发布第七次人口普查的主要数据，全国共14.1178亿人，与2010年第六次人口普查的13.3972亿人相比，增加了7 206万人，增长5.38%，年平均增长率为0.53%，比2000年至2010年的年平均增长率0.57%下降0.04个百分点。数据表明，我国人口最近10年来继续保持低速增长态势。

资料来源：作者整理归纳。

2.2 统计调查方案

统计调查是一项复杂的科学工作，在正式开始之前，必须事先设计一个切实可行、严谨周密的统计资料搜集方案，即统计调查方案，以使整个调查工作能够顺利完成。统计调查方案是指导整个统计调查工作的纲领性文件，是对整个统计调查工作所作的整体规划和具体安排。

一个完整的调查方案一般包括：确定调查目的，明确调查对象和调查单位，确定调查项目，选择调查方式和方法，规定调查地点、时间，以及确定调查的具体措施。

2.2.1 调查目的

调查目的，就是所要达到的具体目标，是统计调查的第一步工作。确定调查目的，就是明确通过调查要解决什么问题，通过调查要取得什么样的资料，调查具有什么样的社会经济意义。调查目的决定调查对象和调查内容。调查目的要明确具体，简明扼要，易于理解和把握。例如，我国2020年第七次全国人口普查的目的与2010年进行的第六次全国人口普查的目的相比就有所不同，见表2-1：

表2-1 **第七次和第六次全国人口普查目的比较**

第七次全国人口普查目的	第六次全国人口普查目的
在中国特色社会主义进入新时代开展重大国情国力调查，全面查清我国人口数量、结构、分布、城乡住房等方面情况，为完善人口发展战略和政策体系，促进人口长期均衡发展，科学制定国民经济和社会发展规划，推动经济高质量发展，开启全面建设社会主义现代化国家新征程，向第二个百年奋斗目标进军，提供科学准确的统计信息支持	查清2000年以来我国人口数量、结构、分布和居住环境等方面的变化情况，为科学制定国民经济和社会发展规划，统筹安排人民的物质和文化生活，实现可持续发展战略，构建社会主义和谐社会，提供真实准确、完整及时的人口统计信息支持

2.2.2 调查对象和调查单位

调查目的确定之后，就要确定向谁调查、由谁来提供统计资料，即调查对象和调查单位。所谓调查对象，就是需要进行调查的那些社会经济现象的总体，它是由性质上相同的许多调查单位组成的。所谓调查单位，是指在某项调查中登记其具体特征的单位，即构成调查对象的每一个基本单位，它是调查项目和标志的承担者或载体，是收集数据的基本单位。例如，调查目的是获取某市中小学教师的工资情况，调查单位就是该市每一位中小学教师。

在确定调查对象和调查单位时，应注意以下3个问题：

（1）调查对象具有一定的复杂性，因此要严格规定调查对象的含义，并指出它与其他有关现象的界限，以免由于界限不清而发生差错。例如，在教师收入情况调查中，就应明确教师的含义，是仅指授课教师，还是包括行政、后勤等所有员工。

（2）调查单位的确定取决于调查目的和对象，调查目的和对象变化了，调查单位也要随之改变。例如，要调查教师本人基本情况时，调查单位就不再是每一所学校，而是每一个教师了。

（3）不同的调查方式会产生不同的调查单位。如果采取普查方式，调查总体内所包含的全部单位都是调查单位；如果采取抽样调查方式，则用各种抽样方法抽出的样本单位是调查单位，为此，要明确地给出具体的抽样设计思路。

需要强调的是，调查单位与填报单位是不同的。填报单位也称报告单位，是负责提供资料的人、企业或组织机构，填报单位一般在行政上、经济上具有一定的独立性。调查单位是调查项目的承担者，可以是人、机构，也可以是物。填报单位和调查单位有时是一致的，例如，在工业企业普查中，每个工业企业既是调查单位又是填报单位，两者是一致的。填报单位有时又是不一致的，例如，调查全市中小学教师工资情况，调查单位为全市的每一名中小学教师，而填报单位则是中小学校。在确定调查对象、调查单位时，需要确定填报单位，这样有利于保证调查工作的有效开展。

明确调查对象和调查单位，目的是要确定向谁进行调查的问题，只有正确确定了调查对象，才能划清所要研究的总体界限，这对保证调查资料的准确性十分重要。

2.2.3 调查项目和调查表

1. 调查项目

调查项目是统计调查的具体内容，也即能说明调查单位的特征，是需要被调查者回答的具体问题，在统计上又称标志。通俗地说，调查项目就是一份在调查过程中应该获得答案的各种问题的清单。调查项目可以是调查单位的数量特征，例如，人的身高、体重、学历，企业的产量、产值、资产、利润等；调查项目也可以是调查单位的性质特征，例如，人的职业、籍贯、性别，企业所属的行业类别等。第七次全国人口普查表短表共有19个项目，而长表须填写的信息更多，增加了本户住房状况和居住人口的经济活动、婚姻生育等情况，共有48个调查项目。

在拟定调查项目时要注意：第一，所选择的项目必须是能取得确切资料的，对于不必要或者虽然需要但没有可能取得资料的项目，就不应该列入。第二，调查的每一个项目应该有确切的含义和统一的解释，以免调查人员或被调查者按照各自不同的理解进行回答，使调查结果无法汇总。第三，各个调查项目相互之间尽可能做到互相联系、彼此衔接，以便从整体上了解现象的相互联系，也便于有关项目相互核对，提高调查资料的质量。

2. 调查表

按照一定的顺序把各个调查项目排列在一定的表格上，就构成了调查表。调查表是统计调查的核心部分。好的调查表，项目要少而精、措词要精练，要使被调查者易填、易答。

调查表是调查方案的核心部分，是统计调查中搜集原始资料的基本工具。调查表的内容一般由表头、表体和表脚三部分组成：（1）表头是调查表的名称，用来说明调查的内容，被调查单位的名称、性质、隶属关系等；（2）表体是调查表的主要部分，内容包括调查的具体项目；（3）表脚又称表外附加，通常由填表人签名、填表日期、填表说明等内容组成。表2–2为第七次全国人口普查表短表。

从形式上划分，调查表可划分为单一表和一览表。单一表是指一张表上只登记一个调查单位的调查资料，可包括较多的调查项目，资料更为丰富、详细，适用于较详细的统计调查。一览表是指在一张表上登记若干个调查单位的调查资料，一目了然，以便于使用者了解总体情况，一般来说，它的调查项目不宜过多。我国的人口普查表采用的就是一览表的形式，在一张调查表上要填写全家每个成员的情况。

2.2.4 调查方式和方法

调查方式和方法是指进行调查的组织方式和调查方法的确定。这主要取决于调查的目的、内容和调查的对象。调查方法是指在调查中所采用的具体调查技术。

制订统计方案时，要确定具体的方式与方法，比如，是普查还是抽查，是抽查1%还是抽查10%、30%等。关于具体的调查方式和方法，请见本章后文的介绍。

从搜集资料的角度看，调查的方法有直接观察法、报告法、采访法、网络法和实验法。

1.直接观察法

直接观察法是由调查人员亲自到现场对调查单位直接查看、测量和计量以取得统计资料的一种调查方法。例如，进行农作物产量调查，调查人员参加抽选样本、收割、脱粒、称重等工作；为了解生猪存栏头数，调查人员亲临养猪场对生猪头数进行清点。直接观察法可以保证所搜集的资料具有较高的准确性，但这种方法需要花费较多的人力、物力和时间。

2.报告法

报告法是指由基层单位以各种原始记录、统计台账和核算资料为基础，按有关规定和隶属关系逐级向上提供统计资料的一种调查方法。我国各地区、各部门、各单位所采用的统计报表，就是通过报告法取得资料。

3.采访法

采访法是由调查人员向被调查者提问，根据被调查者的答复取得调查资料的一种调查方法。它又分为个别访谈法、开调查会法、邮寄调查法、电话调查法和计算机辅助调查法。

表 2-2　　**第七次全国人口普查表短表**

住户项目	每个人都填报的项目（D1—D11）										3周岁及以上（2017年10月31日以前出生）的人填报的项目	15周岁及以上（2005年10月31日以前出生）的人填报的项目
	D1 姓名	D2 与户主关系	D3 公民身份号码	D4 性别	D5 出生年月	D6 民族	D7 普查时点（2020年11月1日零时）居住地	D8 户口登记地	D9 离开户口登记地时间	D10 离开户口登记地时间	D11 受教育程度	D12 是否识字
地址：______省（区、市） ______市（地、州、盟） ______县（市、区、旗） ______乡（镇、街道） ______普查区 ______普查小区 ______户编号		0.户主 1.配偶 2.子女 3.父母 4.岳父母或公婆 5.祖父母 6.媳婿 7.孙子女 8.兄弟姐妹 9.其他	□□□□□ □□ □□□□ □ □□□□ □ □□□□ □	1.男 2.女	出生于： 年 月	族	1.本普查小区 2.本村（居）委会其他普查小区 3.本乡（镇、街道）其他村（居）委会 4.本县（市、区、旗）其他乡（镇、街道） 5.其他县（市、区、旗），请在下面填写地址 ______省（区、市） ______市（地、州、盟） ______县（市、区、旗） 6.香港特别行政区、澳门特别行政区、台湾地区 7.国外	1.本村（居）委会 2.本乡（镇、街道）其他村（居）委会 3.本县（市、区、旗）其他乡（镇、街道） 4.其他县（市、区、旗），请在下面填写地址 ______省（区、市） ______市（地、州、盟） ______县（市、区、旗） 5.户口待定（跳至D11）	1.没有离开户口登记地（跳至D11） 2.不满半年 3.半年以上，不满一年 4.一年以上，不满二年 5.二年以上，不满三年 6.三年以上，不满四年 7.四年以上，不满五年 8.五年以上，不满十年 9.十年以上	0.工作就业 1.学习培训 2.随同离开投亲靠友 3.拆迁/搬家 4.寄挂户口 5.婚姻嫁娶 6.照料孙子女 7.为子女就学 8.养老/康养 9.其他	1.未上过学 2.学前教育 3.小学 4.初中 5.高中 6.大学专科 7.大学本科 8.硕士研究生 9.博士研究生	1.是 2.否

续表

住户项目	每个人都填报的项目（D1—D11）										3周岁及以上（2017年10月31日以前出生）的人填报的项目	15周岁及以上（2005年10月31日以前出生）的人填报的项目
	D1 姓名	D2 与户主关系	D3 公民身份号码	D4 性别	D5 出生年月	D6 民族	D7 普查时点（2020年11月1日零时）居住地	D8 户口登记地	D9 离开户口登记地时间	D10 离开户口登记地时间	D11 受教育程度	D12 是否识字
H1.户别 1.家庭户 2.集体户 H2.本户应登记人数 2020年10月31日晚居住本户的人数___人： 户口在本户，2020年10月31日晚未住本户的人数___人 H3.本户2019年11月1日至2020年10月31日期间的出生人口：男___人 女___人		0.户主 1.配偶 2.子女 3.父母 4.岳父母或公婆 5.祖父母 6.媳婿 7.孙子女 8.兄弟姐妹 9.其他	□□□□□□ □□□□□ □□□□□ □□□□□	1.男 2.女	出生于： 年 月	族	1.本普查小区 2.本村（居）委会其他普查小区 3.本乡（镇、街道）其他村（居）委会 4.本县（市、区、旗）其他乡（镇、街道） 5.其他县（市、区、旗），请在下面填写地址 ______省（区、市） ______市（地、州、盟） ______县（市、区、旗） 6.香港特别行政区、澳门特别行政区、台湾地区 7.国外	1.本村（居）委会 2.本乡（镇、街道）其他村（居）委会 3.本县（市、区、旗）其他乡（镇、街道） 4.其他县（市、区、旗），请在下面填写地址 ______省（区、市） ______市（地、州、盟） ______县（市、区、旗） 5.户口待定（跳至D11）	1.没有离开户口登记地（跳至D11） 2.不满半年 3.半年以上，不满一年 4.一年以上，不满二年 5.二年以上，不满三年 6.三年以上，不满四年 7.四年以上，不满五年 8.五年以上，不满十年 9.十年以上	0.工作就业 1.学习培训 2.随同离开投亲靠友 3.拆迁/搬家 4.寄挂户口 5.婚姻嫁娶 6.照料孙子女 7.为子女就学 8.养老/康养 10.其他	1.未上过学 2.学前教育 3.小学 4.初中 5.高中 6.大学专科 7.大学本科 8.硕士研究生 10.博士研究生	1.是 3.否

续表

住户项目	每个人都填报的项目（D1—D11）										3周岁及以上（2017年10月31日以前出生）的人填报的项目	15周岁及以上（2005年10月31日以前出生）的人填报的项目
	D1 姓名	D2 与户主关系	D3 公民身份号码	D4 性别	D5 出生年月	D6 民族	D7 普查时点（2020年11月1日零时）居住地	D8 户口登记地	D9 离开户口登记地时间	D10 离开户口登记地时间	D11 受教育程度	D12 是否识字
H4.本户2019年11月1日至2020年10月31日期间的出生人口：男___人 女___人 H5.住所类型 1.普通住宅 2.集体住所 3.工作地住所 4.其他住房 5.无住房 （选择2—5的，跳至个人项目。）		0.户主 1.配偶 2.子女 3.父母 4.岳父母或公婆 5.祖父母 6.媳婿 7.孙子女 8.兄弟姐妹 14.其他	□□□□□□ □□□□□ □□□□□ □□□□□	1.男 2.女	出生于： 年 月	族	1.本普查小区 2.本村（居）委会其他普查小区 3.本乡（镇、街道）其他村（居）委会 4.本县（市、区、旗）其他乡（镇、街道） 5.其他县（市、区、旗），请在下面填写地址 ______省（区、市） ______市（地、州、盟） ______县（市、区、旗） 6.香港特别行政区、澳门特别行政区、台湾地区 7.国外	1.本村（居）委会 2.本乡（镇、街道）其他村（居）委会 3.本县（市、区、旗）其他乡（镇、街道） 4.其他县（市、区、旗），请在下面填写地址 ______省（区、市） ______市（地、州、盟） ______县（市、区、旗） 5.户口待定（跳至D11）	1.没有离开户口登记地（跳至D11） 2.不满半年 3.半年以上，不满一年 4.一年以上，不满二年 5.二年以上，不满三年 6.三年以上，不满四年 7.四年以上，不满五年 8.五年以上，不满十年 9.十年以上	0.工作就业 1.学习培训 2.随同离开投亲靠友 3.拆迁/搬家 4.寄挂户口 5.婚姻嫁娶 6.照料孙子女 7.为子女就学 8.养老/康养 13.其他	1.未上过学 2.学前教育 3.小学 4.初中 5.高中 6.大学专科 7.大学本科 8.硕士研究生 13.博士研究生	1.是 6.否

续表

住户项目	每个人都填报的项目（D1—D11）										3周岁及以上（2017年10月31日以前出生）的人填报的项目	15周岁及以上（2005年10月31日以前出生）的人填报的项目
	D1 姓名	D2 与户主关系	D3 公民身份号码	D4 性别	D5 出生年月	D6 民族	D7 普查时点（2020年11月1日零时）居住地	D8 户口登记地	D9 离开户口登记地时间	D10 离开户口登记地时间	D11 受教育程度	D12 是否识字
H6. 本户现住房建筑面积______平方米 H7.本户现住房间数___间		0.户主 1.配偶 2.子女 3.父母 4.岳父母或公婆 5.祖父母 6.媳婿 7.孙子女 8.兄弟姐妹 15.其他	□□□□□□ □□□□□ □□□□□ □□□□□ □	1.男 2.女	出生于： 年 月	族	1.本普查小区 2.本村（居）委会其他普查小区 3.本乡（镇、街道）其他村（居）委会 4.本县（市、区、旗）其他乡（镇、街道） 5.其他县（市、区、旗），请在下面填写地址 ______省（区、市） ______市（地、州、盟） ______县（市、区、旗） 6.香港特别行政区、澳门特别行政区、台湾地区 7.国外	1.本村（居）委会 2.本乡（镇、街道）其他村（居）委会 3.本县（市、区、旗）其他乡（镇、街道） 4.其他县（市、区、旗），请在下面填写地址 ______省（区、市） ______市（地、州、盟） ______县（市、区、旗） 5.户口待定（跳至D11）	1.没有离开户口登记地（跳至D11） 2.不满半年 3.半年以上，不满一年 4.一年以上，不满二年 5.二年以上，不满三年 6.三年以上，不满四年 7.四年以上，不满五年 8.五年以上，不满十年 9.十年以上	0.工作就业 1.学习培训 2.随同离开投亲靠友 3.拆迁/搬家 4.寄挂户口 5.婚姻嫁娶 6.照料孙子女 7.为子女就学 8.养老/康养 15.其他	1.未上过学 2.学前教育 3.小学 4.初中 5.高中 6.大学专科 7.大学本科 8.硕士研究生 15.博士研究生	1.是 8.否

申报人（签字）：　　调查员（签字）：　　本户联系电话：　　填表日期：2020年　月　日

①个别访谈法。个别访谈法就是调查者通过与被调查者直接交谈或逐一询问，从而获取统计资料的调查方法。这种调查方法通过与被调查者接触，能够控制调查过程，获得比较可靠的调查资料。

②开调查会法。开调查会法是调查人员有计划地邀请一部分被调查者集中到调查现场，通过座谈、讨论的方式获得统计资料的调查方法。

③邮寄调查法。邮寄调查是通过邮寄或媒体发布等方式将调查表或问卷送至被调查者手中，由被调查者填写，然后将填写好的调查表或问卷寄回或投放到指定地点的一种搜集统计资料的调查方法。

④计算机辅助调查法。计算机辅助调查法即计算机辅助电话访问，它是由电话、计算机、访问员三种资源组成的访问系统，使用一份由计算机设计的问卷，用电话向被调查者进行询问，以获取统计资料的一种调查方法。这种调查方法的优点是资料的准确度高，获取的速度快；缺点是所花费的费用较高，且对访问员的计算机操作水平要求高。

4.网络法

网络法是调查人员利用互联网与被调查者进行交流，从而获得统计资料的一种调查方法。网络法可以将调查表或问卷直接放在网站上，在规定的时间内由被调查者填写；也可以通过电子邮件方式将调查表或问卷发给被调查者，被调查者填写完成后再通过电子邮件返回。

5.实验法

实验法是指设置专门的现实场景，由调查人员在现场通过亲身体验、观察、访问获取统计资料的一种调查方法。在统计调查中，如通过设置一些场景调查职工的态度、行为等来获取有关资料；让消费者免费试用一些新产品，以得到消费者对新产品看法的资料。

2.2.5　调查地点、时间

1.调查地点

调查地点是指确定登记资料的地点，比如，全国人口普查需要在全国开展调查，某大学学生课余阅读情况只限于在该校进行调查。

由于需要调查的资料和信息不同，因而需要选择不同的地点进行调查，因为不同的地点会有不同的常活动人群。要想取得好的调查效果，就要选择不同的调查地点。如果我们要进行居民生活用品物价调查的话，就应该选择相应的超市和农贸市场，这样才能获得更好的调查效果。

2.调查时间

调查时间包含调查时间和调查期限两方面的内容。

在调查时间方面，如果要调查的是时点资料，就要明确规定调查资料在具体时点上的数值。例如，第七次全国人口普查的时点确定为2020年11月1日零时，该时点的全国人口数是调查想要掌握的数据；如果所调查的是时期资料，就要明确规定调查资料所属时间范围，例如，单位要了解某个月员工的迟到早退情况，就要以月度为限。

2.2.6 调查工作的组织实施计划

为了使调查工作顺利进行，在进行调查之前要制订调查工作组织、实施计划，有关内容主要包括以下几个方面：

（1）确定调查工作的领导机构和办事机构；

（2）确定调查前的准备工作，包括宣传动员、人员培训、文件资料的印发等；

（3）确定调查资料的提供办法；

（4）确定调查经费的预算和开支办法；

（5）确定调查方案的传达布置、试点及其他工作等；

（6）确定规定调查工作的检查、监督方法；

（7）确定公布调查成果的时间等；

（8）组织者认为必要的其他方面安排。

2.3 统计调查组织形式

2.3.1 概况

1.基本含义

统计调查的组织方式是指组织搜集数据信息的方式方法。社会经济现象是复杂多样的，统计调查的目的也是多种多样的，因此，要做好统计工作，就要根据调查的目的和要求及调查对象的特点，选择适当的调查组织形式。组织形式选择得当，则调查工作事半功倍。

在我国，主要的统计调查组织形式有统计报表、普查、抽样调查、重点调查、典型调查等。我国的统计调查方法体系是：以必要的周期性普查为基础，以经常性的抽样调查为主体，同时辅之以全面统计报表、重点调查和科学的统计推算综合运用的统计调查方法体系。

2.分类

统计调查的组织形式多种多样，按不同的标准可分为不同的类别。

按调查的范围，统计调查可分为全面调查和非全面调查。全面调查是对调查对象中所包括的全部单位都进行调查，其主要目的在于取得总体现象的全面系统的指标。例如，要了解全国原煤的产量，就要对全国所有煤矿的煤产量都进行调查登记。非全面调查是对调查对象中的一部分单位进行的调查，以调查对象的一部分资料，来推断总体或反映总体的基本情况。例如，要了解小麦亩产量，不必把每块地都进行测量，抽样测量若干块地即可。

按照调查的登记时间是否连续，统计调查可分为经常性调查和一次性调查。经常性调查是连续性的调查，是指随着研究现象的变化，连续不断地进行调查登记。在进行这种调查时，被研究对象量上的变化都被记录下来，因此所取得的资料体现了现象的发展过程和一段时间内现象发展变化的总量。经常性调查的目的在于获得事物全部发展变化过程和结果的统计资料。一次性调查是指间隔一段较长的时间对事物的变化进行的调查。一次性调查可以根据调查的间隔时间是否相等，分为定期调查和不定期调查。应该明确，一次性调查并不是说对调查对象只做一次调查，以后就不再进行了，是否再进行有关调查要根据研究的需要和可能来确定。例如，中华人民共和国成立以来，分别于1953年、1964年、1982年、1990年、2000年、2010年、2020年进行过7次人口普查。最开始属于不定期的一次性调查。后来，按照《统计法》的规定，1990年以后我国人口普查每隔10年进行一次，这样就成为定期调查。

按照组织形式，统计调查可分为统计报表和专门调查。统计报表制度是指按照国家统一规定的表式和内容，定期地向各级领导机构报送统计资料的一种形式。专门调查是为了研究某些问题，由进行调查的单位专门组织的调查。这种调查，多属于一次性调查，如普查、重点调查、抽样调查、典型调查等。

需要说明的是，统计调查的各种分类不是互相排斥的，而是从不同的角度对同一调查所进行的分类，不同的统计调查的方式，各有其特点和作用，它们之间是相互联系、相互交叉的。例如，普查是一种专门组织的调查，是全面调查，也是一种一次性调查。某些情况下，还可以结合运用其他调查方法，所以统计工作者应该熟悉每一种调查方法。

2.3.2 统计报表

1.统计报表的含义

统计报表是按照国家规定的表格形式、报送程序和报送时间，自下而上提供统计资料的一种调查方式。统计报表为我国宏观经济管理提供了及时、准确的信息。

统计报表制度是指对统计报表内容的一系列规定，以及必须遵守的制度。我国的统计报表制度主要对以下内容进行了规定：报表内容和指标体系、表式、报表的实施范围、报表的报送程序和报送日期、填表说明、统计目录。

统计报表的优点主要有：

第一，基层单位可以利用统计报表的资料，对生产、经营活动进行科学管理。在统计报表涵盖的范围内，基层单位填报的资料，在部门、地区以及全国进行综合汇总。各部门、地区可以由此得到管辖范围内的统计资料，从而得以经常了解本部门、本地区经济和社会发展情况。

第二，统计报表的调查项目相对稳定，而且是定期进行的，有利于经常搜集和积累资料，可以进行动态比较，发现问题，研究经济建设和社会发展变化的规律。

第三，统计报表所反映的基础资料是编制经济和社会发展计划、检查计划执行情况的基本依据。

2.分类

（1）按照报送范围，统计报表可分为全面统计报表和非全面统计报表。

全面统计报表要求调查对象中的每一个单位都填报，例如，中国公路水路交通行业发展统计公报、中国海洋经济统计公报等报表。非全面统计报表只要求调查对象中的一部分单位填报。目前，我国大多数统计报表都要求调查对象全部填写，具有统一性、全面性、周期性、可靠性的特点。

（2）按照报送周期长短，统计报表可分为日报、旬报、月报、季报、半年报、年报等。

除年报外，其他报表一般称为定期报表。日报和旬报可称为进度报表。这些报表不仅反映时间长短的差别，且所包括指标项目的繁简也有所不同。周期短的，要求资料上报迅速，因此项目不能多；周期长一点的，内容就要求全面一些，对指标的要求也可以详细一点。年报具有年度总结性质，指标要求更全面、内容要求更详尽。

（3）按报表内容和实施范围，统计报表可分为国家统计报表、部门统计报表和地方统计报表。

国家统计报表也称国民经济基本统计报表，由国家统计部门统一制发，用以反映全国性的经济和社会基本情况，包括农业、工业、建筑、物资、商业、外贸、劳动工资、财政等方面的最基本的统计资料。部门统计报表是为了适应本部门业务管理需要而制定的专业统计报表，在本系统内实行，用以搜集有关部门的业务技术资料。地方统计报表是针对地区特点而补充规定的地区性统计报表，它是为本地区的计划和管理服务的。

（4）按填报单位，统计报表可分为基层统计报表和综合统计报表。

基层统计报表即由基层企事业单位填报的报表；综合统计报表是由主管部门或统计部门根据基层报表逐级汇总填报的报表。

3.统计报表的资料来源

统计报表的资料来源于基层单位的原始记录。从原始记录到统计报表，中间还要经过统计台账和内部报表。因此，建立和健全原始记录、统计台账和内部统计报表制度，是保证所搜集到的统计资料具有高质量的基础。

（1）原始记录。原始记录是基层单位生产经营活动最初的数字和文字记载，一般用表格形式记录，是未经加工整理的第一手资料。它记录的是基层单位各方面的活动情况，涉及范围广泛，如工业企业中的产品产量记录、员工的出勤记录、资金流水的记录等。它一般由直接参加生产经营活动的人员来完成。

（2）统计台账。统计台账是一种系统积累统计资料的表册。它是用一定的表格形式反映的原始记录资料，分门别类地按时间顺序记录在表册上，使资料系统化。

（3）内部报表。内部报表是根据原始记录和统计台账，经过汇总后编制的一种报表。它是基层单位内部各职能部门和单位领导取得统计资料的一种形式，是实行科学管理、提高经济效益的主要信息来源。

2.3.3　普查

1.普查的含义

普查（general investigation）是指为了某一特定目的而专门组织的一次性全面调查。普查一般是由政府组织的，是一个国家或地区用以掌握国情国力（如人口、经济发展状况）的统计调查方式，目的在于为政府制定社会经济发展战略和方针政策提供依据。另外，普查所取得的资料，还可以为经常性的抽样调查提供抽样框和各种辅助资料，提高抽样调查的效果。

普查在实际应用中有宏观、中观和微观之分。也就是说，并不一定所有的普查都在全国范围内做，也可以在地区或部门范围内做，甚至可以在企业中做。只要是对调查对象的全部单位逐个进行调查，就可称为普查。

普查的组织方式一般有两种：一是通过专门的普查机构进行，如我国的人口普查；二是通过调查对象单位按要求填报调查表汇总进行，如物资库存普查等。《统计法》第六条规定："重大国情国力普查由国务院统一领导，国务院和地方人民政府组织统计机构和有关部门共同实施。"

普查和全面统计报表虽然都是全面调查，但两者是有区别的。统计报表属于经常性调查，报表的内容主要是经常调查的项目；而普查属于一次性调查，主要用于调查有关国情国力的重要情况在一定时点下的状态。有些社会现象不可能也不需要进行经常调查，但又需要掌握比较全面的统计资料，就要进行普查。普查比一般调查规模大，调查内容详细，可以提供完备的统计资料，而统计报表不可能像普查那样提供非常详尽的全面资料。

我国目前的全国性普查请见专栏2-2的归纳和介绍。

专栏2-2

中国现行重大全国性经济与社会普查

中国现行重大全国性经济与社会普查有以下几项：

全国人口普查，每10年进行一次（逢尾数为0的年份进行）。人口普查的对象是在中华人民共和国境内居住的所有自然人。

全国农业普查，每10年进行一次（逢尾数为6的年份进行）。农业普查的对象包括：中华人民共和国境内的农村住户、城镇农业生产经营户、农业生产经营单位、村民委员会、乡镇人民政府。

全国经济普查，每5年进行一次（逢尾数为3、8的年份进行），2003年由于"非典"的特殊原因，第一次全国经济普查延至2004年实施。

全国污染源普查，由环保部门组织实施，每10年进行一次（逢尾数为3、8的年份进行）。2007年进行了第一次全国污染源普查，2017年进行了第二次全国污染源普查。

全国工业普查，每10年进行一次（逢尾数为5的年份）进行。2015年进行的第三次全国工业普查，调查对象为全部工业企业，重点是国有企业、乡镇企业和外商投资企业。

全国第三产业普查，每10年进行一次（逢尾数为3的年份进行）。普查的范围是从事第三产业的所有单位，包括专门从事第三产业的企业、事业和行政单位，如商业、运输、金融、保险、房地产、信息、咨询、科学研究、文化教育单位和行政机关、部队等；第一产业和第二产业企业中附属的第三产业单位；从事第三产业的个体户。

资料来源：作者整理归纳。

2.普查的特点

普查的特点主要有：

（1）普查一般都是周期性的。由于普查涉及面广、调查单位多，在调查过程中需要耗费大量的人力、物力和时间，所以不宜进行连续调查，通常是间隔较长时间组织一次，例如，我国的人口普查每10年进行一次。

（2）普查一般都规定有标准时点。标准时点是指对被调查对象登记时所依据的统一时点。这个时点一经确定，所有调查资料都要反映这一时点上的状况，以避免搜集资料时因情况变动而产生重复登记和遗漏现象。例如，我国第七次人口普查的标准时点是2020年11月1日0时。标准时点一般定在调查对象比较集中、相对变动较小的时间。比如，农业普查的标准时点定为普查年份的1月1日0时，就不宜选择农作物正在生长的季节。

（3）普查是全面调查。普查是全面调查的含义是，数据比较准确，规范化程度高，它能够掌握大量、详细、全面的统计资料。因此，它可以为抽样调查或其他调查提供基本依据。

（4）普查适用对象较窄。普查只能调查一些最基本的、特定的现象，比如，人口普查只能调查人口数量、性别等基本属性的特征。

3.进行普查应遵守的原则

普查是一次性的全面调查，涉及面广，工作量大，需要动员很多人力、物力和财力。根据普查工作的特点，在组织普查时，必须遵守以下几个基本原则：

（1）必须规定统一的时点，即统计资料所属的标准时间，其目的就是尽量避免重复和遗漏。

（2）在普查范围内的各调查单位应同时进行登记，方法步调要保持一致，并力求在尽可能短的时间内完成，以保证资料的准确性和时效性。

（3）普查项目统一规定后，不得任意改变或增减，以便于综合汇总。在时间上，性质相同的普查，历次调查中，项目要尽可能保持相对稳定，以便将历次调查资料进行比较和分析。

2.3.4 重点调查

1.重点调查的含义

重点调查（key-point investigation）是指只在调查对象中选择一部分重点单位

进行调查，借以了解总体基本情况的一种非全面调查。重点单位是指就调查标志而言，其标志值占总体标志总量的大比例的少数单位。通过搜集重点单位的资料，就可以掌握调查对象的基本情况和发展趋势。重点调查的特点是省时、省力，能了解到总体的基本情况。例如，要想了解空调行业情况，对格力和美的等行业前几名企业进行重点调查即可大概了解全国空调生产的基本情况。又如，要了解大豆、棉花等作物的生产情况，只要对相应的主产区进行观察就可以掌握大致的情况。

如果重点调查的重点单位是客观存在的，则调查单位易于确定，它的选择很少受主观因素的影响。重点调查由于调查单位较少，调查的项目和指标可以多一些，了解的情况也可以细一些。重点调查适用于存在重点单位并且调查任务只要求掌握总体的基本情况的调查任务。需要注意的是，并不是所有的调查都可以使用重点调查方法的。

2.重点单位的选择

进行重点调查，关键是要选择好重点单位。重点单位的选择，主要考虑以下几个方面的因素：

第一，重点单位的多少，要根据调查任务而确定。一般来说，选择出的单位应尽可能少些，而其标志值在总体中所占的比重应尽可能大些。其基本标准是所选出的重点单位的标志值，必须能够反映所研究总体的基本情况。

第二，选择重点单位时，要针对不同问题、不同时间来确定。某个单位在某一时期、某一任务下可能是重点单位，在另一时期、另一任务下可能不是重点单位。

第三，选中的单位应是管理健全、统计基础工作较好的单位。

2.3.5 典型调查

1.典型调查的含义

典型调查（typical investigation）是指根据调查的目的和要求，在对研究对象进行全面分析的基础上，有意识地选择部分有代表性的单位进行非全面调查的一种调查方式。典型调查，可以对问题进行深入细致的分析，可以了解事物发生发展的全过程及同各方面的联系，特别是有利于研究新情况、新问题。典型调查还可以弥补全面调查和其他非全面调查的不足。例如，要研究家电企业的经济效益问题，可以在全国家电行业中选择一个或几个经济效益有代表性的企业进行深入细致地调查，以探寻企业经济效益形成的过程、原因和特点。

典型市场调查是认识事物的一种科学的方法，它的理论依据是辩证唯物论的认识论中关于从特殊到一般的原理。毛泽东高度评价这种调查方法，并付诸实践，写了多篇关于农民运动的调查报告。

典型调查的优点在于调查范围小，调查单位少，灵活机动，具体深入，节省人力、财力和时间等。其不足之处在于实际操作中选择真正有代表性的典型单位比较困难，而且容易受人为因素的干扰，从而可能导致调查的结论有一定的倾向性。典型调查的结果一般情况下不宜用于对总体的推断。

2.典型单位的选择

典型单位的选择虽然由调查者确定，但并非随意确定，而是根据调查的目的，参照调查对象和典型单位有关资料和情况确定的。选择典型单位时，要反对主观片面性，确保选中的单位具有充分的代表性和典型意义。例如，为了研究新生事物，就要选择处于萌芽状态的新生事物为典型；为了总结先进经验，就应选择先进典型；为了总结教训，就应选择后进的典型；如果研究总体的一般情况或一般规律，就要选择一般的典型。

2.3.6 抽样调查

抽样调查（sampling investigation）也是一种非全面调查，它是按照随机原则，从被调查对象中抽取一部分单位进行调查，并用以推断总体数量特征的调查方式。例如，酒精的有效消毒作用时间、学生的视力水平调查等。抽样调查是统计学重要的组成内容，事实上，绝大多数统计调查都是抽样调查。

抽样调查是实际工作中应用最广泛的一种调查方式，它具有以下几个特点。

1.经济性

经济性是抽样调查最显著的特点，也是其最突出的特点。想要了解、研究某一研究对象的情况，并不一定要进行全面的调查，通过抽查就能够掌握基本态势、发现存在的问题、作出相应的对策。因此，进行抽样调查可以节省大量人力、物力和费用开支。特别是对于总体范围很大、单位很多、情况很复杂的现象，抽样调查更显优越性。

2.时效性

抽样调查可以迅速、及时地获得所需要的信息，了解有关情况。由于工作量小，调查的准备时间、调查时间、数据处理时间等都可以大大缩减，从而提高数据的时效性。与普查等全面调查相比，抽样调查可以相对更多地进行，随着事物的发生和发展，及时取得有关信息，以弥补普查等全面调查的不足。例如，在两次全国人口普查之间，每年都进行人口数据的抽样调查。

3.准确性

抽样调查的数据质量有时比全面调查更高，准确性并不会因调查对象数量的减少而降低。这是因为，在调查对象数量极其庞大的情况下，全面调查的工作量大、环节多，误差往往很大。而抽样调查由于工作量小，可使各环节的工作做得更细致，误差往往很小。当然，用样本数据去推断总体时，不可避免地会产生推断误差，但这种误差的大小是可以计算并加以控制的，因此抽样调查的准确性有时更高。

4.适应性

抽样调查可以获得更广泛的信息，它适用于各个领域、各种问题的调查。从适用的范围和问题来看，抽样调查可用于调查全面调查能够调查的现象，也能调查全面调查所不能调查的现象，特别适合对一些特殊现象的调查，如产品质量检验、农产品实验、医药的临床试验等。从调查的项目和指标来看，抽样调查内容和指标可以更详细、更深入，能获得更全面、更广泛和更深入的数据。

关于抽样调查的详细内容，将在第5章中进行全面的介绍。

2.4 调查问卷设计

2.4.1 调查问卷的含义

在实际工作中，调查问卷（questionnaire）是统计调查的常用方式，是搜集调查资料的有效方法，对调查方案的设计是调查方案的核心内容。具体来说，调查问卷由一系列问题构成，用于向被调查者了解具体事实或对某一问题的看法。一份好的调查问卷有助于被调查者提供准确、完整的信息，保证调查数据的质量。

调查问卷提供了标准化和统一化的数据收集程序。每个调查者提出同样的问题，每个被调查者面对同样的问题，这样能够保证调查结果的客观性和可比性。

调查问卷提问和答案的内容和形式统一性和标准化，使通过调查问卷进行调查能够使调查研究规范化、使调查研究程序化、使调查研究科学化，科学化是指使用问卷调查可以提高搜集资料的可靠性和分析资料的正确程度。

2.4.2 调查问卷的类型

1.按搜集资料方式，调查问卷可分为访问问卷和邮寄问卷

访问问卷是根据统计调查的目的和要求，将所要调查的内容拟成问题，向被调查者提问，由被调查者回答问题以获取资料的问卷。访问问卷的填写，可通过面谈访问完成，也可通过网络访问等方式完成。具体采用何种方式，视调查对象的特点和调查项目的多少及调查工作难易程度而定。

邮寄问卷是指先将设计好的问卷邮寄给被调查者，然后由被调查者填写并将填写完成的问卷再寄回。邮寄问卷的送交和回收方式很多，如通过邮件递送、通过电子邮件传递、通过网络填写等。

2.按问题提问方式，调查问卷可分为封闭型问题问卷和开放型问题问卷

封闭型问题问卷是在问卷上同时列出问题和各种备选答案，由被调查者在备选答案中选出一项或几项作答。封闭型问题的答案是标准化的，有利于被调查者对问题的理解和回答，也便于调查数据的汇总与整理。封闭型问题对标准化答案的要求高，如果调查的问题较复杂，标准化答案的设计就很困难。调查问卷如果在设计上存在缺陷，被调查者作答的准确性就存在问题，从而影响所采集数据的质量。

开放型问题问卷是指问卷上仅给出问题，问题后不给出备选答案，而是由被调查者根据问题的内容自由表达意见。开放型问题的优点是拟定问题比较容易，对被调查者不限制回答方式、范围，能听取一些好的意见，得到一些新的启发，获取一些调查者易忽略的调查资料。但这种方式下调查结果随意性大，获得的信息多种多样，处理和分析费时费力，容易产生主观问题，另外，由于回答问题比较复杂，被调查者需要花费时间和精力组织语言，因而拒答率会较高或问卷的回收率可能较低。

2.4.3 调查问卷设计的原则

调查问卷是以调查的目的和要求为依据，按照某种理论假设而设计的，由一系列的问题、调查项目和备选答案及填写说明组成，向被调查者搜集统计资料。由于问卷调查通常是由被调查者通过问卷间接地向调查者提供资料，所以调查问卷的设计是否科学合理将直接影响调查资料的真实性、合理性，影响统计调查的质量。

调查问卷的好坏很大程度上与设计原则有关，调查问卷的设计原则主要有：

1. 合理性原则

合理性指的是问卷必须与调查主题紧密相关。问卷体现调查主题其实质是在问卷设计时要重点突出，避免可有可无的问题。

2. 逻辑性原则

问卷的设计要有整体感，整体感要求设计的问题与问题之间具有逻辑性。问题设置紧密相关，能够获得比较完整的信息，被调查者也会感到问题集中、提问有章法。相反，如果问题设置是发散的、问卷就会给人以随意而不是严谨的感觉。

3. 简明性原则

简明性原则主要体现在问卷设计的形式要简洁，调查的内容设计要简明、易懂，调查的时间要短。在满足调查目的的前提下，简明性的问卷容易给被调查者以爽心悦目的感觉，愿意采取合作的态度接受调查，并能够在相对较短的时间内完成问卷的填写。

4. 非诱导性原则

非诱导性指的是问题要设置在中性位置、不进行提示或主观臆断。如果问题设置上有诱导和提示性，就会掩盖事物的真实性。

5. 适用性原则

成功的问卷设计除了考虑紧密结合调查主题与方便调查资料搜集外，还要考虑调查结果容易得出和调查结果有说服力，考虑问卷在调查后的整理与分析工作。

2.4.4 调查问卷的基本结构

不同的调查问卷在具体结构、题型、措辞和版式设计上会有所不同，但一般来讲，一份完整的调查问卷通常由开头部分、主体部分、结尾部分组成。

1. 开头部分

开头部分一般包括问候语、填写说明、问卷编号等。

（1）问候语。

开头部分问候语的目的是让被调查者了解调查的意义，引起被调查者的重视，消除他们的顾虑，激发其参与意识，争取他们的积极合作。问候语通常要说明调查者的身份、调查内容、调查目的和要求、抽样原则和方法、调查结果的使用、保密措施和承诺，并对被调查者的参与表示感谢。问候语要语气亲切、诚恳礼貌、简洁明了，要尽可能争取被调查者的合作，末尾处要对被调查者的参与和合作表示感谢。

下面是一份调查问卷的问候语：

您好！我们是××调查公司，我们正在受托进行一项有关居民对本市网络速度满意程度的调查，目的是了解人们对网络速度问题的看法和意见，以便更好地改善网络的监督管理。您的回答无谓对错，只要真实地反映了您的情况和看法，就达到了本次调查的目的。我们承诺对调查结果严格保密，所以您不必有任何顾虑。请您认真阅读每一个项目，填答问卷，不要遗漏题目。耽误您的宝贵时间，请您谅解，谢谢您的支持与合作！

（2）填写说明。

填写说明是调查者与被调查者填写问卷的指南，包括调查项目的解释、问卷填写方法、填写要求、寄送方式等。这部分内容可以集中放在问卷的前面，也可以分散在各有关问题的前面。举例如下：

填写说明：

请您在所选择答案的题号上画圈。对只允许选择一个答案的问题，只能画一个圈；对可选择多个答案的问题，请在您认为合适的答案上画圈；对注明要求自己填写的项目，请在规定的地方填写。

（3）问卷编号。

有的调查对象较多，问卷上有编号，以便用于后续整理和分析等工作。调查对象少的，问卷则没有必要编号。

2. 主体部分

主体部分是调查问卷的核心内容，也称为调查问卷的正文，它包括了所要调查的全部问题和备选答案。这些问题是调查者所要了解的内容，适用于所有调查对象，并要能容易地回答。

调查问卷的问题通常包括三类：封闭式问题、开放式问题、量表式问题。

（1）封闭式问题。

封闭式问题（closed-ended question）是指事先设计出了各种可能的答案，由被调查者从中进行选择的问题。

二项选择题是最简单的封闭式问题，它要求回答者在两个答案中选择一个，例如：

刚刚过去的“十一”黄金周，您外出旅游了吗？ □是 □否

您认为目前存在通货膨胀吗？ □存在 □不存在

除了像第一个问题这种是非型的问题外，有时候两极之间的答案可能被忽略，如第二个问题，有人的回答或许是“不确定”。因此，很多时候二项选择题需要加上表示“中立”或“不知道”的选项。

多项选择题要求回答者在多个答案中进行选择，答案可以是一个或多个，例如：

您购买手机时主要关注哪些因素？

□品牌 □功能 □价格 □其他

您的年龄属于下面哪个范围？

20岁及以下（ ）　21～30岁（ ）　31～40岁（ ）

41～50岁（ ）　50岁以上（ ）

封闭式问题的突出优点是便于回答，被调查者只需要在给定的答案中进行选择，调查人员不需要过多解释和追问，从而避免了调查人员造成的误差，答案的编码与数据录入也非常简单。但是，封闭式问题对答案的设计要求较高，对于一些复杂的问题，无法把所有的答案都包括进来，如果列出的选项太长，被调查者可能会感到不耐烦或失去兴趣，从而影响调查的质量。因此，如何设计封闭式问题的答案，是调查问卷设计中的一项重要内容。

封闭式问题的答案是选择回答型，所以设计出的答案一定要满足穷尽和互斥的要求。穷尽要求列出问题的所有答案，不能有遗漏，如果无法将所有答案都包括进来，可以增加“其他____”这一选项。互斥要求各答案不能相互重叠或包含。

（2）开放式问题。

开放式问题（open-ended question）是回答者可以自由地用自己的语言来回答或解释有关想法的问题，调查人员不对其进行任何限制。

以下几个问题都属于开放式问题：

您认为未来五年，哪些因素会影响新能源汽车市场？

您认为家用宽带网络有哪几个问题？

您为什么选择某某品牌的手机？

当采用开放式问题时，回答者完全按照自己的思路来回答，不受既定答案的限制，因此能够提供大量的信息，尤其是在一些探索性调研中，往往会有意外的发现。但是，开放式问题的缺点也是比较明显的：首先，开放式问题的回答难度较大。由于没有提供现成的答案，回答者要有一个思考的过程。与封闭式问题相比，开放式问题更容易遭到拒绝，作答时间也会明显增加。其次，开放式问题答案的编码、录入、整理比较困难。

（3）量表式问题。

量表式问题（scaled-response question）是一种特殊的封闭式问题，它采用量表这种测量工具来收集反映态度、想法、动机、意向等主观特征的数据。例如：

您赞成大学生利用课余时间兼职吗？

□ 赞成　□ 基本赞成　□ 无所谓　□ 不赞成

3.结尾部分

结尾部分主要是被调查者的一些个人资料，如性别、年龄、文化程度、职业、收入等。该部分包含的各项问题可使研究者对被调查者进行分类比较分析，如分析男性和女性对某一问题的态度是否存在差异。

设计调查问卷时要注意的问题有：

①问卷设计的过程其实就是将研究主题逐步具体化的过程。因此，在整个问卷

设计之前，应该有总体上的构想，找出与调查主题相关的要素，把主题分解为一个个具体的询问形式供被调查者回答。

②主体问卷是一个多层次的综合性问卷时，通常将差异较大的问题分块设置，从而保证每个问题相对独立，整体问卷的条理也更加清晰。

③主体问卷设计应简明、内容不宜过多、过繁，可提可不提的问题不提；同一问题的备选答案必须具有互斥性，不能模糊不清，以免被调查者难于选择作答。

④问卷题目设计要有针对性，明确被调查人群，适合被调查者身份、必须充分考虑受访人群的文化水平、年龄层次等，措辞上也应该进行相应的调整。只有在这样的细节上综合考虑，才能够达到调查的预期效果。

⑤注意选择合适的调查方式、时间、地点。向处于不同环境条件下的被调查者提出问题并要求回答，必须考虑被调查者配合的可能性，尽可能选择合适的调查方式、时间、地点，最大可能地争取被调查者的合作。

2.4.5 问卷设计的程序

1.明确调查主题和调查项目

问卷设计的第一步是要确定调查的主题，并根据调查的主题确定所需要调查的项目，以取得满足研究需要的信息资料。

根据调查目的，分析调查对象的各种特征，如社会阶层、社会环境、行为规范、观念习俗等社会特征，需求动机、潜在欲望等心理特征，理解能力、文化程度、知识水平等能力特征，以此作为拟定问卷的基础。据此，确定调查地点、时间及对象，确定问卷中的问题。著名美剧《生活大爆炸》中有一个片段，博士Sheldon拿给服务员Penny一份问卷请她作答，然后说了一句很有剧中人物特点的台词：“你别担心看不懂，我是按照高中阅读能力来设计的问题。”这个片段背后的逻辑其实就是被调查者理解调查问题的重要性。

2.进行问卷设计

（1）确定问卷类型。

在明确研究的主题、需要调查的项目和研究对象特征的基础上，就要确定调查方式和问卷类型。不同的调查方式所采用的问卷类型是不同的，研究者应充分考虑各种因素，确定问卷的类型。

（2）确定问题的内容。

问题的内容是将调查的项目以问题的形式进行表达，即确定问卷中具体包括哪些问题，这些问题应询问些什么内容。在确定所包含的问题及问题的内容时，要确保能将所要调查的问题明确地传达给被调查者，以获得真实、准确的答案。

（3）确定问题的形式。

问题的形式主要有：直接性问答题、间接性问答题和假设性问答题；封闭型问题和开放型问题；事实性问答题、行为性问答题、动机性问答题和态度性问答题。

调查者应根据研究的主题和调查的项目作决定。

（4）确定问题的顺序。

问卷问题的排列顺序即问卷的问题结构是否科学合理，直接影响调查资料的质量。因此，对问题的次序必须仔细斟酌，使问卷具有顺序性及逻辑的连续性。从内容上讲，问卷问题的排列顺序，应先易后难，先一般后特殊；从时间或空间上讲，应先近后远，由近及远。除此之外，还应考虑有利于调查资料的后期整理与分析。

3.进行试问试答

调查问卷初步拟定后，可在小范围内进行实地试答，以检查问卷的质量。如试答发现的问题较多，可以进行多轮试问试答，直到满足基本需要。

4.定稿

经过试答修改后的问卷，即可定稿付印，制成正式问卷，用于正式的问卷调查。

【思政课堂】

"没有调查，没有发言权"

【思政元素】红色经典、关于调查的经典论述。

1930年5月，毛泽东为了反对当时红军中存在的教条主义思想，专门写了《反对本本主义》一文，提出"没有调查，没有发言权"的著名论断。"没有调查，没有发言权"，是中国共产党党史上的80句著名口号之一。

毛泽东指出："你对某个问题没有调查，就停止你对某个问题的发言权。""注重调查！""反对瞎说！""中国革命斗争的胜利要靠中国同志了解中国情况。""本本主义"者必须"速速改变保守思想！换取共产党人的进步的斗争思想！到斗争中去！到群众中作实际调查去！"

1931年，他进一步提出："我们的口号是：一、不做调查没有发言权。二、不做正确的调查同样没有发言权。"在《实践论》和《矛盾论》这两部哲学著作中，毛泽东深刻阐明了反对主观主义特别是教条主义、坚持实事求是的重要意义，为调查研究提供了坚实的马克思主义哲学基础，为坚持党的优良传统，深入实际的调查研究提供了重要的理论指导。

这个论断后来成为中国共产党人深入实际，深入群众，形成正确工作方法的行动口号。

这一论断给我们的启示是：

调查研究是从实际出发的中心一环，是尊重客观规律、发挥主观能动性的典型形式。调查研究既是"从物到感觉和思想"的唯物主义认识路线的具体体现，也是发挥人的主观能动性把握客观规律的具体途径，因此是一切从实际出发的根本方法。

调查研究是贯彻实事求是思想路线的必然要求。习近平指出，要了解客观实际，就必须深入群众、深入实践进行调查研究，把客观存在的事实搞清楚，把事物的内部和外部联系弄明白，从中找出能够解决问题、符合群众要求的办法来。没有调查就没有发言权，没有调查也没有决策权。

调查研究大致包括“调查”和“研究”两个环节。“调查”就是在科学的世界观和方法论的指导下，深入实际，努力全面把握客观情况；“研究”就是对调查所获取的客观情况，运用科学的世界观和方法论进行分析综合、抽象概括，从“事”中求“是”，认识事物的本质和规律。

在当代社会，科学技术快速发展，各种信息手段日臻完善，这就要求人们充分利用各种现代化的信息手段进行社会调查，运用媒体、网络、问卷等一切间接手段获取材料，运用经济学、法学、政治学、社会学、统计学等学科的理论和方法分析材料，努力实现定性研究与定量研究的结合。

资料来源：中共中央宣传部理论局. 马克思主义哲学十讲［M］. 北京：学习出版社，2013：30-33.

本章小结

统计调查是统计分析的前提和基础。统计调查要求具有准确性、及时性、完整性。

统计调查，按照不同的分类标准，可以分为不同的方式和方法：(1) 按调查的组织方式不同，分为统计报表和专门调查；(2) 按调查对象包括的范围不同，分为全面调查和非全面调查；(3) 按调查登记的时间是否连续，分为经常性调查和一次性调查。

统计调查是一项复杂的科学工作，在正式开始之前，必须事先设计一个切实可行、严谨周密的统计资料搜集方案，即统计调查方案。一个完整的调查方案一般包括：确定调查目的，明确调查对象和调查单位，确定调查项目，选择调查方式和方法，规定调查地点、时间，以及确定调查的具体措施。

统计调查的组织方式是指组织搜集数据信息的方式方法。统计调查的组织形式多种多样，按不同的标准可分为不同的类别：(1) 按调查的范围可分为全面调查和非全面调查；(2) 按照调查的登记时间是否连续可分为经常性调查和一次性调查；(3) 按照组织形式可分为统计报表和专门调查。

在实际工作中，调查问卷是统计调查的常用方式，是搜集调查资料的有效方法，对调查方案的设计是调查方案的核心内容。调查问卷的类型有：(1) 按搜集资料方式，调查问卷可分为访问问卷和邮寄问卷；(2) 按问题提问方式，调查问卷可分为封闭型问题问卷和开放型问题问卷。

调查问卷的好坏很大程度上与设计原则有关，调查问卷的设计原则主要有：合理性原则、逻辑性原则、简明性原则、非诱导性原则、适用性原则。

一份完整的调查问卷通常由开头部分、主体部分、结尾部分组成。

问卷设计的程序为：明确调查主题和调查项目、进行问卷设计、进行试问试答、定稿。

第3章　统计数据

学习目标

- 了解数据的含义、作用和分类；
- 了解数据处理的内容和目的；
- 理解调查法、观察法、实验法各自的特点；
- 掌握统计分组和分配数列；
- 掌握数据统计的图表制作。

3.1　统计数据概述

3.1.1　统计数据的含义

统计数据是人们对客观事物特征、规模、结构、水平等指标进行测量得到的数值，是对客观现象进行观测、计量的数值结果。比如，对经济活动总量的测量可以得到产值数据。

统计数据能够描述该事物的各种属性。例如，性别、年龄、身高、体重、住址、身份证号码、手机号码等数据，可以描述一个人的基本情况。利用统计数据，还可以评价某个事物在横向和纵向比较中所处的水平。通过对数据进行分析，能够把隐藏在数据中的信息提炼出来，从而找出研究对象的内在规律。例如，在天气预报工作中，通过对云气数量、运动情况的分析，能够对未来的天气进行一定程度的预测，以便人们安排生产和生活。

3.1.2　统计数据的类型

按照不同的标准，可将统计数据分为不同的类型。

1.定性数据和定量数据

定性数据（qualitative data）也称品质数据或质量数据，是表示事物性质、规定事物类别的文字表述型数据，它说明的是事物的品质特征，是不能用数值表示的，通常表现为类别，如性别、民族、经济类型。

定量数据（quantitative data）也称数量数据，是可以准确衡量的数据，它说明的是现象的数量特征，是必须用数值来表现的，如年龄、身高、人数、产量。

定量数据可进一步区分为离散数据（discrete data）和连续数据（continuous

data）。离散数据只能取有限个值，而且其取值都以整数断开，可以一一列举，如“企业数”“职工人数”等；连续数据可以取无穷多个值，其取值是连续不断的，不能一一列举，如“面积”“温度”等。

2. 定类计量数据、定序计量数据、定距计量数据和定比计量数据

定类计量（nominal level of measurement）数据，是指将统计数据按照客观事物的某种属性进行分类或分组。例如，把班级里的学生按性别分为男生和女生两类。在分类时，应遵循穷尽和互斥的原则，即必须保证每一个元素都能归属于某一类别，不能遗漏；同时，每一个元素只能归属于一个类别，不能在其他类别中重复出现。此种数据只反映了事物之间的类别差，具有“=”和“≠”的数学性质。

定序计量（ordinal level measurement）数据，是将统计数据按客观事物的某种顺序进行排列，它是在分类基础之上的排序。例如，学生考试结果按成绩分优、良、及格和不及格；产品质量分为一级品、二级品、三级品和次品。该种数据反映了事物之间的类别顺序，但未测量出类别之间的准确差值，具有“>”和“<”的数学性质。

定距计量（interval level of measurement）数据，是对事物类别和次序之间的差距的确认，这是在排序基础上进行的。这种数据将事物分为不同的类型并排序，可以准确地指出类别的差值，具有“+”和“-”的数学性质。值得注意的是，这种计量没有固定的起点。例如，2035年与2020年之间的时间差是15年（时间的起点并非0年）。

定比计量（ratio level of measurement）数据，就是有固定起点的定距计量。这时，比率是有意义的。例如，两个人的月收入分别是6 000元和9 000元，我们可以用定比计量的方法说明，一个人的收入水平是另一人的1.5倍。但是，若两地的气温分别是20℃和30℃，我们可以采用定距计量的方法说，一地的气温比另一地高10℃，却不能说，一地的气温是另一地的1.5倍，这不是对事物的客观描述。这是因为，定距计量好比是从桌面开始测量高度，而定比计量则是从地面上开始测量高度。此类数据可以进行“+”“-”“×”“÷”运算。

3. 截面数据、时间序列数据和面板数据

按照被描述的事物与时间的关系，可将数据分为截面数据（cross-sectional data）、面板数据（panel data）和时间序列数据（time series data）。

在同一时点所收集的数据为截面数据，也称横截面数据。例如，2022年12月31日沪深股市的收盘数，是在一个时间点上所处的状态，即为截面数据。

在不同时间所收集的数据称为时间序列数据。例如，如2011—2020年中国的GDP数据。

面板数据是时间数据和截面数据综合起来的一种数据。它具有时间和空间两个维度，当这类数据按两个维度排列时，是排在一个平面上，与只有一个维度的数据排在一条线上有着明显的不同，整个表格像一个面板，所以称为“面板数据”。例如，2011—2020年全国各省、自治区、直辖市的GDP数据就是面板数据。

此外，根据不同标准，数据还可分为原始数据和现存数据、观测数据和实验数据等。

3.1.3 大数据

1.大数据的定义

大数据（big data）一般指数据规模极大的数据，一般无法在较短时间内用通用软件工具处理，是对进行决策有用的数据。现在的社会是一个高速发展的社会，科技发达，信息高速流通，人们之间的交流越来越密切，生活也越来越方便，大数据就是高科技时代的产物。

2.大数据的特征

（1）大量。

大数据的特征首先就体现为“大”，即规模大。随着信息技术的高速发展，数据开始爆炸性增长，数据体量从GB级发展到TB级，乃至PB、EB级别。有的观点认为，只有数据体量达到了PB级别以上，才能被称为大数据。需要智能的算法、强大的数据处理平台和新的数据处理技术，来统计、分析、预测和实时处理如此大规模的数据。

专栏3-1

数据的存储单位

数据存储的基本单位是比特，即Bit，该词源自Binary Digit。8个比特是一个字节，即1Byte。数据存储单位依次是：Byte、KB、MB、GB、TB、PB、EB、ZB、YB、BB、NB、DB。它们按照1024（2的10次方）进率来计算：

1 Byte =8 Bit

1 KB = 1 024 Bytes = 8 192 Bit

1 MB = 1 024 KB

1 GB = 1 024 MB

1 TB = 1 024 GB

1 PB = 1 024 TB

1 EB = 1 024 PB

1 ZB = 1 024 EB

1 YB = 1 024 ZB

1 BB = 1 024 YB

1 NB = 1 024 BB

1 DB = 1 024 NB

（2）高速。

高速指算法对数据的逻辑处理速度非常快，可从各种类型的数据中快速获得高价值的信息，这一点和传统的数据挖掘技术有着本质的不同。并且，对大数据要及时处理，因为花费大量人力、财力和时间去处理历史数据是非常不必要的。基于这种情况，大数据对处理速度有非常高的要求，服务器中大量的资源都用于处理和计算数据，很多平台都需要做到实时分析。数据无时无刻不在产生，谁的处理速度更快，谁就有优势。

（3）多样。

大数据类型繁多，包括网络日志、音频、视频、图片、地理位置等各种结构化、半结构化和非结构化的数据。日志数据是结构化最明显的数据，如购物平台、新闻平台通过对用户的日志数据进行分析，从而定向推送用户感兴趣的内容，这是目前最广泛的应用。结构化数据是指存储在数据库里，可以用二维表结构实现表达的数据；非结构化数据是指数据结构不规则或不完整，没有预定义的数据，包括所有格式的办公文档、文本、图片、报表、图像、音频、视频等；半结构化数据是介于完全结构化数据和完全非结构化数据之间的数据，具有一定的结构性。

（4）价值。

价值属性是大数据的核心特征。现实世界所产生的数据中，有价值的数据所占比例很小。如果有1PB以上的全国所有20～35岁年轻人的上网数据，那么它自然就有了商业价值，比如通过分析这些数据，我们就知道这些人的爱好，进而指导产品的发展方向等。如果有了某种疾病全国绝大部分病人的数据，根据这些数据进行分析就能预测疾病的发生，这些都是大数据的价值。大数据运用广泛，如运用于农业、金融、医疗等各个领域，从而最终达到改善社会治理、提高生产效率、推进科学研究的效果。

在大数据的价值属性方面，有观点认为，大数据具有价值密度低的特征，即大数据价值密度的高低与数据总量的大小成反比。例如，在监控视频中，在连续数分钟、数小时的视频中，有用数据可能仅有几秒钟。原始零散、复杂多样，甚至可能有数据噪声和污染的数据需要通过价值“提纯”才能得出信息、获取效用。

此外，对于大数据的特征，还有进一步的观点，比如IBM认为，大数据还有veracity（真实性）的特征，意指大数据真实描述了事物各个方面的情况。

3.大数据的价值

大数据的价值体现在以下几个方面：

（1）对大量消费者提供产品或服务的企业可以利用大数据进行精准营销，如上文提及的推送；

（2）以小而美模式经营的中小微企业可以利用大数据做服务转型；

（3）面临互联网压力之下必须转型的传统企业需要与时俱进充分利用大数据的价值。

大数据将为人类的生活创造前所未有的可量化的维度。大数据已经成为新发明和新服务的源泉。有专家认为，数据大并非大数据的主要挑战，大数据的主要挑战是实时性数据变化快、品种多及非结构化。

大数据在经济发展中的巨大意义并不代表其能取代一切对于社会问题的理性思考，科学发展的逻辑不能被湮没在海量数据中。著名经济学家路德维希·冯·米塞斯曾提醒过：“就今日言，有很多人忙碌于资料之无益累积，以致对问题之说明与解决，丧失了其对特殊的经济意义的了解。”这确实是需要警惕的。

3.1.4　统计数据的收集方法

1.统计年鉴

统计年鉴是最权威的宏观数据来源，较重要的统计年鉴有以下几种：

（1）《中国统计年鉴》，由国家统计局编辑、中国统计出版社出版，是一部全面反映我国国民经济和社会发展情况的资料性书籍。

（2）《国际统计年鉴》，由中国统计出版社出版，是一部综合性国际经济、社会统计资料，收录了世界多达160个国家和地区的统计资料，对其中的40多个主要国家的经济和社会发展状况以及世界主要企业的基本情况作了详细的介绍。

（3）地方统计年鉴，由各省、自治区和直辖市以及经济特区的统计局编纂，中国统计出版社出版，比较详细地反映各省、自治区和直辖市以及经济特区的社会、经济和科技等发展变化的情况。

（4）《中国县（市）社会经济统计年鉴》，由国家统计局农村社会调查总队编纂，中国统计出版社出版，主要内容包括：区域分析统计图，各县（市）经济主要指标，分区域社会发展基本情况，按主要经济指标分组的社会经济基本情况。

（5）《中国金融年鉴》，中国金融协会编，该书记述了金融发展的基本情况，提供有关金融统计的资料，包括货币供应量、银行概述、特定存款机构的资产负债表。

（6）《中国人口统计年鉴》，中国统计出版社出版，该书是人口状况资料性年刊。书中收集了全国各省、自治区和直辖市大量的人口数据以及世界各国的人口数据。

（7）《中国统计摘要》，中国统计出版社出版，收录了反映我国经济社会发展的主要统计数据，一般比统计年鉴早若干月出版。

2.统计调查

这是获得统计数据的基本方法，如第2章所述，通过各种统计调查方法，可以获得第一手的数据资料。

3.购买

目前，市场上存在大量出售有价数据的公司，著名的有Wind、国泰安等，各大学、研究机构等一般都购买了这些大公司的数据，以供老师和学生使用，通过学校的IP地址就可直接访问其网站，搜索下载。需要注意的是，使用有关数据时，要注意进行鉴别，必要时还要确认所购买数据的质量。例如，2015年12月，曾有研究人员在找寻证监会行业类（2012年）CSRC制造业的数据时发现，Wind显示的为1 828家公司，国泰安显示的为1 874家公司，两者的统计并不完全一致。

4.到权威网站下载

除了收费的渠道外，国家统计局及其下属各地的统计调查队、IMF、国研网等都提供免费的统计数据的机构，常规数据可以在其各自的官方网站上找到，下载即可。以下是一些常用的统计数据来源网站：

中国统计信息网（国家统计局网站）：http：//www.stats.gov.cn；

美国经济分析局：http：//www.bea.doc.gov；

美国人口普查局：http：//www.census.gov；

美国劳工统计局：http：//stats.bls.gov；

美联储经济数据库：http：//www.stls.frb.org/fred；

美国联邦统计局：http：//www.fedstats.gov；

世界银行（World Bank）：http：//www.worldbank.org；

国际货币基金组织（IMF）http：//www.imf.org；

经济合作与发展组织（OECD）：http：//www.oecd.org。

5.从数据方取得

如果需要某些机构自己开发的数据，或其自身的数据，就需要直接与其联系。有时，研究者与数据方有一定的业务联系，无论收费还是免费，都能方便地取得。需要注意的是，要与数据方友好沟通，清楚地说明所需数据的内容及用途，不要提出过分要求，并保证不外泄。如果统计方与数据方没有任何联系，则取得数据难度很大，需要另想办法。

6.网上搜索

到网上进行搜索，只有个别简单的、零散的数据才可通过此方法获得，系统的全面数据还是要通过前述方法取得。

专栏3-2

胸中有“数”

胸中有“数”出自毛泽东《党委会的工作方法》，该文是1949年3月13日毛泽东在中国共产党第七届中央委员会第二次全体会议上所作的结论的一部分，现已编入《毛泽东选集》第四卷。

胸中有“数”。这是说，对情况和问题一定要注意到它们的数量方面，要有基本的数量的分析。任何质量都表现为一定的数量，没有数量也就没有质量。我们有许多同志至今不懂得注意事物的数量方面，不懂得注意基本的统计、主要的百分比，不懂得注意决定事物质量的数量界限，一切都是胸中无“数”，结果就不能不犯错误。例如，要进行土地改革，对于地主、富农、中农、贫农各占人口多少，各有多少土地，这些数字就必须了解，才能据以定出正确的政策。对于何谓富农，何谓富裕中农，有多少剥削收入才算富农，否则就算富裕中农，这也必须找出一个数量的界限。在任何群众运动中，群众积极拥护的有多少，反对的有多少，处于中间状态的有多少，这些都必须有个基本的调查，基本的分析，不可无根据地、主观地决定问题。

资料来源：毛泽东. 毛泽东选集第四卷［M］. 北京：人民出版社，2008.

3.2 统计数据的整理

3.2.1 概述

1.统计数据整理的含义

统计数据整理，简称统计整理，是指根据统计工作和研究目的，对取得的数据进行科学的加工处理，使之系统化、条理化和综合化，成为能反映研究对象总体特征的过程。例如，由人口普查得来的原始资料是每个居民的性别、年龄、民族、职业等标志的具体表现，而统计研究的目的是要了解总体的特征，因而，只有将这些原始资料进行分类和综合，才能得到全国人口总数、分民族、分地区的人口总数等说明人口这一总体特征的数字资料。

统计数据整理包括两个方面：一是对原始数据的整理，即通过分组（分类）和汇总，使大量的、零散的、反映个体特征的数据，转化为综合的、反映总体特征的数据；二是对次级数据的再整理，即通过新的分组、计算或各种必要的调整，使之满足新的需要。

统计整理在整个统计研究中占有重要地位，它是从对个别单位标志具体表现的认识向对总体综合数量特征认识的过渡，也是对现象由感性认识向理性认识过渡的基础。它是统计调查的继续，也是统计分析的前提，在统计中处于承前启后的重要地位。统计整理是否正确、恰当，直接决定整个统计任务能否顺利完成、统计分析结果是否准确。

2.统计数据整理的注意事项

在进行统计数据的整理时，还应注意以下3个问题：

（1）统计数据整理要为统计工作和研究目的服务。统计整理要根据统计分析的目的，抓住最基本的、最能说明现象本质特征的统计指标，进行科学的统计分组，对统计数据资料进行加工整理。对于一个特定的研究对象，尽管可以搜集到大量的有关资料，但其中必定有一方面或几方面是基本的、能表现现象本质的。统计整理的任务就是要从事物的总的联系中找出这种基本的数量关系。

（2）统计数据整理要注意现象各方面的联系。任何事物之间都有着联系，同时也有着区别。在进行统计整理时，数据资料要注意各个方面的相互联系，如指标的口径是否一致等，否则整理出的数据资料将无可比性。例如，进行几年内的动态分析，或是对更复杂的事物进行相关分析，就要特别注重这一点。

（2）统计数据整理要研究现象的全貌，即要有总体性。在现象发展变化的过程中，其各部分的数量特征是不相同的。在利用统计资料说明现象的发展状况时，应研究现象总体，分析与总体有关的各方面的数量，而不能只注意对总体事物有利的一方面，或利用一些个别事实来达到主观目的。

3.统计数据整理的步骤

（1）预处理。

在取得数据之后，先要进行预处理，对原始数据进行认真的审核，异常的、有问题的数据要予以核实、订正和补充。原始数据一般是无序的，为了进一步研究的需要，有时需要将其排序。

（2）数据分组。

为了更清楚地显示数据的规律和特征，可将已排序的数据进行分组。分组的目的是使性质相同的数据归为一组，性质不同的数据分开，使数据之间的差异性显示出来。

（3）编制频数分布表。

频数也称次数，是指各类别所包含的数据个数。频率也称比重，是指各类别中的数据个数占全部数据总数的比例，通常以百分数来表示。将各个类别及相应的频数用表格表示出来，就形成频数分布表。频数分布表能表明各类别数据在各组之间的分布状态，从而描述出总体的内部结构，揭示总体的本质特征。累计频数分布表则能够表明各标志值以上或以下所出现的频数或频率。

（4）制作统计表或统计图。

将整理好的结果用恰当的表格表现出来，就形成了统计表。同样，将结果用图形表示出来，就形成了统计图，它可以形象、直观地表现数据的分布形态与发展变化的趋势。

3.2.2 数据的预处理

1.审核

在对统计数据进行整理之前，首先要从准确性、及时性、完整性3个方面进行审核。其中，准确性是审核的重点，可通过逻辑检查和计算检查方法来进行。逻辑检查法主要是检查各数据之间的关系是否符合逻辑，是否有相互矛盾的现象。例如，若在某劳动密集型行业的报表中，某企业填报的规模为大型，而职工人数是100人，这两者之中必有一项是错误的，大型劳动密集型企业的职工不可能只有100人，要么企业规模错了，要么职工人数错了。如果发现数据有逻辑问题，应进一步确认数据是否真实可用。计算检查主要是检查各项数据在计算结果和计算方法上是否有错误。例如，各分项数字之和是否等于相应的合计数，各结构比例之和是否等于1或100%。审核资料的及时性是检查各调查单位是否按规定及时报送了资料，对于仍未报送资料的单位要催促其尽快报送。完整性审核主要是检查应调查的单位和个体是否有遗漏，调查项目或指标是否填写齐全等。

2.筛选

对数据审核中发现的问题应进行甄别和纠正。如果数据的错误不能予以纠正或者无法弥补，就需要舍弃问题数据。数据筛选包括两方面内容：一是将某些不符合要求的数据或有明显错误的数据予以剔除；二是将符合某种特定条件的数据筛选出来，对不符合特定条件的数据予以剔除。

3.排序

数据排序是按照一定的顺序对数据进行排列，以便初步显示数据的一些明显特征和规律。如果数据是数值型、时间型的，排序有升序与降序之分，可根据需要设置。如果根据某一指标很多数据是并列的，还需要根据其他指标对并列数据进一步排序。例如，在奥运会奖牌榜的排序中，如果几个国家的奖牌总数相同，那么接下来要按金牌数进行排序，也就是说，获得金牌多的国家排在前面。

3.2.3　数据整理的具体内容

在数据经过预处理后，下一步就要对数据进行分组或分类整理，这称为统计分组。

1.统计分组的含义和作用

（1）统计分组的含义。

统计分组是统计研究的一种重要方法，它是根据统计研究任务的要求和现象总体的内在特点，把统计总体按照一定标志划分为若干性质不同又有联系的几个部分。例如，某地区企业分为国有和私营两组。

从分组的性质来看，分组兼有“分”和“合”双重含义。

①对于现象总体而言，是“分”，即把总体分为性质相异的若干部分；对于总体单位而言，则是“合”，即把性质相同的许多总体单位合为一组。

②对于分组标志而言，是“分”，即按分组标志将单位按不同的标志表现分为若干组；对于其他标志而言，则是“合”，即在一个组内的各单位即使其他标志表现不相同也只能结合在一组。

统计分组必须先对所研究现象本质作全面地、深刻的分析，确定所研究现象类型的属性及内部差别，然后才能选择反映事物本质的正确的分组标志。

（2）统计分组的作用。

①划分研究对象的类型。客观事物是错综复杂的，即使在同一总体内，也存在不同的类型。统计分组是确定社会经济现象同质总体、研究社会经济现象各种类型的基础。统计在研究现象总体数量方面时，要从区分事物质的差别入手，在认识不同社会经济类型特殊性的基础上、在事物的普遍联系中正确把握现象总体的规律性。

②研究现象的内部结构，揭示事物的本质特征。统计分组区分了事物质的区别，在此基础上计算各组数量占总体数量的比重，研究总体的内部构成。总体内部结构表明了总体的本质特征、总体结构的变动，反映了事物内在联系和发展变化的趋势。例如，某班40名同学按学习成绩分为好、中、差三组，其各组人数分别为8人、26人、6人，从这种分组上我们可以看出，该班同学在学习成绩上的分布特征是两头小、中间大的正态分布。

③研究对象之间的依存关系。我们所研究的一个总体之内，研究对象之间不是孤立存在的，而是相互联系、相互依存、相互制约的。通过统计分组，可使我们了解研究对象之间的依存关系，如产品产量与单位成本的关系，作物的施肥量与产量的关系等。例如，某地区生产性固定资产价值与工业增加值相关情况见表3-1。

表3-1 某地区生产性固定资产价值与工业增加值表

企业编号	生产性固定资产价值（万元）	工业增加值（万元）
1	40	190
2	50	240
3	55	260
4	60	290
5	65	320
6	70	360
7	75	380
8	80	420
9	90	460
10	100	520

从表3-1的资料可以看出，生产性固定资产价值与工业增加值有紧密关系，生产性固定资产价值越高，工业增加值越多。

2.统计分组的原则

（1）科学性原则。

统计分组首先应强调的是科学性原则，即统计分组要根据统计研究的目的，突出反映客观现象在各组间的差异，使组间差异大，组内差异小。

（2）完整性原则。

完整性原则又称穷尽原则、包容原则，是指分组的结果使总体中的每一个单位都应有组可归，或者说各分组的空间足以容纳总体的所有单位。所谓穷尽，是指总体中任何单位无一例外地必须划归到各自所属的组。例如，人口普查中按受教育程度分组，如果分为小学、初中、高中、高职高专和大学本科5个组，则那些未上过学以及研究生学历者就被遗漏了。如果将分组调整为未上过学、小学、初中、高中、高职高专、大学本科和本科以上，就可以把各种不同层次的受教育程度都包含进去，符合分组的穷尽原则。

（3）互斥性原则。

所谓互斥，是指所研究的对象只能属于某一个组，而不能既属于这个组，又属于另一个组。例如，某商场把服装分为男装、女装、童装三类，就不符合互斥原则，因为童装也有男装女装之分。先把服装分为成年与儿童两类，然后每类再分为男装、女装两组，就符合互斥原则了。

3.统计分组标志的选择

分组标志是指统计分组时划分资料的标准或依据。任何事物都有许多标志，确定一个分组标志，必然突出总体单位在该标志上的差异而掩盖了各单位在其他标志上的差异。选择分组标志是统计分组的核心。选择的分组标志不同，说明的问题和由此得出的结论也不同。分组标志选择不当，分组结果就不能正确反映总体的性质特征。因此，正确选择分组标志是统计分组的关键。在选择分组标志时，必须遵循以下原则：

（1）要根据统计研究的目的和任务来选择分组标志。

统计总体的总体单位都有多个标志，有些标志对某一问题是至关重要的，而对另一个问题则是无关紧要的。同一研究总体，研究目的不同，分组标志的选择也不同。因此，应选择什么标志作为分组标志，要依据统计研究的目的而定。例如，对同一总体的企业职工而言，如果研究目的是分析职工文化素质的高低，应选择职工的文化程度作为分组标志；如果研究的目的是分析职工的技术能力，应选择技术等级作为分组标志；如果研究目的是分析职工的收入水平，应选择职工的工资作为分组标志。

（2）要选择最能反映事物本质特征的标志。

在同一研究目的和要求下，往往有许多标志可供选择。有些标志是根本性的、主要的标志，能够反映事物的本质特征，而有些标志则是非本质的、次要的标志。我们应根据研究问题的需要，力求选择最能反映现象本质的主要标志。例如，为考核企业高管的业绩，要研究企业的价值增长情况，资产总值、净利润总值、股票总市值等均能反映企业的价值，但要选择其中最能反映企业价值本质特征的标志作为分组的依据，按照被较多接受的观点，选择股票总市值作为分组标志是最适宜的。

（3）要考虑到现象所处的具体历史条件或经济条件。

随着社会经济环境的发展变化，被研究对象的特征也在不断变化。因而分组标志应该适应这种变化。例如，在生产力水平较低的情况下，研究企业规模一般以职工人数作为分组标志。随着机械化、自动化水平的提高，职工人数已不能准确说明企业规模的大小。因此，在生产力水平较高的情况下，一般使用企业生产能力和固定资产价值作为分组标志。然而，在研究劳动密集型企业时，仍以职工人数作为企业规模的分组标志为好。

4.统计分组的方法

进行统计分组时，可以按品质标志分组，也可以按数量标志分组，有时也可以将多种标志结合起来分组。

（1）按品质标志分组。按品质标志分组是以反映事物的属性、性质的标志进行的分组，分组结果是将总体划分为若干个性质不同的类型，目的在于揭示总体内部的性质和属性差异。例如，人口按性别、民族分组，商品按类别分组，农业生产单位按生产方向分组等，都称为按品质标志分组。

按品质标志分组有的比较简单，容易划分，分组标志确定后，组与组之间的界限和组数也就确定了。例如，人口按性别就只能分为男、女两组。但是，有的分组比较复杂，组与组之间的界限也难以确定，例如，从业人员的职业、农机具的种类、工业产品种类等，这类标志分组的详细程度往往要根据分析任务的要求，经过事先研究，规定统一的划分标准，编制统一的分类目录作为分组的统一依据。

（2）按数量标志分组，是指选择反映总体单位数量差异的数量标志作为分组标志，依据此标志将总体划分成若干数量各异的组，如按工资标志将公司员工月工资收入分为4 000元以下、4 000～5 000元、5 000元以上等。

（3）按主要标志和辅助标志分组，是指选择反映总体单位差异的一个主要标志和一个或几个辅助标志作为分组标志，依据这些标志将总体划分成若干性质或数量各异的组。例如，在编制零售商品物价指数时，就是先将主要零售商品按主要经济用途标志划分成食品类、衣着类、日用杂品类、文化用品类等大类，再在大类中分成若干种类，如在食品类中，再分为主食、副食，再将副食分为蔬菜、肉类等。又如，考察企业职工收入水平时，先按企业性质分为国有企业、私营企业等，再按月收入分为5 000元以下、5 000～10 000元、10 000元以上。

3.2.4 分配数列

1.分配数列的含义和种类

（1）分配数列的含义。

在统计分组的基础上，将总体中的所有单位按某一标志分组，依次排列，列出每个组的单位数，从而形成总体单位在各组中的分布，这称为分配数列，也称频数分布、次数分布。分配数列是统计资料整理的一种重要形式，通过对凌乱的、分散的原始资料进行有序的整理，形成一系列反映总体各组之间单位分布状况的数列。

分配数列有两个构成要素：分布在各个组中的总体单位数称为频数，也称次数；各组频数与总频数之比称为频率，也称为比率或比重，它说明总体各部分的构成情况，频率之和等于1。

（2）分配数列的种类。

按分组标志的性质不同，分配数列可分为品质数列和变量数列。

①品质数列。按品质标志进行分组所形成的数列称为品质数列。表3-2就是一个品质数列，它反映大连市2019年的三次产业产值分布情况。其中，各次产业为分组名称，产值为频数，比率为频率。从3-2可以看出，大连市是一个以服务业为主的城市，服务业产值占比超过一半。

表3-2 **大连市2019年三次产业产值分布情况**

产业	产值（亿元）	比率（%）
第一产业	458.5	6.55
第二产业	2 799.8	39.99
第三产业	3 743.4	53.46
合计	7 001.7	100.00
分组名称	频　数	频　率

②变量数列。变量数列是指按数量标志分组所形成的分配数列。变量数列可以反映总体中各组间的数量差异和结构状况。按变量是否连续以及数目的不同，变量数列可分为以下几种，如图3-1所示。

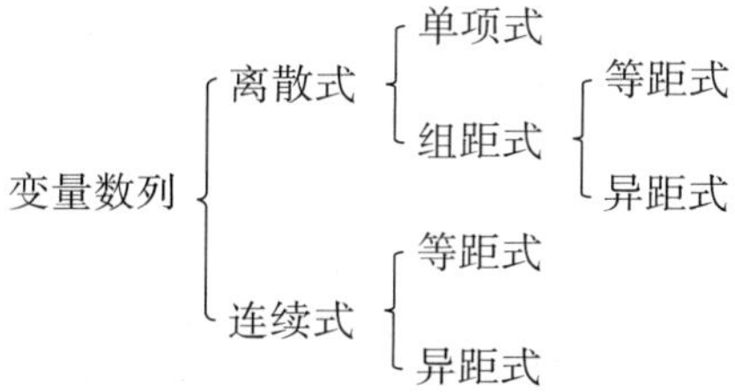

图3-1　变量数列分类

离散型变量数列是指按离散变量标志分组所形成的数列；连续型变量数列是指按连续变量标志分组所形成的数列。

单项式变量数列是指变量数列中每一个变量值代表一组。它适用于变量值不多，变动幅度不大的离散变量。例如，对家庭子女数进行统计时，可将不同家庭分为有0个子女、有1个子女、有2个子女和有2个以上子女这几种情况。

组距式变量数列是指变量数列中用变量值的一定范围代表一组。它适用于变量值较多、变动幅度较大的离散变量，也适用于连续变量。组距式变量数列按各组组距是否相等，分为等距数列和异距数列。等距数列是指各组组距相等的数列，见表3-3。

表3-3　　**某快递公司50名快递员日派件数分布表**

按包裹数分组	频数（人）	频率（%）
105~109	3	6
110~114	5	10
115~119	8	16
120~124	14	28
125~129	10	20
130~134	6	12
135~139	4	8
合计	50	100

异距数列是指各组组距不相等的数列，见表3-4。

表3-4 **某地区人口年龄分布表**

按年龄分组（岁）	人口数（万人）	比率（%）
18岁以下	151	17
18~65	648	71
65岁以上	111	12
合计	910	100

对于一国或地区的人口年龄分布，异距分组更有意义。异距分组能够反映该国或地区需抚养人群、工作人群、需赡养人群的数量比例，从而为制定经济与社会政策提供有益的参考。比如，如果65岁以上年龄的人很多，那么老龄化严重，家庭和社会负担会比较重，那么需要在此方面增加投入。如果等距分组，对人口分布简单进行每十岁一个分组，显然没有这样的意义。

品质数列容易理解和分配，而变量数列中的组距式分配较为复杂，我们在下文加以详细介绍。

（3）累计频数。

为了更清楚地反映数据分布的特点，实际中常常计算累计频数，包括向上累计频数和向下累计频数。向上累计频数是由变量值小的一组向变量值大的一组依次累计，又称为较大制累计；向下累计频数是由变量值大的一组向变量值小的一组依次累计，又称为较小制累计。累计频数的分组表请见表3-5。

表3-5 **某公司50个分公司年销售额分布表**

按年销售额分组（万元）	分公司数（个）	累计频数	
		向上累计	向下累计
$800 \leq x < 900$	1	1	50
$900 \leq x < 1\,000$	5	6	49
$1\,000 \leq x < 1\,100$	8	14	44
$1\,100 \leq x < 1\,200$	11	25	36
$1\,200 \leq x < 1\,300$	11	36	25
$1\,300 \leq x < 1\,400$	7	43	14
$1\,400 \leq x < 1\,500$	4	47	7
$1\,500 \leq x < 1\,600$	3	50	3
合计	50	—	—

2.组距式分组

如前所述，组距式分组是指分组标志在每组的取值表现为一段区间的统计分组。在组距式分组中，每组分组标志的取值区间的长度称为该组组距（class width）。按每组的组距是否相等，可以把组距式分组分为等距组和异距组（或不等距组）。如果组距相等称为等距组，否则称为异距组。采用等距组或异距组，取决于研究对象的性质和特点。标志值的变动比较均匀的采用等距组，标志值的变动幅度较大或很不均匀的采用异距组。例如，收入、产品产销量、产值等宜用异距组。

分组标志在每一组的端点标志值称为组限，其中较小的称为下限，较大的称为上限。在表3-6中，统计分组每一组的上限等于后一组的下限，这样的统计分组为连续式分组，否则称为间断式分组，如前表3-4、表3-5。缺少下限或者上限的组称为开口组，见表3-6；上限和下限都有的组称为闭口组，见表3-7。间断式分组一般主要用于离散型变量分组，而在实际工作中，主要采用连续式分组，很少采用间断式分组。至于开口组和闭口组则根据需要确定，两者都有应用。需要注意的是，在采用组距式分组时，应遵循“不重不漏”的原则，连续式分组时，如果总体单位的取值恰好等于组限，则遵循“上限不在内”的原则。

表3-6 **某班级学生身高统计表**

身高（cm）	学生数	比例（%）
$120 \leq x < 140$	4	6.67
$140 \leq x < 160$	31	51.67
$160 \leq x < 180$	22	36.66
$180 \leq x < 190$	3	5.00
合计	60	100.00

表3-7 **某快递公司快递员日派件数量统计表**

包裹数（件）	组距	组中值	快递员数（人）	比重（%）
20—29	10	24.5	23	17.16
30—39	10	34.5	42	31.34
40—49	10	44.5	49	36.57
50—59	10	54.5	20	14.93

组中值（class midpoint）是指每一组中下限值与上限值中间的值。

$$\text{闭口组组中值}=(\text{下限值}+\text{上限值})/2 \tag{3.1}$$

而开口组组中值的计算见如下公式3.2和公式3.3：

$$\text{缺上限的开口组组中值}=\text{下限}+\frac{\text{相邻组组距}}{2} \tag{3.2}$$

$$\text{缺下限的开口组组中值}=\text{上限}-\frac{\text{相邻组组距}}{2} \tag{3.3}$$

组距式分组，是将全部变量值依次划分为若干个区间，并将每一区间的变量值作为一组。它适用于连续变量或变量值较多的情况。等距式分组需要经过以下几个步骤：

第一，确定组数。组数的确定应以能够显示数据的分布特征和规律为目的。在实际分组时，可以按斯特格斯（Sturges）经验公式来确定，即“$k=1+3.322\lg N$”。

第二，确定组距。组距是各组的上限与下限之差。最大值减去最小值的差，再除以组数，即为组距。

第三，编制频数分布表。数据经过概括整理之后，最直接的显示方法就是利用统计表的形式。

例如，某快递公司50名快递员日派件数如下：

117	122	124	129	139	107	117	130	122	125
108	131	125	117	122	133	126	122	118	108
110	118	123	126	133	134	127	123	118	112
112	134	127	123	119	113	120	123	127	135
137	114	120	128	124	115	139	128	124	121

我们来编制频数分布表。

首先，确定组数：

$k=1+3.322\lg 50=6.64\approx 7$

其次，计算组距：

$(139-107)/7=4.6\approx 5$

然后，编制频数分布表，见表3-8。

表3-8 **某快递公司快递员日派件频数分布表**

件数	频数（人）	频率（%）
105 ~ 109	3	6
110 ~ 114	5	10
115 ~ 119	8	16
120 ~ 124	14	28
125 ~ 129	10	20
130 ~ 134	6	12
135 ~ 139	4	8
合计	50	100

异距式分布的编制步骤与等距式分布的编制步骤大体相同，即先排序计算全距，然后确定组数和组距，最后确定组限，统计各组频数，并整理成数列。

【例3-1】某省从各市随机抽取30户家庭进行月平均花费情况抽样调查，得到他们的月平均花费（单位：元）如下：

1 333、1 810、3 000、1 080、2 446、1 421、1 500、2 970、18 28、5 750、2 000、2 800、 620、4 677、5 973、2 920、3 020、3 443、9 012、3 607、

3 856、3 900、 790、3 992、 929、4 701、1 200、5 215、1 921、12 777。

要求：根据上述资料编制连续式数列。

解：考虑到各家庭月平均花费的变动幅度较大，故拟编制异距式组距数列。

首先，将原始数据按大小顺序排列。其次，确定组限分别为1 000、1 500、2 000、3 000、4 000和6 000。最后，按上述组限分组统计频数，并整理成数列，每组不含上限，见表3–9。

表3–9 **30户家庭月平均花费分布**

月平均收入（元）	组中值（元）	频数	百分比%
1 000以下	750	3	10.00
1 000 ~ 1 500	1 250	4	13.33
1 500 ~ 2 000	1 750	4	13.33
2 000 ~ 3 000	2 500	5	16.67
3 000 ~ 4 000	3 500	7	23.33
4 000 ~ 6 000	5 000	5	16.67
6 000以上	7 000	2	6.67
合计	—	30	100.00

异距式分布受变量值和组距两种因素的影响，为了正确反映分布特征，需要引入频数密度，以消除组距大小不等对频数分布的影响。所谓频数密度，是指单位组距内的频数，计算公式如下：

$$\text{频数密度}=\frac{\text{频数}}{\text{组距}} \tag{3.4}$$

3.数列分布的类型

利用统计图，可以对社会现象的数量分布特征进行描述，通过这些图形，可以直观地显示不同类型现象的分布特征。各种不同性质的社会经济现象的次数分布的类型，概括起来，大致有三种：钟形分布、U形分布和J形分布。

（1）钟形分布。

钟形分布的特征是“两头小，中间大”，即中间的变量值分布的次数较多，靠近两边的变量值次数分布较少，其曲线犹如一口古钟，钟形分布也称正态分布。社会经济现象中，大多数统计总体的次数分布都服从钟形分布，如人的身高、体重、智商、收入，学生的成绩，农作物单位面积产量，电池使用寿命等，这是一个非常普遍的规律。钟形分布按变量值分布的形态，分为对称分布和偏态分布。对称分布是以变量的平均数为对称轴，左右两侧对称，两侧变量值的分布次数随着与平均数距离的增大而逐渐减少。偏态分布包括右偏分布和左偏分布。钟形分布的具体情况如图3–2所示。

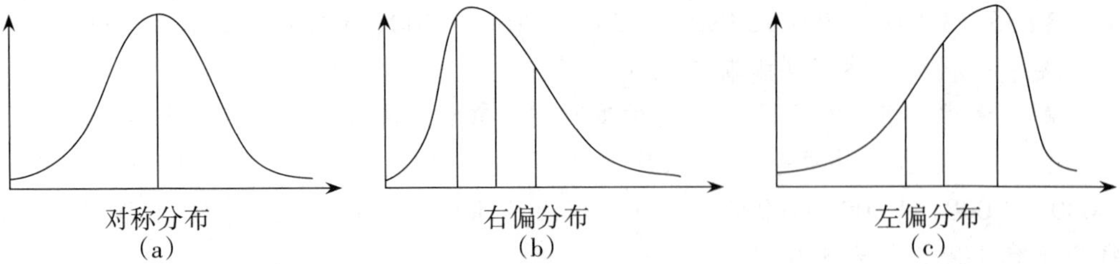

图3-2　钟形分布

（2）U形分布。

U形分布与钟形分布正好相反，靠近中间的变量值分布次数较少，靠近两边的变量值次数分布较多，形成“两头大，中间小”的U形分布。例如，人口死亡率的分布属于U形分布。U形分布如图3-3所示。

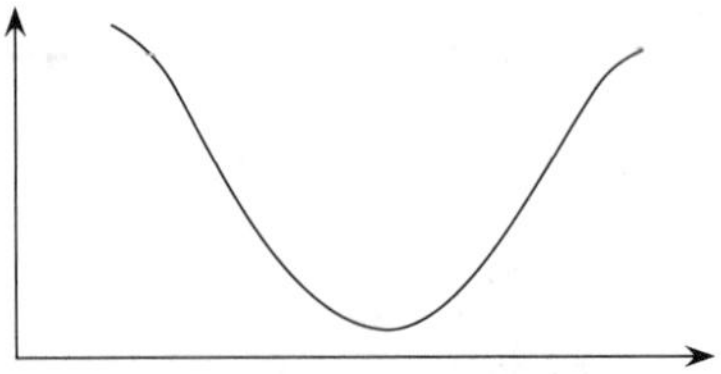

图3-3　U形分布

（3）J形分布。

J形分布有两种类型，一种是随着变量值的增大，分布的次数也增大，呈正J形分布；另一种是随着变量值的增大，分布的次数减少，呈反J形分布。J形分布如图3-4所示。

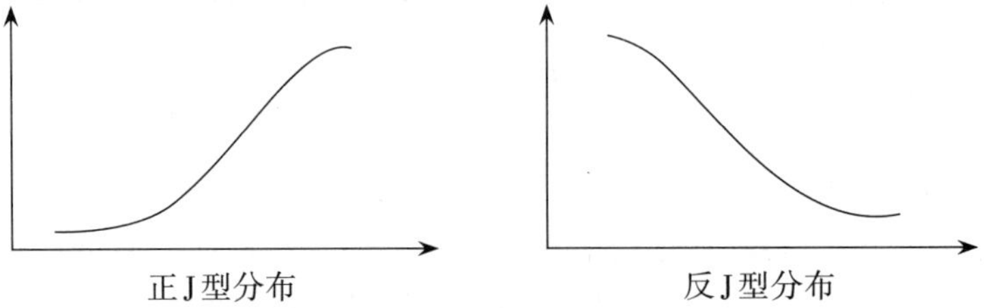

图3-4　J形分布

3.3　统计数据的图示

统计数据整理好后，用统计图表能将有关内容直观地表现出来，统计图（statistical graph）是统计数据直观的表现形式。特别在数据量大、不易让人理解时，统计图的作用更为明显。绘制并使用好统计图是统计分析经常使用的方法。本节介绍统计数据的图示，下一节介绍统计表的相关内容。在统计图示中，最常见的有条形图、饼形图、环形图、直方图、折线图、茎叶图、线图等，在Excel的“插入”功能中利用“图表”功能键，就可以利用已有数据画出所需图形。

3.3.1　条形图

条形图是用宽度相同的条形的高度或长度来表示数据变动的图形。条形图主要用于反映品质数列的频数分布，比较不同组之间的差异，以及变量取值在不同时间或不同空间上的差异或变化趋势。

1.条形图按放置的方向不同，分为纵置和横置

（1）柱形图。条形图纵置时，又称为柱形图，主要用于显示项目之间的比较结果，或一段时间内的数据变化。根据表3–2大连市2019年三次产业产值情况，即可绘制柱状图，如图3–5所示。

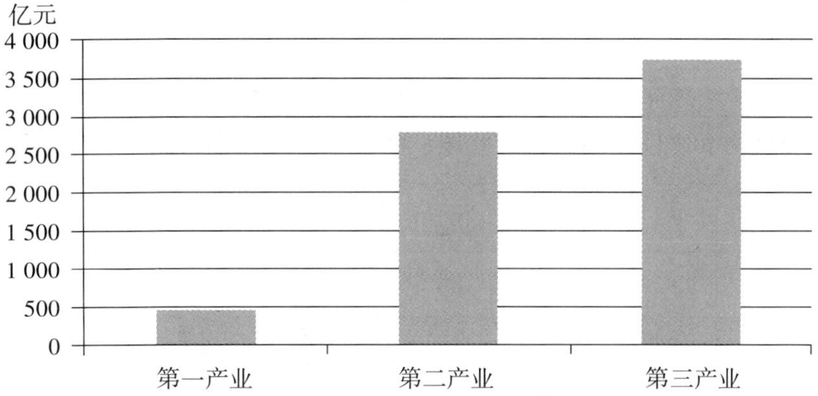

图3–5 大连市2019年三次产业产值柱形图

（2）条形图。横置时，一般就使用条形图的称谓，用于显示各项目之间的比较状况。条形图的纵轴表示分类，横轴表示频数或数值。根据表3–2大连市2019年三次产业产值绘制的条形图，如图3–6所示。

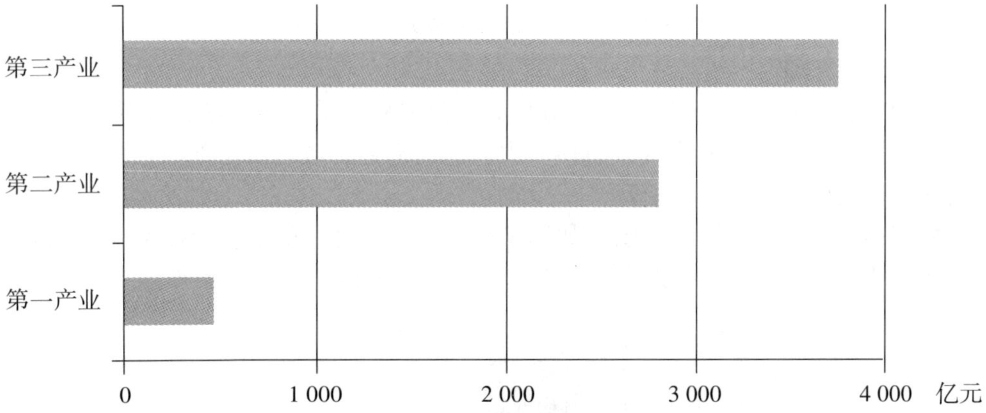

图3–6 大连市2019年三次产业产值条形图

2.按比较现象多少不同，分为单式条形图和复式条形图

（1）单式条形图。由一组表述同一现象数据的条形构成，图中的条形排列可以是纵向的，也可以是横向的。

（2）复式条形图。由两个或两个以上单式条形图组成，互相形成不同现象数据之间的对比，各对应条形需用不同的阴影线或色彩加以区别。

例如，某超市随机抽取50名顾客购买饮料情况，数据见表3–10。

表3-10 50名顾客购买饮料分布表

饮料类型	男	女	合计
果汁	1	5	6
矿泉水	6	4	10
绿茶	7	4	11
碳酸饮料	6	9	15
其他	2	6	8
合计	22	28	50

若要反映男女之间购买饮料的差异，可绘制复式条形图如图3-7所示。

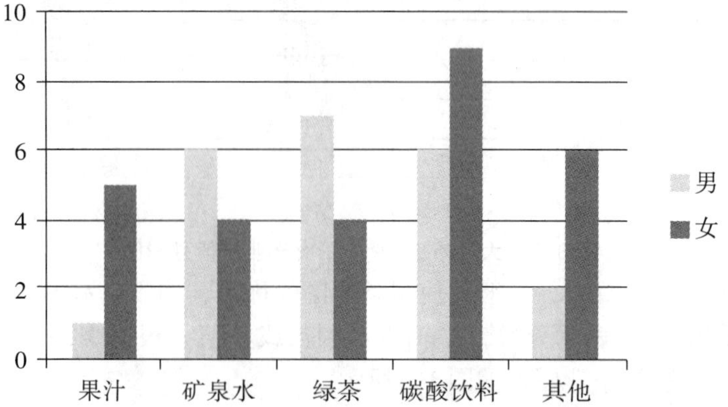

图3-7 不同性别消费者购买饮料对比图

3.3.2 饼图

饼图又称扇形图、圆形图，是用圆形及圆内扇形的角度来表示数值大小的图形，主要用于表示一个样本（或总体）中各组成部分的数据占全部数据的比例，对于表达数据的内部构成非常有用。

根据表3-2的数据绘制饼图，如图3-8所示，各扇形角度表示样本中各部分所占的百分比。从图3-8中可以直观地看出，第三产业的产值占比一半还多。

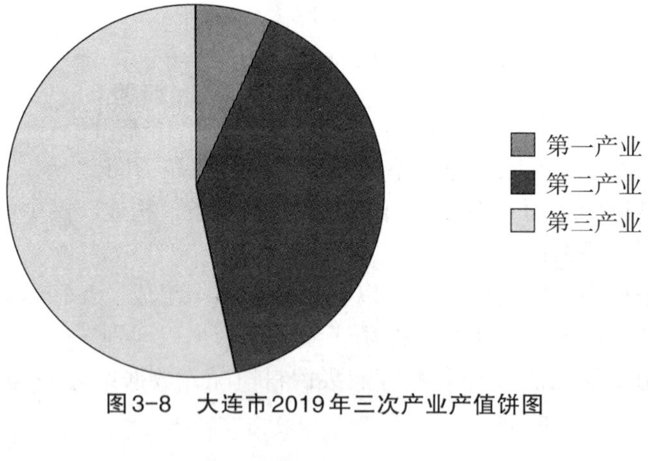

图3-8 大连市2019年三次产业产值饼图

饼图能够清晰、直观地显示总体的内部结构，有时还在扇形区域上标明所占的百分比。但是，如果数据的分布过于分散，绘制出的饼图就会被分割为许多个扇形，不便观察和分析。这种情况下就不宜采用饼图。

3.3.3　直方图

直方图是一种用来反映定量数据分布特征的图形，它用矩形的宽度和高度来表示数据的频数分布。直方图主要用于显示已经经过分组、形成频数或频率的数据，通过它可以观察数据分布的大体形状。

根据表3-3某快递公司50名快递员日派件数分组数据（注：每组不含上限），绘制直方图如图3-9所示。

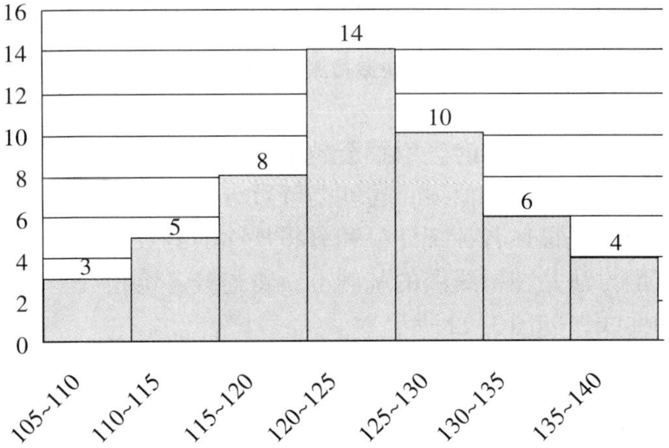

图3-9　快递员日派件数分布直方图

直方图与条形图不同。首先，条形图是用条形的长度（横置时）表示各类别频数的多少，其宽度（表示类别）则是固定的；直方图是用面积表示各组频数的多少，矩形的高度表示每一组的频数或频率，宽度则表示各组的组距，因此其高度与宽度均有意义。其次，由于分组数据具有连续性，直方图的各矩形通常是连续排列，而条形图则是分开排列。最后，条形图主要用于展示分类数据，而直方图则主要用于展示数值型数据。

3.3.4　折线图和曲线图

1.折线图

在直方图的基础上，把直方图矩形顶端的中点（即组中值）用直线连接起来，再把原来的直方图抹掉就是折线图。需要注意的是，折线图的两个终点要与横轴相交，具体的做法是将第一个矩形顶部中点通过竖边中点（即该组频数一半的位置）连接到横轴，最后一个矩形顶部中点与其竖边中点连接到横轴。这样才会使折线图下所围成的面积与直方图的面积相等，从而使二者所表示的频数分布一致。例如，在图3-9的基础上绘制的折线图如图3-10所示。

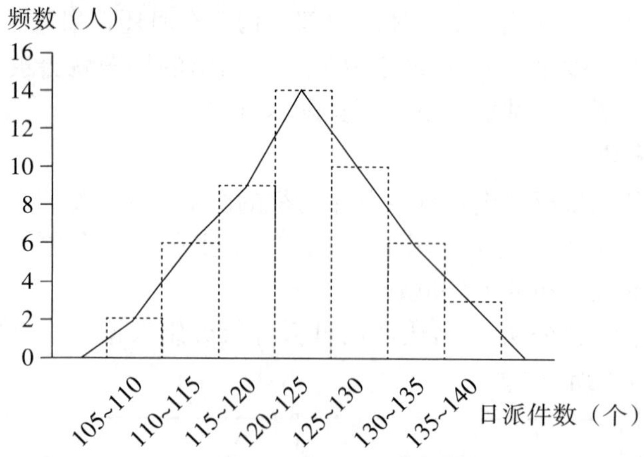

图3-10 快递员派件数的折线图

2. 曲线图

当对数据所分的组数很多时，组距会越来越小，这时所绘制的折线图就会越来越光滑，逐渐形成一条平滑的曲线，这就是频数分布曲线。分布曲线在统计学中有着十分广泛的应用，是描述各种统计量和分布规律的有效方法。

曲线图绘制的方法是在折线图的基础上，将连接各组频数坐标点的折线加工修匀为比较平滑的曲线，如图3-11所示。

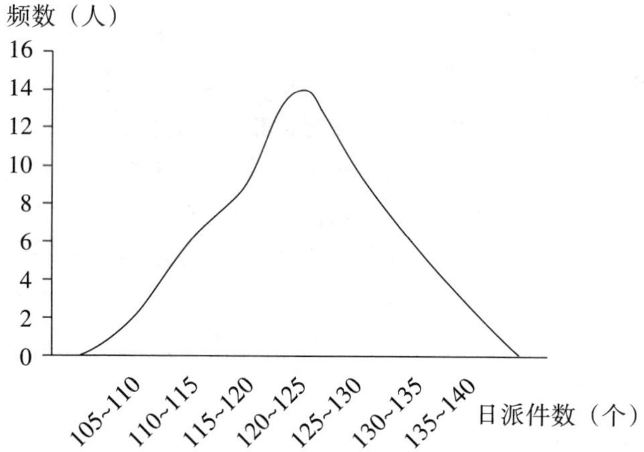

图3-11 快递员派件数的曲线图

3.3.5 茎叶图

直方图可以清楚地显示数据的分布，但显示不出原始数据的信息。茎叶图则不仅能显示各组数据的分布状况，还能保留原始数据的信息，又称为“枝叶图”。

茎叶图由“茎”和“叶”两部分构成，每条茎表示一个组别，每片叶代表一个原始数据。绘制茎叶图时，首先把一个数字分成两部分，将数的大小相同或变化不大的位数作为一个主干（茎），将变化大的位数作为分支（叶），列在主干的后面，这样就可以清楚地看到每个主干后面的几个数，每个数具体是多少。后面数据位的数值则被舍弃。例如，81分成8｜1、8.13分成8｜13、123分成12｜3等。

用茎叶图表示数据，一方面从统计图上没有原始数据信息的损失，所有数据信息都可以从茎叶图中得到；另一方面茎叶图中的数据可以随时记录、随时添加，方便记录与表示。但是茎叶图一般比较方便于记录两位数的数据，两位以上的数据虽然能够记录，但是没有表示两位数记录那么直观、清晰。

绘制茎叶图不需要对数据进行分组，当数据量较少时，可以手工绘制。例如，某班级20名男同学的体重数据（单位：斤）如下：

114 99 131 124 117 102 106 127 119 115

104 144 151 132 106 125 122 118 118 98

根据以上数据绘制茎叶图，以前两位数字为茎，最后一位数字为叶作茎叶图，如图3-12所示。

9	8	9				
10	2	4	6	6		
11	4	5	7	8	8	9
12	2	4	5	7		
13	1	2				
14	4					
15	1					

图3-12 成人智力测试茎叶图

当数据量较大时，茎叶图可以利用统计软件SPSS自动生成。

3.3.6 散点图

散点图是用二维坐标展示两个变量之间关系的一种图形，横轴代表变量x，纵轴代表变量y（两个变量的坐标轴可以互换），每对数据（x，y）在坐标系中用一个点表示。在研究两个变量之间的关系时，可以先画散点图，通过观察图形特点大致了解变量之间的关系。

例如，随机抽取10名15岁学生，得到其身高（x）和体重（y）的数据，见表3-11。

表3-11 10名15岁学生身高和体重数据

编号	1	2	3	4	5	6	7	8	9	10
身高（厘米）	157	167	147	158	155	156	159	160	158	163
体重（千克）	46	55	41	46	42	45	43	47	44	49

根据表3-11中的数据绘制出散点图，如图3-13所示。

从图3-13可以看出，15岁学生身高和体重之间存在比较明显的正相关关系，随着身高的增加，体重也增加了。

散点图进一步的意义在于，对数据进行回归，即可得到数据的趋势性规律，当然，这不是本科阶段需要学习的内容，有志于深入学习的同学可对此进行学习。

3.3.7 雷达图

雷达图是指用由若干条从圆心出发的夹角相等的半径组成的坐标轴来表示多个

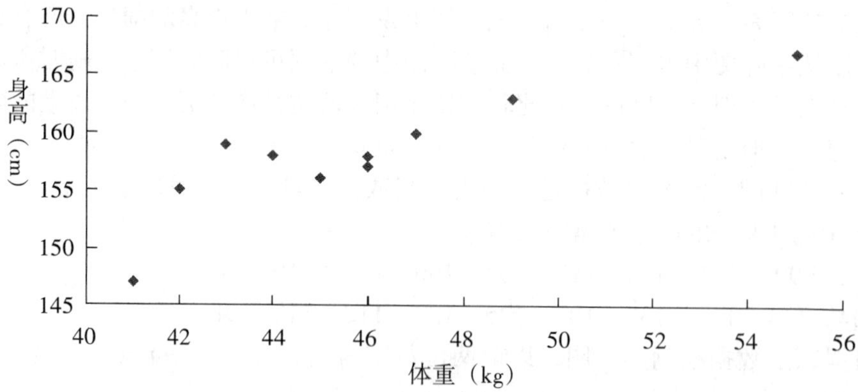

图3-13　15岁学生身高与体重散点图

指标特征的图形。雷达图主要应用于多变量情况的分析，例如，对企业经营状况——收益性、生产性、流动性、安全性和成长性的综合评价。各指标的分布组合在一起非常像雷达的形状，因此得名。雷达图也称为网络图、蜘蛛图、星图、不规则多边形，极坐标图或Kiviat图。它相当于平行坐标图，轴径向排列。雷达图常用于多项指标的全面分析，具有综合、直观的优点。

雷达图的绘制方法是，根据指标个数或总体个数将圆等分后保留半径，然后以各条半径为坐标轴，最后将所有标志值描绘在相应的坐标轴上，并将统一总体的指标取值用直线连接起来。

例如，表3-12是某公司两个子公司的主要财务数据。

表3-12　某公司两个子公司主要财务数据统计表　单位：万元

子公司	负债及股东权益	所有者权益	营业总收入	利润总额	净利润
甲	701.59	274.89	157.65	22.47	2.04
丙	268.01	52.77	35.48	2.05	1.97

根据表3-12的资料，即可绘制雷达图，如图3-14所示。

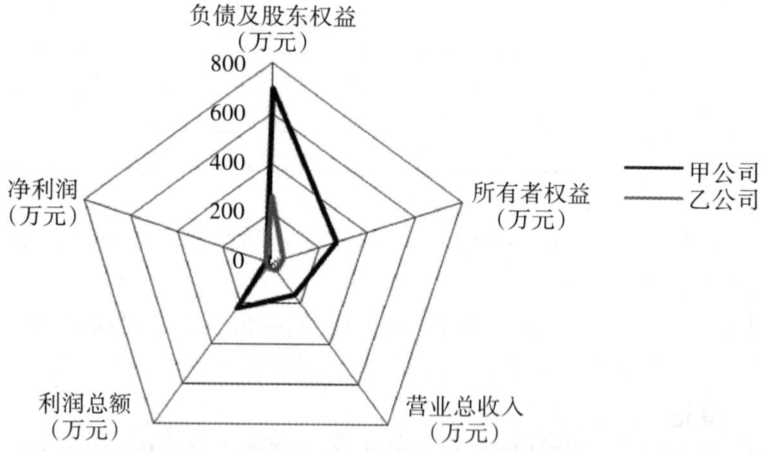

图3-14　某公司两个子公司主要财务数据图

除了本书介绍的上述几种统计图形外，还有很多其他图形，例如气泡图、过程控制图、象形图和统计地图等。限于篇幅，本书不再对这些图形做详细介绍，有兴趣的读者可以参考有关书籍。

3.4 统计表

统计表是用于展示数据的另一个基本工具。在数据的收集、整理、描述和分析过程中，都要使用统计表。数据整理后，形成统计表，就使数据变得一目了然、清晰易懂。统计表（statistical table）有广义的统计表和狭义的统计表之分，它们都是显示统计数据的基本工具之一。广义的统计表是指各个统计工作阶段中所使用的一切表格，包括调查表、汇总表和时间数列表等。狭义的统计表专指分析表和容纳各种统计资料的表格，它能清楚地、有条理地显示统计资料，直观地反映统计分布的特征，是进行统计分析的重要工具。

统计表有以下几方面作用：

（1）能使大量的统计资料系统化、条理化，因而能更清晰地表述统计资料的内容。

（2）利用统计表便于比较各项目（指标）之间的关系，而且也便于计算。

（3）采用统计表表述统计资料显得紧凑、简明、醒目，使人一目了然。

（4）利用统计表易于检查数字的完整性和正确性。

3.4.1 统计表的结构

1.从形式分

从形式上看，统计表由表头、列标题、行标题、数字资料和表外附加等部分组成。表头由表序、总标题和单位构成，表序表示表的序号；总标题是统计表的名称，位于表的上端中部，简要说明统计表中全部统计资料的内容；单位表示资料的计量单位。

行标题是横行的名称，一般在表的左方，表示各组的名称，表示统计表所要说明的总体或各个分组。

列标题是纵栏的名称，一般在表的右上方，用来表示统计指标的名称和计量单位。

数字资料是表中列标题与行标题的具体内容。

表外附加放在统计表的下方，主要包括资料来源、指标的注释和必要的说明等内容，字号一般要小于表中数据的字号。

2.从内容分

从内容上看，统计表可以分为主词和宾词两部分。主词是统计表所要说明的总体及其组成部分，一般为分组标志所在列；宾词是统计表用来说明统计总体的各项统计指标。一般情况下，主词放在统计表的第一列，宾词放在统计表的其他各列，如图3-15所示。

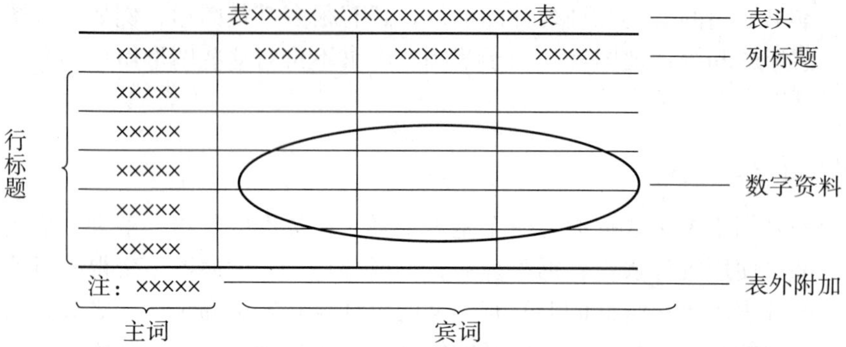

图3-15 统计表的结构

3.4.2 统计表的类别

1.按主词分类

统计表按主词是否分组及分组标志的多少，可分为简单表、分组表和复合表三种。

（1）简单表。它是指主词未经任何分组的统计表。简单表又分两种情况：一是将总体单位按空间顺序排列，以反映总体单位的具体情况；二是将说明总体特征的数字资料按时间的先后顺序排列，以反映现象在不同时间上的发展状况和发展趋势，具体见表3-13。

表3-13 某市2022年各区财政收入情况 单位：亿元

市辖区	财政收入
甲区	640
乙区	720
丙区	700
丁区	800
合计	2 860

（2）分组表。它是指主词按一个标志进行分组形成的统计表。分组表能反映不同类型现象的不同特征，也可用来反映总体内部结构，具体见表3-14。

（3）复合表。它是指主词按两个或两个以上标志进行复合分组形成的统计表。在一定分析任务要求下，复合表可以把更多的标志结合起来，以便更深入地分析社会经济现象的规律，具体见表3-15。

2.按宾词分类

宾词指标的设计在统计表的设计中占有重要位置，宾词指标的设计与统计表内容的繁简有很大关系。一般来讲，有两种设计方式：一种是简单设计，将宾词指标作平行配置，一一排列，见表3-16；另一种是复合设计，把各个指标结合起来，作层叠配置，分层排列，见表3-17。

表3-14　我国2018年国内生产总值情况

国内生产总值按产业和行业分组	绝对额	同比增长（%）
第一产业	64 734	3.5
农林牧渔业	67 538	3.6
第二产业	366 001	5.8
工业	305 160	6.1
制造业	264 820	6.2
建筑业	61 808	4.5
第三产业	469 575	7.6
批发和零售业	84 201	6.2
交通运输、仓储和邮政业	40 550	8.1
住宿和餐饮业	16 023	6.5
金融业	69 100	4.4
房地产业	59 846	3.8
信息传输、软件和信息技术服务业	32 431	30.7
租赁和商务服务业	24 427	8.9
其他服务业	139 224	6.3
合计	900 309	6.6

注：数据为2019年初公布的初步数，有的总数不等于各分项之和，是由于数值修约误差所致，未作机械调整。

资料来源：国家统计局官方网站，此处经过整理。

表3-15　某地区2019年工业净产值和职工人数资料

项　目	净产值（万元）	职工人数（人）
一、国有	2 255	6 885
1. 大型	975	1 380
2. 中型	860	4 500
3. 小型	420	1 005
二、私营	1 690	2 240
1. 大型	730	750
2. 中型	520	1 040
3. 小型	440	450
合　计	3 945	9 125

表3-16 某地区工业企业的职工性别和学历表一（2019年底）

企业按所有制形式分组	企业数	工人总数	性别		学历		
			男	女	本科以下	本科	本科以上
（甲）	（1）	（2）	（3）	（4）	（5）	（6）	（7）
国有企业							
私营企业							
合 计							

表3-17 某地区工业企业的职工性别和学历表二（2019年底）

企业按所有制形式分组	企业数	工人总数			学历								
					本科以下			本科			本科以上		
		男	女	计	男	女	计	男	女	计	男	女	计
（甲）	（1）	（2）	（3）	（4）	（5）	（6）	（7）	（8）	（9）	（10）	（11）	（12）	（13）
国有企业													
私营企业													
合 计													

3.4.3 统计表的设计原则

统计表的设计应简练、明确、实用、美观，能够准确反映被研究现象的数量特征。具体的设计原则有：

（1）要合理安排统计表的结构。统计表的行标题、列标题、数字资料的位置、长短比例应合理，避免出现过高或过长的表格形式。在不影响表格主题的情况下，可以互换行标题和列标题。

（2）表头。表头一般应包括表序、总标题和表中数据的单位等内容。总标题应简明确切地概括出统计表的内容，一般需要说明统计数据的时间（when）、地点（where）以及何种数据（what），即标题内容应满足3W要求。

（3）如果表中的全部数据都是同一计量单位，可在表的右上角标明。如果各变量的计量单位不同，则应放在每个变量后或单独列出一列标明。

（4）表中的上下两条横线称为上基线和下基线，一般用粗线，其他线用细线。统计表的左右两边如果不封口，则称为开放表，左右两边封口的表格称为封闭表。

（5）表中的数据一般是右对齐，有小数点时应按小数点对齐，而且小数点后的位数应统一，可填0占位。对于没有数值或数值缺失的表格单元，一般用“—”表示，填好的统计表一般不应出现空白单元格。

（6）表中栏数如果较多，可以编号。主栏和计量单位栏用（甲）、（乙）等文字标明，宾栏常用“（1）、（2）、（3）”等数字标明。表中有关栏次如有计算上的勾稽关系，可同时标明，如“（3）=（2）+（1）”。

（7）如果有的话，表的下方还应加上注释或资料来源，一是遵守知识产权法律规定，二是便于读者查阅。

专栏3–3

每日疫情发布密密麻麻？网友建议：能否换成表格形式？

2022年3月以来，全国新冠肺炎确诊人数激增，国家和一些地方由于病例数多，每日疫情发布报告的较长篇幅也让一些人阅读起来大呼吃力。

有网友表示：“新增病例是个位数的时候还不觉得什么，现在十多个省市出现疫情，看那密密麻麻的文字和数据太费劲了。”有网友建议：“这样的发布已经持续存在两年多了，能否把统计数据换成表格，更加清晰明了！”

人民日报健康客户端记者注意到，国家卫健委网站和一些省市卫健委网站每日上午会发布前一日的疫情数据，发布内容大体包括前一天24小时新增的确诊病例数据、无症状感染者数据、当日新增治愈出院数据。确诊病例数据和无症状感染者数据中，又分境外输入和本土病例的分布情况，同时还有境外输入的现有病例数、累计治愈出院病例数、累计确诊病例数，以及本土的现有确诊病例数、累计治愈出院病例数、累计报告确诊病例数。国家卫健委的每日疫情发布会具体到直辖市市辖区、各省（自治区）地级市（自治州）的分布情况，对于公众及时了解疫情动态非常有帮助。一些地方的发布还会通报病例的居住区域、年龄、性别、大致轨迹等信息。

根据国家卫健委网站信息显示，国家卫健委的疫情通报从2020年1月11日开始，每日的疫情最新情况发布则是从2020年1月21日开始，之后每日不间断发布，持续至今。

“如果采用表格化的疫情发布形式，视觉可视化程度会高一些，也会带来更好的传播效果。目前已经有些地方开始这么做了，我看效果是很好的。”北京大学新闻与传播学院的一位传播学教授在接受人民日报健康客户端采访时指出。

该教授指出，“如果从传播学角度来看，疫情发布需要站在大众的角度来看问题，关心民众想看的信息有哪些、如何看起来更方便。官方除了发布疫情数据之外，还可以公布一些医疗资源的使用情况，例如可接诊医院的床位数量、方舱医院的使用情况等，给需要的人提供更多权威信息，这些信息是大家十分关心的。”

对于疫情发布数据表格化、视觉化，人民日报健康客户端记者注意到，像北京、上海等地已有所使用。例如，上海的疫情发布中对于各区的累计病例数据情况以及境外输入人员中输入地的分布情况均是表格化，见表3–18。北京市卫健委官网每日公布新增病例的同时，还会用表格形式发布全市各区无报告病例天数情况、境外输入确诊病例来源国（地区）情况，见表3–19。相较于文字化表述，表格更让人一目了然。

表3-18 上海疫情发布的病例输入地的分布情况

	地区	病例数
本市居住或工作地	浦东	86
	黄浦	13
	徐汇	22
	长宁	1
	静安	16
	普陀	8
	虹口	3
	杨浦	2
	闵行	33
	宝山	6
	嘉定	23
	金山	2
	松江	3
	青浦	1
	奉贤	2
	崇明	3
合计		375

表3-19 北京全市16区和经济技术开发区无报告病例天数情况

地区	无报告病例天数
平谷区	无报告病例
延庆区	791
密云区	772
石景山区	648
怀柔区	448
房山区	60
经开区	30
通州区	28
昌平区	26
大兴区	13
门头沟区	12
海淀区	10
顺义区	9
西城区	7
丰台区	7
东城区	1
朝阳区	1

北京、上海等地疫情发布中的相关数据，用表格形式统计，一目了然。

网友建议，疫情发布也是疫情防控工作的重要一环，“期待疫情信息发布更便民、可读!”

资料来源：董颖钰. 每日疫情发布密密麻麻？网友建议：能否换成表格形式？[EB/OL].[2022-03-26]. https://new.qq.com/omn/20220326/20220326A05L7200.html.

【思政课堂】

数据：新生产要素

【思政元素】将数据明确为新型生产要素，是对生产力认知的发展。

2020年4月，《中共中央 国务院关于构建更加完善的要素市场化配置体制机制的意见》正式公布，这是中央第一份关于要素市场化配置的文件。意见分类提出了土地、劳动力、资本、技术、数据五个要素领域改革的方向，明确了完善要素市场化配置的具体举措。数据作为一种新型生产要素写入文件，意见强调要加快培育数据要素市场：

（1）推进政府数据开放共享。优化经济治理基础数据库，加快推动各地区各部门间数据共享交换，制定出台新一批数据共享责任清单。研究建立促进企业登记、交通运输、气象等公共数据开放和数据资源有效流动的制度规范。

（2）提升社会数据资源价值。培育数字经济新产业、新业态和新模式，支持构建农业、工业、交通、教育、安防、城市管理、公共资源交易等领域规范化数据开发利用的场景。发挥行业协会商会作用，推动人工智能、可穿戴设备、车联网、物联网等领域数据采集标准化。

（3）加强数据资源整合和安全保护。探索建立统一规范的数据管理制度，提高数据质量和规范性，丰富数据产品。研究根据数据性质完善产权性质。制定数据隐私保护制度和安全审查制度。推动完善适用于大数据环境下的数据分类分级安全保护制度，加强对政务数据、企业商业秘密和个人数据的保护。

意见中，数据为何纳入了生产要素的范围？针对数据要素领域，意见有哪些突破和亮点？

对此，国家发展改革委有关负责人表示：生产要素的形态随着经济发展的时代特征不断变迁。土地、劳动力是农业时代重要的生产要素，之后资本成为工业时代重要的生产要素，还催生出技术、管理、企业家才能等更多生产要素。随着信息经济发展，以大数据为代表的信息资源正在朝着生产要素的形态演进。

2014年，习近平总书记主持召开中央网络安全和信息化领导小组第一次会议时指出："网络信息是跨国界流动的，信息流引领技术流、资金流、人才流，信息资源日益成为重要生产要素和社会财富，信息掌握的多寡成为国家软实力和竞争力的重要标志。"2017年，习近平总书记在中共中央政治局集体学习时强调："在互联网经济时代，数据是新的生产要素，是基础性资源和战略性资源，也是重要生产力。""要构建以数据为关键要素的数字经济。"数据已和其他要素一起融入经济价值创造过程之中，对生产力发展具有广泛影响。

数据生产要素属性的提升，关系着经济增长长期动力，关系着我们国家发展的未来。世界各国都把推进经济数字化作为实现创新发展的重要动能，在前沿技术研发、数据开放共享、隐私安全保护、人才培养等方面作出了前瞻性布局。我们也要推动实体经济和数字经济融合发展，推动制造业加速向数字化、网络化、智能化发展，同时，要运用大数据提升国家治理现代化水平，推行电子政务、建设智慧城市，构建全国信息资源共享体系。利用大数据平台，分析风险因素，提高感知、预测、防范能力。

基于此，意见吸收各方观点，根据生产要素的重要性和时代性，明确将数据作为一种新型生产要素写入政策文件，是要充分发挥数据这一新型要素对其他要素效率的倍增作用，培育发展数据要素市场，使大数据成为推动经济高质量发展的新动能。

数据要素部分，意见明确提出要着力加快培育数据要素市场。通过制定出台新一批数据共享责任清单、探索建立统一的数据标准规范、支持构建多领域数据开发利用场景，全面提升数据要素价值。

完善要素市场化配置是建设统一开放、竞争有序市场体系的内在要求，是坚持和完善社会主义基本经济制度、加快完善社会主义市场经济体制的重要内容。

资料来源：顾阳. 中央出台第一份要素市场化配置文件，有何深意？[N]. 经济日报，2020-04-10.此处为节选内容.

本章小结

统计数据是人们对客观事物特征、规模，结构、水平等指标进行测量得到的数值，是对客观现象进行观测、计量的数值结果。

按照不同的标准，统计数据可分为：定性数据和定量数据；定类计量数据、定序计量数据、定距计量数据和定比计量数据；截面数据、时间序列数据和面板数据。

大数据一般指数据规模极大的数据，大数据是高科技时代的产物。大数据的特点为：大量、高速、多样、价值。

统计数据可通过以下方法收集：统计年鉴、统计调查、购买、到权威网站下载、从数据方取得、网上搜索。

统计数据整理，简称统计整理，是指根据统计工作和研究的目的，对取得的数据进行科学的加工处理，使之系统化、条理化和综合化，成为能反映研究对象总体特征的过程。

统计数据整理的步骤包括：预处理、数据分组、编制频数分布表、制作统计表或统计图。

统计分组是统计研究的一种重要方法，它是根据统计研究任务的要求和现象总体的内在特点，把统计总体按照一定标志划分为若干性质不同又有联系的几个部分。

统计分组的原则包括：科学性原则、完整性原则、互斥性原则。

在统计图示中，最常见的有条形图、饼形图、环形图、直方图、折线图、茎叶图、折线图等。

数据整理后，形成统计表，就使数据变得一目了然、清晰易懂。广义的统计表包括统计工作各个阶段中所用的一切表格。狭义的统计表专指分析表和容纳各种统计资料的表格，也就是通常所说的统计表，它是统计分析的一种重要工具。

统计表按主词是否分组及分组标志的多少，可分为简单表、分组表和复合表三种。

第4章　数据的分布特征

学习目标

- 了解数据分布的几个基本特征；
- 理解数据分布中的总量指标、相对指标、集中趋势指标及离散趋势指标的含义；
- 掌握集中趋势各测度值的计算方法、特点及应用场合；
- 掌握离散程度各测度值的计算方法、特点及应用场合。

统计数据经过整理与显示后，数据概貌就呈现在我们面前，但这只是表面上的、粗略的，我们需要进一步掌握数据分布的特征和规律。

总的来说，数据分布的特征有3种：第一种是分布的集中趋势，反映各数据向中心值靠拢的程度；第二种是分布的离散趋势，反映各数据远离中心值的程度；第三种是分布的偏态和峰态，反映数据分布的形状。这3种特征从不同方面反映了数据分布的规律，本章对这几种特征的内涵、特点、测度方法和应用进行介绍。

4.1　数据分布的集中趋势

数据分布的集中趋势是指一组数据向其中心靠拢的程度。测度集中趋势就是寻找数据的中心值或代表值。统计研究对象的不同个体的数据不尽相同，但即使再多的数据也常常呈现一定的范围，围绕某个中心值波动，即数据的分布总是具有一定的分布中心，或称集中趋势。例如，尽管全校各位同学身高有高有矮，但大多数同学的身高在全校平均身高的附近变化。

按照计算方法的不同，数据分布集中趋势的测度指标可分为两大类：数值平均数和位置平均数。数值平均数是根据总体各单位的各个标志值计算得到的代表值，主要有算术平均数、调和平均数和几何平均数；位置平均数是根据标志值在分布数列中的位置计算得到的代表值，主要有众数、中位数和四分位数。

专栏4-1

世界标准时间

用同一种测量方法多测量几次得到的平均数比测量一次得到的数据更可靠。即使用一种很准确、很可靠的仪器对同一物体进行重复测量，由于一些无法控制的因素的影响，每次得到的结果也不见得一样。美国国家标准与技术研究院（NIST：National Institute of Standards and Technology）的原子钟非常准确，它的准确程度是每600万年误差1秒，但也不是百分之百准确。

日常生活中各国共同使用的世界标准时间实际上就是一个“平均”时间，它是由位于法国的塞夫尔的国际计量局（BIPM）所“编辑”的。BIPM并没有比NIST更好的钟，它给出的时间是根据世界各地200个原子钟的平均时间得来的。

NIST的时间与正确时间的10个误差数据（秒）：

0.0000000007	0.0000000000	0.0000000002
0.0000000005	−0.0000000003	−0.0000000001
0.0000000006	−0.0000000005	−0.0000000001
0.0000000000		

因此，世界标准时间又称协调世界时、世界统一时间、国际协调时间。

长期来讲，对时间的度量并没有偏差。NIST的秒有时比BIPM的短，有时比BIPM的长，并不是都较短或较长，尽管NIST的测量很准确，但从上面的数字还是可以看出有些差异。世界上没有百分之百可靠的度量，但用多次测量的平均数比只用一次测量的结果可靠程度会更高。这就是BIPM要结合很多原子钟确定时间的原因。

资料来源：作者综合整理。

4.1.1 数值平均数

数值平均数，也称计算平均数，是统计分析中最基本的平均指标，它包括算术平均数、调和平均数、几何平均数和切尾平均数等多种形式的平均数。

1.算术平均数

算术平均数（arithmetic average）也称“均值”（mean），其计算是用总体标志总量除以总体单位总量，即一组数据加总求和后除以数据个数得到的结果，算术平均数在集中趋势测度中是最普通的，代表一组数据的平均水平。例如，全班学生的成绩总和除以学生人数，就得到该班学生的平均成绩；全校学生的身高总和除以学生人数，就得到该校学生的平均身高。

算术平均数在统计学中具有重要地位，它是进行统计分析和统计推断的基础。首先，从统计思想上看，它是一组数据的重心所在。其次，它体现了平均数的统计思想，即各变量值与其算术平均数的离差之和等于零。

根据所给资料的不同形式和研究目的的不同，算术平均数可分为简单算术平均数、加权算术平均数。

（1）简单算术平均数。

简单算术平均数（simple arithmetic average）是指将各个标志值直接加总以后，再除以标志值的个数所得的商。简单算术平均数主要适用于未分组的数据，也可以适用于频数都相等的分组的数据。其计算公式为：

$$\bar{x}=\frac{\sum x}{n} \tag{4.1}$$

其中：$\bar{x}$表示算术平均数；x表示各个标志值；n表示标志值的个数。

【例4-1】某宿舍4名学生的月生活费分别为500、800、1 000、600元，计算该宿舍学生的平均月生活费。

解：$\bar{x}=\frac{\sum x}{n}=(500+800+1000+600)/4=725$（元）

在简单算术平均数的计算中，每个数据值的重要性相同，或者说权数相等，通常适用于未经分组整理的数据或个体没有显著差别的情况。

（2）加权算术平均数。

某些情况下，计算平均数时需要赋予每个数据值一个权数来反映其重要程度。用这种方法计算的平均数叫作加权平均数。加权算术平均数（weighted arithmetic average）是算术平均数的另外一种形式，它主要适用于分组数据。加权算术平均数在统计分析中占有重要的地位，加权算术平均数的计算公式如下：

$$\bar{x}=\frac{\sum M_i f_i}{\sum f_i}=\frac{M_1 f_1+M_2 f_2+\cdots+M_k f_k}{f_1+f_2+\cdots+f_k} \tag{4.2}$$

其中：M_i为各单项式组的变量值或者组距式分组的组中值；f_i为各组的频数。

①根据单变量值分组数据计算的平均数。

【例4-2】某部门20名员工的奖金分布情况见表4-1，平均奖金是多少？

表4-1　**某部门员工奖金分布**

奖金M_i（元）	员工数f_i	M_if_i
500	2	1 000
530	4	2 120
740	8	5 920
860	5	4 300
1 020	1	1 020
合计	20	14 360

解：

$$\text{该部门员工平均奖金}=\frac{\sum M_i f_i}{\sum f_i}=\frac{14\,360}{20}=718\text{（元）}$$

②根据组距式分组数据计算的平均数。如果是组距式分组数据，那么应以各组的组中值作为组平均数来计算。这样计算平均数，是假定各组变量值在组内的分布

是均匀的。计算方法与单变量值分组基本相同，只是首先需要计算组中值，并以组中值作为各组的代表值，然后进行加权计算。

【例4–3】某快递分公司50名快递员日派件的分组数据见表4–2，计算人均日派件数。

解：

表4–2 某快递分公司50名快递员日派件均值计算表

按日派件数分组	组中值（M_i）	频数（f_i）	$M_i f_i$
105≤x<110	107.5	3	322.5
110≤x<115	112.5	5	562.5
115≤x<120	117.5	8	940.0
120≤x<125	122.5	14	1 715.0
125≤x<130	127.5	10	1 275.0
130≤x<135	132.5	6	795.0
135≤x<140	137.5	4	550.0
合 计	—	50	6 160.0

解：人均日派件数$\bar{x}=\frac{\sum M_i f_i}{\sum f_i}=\frac{6\ 160}{50}=123.2$（件）

加权平均数的大小，不仅取决于研究对象的变量值，而且受各变量值重复出现的频数（f）或频率（$f/\sum f$）大小的影响。如果某一组数据的频数或频率较大，说明该组的数据较多，那么该组数据的大小对算术平均数的影响就大，反之则小。可见各组频数的多少（或频率的高低）对平均的结果起着一种权衡轻重的作用，因而这一衡量变量值相对重要性的数值称为权数。这里所谓权数的大小，并不是对权数本身值的大小而言的，而是指各组单位数占总体单位数的比重，即权数系数（$f/\sum f$）。权数系数亦称为频率，是一种结构相对数。

需要注意的是，由于在组距式数列中看不到原来具体的变量值，计算过程中要用组中值代表各组的一般水平，其假定前提是各组内的数据呈均匀分布或以组中值为中心呈对称分布，而实际情况往往并不完全如此，所以根据组距式数列计算平均数一般只是一个近似值。

实际上，简单算术平均数可以认为是加权算术平均数的一个特例，因为当各变量值的权数完全相等时，权数权衡轻重的作用就消失了，加权算术平均数就等同于简单算术平均数了。

2.调和平均数

在实际应用中，当已知各组标志值和标志总量而未知单位数（次数）资料时，直接用加权算术平均数无法实现，需要对算术平均数进行变形，这就用到调和平均数。调和平均数又称倒数平均数，是变量值的倒数的算术平均数的倒数。调和平均数也可分为简单调和平均数和加权调和平均数。

（1）简单调和平均数。

简单调和平均数主要适用于没有分组的原始数据或在定量数列中各组次数都相等的情况。若以X_i表示第i项标志值（也称变量值），$\bar{X}_H$表示该组数据的调和平均数，则简单调和平均数的计算公式为：

$$\bar{X}_H = \frac{N}{\sum_{i=1}^{N}\frac{1}{X_i}} \tag{4.3}$$

现实生活中，蔬菜和水果的早午晚价格各不相同，如果想衡量物价水平，就必须进行平均计算，否则据以统计的物价指数就会失真。

【例4-4】某地菜市场上，白菜的价格早晨为0.6元/斤、中午为0.5元/斤、晚上为0.25元/斤。

①早、中、晚各买1斤，求所买白菜的平均价格。

②早、中、晚各买1斤、2斤、3斤，求所买白菜的平均价格。

③早、中、晚各花1元买白菜，求所买白菜的平均价格。

解：求所买白菜的平均价格，就是用一共花的钱数除以一共买到的白菜斤数。

①$\bar{X}_H = \frac{N}{\sum_{i=1}^{N}\frac{1}{X_i}} = \frac{X_1 + X_2 + \cdots + X_N}{N} = \frac{0.6 + 0.5 + 0.25}{3} \approx 0.45$（元/斤）

这时，运用的是简单算术平均数的计算公式。

②$\bar{X} = \frac{\sum_{i=1}^{K}X_iF_i}{\sum_{i=1}^{K}\frac{1}{X_i}} = \frac{0.6\times 1 + 0.5\times 2 + 0.25\times 3}{1+2+3} \approx 0.3917$（元/斤）

这时，运用的是加权算术平均数的计算公式。

③$\bar{X}_H = \frac{N}{\sum_{i=1}^{N}\frac{1}{x_i}} = \frac{1+1+1}{\frac{1}{0.6}+\frac{1}{0.5}+\frac{1}{0.25}} = \frac{3}{7.67} \approx 0.3913$（元/斤）

这时，运用的是简单调和平均数的计算公式。

（2）加权调和平均数。

加权调和平均数主要适用于分组且各组标志值出现的权数不相等的情况。以X_i表示第i项标志值（也称变量值），M_i表示第i项标志值对应的权数，$\bar{X}_H$表示该组数据的调和平均数，则加权调和平均数的计算公式为：

$$\bar{X}_H = \frac{\sum_{i=1}^{N}M_i}{\sum_{i=1}^{N}\frac{M_i}{X_i}} = \frac{M_1 + M_2 + \cdots + M_N}{\frac{M_1}{X_1} + \frac{M_2}{X_2} + \cdots + \frac{M_N}{X_N}} \tag{4.4}$$

【例4-5】某地菜市场上，白菜的价格早晨为0.6元/斤、中午为0.5元/斤、晚上为0.25元/斤。现早、中、晚各买1元、2元、3元的白菜，求所买到的白菜的平均价格。

解：

$$\bar{X}_H=\frac{\sum_{i=1}^{N}M_i}{\sum_{i=1}^{N}\frac{M_i}{X_i}}=\frac{M_1+M_2+\cdots+M_N}{\frac{M_1}{X_1}+\frac{M_2}{X_2}+\cdots+\frac{M_N}{X_N}}=\frac{1+2+3}{\frac{1}{0.6}+\frac{2}{0.5}+\frac{3}{0.25}}=\frac{6}{17.67}\approx 0.34\text{（元/斤）}$$

这时，运用的是加权调和平均数的计算公式。

调和平均数是算术平均数的变形，两者的本质是相同的。加权调和平均数与加权算术平均数的区别就在于计算过程中应用数据条件的不同。若已知平均数计算公式中的分母资料，缺少分子资料，则宜采用算术平均数公式来计算；若已知平均数计算公式中的分子资料，缺少分母资料，则宜采用调和平均数公式来计算。两种计算方法是可以相互转换的，即：

$$\bar{x}=\frac{\sum m_i}{\sum\frac{m_i}{M_i}}=\frac{\sum M_i f_i}{\sum\frac{M_i f_i}{M_i}}=\frac{\sum M_i f_i}{\sum f_i}$$

所以对于同一现象，计算加权调和平均数与计算加权算术平均数的结果是相等的，无非是因数据条件不同而采用了不同的计算形式。

3. 几何平均数

几何平均数（geometric mean）是n个变量值乘积的n次方根，它适用于对比率和速度求平均数。当总量等于分量之和时，求平均数可以采用算术平均数或调和平均数形式；当总量等于分量之积时，则要通过几何平均数的形式计算平均量。几何平均数也分为简单几何平均数和加权几何平均数。

（1）简单几何平均数。

简单几何平均数就是直接将n个变量值连乘，然后开n次方根所得到的平均数。它是几何平均数的常见形式，计算公式为：

$$\bar{x}=\sqrt[n]{x_1x_2\cdots x_n}=\sqrt[n]{\prod x_i} \tag{4.5}$$

式中：x为变量值；Π为连乘符号。

【例4-6】某企业的增长率逐年升高，2018年比2017年增长8%，2019年比2018年增长10%，2020年比2019年增长50%。求平均增长速度。

解：

$$\bar{x}=\sqrt[n]{x_1x_2\cdots x_n}=\sqrt[3]{108\%\times110\%\times150\%}=121.24\%$$

计算结果表明，该公司近3年的平均年增长率为21.24%。

（2）加权几何平均数。

当计算几何平均数的各个标志值的次数不同时，应采用加权几何平均数。计算公式为：

$$\bar{x}=\sqrt[\sum f_i]{M_1^{f_1}\cdot M_2^{f_2}\cdot\cdots\cdot M_n^{f_n}}=\sqrt[\sum f_i]{\prod M_i^{f_i}} \tag{4.6}$$

其中：M_i为各单项式组的变量值或者组距式分组的组中值；f_i为各组的频数。

【例4-7】某投资基金过去10年内按收益率统计的年数情况见表4-3，试计算

10年的平均收益率。

表4-3 某投资基金10年收益情况

按年收益率分组（%）	年收益率 x（%）	年数 f
12	112	2
11	111	3
9	109	4
8	108	1
合计	—	10

解：

该投资基金10年的平均本利率为：

$$G = \sqrt[10]{1.12^2 \times 1.11^3 \times 1.09^4 \times 1.08^1} = \sqrt[10]{2.61538} = 110.09\%$$

计算结果表明，该投资基金10年投资的平均收益率是10.09%。

几何平均数可以说是一种特殊的算术平均数均值，几何平均数的对数是各变量值对数的算术平均数，所以，几何平均数也称对数平均数。

4.切尾平均数（切尾均值）

在统计调查所获得的原始数据中，有些数据明显地偏离其他数据，例如，统计调查得知某组防疫志愿者某月的服务时间（单位：小时）分别为12、61、27、30、29、27、28、15、31、32、36和60。在这组服务时间中，可以观测12、15、60、61明显地偏离了其他数据，统计上把这种明显地偏离了其他数据的变量值称为离群值。有时候，为了能更准确地描述社会经济现象的数量分布规律，我们需要计算切尾平均数。

切尾平均数（trimmed average）是指将标志值排序以后，按照一定比例去掉首尾两端的离群值，从而对剩下的标志值计算的算术平均数。

【例4-8】某地方公务员招聘面试中共有9名考官，为了使面试成绩客观公正，将首尾两个成绩视为离群值。面试中考官给予某位考生的成绩分别为85、76、87、73、90、95、93、91和95分。要求：试用切尾平均数计算这位考生的面试成绩。

解：

观察原始面试成绩发现73分和95分为离群值，于是，根据切尾平均数的定义有：

（85+76+87+90+93+91+95）/7=88.14（分）

所以这位考生的面试成绩为88.14分。

切尾平均数主要适用于主观因素较多的数据处理，例如各种比赛、考试中的评委或考官的评分等。至于按多大比例去除离群值，要按统计研究的目的和社会经济现象自身的性质和特点而定。

4.1.2 位置平均数

数据分布集中趋势测度指标中，除以上介绍的按全部标志值计算的数值平均数外，还有根据处于特殊位置上的标志值来确定和计算的位置平均数。常用的位置平均数有众数、中位数和四分位数。

1.众数

（1）定义。

众数（mode）是一个统计总体或分布数列中出现次数最多的变量值，常用M_o表示。从分布的角度来看，众数是有明显集中趋势点的数值。例如，商场出售鞋子的尺码有大有小，但是往往只有几个尺码卖得比较多，卖得最多的那个尺码就是鞋子尺码的众数，商场在进货时就可以多进几双该尺码的鞋子。众数往往被认为是人气所在，反映中心倾向和观点。例如，电视台有“您最喜欢的春节联欢晚会节目”、高校中有“学生最喜欢的老师”等评选。

在正态分布和一般的偏态分布中，分布最高峰点所对应的数值即众数。如果没有明显的集中趋势或最高峰点，众数可以不存在。当然，如果有两个高峰点或集中趋势，也可以有两个众数。

（2）类别。

根据所掌握资料的不同，众数既可以根据定性数据计算，也可以根据定量数据计算。

①定性数据或单项式数列的计算。

对于定性数据或定量数据中的单项式数列，众数是数列中出现次数最多的标志值。

例如，表4-4是一个定量数据中的单项式数列。

表4-4 某商场某款男鞋尺码及销售量资料

尺码	销售量（双）
39	2
40	6
41	16
42	7
43	5
44	3
45	1

表4-4中，尺码“41”出现的次数最多，为16次，故该款男鞋尺码的众数为41，在今后的进货中应该多进一些该尺码的鞋，其他尺码的鞋应该少进货。

②组距式分组的众数。

在实际工作中，若所掌握的资料是分组数据，或者对所求众数不需要太精确的情况下，可以利用分组数据来近似推算众数。

对于根据组距式分组数列求众数，需要满足两点假设条件，即众数一定出现在次数最多的组（即众数组）和众数组内各单位分布基本均匀。满足了这两个基本假设，我们就可以按照如下步骤来计算组距式数列的众数。首先，确定众数组，即频数最大或频率最高的组；然后，根据公式4.7或公式4.8进行计算。

$$M_O = L + \frac{\Delta_1}{\Delta 1 + \Delta 2} \times i \tag{4.7}$$

$$M_O = U - \frac{\Delta_2}{\Delta 1 + \Delta 2} \times i \tag{4.8}$$

式中：L为众数组下限、U为众数组上限；Δ1为众数组与前一组频数之差；Δ2为众数组与后一组频数之差；i为众数组的组距。

【例4–9】某快递分公司50名快递员日派件数见表4–5，求快递员日派件数的众数。

解：

表4–5　　某快递分公司50快递员日派件数分布

按日派件数分组（个）	频数（人）
105≤x<110	3
110≤x<115	5
115≤x<120	8
120≤x<125	14
125≤x<130	10
130≤x<135	6
135≤x<140	4
合　计	50

从表4–5中的数据可以看出，最大的频数值是14，即众数组为120≤x<125这一组，因此可得，50名快递员日派件数的众数为：

$$M_o = 120 + \frac{14-8}{(14-8)+(14-10)} \times 5 = 123\text{（件）}$$

或：$M_o = 125 - \dfrac{14-10}{(14-8)+(14-10)} \times 5 = 123$（件）

（3）关于众数的说明。

第一，众数是一个统计总体中出现次数最多的变量值，所以众数不易受极端值的影响，这是其优点；第二，众数既适用于定性数据，也适用于定量数据；第三，在计算众数时，一组数据可能没有众数，也可能有不止一个众数。

【例4–10】有以下3组数据：

数据A：16、6、9、8、6、6、3。该组数据只有1个众数6。

数据B：25、28、28、36、39、39、56。该组数据有两个众数，即28和39。

数据C：19、5、9、12、6、8、3。该组数据无众数。

例4-10的众数情况可如图4-1所示。

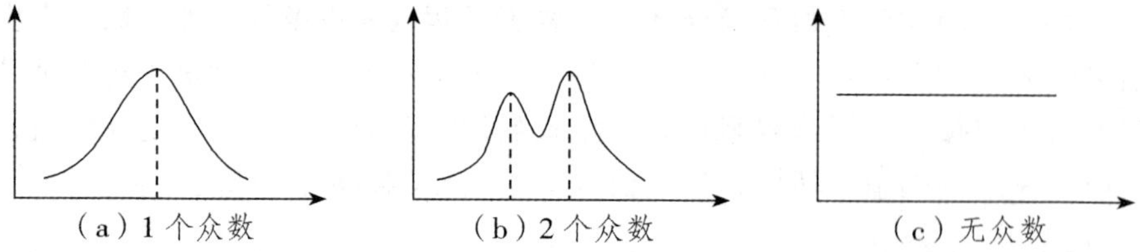

图4-1 众数示意图

只有在总体单位比较多而且又明显地集中于某个变量值时，计算众数才有意义。

2. 中位数

将一组数据按由小到大的顺序排列，位于中间位置的数据即为中位数，用Me表示，该数据之前之后的数据个数均占总体个数的一半，是一种位置平均数，主要用于顺序或数值型数据集中趋势的测度。中位数不受极端值的影响，在数据分布较偏斜的情况下使用更有效。

（1）根据未分组资料计算中位数。

首先，将数据按由小到大的顺序排序。

其次，确定中位数的位置，其公式为：

$$\text{中位数的位置} = \frac{n+1}{2}$$

最后，根据中位数的位置找出对应的数据，即为中位数。

【例4-11】某大学随机抽查9位毕业生，调查得知每个人的月收入数据为：4 250、4 300、4 450、4 750、5 300、5 400、6 800、8 000、15 000元。

解：

9位毕业生月人均收入的中位数位置为：

$$\frac{n+1}{2} = \frac{9+1}{2}$$

即中位数M_e为5 300元。

若n为偶数，则对应中位数位置左右相邻数据的简单算术平均数为中位数。

【例4-12】依例4-11，假定我们抽取了10位毕业生，调查每个人的月收入数据为：3 850、4 250、4 300、4 450、4 750、5 300、5 400、6 800、8 000、15 000元。

解：

10位毕业生月人均收入的中位数位置：

$$\frac{n+1}{2} = \frac{10+1}{2} = 5.5$$

中位数相邻左右两个位置上的变量值为4 750、5 300，则中位数为：

$$M_e = \frac{4\,750 + 5\,300}{2} = 5\,025\text{（元）}$$

（2）根据变量数列计算中位数。

根据变量数列计算中位数，需先在变量数列中确定中位数的位置，其公式为：

$$中位数的位置 = \frac{\sum f}{2}$$

①根据单项式变量数列计算中位数。

在确定中位数位置的基础上，找出中位数所在的组，其对应的变量值即为中位数。

【例4-13】某车间某日加工零件数分组资料见表4-6，计算该企业某日加工零件数的中位数。

表4-6 **某车间某日加工零件数资料**

日加工零件数（件）	人数（人）	向上累计	向下累计
15	8	8	90
16	11	19	82
17	15	34	71
18	26	60	56
19	18	78	30
20	12	90	12
合计	90	—	—

解：

日加工零件数的中位数位置：

$$\frac{\sum f}{2} = \frac{90}{2} = 45$$

根据表4-6向上累计次数和向下累计次数，45包含在变量值18所在的组，相应地18就是该企业某日加工零件数的中位数。

②根据组距式变量数列计算中位数。

首先，确定中位数所在组，然后按比例插值法公式近似计算中位数，计算公式为：

$$M_e = L + \frac{\frac{\sum f}{2} - s_{m-1}}{f_m} \times d$$

$$M_e = U - \frac{\frac{\sum f}{2} - s_{m+1}}{f_m} \times d$$

式中：L为中位数所在组的下限；U为中位数所在组的上限；S_{m-1}为中位数所在组以下组的向上累计次数；S_{m+1}为中位数所在组以上组的向下累计次数；f_m为中位数所在组的次数；d为中位数所在组的组距。

【例4-14】某快递公司50名快递员的派件数见表4-7，计算派件水平的中位数。

表4-7 **某快递分公司50名快递员日派件数分布**

按日派件数分组（个）	频数（人）	向上累计	向下累计
$105\leqslant x<110$	3	3	50
$110\leqslant x<115$	5	8	47
$115\leqslant x<120$	8	16	42
$120\leqslant x<125$	14	30	34
$125\leqslant x<130$	10	40	20
$130\leqslant x<135$	6	46	10
$135\leqslant x<140$	4	50	4
合　计	50	—	—

解：

该快递公司50名快递员派件数的中位数位置为：

$$\frac{\sum f}{2}=\frac{50}{2}=25$$

根据表4-7中的向上累计次数和向下累计次数，25包含在$120\leqslant x<125$这一组内，则按比例插值法公式计算中位数的近似值为：

$$M_e=120+\frac{\frac{50}{2}-16}{14}\times 5=123.21\text{（件）}$$

$$M_e=125-\frac{\frac{50}{2}-20}{14}\times 5=123.21\text{（件）}$$

计算结果表明，根据下限公式、上限公式确定的该公司50名快递员派件数的中位数为124件（件数为取整数）。

3. 四分位数

四分位数（quartile）是指将一组数据经过排序以后处于1/4、2/4、3/4位置上的标志值，这三个数值从小到大依次称为第一四分位数或下四分位数Q_L、第二四分位数即中位数M_e、第三四分位数或上四分位数Q_U。如未加说明，四分位数一般指下四分位数与上四分位数，它是一组数据排序后处于25%和75%位置上的值。根据定义，四分位数的位置确定方法如下。

进行四分位数计算之前，要将数据进行排序；然后确定四分位数的位置，其位置按公式4.9确定，其中的n表示变量值的个数。如果所得位置不是整数，就要按加权平均法确定四分位数。

$$Q_L\text{位置}=\frac{n}{4}\qquad Q_U\text{位置}=\frac{3n}{4}\tag{4.9}$$

【例4-15】某班级的一组学生在体育课的足球射门小考中，射门射中的个数分别为3、2、3、8、7、9、0、7、3、7、5、8、3、10个，试求射中个数的四分位数。

解：排序后确定四分位数的位置。根据公式4.9，有：

Q_L位置 $=\frac{n}{4}=3.5$　　　　Q_U位置 $=\frac{3n}{4}=10.5$

计算结果表明，下四分位数是第3.5个标志值、上四分位数是第10.5个标志值，四分位数位置都不是整数，因此进行邻近加权平均处理。对于下四分位数而言，邻近的是第3个和第4个标志值，因此下四分位数位于第3个标志值3和第4个标志值3之间；对于上四分位数而言，邻近的是第10个和第11个标志值，因此上四分位数位于第10个标志值7和第11个标志值8之间，分别计算如下：

Q_L= 3 +（3−3）×（3.5−3）= 3（个），Q_U= 7 +（8−7）×（10.5−10）= 7.5（个）

Q_L= 3−（3−3）×（4−3.5）= 3（个），Q_U= 8−（8−7）×（11−10.5）= 7.5（个）

因此，射中个数的上四分位数是7.5个，下四分位数是3个。

根据四分位数的计算结果可以粗略地说，排序数据中，至少25%的数据将小于或等于Q_L，而至少75%的数据将大于或等于Q_L；至少75%的数据将小于或等于Q_U，而至少25%的数据将大于或等于Q_U；由于Q_L和Q_U之间包含了50%的数据，在例4-15中可以说大约有一半的学生射门射中数在Q_L和Q_U之间。

4.1.3　位置平均数之间的关系

1.众数、中位数与算术平均数的关系

众数、中位数与算术平均数具有以下的关系：

①当次数分布对称时，众数、中位数、算术平均数相等，即$\bar{x}=M_e=M_o$；

②当次数分布左偏时，存在极小值，算术平均数偏向左方，此时$\bar{x}<M_e<M_o$；

③当次数分布右偏时，存在极大值，算术平均数偏向右方，此时$\bar{x}>M_e>M_o$。

通过比较三者的关系可以看出，当次数分布呈对称分布时，算术平均数作为集中趋势值，代表平均水平更有效；而偏斜分布，尤其偏斜程度严重时，众数、中位数不受极端值影响，其作为集中趋势值，代表平均水平更理想。

2.众数、中位数和平均数的意义

众数、中位数和平均数各自具有不同的特点，掌握它们之间的关系和各自的特点，有助于我们在实际应用中选择合理的测度值来描述数据的集中趋势。

众数是一种位置代表值，易理解，不受极端值的影响。任何类型的数据资料都可以计算与使用，但主要适合于作为分类数据的集中趋势测度值。其缺点是具有不唯一性，有的资料众数根本不存在；当资料中包括多个众数时，也很难进行比较和说明，众数不适于进一步代数运算，应用不如平均数广泛。众数只有在数据量较多时才有意义，当数据量较少时，不宜使用众数。

中位数也是一种位置代表值，不受极端值的影响。当一组数据偏斜程度较大时，使用中位数也许是一个好的选择。除了数值型数据，顺序数据也可以计算，而且主要适合于作为顺序数据的集中趋势测度值。中位数也不适于进一步代数运算，应用不如平均数广泛。

平均数的含义通俗易懂，直观清晰；全部数据都要参加运算，因此它是一个可靠的具有代表性的量；任何一组数据都有一个平均数，而且只有一个平均数；用统计方法推断几个样本是否取自同一总体时，必须使用算术平均数；它具有优良的数学性质，适合于代数方法的演算。平均数是实际中应用最广泛的集中趋势测度值，主要适用于作为数值型数据的集中趋势测度值；容易受极端值的影响；对于偏态分布的数据，平均数的代表性较差；资料有开口组时，按相邻组组距计算假定性很大，代表性降低。

专栏4-2

第七次全国人口普查数据特征

人口状况是一个国家最基本、最重要的国情，党的十八大以来，以习近平同志为核心的党中央高度重视人口问题，作出逐步调整生育政策、促进人口长期均衡发展等重大决策，我国人口工作取得显著成效、人口发展形势出现一些积极变化。第七次全国人口普查的成果全面、翔实地反映了当前我国人口的基本情况及10年间人口的发展变化，总的来看可以概括如下。

10年来，我国人口总量持续增长，仍然是世界第一人口大国。人口质量稳步提升，人口受教育程度明显提高。人口结构调整变化，性别结构改善，年龄结构是“两升一降”。人口流动集聚的趋势更加明显，城镇化水平持续提高。具体有以下六个方面的特点：

第一，从人口总量上看，虽然我国人口总量增速是放缓的，但仍然保持了平稳增长。2020年，我国总人口达到14.1亿人，约占全球总人口的18%，仍然是世界第一人口大国。过去10年间，我国人口实现了从13亿人到14亿人的跨越，人口总量增加了7 206万人，比2010年增长了5.38%，年均增长0.53%，略低于上一个10年0.57%的平均增长率。

第二，从人口质量上看，我国人口受教育水平明显提高，人口的素质不断提升。15岁及以上人口的平均受教育年限从2010年的9.08年提高至9.91年。16～59岁劳动年龄人口平均受教育年限从2010年9.67年提高至10.75年，文盲率从2010年的4.08%下降为2.67%。

第三，从性别构成上看，出生人口性别比稳步下降，性别结构得到改善。普查结果表明，总人口性别比为105.1，与第六次全国人口普查时的105.2相比基本持平，略有降低。从出生人口看，出生人口性别比2020年为111.3，较2010年降低了6.8，逐渐趋向正常水平。

第四，从年龄构成上看，少儿人口数量增加，比重上升。0～14岁少儿人口的数量比2010年增加了3 092万人，比重上升了1.35个百分点。“单独二孩”“全面两孩”等决策部署和政策措施，促进了出生人口出现回升，“二孩”生育率明显提升，出生人口中“二孩”占比由2013年的30%左右上升到2017年的50%左右。

第五，从人口迁徙流动情况看，人口流动依然活跃，人口的集聚效应进一步显现。普查结果表明，居住地与户籍所在地不一致的现象已相当普遍，2020年我国人户分离人口达到4.93亿人，约占总人口的35%。其中，流动人口3.76亿人，10年间增长了将近70%。从流向上看，人口持续向沿江、沿海地区和内地城区集聚，长三角、珠三角、成渝城市群等主要城市群的人口增长迅速，集聚度加大。

第六，从人口的城乡结构看，我国城镇常住人口持续增加，常住人口的城镇化率进一步提高。10年间城镇常住人口增加了2.36亿人，常住人口城镇化率提高了14.21个百分点，比上一个10年的增幅上升了0.75个百分点。普查结果表明，加快实施以人为核心的新型城镇化战略，推动农业转移人口市民化，取得了明显成效。

10年间，我国人口的主要变化反映了我国经济社会和人口发展的历史进程，反映了推动高质量发展、决胜全面建成小康社会的实践历程，也符合人口自身发展趋势和人口与经济社会相互作用的客观规律。

同时，普查数据也反映出我国人口发展中面临着一些结构性矛盾，如劳动年龄人口和育龄妇女规模下降，老龄化程度加深，总和生育率下降，出生人口数量走低等。

我们要辩证看待人口变化对经济社会的影响：

一是我国人口基数大、人口众多的基本国情没有改变，超大规模国内市场优势将长期存在，人口与资源环境仍将处于紧平衡状态。同时，人口增长放缓，需要采取措施促进人口长期均衡发展。

二是劳动力资源依然丰富，人口红利继续存在，同时劳动年龄人口逐年缓慢减少，经济结构和科技发展需要调整适应。

三是人口素质不断提高，人才红利新的优势将逐步显现。同时，大学生就业压力加大，产业转型升级步伐需要加快。

四是少儿人口和老年人口比重双双上升。少儿人口比重上升既反映了调整生育政策的积极成效，又凸显了“一老一小”问题的重要性，需要优化生育政策，完善养育等人口服务体系。老年人口比例上升较快，老龄化已成为今后一段时期我国的基本国情。同时，老年人口的增加也会带来智慧传承发挥和需求拓展扩大。

五是人口加快集聚，既反映了城镇化和经济集聚的趋势性变化，也对提高城镇化质量、促进区域协调发展提出了新的要求。

资料来源　国家统计局.第七次全国人口普查主要数据结果新闻发布会答记者问［EB/OL］.［2022-12-30］. http：//www.stats.gov.cn/ztjc/zdtjgz/zgrkpc/dqcrkpc/ggl/202105/t20210519_1817702.html。本专栏内容为宁吉喆的答记者问。

4.2 数据分布的离散程度

集中趋势只是数据分布特征的一个方面，与之相对，数据分布的另一个重要特征是离散程度，即变量值之间的差异程度。它所反映的是各变量值远离中心值的程度，因此，也称为离中趋势。

数据的离散程度越大，集中趋势的测度值对该组数据的代表性就越差；离散程度越小，其代表性就越好。离散程度的测度值（变异指标）就是对数据离散程度所作的描述。测定数据离散趋势的指标主要有极差、方差和标准差、离散系数等。

4.2.1 极差和四分位差

1.极差

极差也称全距，是一组数据的最大值和最小值之差，常用R表示，计算公式为：

$$R = X_{max} - X_{min}$$

如为组距式变量数列，计算极差就用最大组上限值减去最小组下限值。

极差是一个较笼统的差异指标，主要反映数列中变量值的变动幅度和范围，计算简单，易于理解，但全距只用两个变量值参与计算，容易受极端值的影响，同时不能反映中间数据的差异情况，所以很难全面、准确地描述数据的离散程度。为了弥补极差的这一不足，可以计算四分位差。

2.四分位差

四分位差是上四分位数与下四分位数之差，用Q_d表示。其计算公式为：

$$Q_d = Q_U - Q_L \tag{4.10}$$

四分位差反映了中间50%数据的离散程度。数值越小，说明中间的数据越集中；数值越大，说明中间的数据越分散。四分位差不受极端值的影响，此外，由于中位数处于数据的中间位置，因此，四分位差的大小在一定程度上说明了中位数对数据一般水平的代表程度。

4.2.2 平均差、方差、标准差

1.平均差

平均差是总体各单位标志值与其算术平均数的离差绝对值的算术平均数。用$A \cdot D$表示。平均差考虑了总体中各标志值的变动影响，其实质反映的是以平均数为中心，各单位标志值距平均数的平均距离，作为测定离散趋势的指标，具有较强的代表性。根据所掌握资料的情况，平均差有简单计算式和加权计算式两种。

平均差的简单计算式为：

$$A \cdot D = \frac{\sum |x - \bar{x}|}{n}$$

平均差的加权计算式为：

$$A \cdot D = \frac{\sum |x - \bar{x}| f}{\sum f}$$

【例4–16】某快递分公司快递员日派件数分组资料见表4–8，计算日派件数的平均差。

解：

该快递分公司快递员日派件数的平均差为：

表4-8 **快递员日派件数分组资料**

按日派件数分组（件）	快递员数（人）f	计算栏		
		组中值x	$x-\bar{x}$	$\lvert x-\bar{x}\rvert f$
$10\leq x<20$	10	15	−19.8	198
$20\leq x<30$	24	25	−9.8	235.2
$30\leq x<40$	36	35	0.2	7.2
$40\leq x<50$	18	45	10.2	183.6
$50\leq x<60$	12	55	20.2	242.4
合计	100	—	—	866.4

$$A\cdot D=\frac{\sum\lvert x-\bar{x}\rvert f}{\sum f}=\frac{866.4}{100}=8.664\text{（件）}$$

计算结果表明，该快递分公司平均每个快递员日派件数相差8.664件。

由于平均差是取绝对值计算的，不利于数学处理，因此在实际中的应用较少。

2.方差

方差是总体各单位标志值与其算术平均数离差平方的算术平均数。方差有简单计算式和加权计算式两种。

方差的简单计算式为：

$$\sigma^2=\frac{\sum(x-\bar{x})^2}{n}$$

方差的加权计算式为：

$$\sigma^2=\frac{\sum(x-\bar{x})^2 f}{\sum f}$$

3.标准差

标准差是总体各单位标志值与其算术平均数离差平方的算术平均数的平方根，是方差的平方根形式。标准差有简单计算式和加权计算式两种。

标准差的简单计算式为：

$$\sigma=\sqrt{\frac{\sum(x-\bar{x})^2}{n}}$$

标准差的加权计算式为：

$$\sigma=\sqrt{\frac{\sum(x-\bar{x})^2 f}{\sum f}}$$

【例4-17】以表4-8中快递分公司快递员日派件数分组资料为例，说明标准差的计算，见表4-9。

解：

该快递分公司快递员日派件数的标准差为：

表4-9 加权标准差计算表

按日派件数分组（件）	快递员数（人）f	计算栏		
		组中值x	$(x-\bar{x})^2$	$(x-\bar{x})^2 f$
10≤x<20	10	15	392.04	3 920.4
20≤x<30	24	25	96.04	2 304.96
30≤x<40	36	35	0.04	1.44
40≤x<50	18	45	104.04	1 872.72
50≤x<60	12	55	408.04	4 896.48
合计	100	—	—	12 996

$$s=\sqrt{\frac{\sum(x-\bar{x})^2 f}{\sum f}}=\sqrt{\frac{12\,996}{100}}=11.40\text{（件）}$$

计算结果表明，平均每个快递员日派件数相差11.40件。

由此可以看出，平均差和标准差的结果存在差异。方差或标准差也是根据全部数据计算的，能够反映每个数据与均值相比平均相差多少，因此它能准确地反映数据的离散程度。与平均差相比，方差在数学处理上是通过平方消去离差的正负号，因此，方差和标准差在实际中的应用非常广泛。

4.2.3 离散系数

前面介绍的极差、平均差、方差和标准差等都是反映数据离散程度的绝对值，从定义上看，它们的取值不仅受本身离散程度的影响，还与标志值的水平、计量单位等关系密切，也就是说，标志值大，有可能计算出来的离散程度指标就会较大。因此，对于平均水平不同或计量单位不同的不同组别的变量值，是不能用上述离散程度的测度值直接比较其离散程度的，而是需要将标志值的平均水平考虑进去，也就是要除以平均标志值，因此，在此引入离散系数。

离散系数（variation coefficient）又称变异系数，是将标志变异指标除以标志值的算术平均数得到的相对数形式的离散程度指标，通常记作V。离散系数有效地排除了标志值大小及计量单位对离散程度指标的影响。其计算公式为：

$$V=\frac{\sigma}{\mu}\times 100\% \tag{4.11}$$

$$V=\frac{s}{\bar{x}}\times 100\% \tag{4.12}$$

若离散系数用于不同数据组之间离散程度的比较，则离散系数大的说明数据的离散程度大，离散系数小的说明数据的离散程度也小。

【例4-18】甲、乙两个车间平均日零件产量分别为300件、400件；标准差分别为7.5件、9件，甲车间的标准差小，看起来甲车间平均产量300件的生产水平更具有代表性。但是如果计算标准差系数，就会得出不同的结论：

$$V_{甲车间}=\frac{\sigma}{\bar{x}}=\frac{7.5}{300}\times 100\%=2.5\%$$

$$V_{乙车间} = \frac{\sigma}{\bar{x}} = \frac{9}{400} \times 100\% = 2.25\%$$

从标准差系数的比较可以明显地看出，乙车间产量的标准差系数比甲车间小，表明乙车间的产量不但高，而且各班组的产量比甲车间稳定，因而乙车间平均产量400件更有代表性。

4.3　数据分布的形态测度

通过前面的学习，我们了解了集中趋势和离散趋势这两个数据分布的主要特征，但要全面了解数据分布的特征，还需要知道数据分布的形状对称情况、偏斜程度以及分布的扁平程度等。偏度、峰度就是对这些分布特征的进一步描述，将两者结合起来可判断数据的分布是否接近于正态分布。所以，只有把集中指标、离散指标、偏度和峰度指标结合起来，才能全面地反映数据的分布特征。

4.3.1　偏态及其测度

偏态是用来测定数列分布偏斜方向及程度的指标。“偏态”（skewness）一词由统计学家卡尔·皮尔逊于1895年首次提出。测度偏态的统计量是偏度，一般记为*SK*。事实上，根据众数、中位数、算术平均数的关系已经能够判断数列的偏斜方向了，如果要进一步说明偏斜的程度，则需要计算偏态系数。

根据资料是否分组，偏态系数有简单偏态系数和加权偏态系数两种。

（1）简单偏态系数：

$$SK = \frac{\sum (x - \bar{x})^3}{n\sigma^3} \tag{4.13}$$

（2）加权偏态系数：

$$SK = \frac{\sum (x - \bar{x})^3 f}{\sigma^3 \sum f} \tag{4.14}$$

由计算公式可以看出，偏态系数的取值可正可负，取值在−3～3之间。当呈对称分布时，正负偏差可以相互抵消，偏态系数$SK = 0$；当呈右偏分布时，正偏差值较大，偏态系数$SK > 0$；当呈左偏分布时，负偏差值较大，偏态系数$SK < 0$。

从公式4.13和公式4.14可以看出：$SK = 0$表示数据正态分布或对称；$SK > 0$表示正偏或右偏（见图4-2a）；$SK < 0$表示负偏或左偏（见图4-2b）。*SK*的绝对值越大，表示偏斜的程度就越大。

若偏态系数大于1或小于−1，被称为高度偏态分布；若偏态系数为0.5～1或−1～−0.5，则被认为是中等偏态分布；偏态系数越接近于0，偏斜程度就越低。例如，偏态系数为0.4，表明数据分布有一定的偏斜，且为右偏，但偏斜程度不大。

Excel 软件中的 SKEW 函数可以计算一组数据的偏度。其语法是 SKEW（number1，number2，…）。number1，number2，…，number255为对应于样本总体的1到255个参数。也可以不使用这种用逗号分隔参数的形式，而用单个数组或对数组的引用。

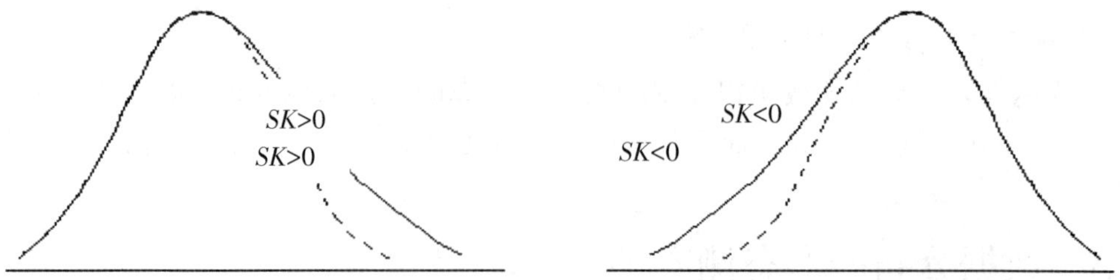

（a）正偏或右偏　　　　（b）负偏或左偏

图4-2　数据分布的偏态特征

【例4-19】某班级学生统计学课程期末考试成绩见表4-10，试计算偏态系数。

表4-10　　**某班级学生统计学期末考试成绩加权偏态系数计算表**

按成绩分组（分）	学生数（人）f	计算栏			
		组中值 x	$(x-\bar{x})$	$(x-\bar{x})^3 f$	$(x-\bar{x})^4 f$
$50 \leqslant x < 60$	5	55	−18.5	−31 658.125	585 675.3
$60 \leqslant x < 70$	10	65	−8.5	−6 141.25	52 200.63
$70 \leqslant x < 80$	14	75	1.5	47.25	70.875
$80 \leqslant x < 90$	8	85	11.5	12 167	139 920.5
$90 \leqslant x < 100$	3	95	21.5	29 815.125	641 025.2
合计	40	—	—	4 230	1 418 893

解：

根据表4-10中的数据，可计算该班学生统计学成绩的偏态系数为：

$$SK=\frac{\sum(x-\bar{x})^3 f}{\sigma^3\sum f}=\frac{4\ 230}{11.08^3\times 40}=0.078$$

计算结果表明，该班学生统计学成绩呈现略右偏分布。

4.3.2　峰度及其测度

“峰度”（kurtosis）一词由统计学家卡尔·皮尔逊于1905年首次提出，它是对数据分布平峰或尖峰程度的测度。测度峰态的统计量是峰度，记作K。

峰度是变量分布的另一个重要特点，是指变量的集中程度和分布曲线的陡峭（或平坦）程度。峰度通常是与标准正态分布相比较而言的。对峰度的度量通常以正态分布曲线为比较标准，一般将峰度分为正态峰度、尖顶峰度和平顶峰度三种。当变量分布曲线比正态分布曲线更加尖峭、更高更窄时，称为尖顶峰度；当变量分布曲线比正态分布曲线更为平缓、更低更扁平时，称为平顶峰度。图4-3是不同峰度的分布曲线示意图。

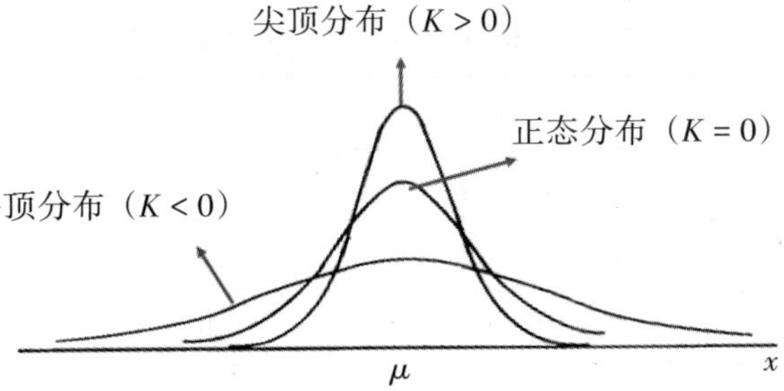

图4-3　不同峰度的分布曲线示意图

峰度系数是用离差四次方的平均数再除以标准差的四次方，其计算公式为：

（1）未分组资料，简单峰度系数为：

$$K=\frac{\sum(x_i-\bar{x})^4}{n\sigma^4}-3 \tag{4.15}$$

（2）分组资料，加权峰度系数为：

$$K=\frac{\sum(M_i-\bar{x})^4 f_i}{\sigma^4\sum f_i}-3 \tag{4.16}$$

从公式4.15和公式4.16可以看出：如果一组数据服从标准正态分布，则峰度系数的值等于0；若峰度系数的值明显不同于0，$K<0$表示平坦峰，说明频数分布离散度高；$K>0$表示尖态峰，说明频数分布集中趋势显著，离散度低。

Excel软件中的KURT函数可以计算一组数据的峰度。其语法是KURT（number1，number2，…）。number1，number2，…，number255为对应于样本总体的1到255个参数。也可以不使用这种用逗号分隔参数的形式，而用单个数组或对数组的引用。

【例4-20】根据表4-10的数据，计算该班学生统计学期末考试成绩的峰度系数。

解：

$$峰度系数K=\frac{\sum(x-\bar{x})^4 f}{\sigma^4\sum f}=\frac{1418\,893}{15\,067.56\times 40}=2.354$$

计算结果表明，峰度系数$K<3$。这说明，该班学生统计学成绩分布为略扁平分布。

专栏4-3

利用Excel计算描述性统计指标

微软的Excel是一个计算功能十分强大的办公软件。它除了具有我们常用的表格处理办公功能外，还是一个优秀而且方便的统计工具。应用Excel，可以完成前文所述的基本统计工作。Excel的统计功能分为基本统计和预测两部分。

根据本章前面的内容，现将Excel统计指标的函数命令进行总结，见表4-11。

表4-11 Excel软件部分描述统计指标函数表

指标	函数	指标	函数
算术平均数	AVERAGE	偏度	SKEW
几何平均数	GEOMEAN	峰度	KURT
中位数	MEDIAN	最大值	MAX
众数	MODE	最小值	MIN
总体标准差	STDEVP	求和	SUM
样本标准差	STDEV	观测数	COUNT

在Excel的系统工具栏中选择“插入”中的“函数”，然后在“函数”对话框中选择所计算的函数，接下来根据函数向导提示一步步地完成。也可在Excel单元格中输入MAX、MIN、AVERAGE、MEDIAN、GEOMEAN、HARMEAN、AVEDEV、STDEV、VAR、KURT和SKEW函数，就可得到最大值、最小值、平均值、中位数、几何平均数、调和平均数、变异统计的平均差、样本标准差、方差、峰度和偏度。

对于未分组的原始数据，最方便的方法就是使用Excel中的“描述统计”分析工具来计算相关指标。

而对于分组资料中的众数和中位数等描述性指标的计算，不需要特别的技巧，只要将统计中的计算公式在Excel中实现即可。

【思政课堂】

统计数据真实性

【思政元素】必须保证数据的真实性，才能有效使用数据。

一、《关于深化统计管理体制改革，提高统计数据真实性的意见》

2016年10月11日，中央全面深化改革领导小组第二十八次会议召开。在这次会议上，审议通过了一系列文件，《关于深化统计管理体制改革，提高统计数据真实性的意见》为其中之一。会议指出，防范和惩治统计造假、弄虚作假，根本出路在深化统计管理体制改革。要遵循统计工作规律，完善统计法律法规，健全政绩考核机制，健全统一领导、分级负责的统计管理体制，健全统计数据质量责任制，强化监督问责，依纪依法惩处弄虚作假，确保统计机构和统计人员独立调查、独立报告、独立监督职权不受侵犯，确保各类重大统计数据造假案件得到及时有效查处，确保统计资料真实准确、完整及时。

二、《防范和惩治统计造假、弄虚作假督察工作规定》

2018年8月，中共中央办公厅、国务院办公厅印发了《防范和惩治统计造假、弄虚作假督察工作规定》，并发出通知，要求各地区各部门认真遵照执行。

《防范和惩治统计造假、弄虚作假督察工作规定》全文如下。

第一条 为了构建防范和惩治统计造假、弄虚作假督察机制，推动各地区各部门严格执行统计法律法规，确保统计数据真实准确，根据《关于深化统计管理体制改革提高统计数据真实性的意见》《统计违纪违法责任人处分处理建议办法》等有关规定和《中华人民共和国统计法》《中华人民共和国统计法实施条例》等法律法规，制定本规定。

第二条 统计督察必须坚持以习近平新时代中国特色社会主义思想为指导，全面贯彻党的十九大和十九届二中、三中全会精神，牢固树立政治意识、大局意识、核心意识、看齐意识，坚持和加强党的全面领导，坚持稳中求进工作总基调，坚持新发展理念，紧扣我国社会主要矛盾变化，按照高质量发展的要求，围绕统筹推进"五位一体"总体布局和协调推进"四个全面"战略布局，聚焦统计法定职责履行、统计违纪违法现象治理、统计数据质量提升，注重实效、突出重点、发现问题、严明纪律，维护统计法律法规权威，推动统计改革发展，为经济社会发展做好统计制度保障。

第三条 根据党中央、国务院授权，国家统计局组织开展统计督察，监督检查各地区各部门贯彻执行党中央、国务院关于统计工作的决策部署和要求、统计法律法规、国家统计政令等情况。

第四条 国家统计局负责统筹、指导、协调、监督统计督察工作，主要职责是制定年度督察计划，批准督察事项，审定督察报告，研究解决督察中存在的重大问题。国家统计局统计执法监督局承担统计督察日常工作。

国家统计局通过组建统计督察组开展统计督察工作，统计督察组设组长、副组长，实行组长负责制，副组长协助组长开展工作。

第五条 统计督察对象是与统计工作相关的各地区、各有关部门。重点是各省、自治区、直辖市党委和政府主要负责同志和与统计工作相关的领导班子成员，必要时可以延伸至市级党委和政府主要负责同志和与统计工作相关的领导班子成员；国务院有关部门主要负责同志和与统计工作相关的领导班子成员；省级统计机构和省级政府有关部门领导班子成员。

第六条 对省级党委和政府、国务院有关部门开展统计督察的内容包括：

（一）贯彻落实党中央、国务院关于统计改革发展各项决策部署，加强对统计工作组织领导，指导重大国情国力调查，推动统计改革发展，研究解决统计建设重大问题等情况；

（二）履行统计法定职责，遵守执行统计法律法规，严守领导干部统计法律底线，依法设立统计机构，维护统计机构和人员依法行使统计职权，保障统计工作条件，支持统计活动依法开展等情况；

（三）建立防范和惩治统计造假、弄虚作假责任制，问责统计违纪违法行为，建立统计违纪违法案件移送机制，追究统计违纪违法责任人责任，发挥统计典型违纪违法案件警示教育作用等情况；

（四）应当督察的其他情况。

对市级及以下党委和政府、地方政府有关部门，可以参照上述规定开展统计督察。

第七条　对各级统计机构、国务院有关部门行使统计职能的内设机构开展统计督察的内容包括：

（一）贯彻落实党中央、国务院关于统计改革发展各项决策部署，完成国家统计调查任务，执行国家统计标准和统计调查制度，组织实施重大国情国力调查等情况；

（二）履行统计法定职责，遵守执行统计法律法规，严守统计机构、统计人员法律底线，依法独立行使统计职权，依法组织开展统计工作，依法实施和监管统计调查，依法报请审批或者备案统计调查项目及其统计调查制度，落实统计普法责任制等情况；

（三）执行国家统计规则，遵守国家统计政令，遵守统计职业道德，执行统计部门规章和规范性文件，落实各项统计工作部署，组织实施统计改革，加强统计基层基础建设，参与构建新时代现代化统计调查体系，建立统计数据质量控制体系等情况；

（四）落实防范和惩治统计造假、弄虚作假责任制，监督检查统计工作，开展统计执法检查，依法查处统计违法行为，依照有关规定移送统计违纪违法责任人处分处理建议或者违纪违法问题线索，落实统计领域诚信建设制度等情况；

（五）应当督察的其他情况。

对国务院有关部门行使统计职能的内设机构开展统计督察的内容还包括：依法提供统计资料、行政记录，建立统计信息共享机制，贯彻落实统计信息共享要求等情况。

对地方政府有关部门行使统计职能的内设机构，可以参照上述规定开展统计督察。

第八条　统计督察主要采取以下方式进行：

（一）召开有关统计工作座谈会，听取被督察地区、部门遵守执行统计法律法规、履行统计法定职责等情况汇报；

（二）与被督察地区、部门有关领导干部和统计人员进行个别谈话，向知情人员询问有关情况；

（三）设立统计违纪违法举报渠道，受理反映被督察地区、部门以及有关领导干部统计违纪违法行为问题的来信、来电、来访等；

（四）调阅、复制有关统计资料和与统计工作有关的文件、会议记录等材料，进入被督察地区、部门统计机构统计数据处理信息系统进行比对、查询；

（五）进行遵守执行统计法律法规等情况的问卷调查，开展统计执法“双随机”抽查，赴被督察地区、部门进行实地调查了解；

（六）经国家统计局批准的其他方式。

第九条　统计督察工作一般按照以下程序进行：

（一）制定方案。国家统计局根据具体任务组建统计督察组，确定统计督察组组长、副组长、成员，明确督察组及其成员职责。统计督察组根据其职责制定实施方案，明确督察目的、对象、内容、方式、期限等。

（二）实地督察。统计督察组赴有关地区、部门督察前应当先收集了解督察对象有关统计工作的基本情况，并向被督察地区、部门送达统计督察通知书。统计督察组到达后应当向被督察地区、部门通报督察内容，严格按照督察实施方案开展督察。

（三）报告情况。统计督察组实地督察结束后应当在规定时间内形成书面督察报告以及督察意见书，经与督察对象沟通后，向国家统计局报告督察基本情况，反映发现的统计违纪违法问题，提出处理建议。

第十条　国家统计局应当及时听取统计督察组的督察情况汇报，研究提出处理意见。对涉及有关国家工作人员涉嫌统计违纪违法、应当依纪依法给予处分处理的，按照有关规定办理。

第十一条　国家统计局应当及时向被督察地区、部门反馈相关督察情况，指出有关统计工作问题，有针对性地提出整改意见，将督察意见书提供给被督察地区、部门，并将督察报告以及督察意见书移交中央纪委国家监委、中央组织部。其中，对各省、自治区、直辖市党委和政府以及国务院有关部门的督察意见应当报经党中央、国务院同意后再反馈。统计督察情况应当以适当方式向社会公开。

第十二条　被督察地区、部门收到统计督察组反馈意见后，应当对存在的问题认真整改落实，并在3个月内将整改情况反馈国家统计局。国家统计局应当以适当方式监督整改落实情况。

第十三条　督察中发现统计违纪违法问题和线索的，按照《统计违纪违法责任人处分处理建议办法》有关规定办理。

第十四条　国家统计局每年年初应当向党中央、国务院报告上年度统计督察情况。

第十五条　被督察地区、部门应当支持配合统计督察工作。被督察地区、部门领导班子成员应当自觉接受统计督察监督，积极配合统计督察组开展工作。督察涉及的相关人员有义务向统计督察组如实反映情况。

第十六条　被督察地区、部门及其工作人员违反规定不支持配合甚至拒绝、阻碍和干扰统计督察工作的，应当视为包庇、纵容统计违纪违法行为，依照有关规定严肃处理。

第十七条　统计督察组应当坚持实事求是，深入调查研究，全面准确了解情况，客观公正反映问题。

统计督察工作人员应当严格遵守政治纪律、组织纪律、廉洁纪律、工作纪律等有关纪律要求，有下列情形之一的，视情节轻重，给予批评教育、组织处理或者党纪政务处分；涉嫌犯罪的，移送有关机关依法处理：

（一）对统计造假、弄虚作假问题瞒案不报、有案不查、查案不力，不如实报告统计督察情况，甚至隐瞒、歪曲、捏造事实的；

（二）泄露统计督察工作中知悉的国家秘密、商业秘密、个人信息及其工作秘密的；

（三）统计督察工作中超越权限造成不良后果的；

（四）违反中央八项规定精神，或者利用统计督察工作便利，谋取私利或者为他人谋取不正当利益的；

（五）有其他违反统计督察纪律行为的。

第十八条　国家统计局根据本规定制定具体实施办法。

第十九条　本规定由国家统计局负责解释。

第二十条　本规定自2018年8月24日起施行。

资料来源：作者综合、归纳自新华社新闻。

本章小结

数据的集中趋势是指一组数据向其中心靠拢的程度。按照计算方法的不同，数据分布集中趋势的测度指标可分为两大类：数值平均数和位置平均数。

数值平均数是根据总体各单位的各个标志值计算得到的代表值，主要有算术平均数、调和平均数和几何平均数。①算术平均数也称“均值”，其计算是用总体标志总量除以总体单位总量，即一组数据加总求和后除以数据个数得到的结果，算术平均数在集中趋势测度中是最普通的，代表一组数据的平均水平。算术平均数分为简单算术平均数和加权算术平均数。②调和平均数又称倒数平均数，是变量值的倒数，即算术平均数的倒数。调和平均数也可分为简单调和平均数和加权调和平均数。③几何平均数是n个变量值乘积的n次方根，它适用于对比率和速度求平均数。几何平均数也分为简单几何平均数和加权几何平均数。④切尾平均数是指将标志值排序以后，按照一定比例去掉首尾两端的离群值，从而对剩下的标志值计算的算术平均数。

位置平均数是根据标志值在分布数列中的位置计算得到的代表值，主要有众数、中位数和四分位数。①众数是一个统计总体或分布数列中出现次数最多的变量值。②中位数为一组数据按由小到大的顺序排列后，位于中间位置的数据。③四分位数是指将一组数据经过排序以后处于1/4、2/4、3/4位置上的标志值。

数据分布的离散程度，即变量值之间的差异程度。它所反映的是各变量值远离其中心值的程度，也称为离中趋势。测定数据离散趋势的指标主要有极差、方差和标准差、离散系数等。①极差也称全距，是一组数据的最大值和最小值之差。②四分位差是上四分位数与下四分位数之差。③平均差是总体各单位标志值与其算术平均数的离差绝对值的算术平均数。④方差是总体各单位标志值与其算术平均数离差平方的算术平均数。⑤标准差是总体各单位标志值与其算术平均数离差平方的算术平均数的平方根，是方差的平方根。

偏度、峰度是对数据分布的特征的进一步描述，两者结合可判断数据的分布是否接近于正态分布。偏态是用来测定数列分布偏斜方向及程度的指标，测度偏态的统计量是偏度。峰度是对数据分布平峰或尖峰程度的测度，测度峰态的统计量是峰度。

第5章　抽样分布与参数估计

学习目标

● 理解抽样调查的基本概念、随机抽样方法与抽样分布、抽样误差、参数估计、抽样的组织形式和样本容量的确定等；

● 掌握抽样推断的基本原理和方法；

● 掌握抽样组织形式及参数估计。

5.1　抽样的基本概念

5.1.1　抽样调查的概念和特点

1.抽样调查的概念

如果我们掌握了所研究的总体的全部数据，那么只需要作一些简单的统计描述，就可以得到有关总体的数量特征，比如总体的均值、方差、比例等。但现实的情况比较复杂，有些现象的范围比较广，不可能对总体中的每一个单位一一进行调查，或者由于总体过大，没有必要一一进行调查；另外，有一些调查是破坏性的，比如灯泡的耐用时数调查等。这就需要从总体中抽出一部分单位进行调查，进而利用样本的信息来推断总体的数量特征。

我们先看几个例子：

（1）要检验一批灯泡的使用寿命，由于测试是破坏性的，不可能对每一只灯泡都进行测试，只能抽取一部分灯泡作测试，据此来推断该批灯泡的平均使用寿命。

（2）电视台要了解某一节目的收视率是多少，显然不可能对所有的电视观众进行调查，而只能抽取一部分观众去作调查，进而根据这一部分观众的收视率来推断全部观众的收视率。

（3）要想了解水库中的鱼苗数，显然不可能将水库中的鱼苗全部捞出进行调查，只能从中抽取部分进行调查，然后用部分去估计水库中的鱼苗数。

上面这些例子表明，当总体的范围难以确定或当总体的单位数很多时，或者对于破坏性试验，我们只能从中抽取一部分单位进行调查，然后以此来估计总体的状况。

抽样估计包括抽样调查和抽样推断两个部分。抽样调查是一种非全面的调查方法，是从总体中按照随机原则抽取样本单位进行调查，抽样推断是利用样本信息推断总体的数量特征。抽样估计不论在统计调查还是在统计分析中都有广泛的应用。

所谓随机原则，是在抽取样本时，排除人们主观意图的作用，使得总体中的各单位均以相等的机会被抽中。随机原则又称为等可能性原则。例如，从一定面积的小麦中，通过随机抽样，抽取若干地块实割实测，计算平均亩产，然后就可以此来推断全部面积的小麦产量。再如，对一批产品进行质量检查时，从全部产品中随机抽取部分产品进行检测计算合格率，以此来推断全部产品的合格率，等等。

抽样调查的科学原理产生得很早。早在17世纪到19世纪中叶，大数定律、概率论逐步发展成一个数学分支，当时的统计学家把大数定律、概率论的原理引进到统计学的研究领域，从而产生了抽样调查的统计研究方法。正是由于大数定律、概率论研究的重大进展，抽样调查获得了充分的数学理论根据，为抽样调查的实际运用提供了现实的可能性。自此以后，在西方资本主义国家，不仅在研究自然现象方面广泛运用抽样调查这一数理统计方法，而且在社会经济统计领域中也广泛应用。

抽样调查概念有广义和狭义两种理解。按照广义的理解，凡是抽取一部分单位进行观察，并根据观察结果来推断全体的，都是抽样调查，其中又可分为非随机抽样和随机抽样两种。非随机抽样就是抽查者根据自己的认识和判断，选取若干个有代表性的单位，根据这些单位的观察结果来推断总体，如民意测验等。随机抽样则是根据大数定律的要求，在抽取调查单位时应保证总体中的各个单位都有同等的中选可能性。一般所讲的抽样调查，大多数是指这种随机调查，即狭义的抽样调查。因此，抽样调查是按随机原则从全部研究单位中抽取一部分单位进行观察，根据样本资料计算样本的特征值，然后以样本的特征值，对总体的特征值作出具有一定可靠性的估计和判断，用以反映总体的数量特征和数量表现的一种统计方法。

2. 抽样调查的基本特点

（1）调查单位是按随机原则从全部总体单位中抽取的。

抽样调查是一种非全面调查，同时其样本单位的抽取要遵守随机原则，这一点是和典型调查、重点调查相区别的。典型调查是根据统计调查的任务要求，有意识地选取若干个有代表性的单位进行调查，样本单位的选取不具有随机性；重点调查是根据重点单位来选取样本单位，样本单位的选取同样不具有随机性。抽样调查则不同，在从总体中抽取调查单位时，必须客观地、毫无偏见地严格按随机原则来选取样本单位，不受调查者和被调查单位的主观影响，否则会带上个人偏见，挑中的那部分单位的标值可能偏高或偏低，失去对总体数量特征的代表性。

（2）用部分单位的指标数值去推断和估计总体指标数值。

这一点是和重点调查相区别的。重点调查是对重点单位进行调查，其目的是掌握总体的基本情况，不能以此推断总体的数量特征。抽样调查虽然也是非全面调查，但其目的是以样本的数据推断总体的数量特征。

（3）抽样调查中的抽样误差是不可避免的，但在事先是可以计算并加以控制的。

在非全面调查中，典型调查虽然也可以用所抽取的部分单位的数量特征去推算总体的数量特征，但这种推算的误差范围和推算的保证程度是不能计算和加以控制的。抽样调查则是在对部分单位进行调查的基础上去推断总体的数量特征，当然这种推算也存在误差，但与其他估算不同，抽样误差是可以事先计算的，并可以控制这个误差范围，以保证抽样推断的结果达到一定的可靠程度。

5.1.2 抽样调查的作用

1.解决无法全面调查的问题

有些现象是无法进行全面调查的，为了测算全面资料，必须采用抽样调查的方法。例如，对无限总体不能采用全面调查。另外，有些产品的质量检查具有破坏性，如手机使用寿命检验、罐头的防腐期限试验、轮胎的里程试验等，这些调查所使用的测试手段对产品具有破坏性，不可能进行全面调查，只能采用抽样调查。

2.解决没必要全面调查的问题

从理论上讲，有些现象虽然可以进行全面调查，但实际上没有必要或很难办到，也要采用抽样调查。例如，要了解全国城乡居民的家庭生活状况，从理论上讲可以挨门逐户进行全面调查，但是调查范围太大，调查单位太多，实际上难以办到，也没有必要。采用抽样调查可以节约人力、物力和时间，提高调查结果的时效性，又能达到和全面调查同样的目的和效果。

3.对全面调查进行检查和修正

抽样调查的结果可以对全面调查的结果进行检查和修正。统计数据与客观实际数量之间会存在差别，这种差别通常称为统计误差。统计误差有两种：一种是登记性误差；另一种是代表性误差。登记性误差是在调查、登记汇总时产生的误差，这种误差是可以避免的；而代表性误差是指用部分单位的统计数据去推断总体的数量特征时产生的误差，这种误差是一定会产生的，是不可避免的。全面调查只有登记性误差而没有代表性误差，而抽样调查两种误差都有，因此人们往往认为抽样调查的误差大于全面调查的误差。这种看法忽略了两种误差的大小。全面调查涉及面宽，工作量大，参加人员多，调查结果容易出现差错。因此，发生登记性误差的可能性就大。抽样调查的单位少，参与调查的工作人员就也少，可以进行细致的培训，发生登记性误差的可能性小。在这种情况下，抽样调查的结果会比全面调查的结果更为可靠。在全面调查（如人口普查）之后进行抽样复查，根据抽查结果计算差错率，并以此为依据检查和修正全面调查结果，从而提高全面调查质量。

例如，我国每10年进行一次人口普查，每年进行一次1%的人口抽样调查，抽样调查从内容上补充了全面调查。再如，我国的人口普查使用长表和短表两种表格，短表的调查项目少，人人都要登记，长表的调查项目多，只供部分人登记填写，这其实就是在普查的同时进行抽样调查，这样不仅能保证基本资料的全面、准确、完整，而且能利用有限的时间和经费使调查内容更深入详尽。

4.应用于工业生产的质量控制

抽样调查可以用于工业生产过程的质量控制。在工业产品成批或大量连续生产过程中，利用抽样调查可以检验生产过程是否正常，及时提供信息，进行质量控制，保证生产质量稳定。

5.对总体假设进行检验

利用抽样调查原理，可以对某些总体的假设进行检验，来判别这种假设的真伪，以决定行动的取舍。例如，某地区上一年职工家庭年收入为72 000元，今年抽样调查结果显示，职工家庭年收入为71 000元，这是否意味着职工生活水平下降呢？我们还不能下这个结论，最好通过假设性检验，检验这两年职工家庭收入是否存在显著性统计差异，才能判断该地区今年职工年收入是否低于去年水平。

总之，抽样调查是一种科学实用的调查方法，目前它不仅广泛应用于自然科学领域，也愈来愈多地应用于社会经济现象数量方面的研究。随着抽样理论的发展、抽样技术的进步和完善、广大统计工作者业务水平的提高，抽样调查在社会经济统计中的应用将会愈加普及。

5.1.3　抽样调查的几个基本概念

1.全及总体和抽样总体

在抽样调查中有两种不同的总体：全及总体和抽样总体。

全及总体也称为总体或母体，是指所要认识的研究对象的全体，它是由所研究范围内具有某种共同性质的全体单位所组成的集合体。

抽样总体简称样本，是按随机原则从全及总体中抽取的一部分单位组成的集合体。

例如，我们要研究某城市职工的生活水平，则该城市全部职工就构成全及总体或总体。在本章用大写字母N代表全及总体的单位数。如果从中抽取1%的职工进行调查，这1%的职工所组成的一个集合就是抽样总体，组成样本的每个单位称为样本单位，本章中用小写字母n代表样本的单位数，样本单位数n也称为样本容量。例如，某城市有20万住户，我们要采用抽样调查的方法研究该城市住户的家庭收支情况，则该城市全部住户构成全及总体，$N = 20$万。如果从全部住户中随机抽取千分之五即1 000户进行调查，则被抽中的1 000户构成抽样总体即样本，样本容量$n = 1\,000$。样本容量大，样本误差会小，但调查费用会增加。因此，在抽样设计中应根据调查目的认真考虑合适的样本容量。样本按照样本容量的大小可以分为大样本和小样本。一般来说，$n \geqslant 30$为大样本，$n < 30$为小样本。在对社会经济现象进行抽样调查时，多数采用大样本。

应当注意的是，作为抽样推断对象的全及总体是唯一确定的，但作为观察对象的样本就不是唯一的。从一个全及总体中可以抽取很多个样本，每次抽到哪个样本是不确定的，因此样本是随机的。明白这一点对理解抽样推断是很重要的。样本个数又称样本的可能数目，它是从一个总体中可能抽取多少个样本。样本数目的多少与每一个样本的容量有关，也和随机抽样的方法有关。不同的样本容量和取样方法，样本的可能数目也有很大的差别，抽样本身是一种手段，目的在于对总体进行估计推断。因此，样本容量要多大，要怎样取样，样本数目可能有多少，它们的分布又怎样，这些都关系到对总体判断的准确程度，都需要加以认真研究。

2.全及指标和抽样指标

（1）全及指标。

全及指标又称总体指标或总体参数，是根据全及总体各单位的标志值或特征计算的、反映总体某一属性的综合指标。

由于全及总体是唯一确定的，根据全及总体计算的全及指标也是唯一确定的。常见的总体参数主要有4个：总体的平均指标、总体成数（比重）、总体数量标志的标准差及方差、总体是非标志的标准差及方差等。它们都是反映总体分布特征的重要指标。平均数反映总体分布的集中趋势，方差或标准差反映总体分布的离中趋势。总体成数指标是指总体中具有某种性质的单位数在总体中的比重，它反映总体的结构特征。

（2）样本统计量。

样本统计量又称抽样指标或样本指标，是由抽样总体各个标志值或标志特征计算的综合指标。

样本统计量是与总体参数相对应的。由于样本是从总体中随机地抽出来的，而样本统计量是样本的一个函数，因此，它们是随机变量。我们利用统计量来估计和推断总体的有关参数。与总体参数相对应，常见的样本统计量有：抽样平均数、抽样成数、样本数量标志标准差及方差、样本是非标志标准差及方差。

$$\bar{X}=\frac{\sum_{i=1}^{n}X_i}{n}\ \left(=\frac{\sum Xf}{\sum f}\right) \tag{5.1}$$

$$P=\frac{n_1}{n} \tag{5.2}$$

$$S^2=\frac{1}{n-1}\sum_{i=1}^{n}(X_i-\bar{X})^2\ \left(=\frac{\sum_{i=1}^{n}(X_i-\bar{X})^2 f}{\sum f-1}\right) \tag{5.3}$$

$$S=\sqrt{S^2} \tag{5.4}$$

式中：$\bar{X}$为样本平均数；P为样本成数；S^2与S为分别为样本的方差与标准差；n为样本容量；n_1为样本中具有某种特征的单位数目；f为在分组样本资料下的权数。

应当指出，尽管样本统计量的计算公式与总体参数的计算公式在形式上十分类似，但两者有重要区别：总体参数是常数，计算总体参数公式中所用到的总体各单位的标志值是确定的具体数值，用小写字母x表示。样本统计量是随机变量，计算样本统计量公式中所用的样本单位标志值在未具体观察前是不确定的随机变量，用大写字母X表示；计算总体参数公式中所使用的单位数包括总体的所有单位，通常用大写字母N表示，计算样本统计量所使用的单位数只是样本所包含的单位数，即单位容量，用小写字母n表示；计算总体参数公式中所使用的权数F是整个总体分组资料下的权数，计算样本统计量所使用的权数f是样本分组资料下的权数。

3.样本可能数目和抽样方法

（1）样本可能数目。

样本可能数目又称样本个数，是指从全及总体中可能抽取或可能构成的样本总体。它既和每个样本的容量有关，也和抽样的方法有关。当样本容量给定时，样本的可能数目便由抽样方法决定。

（2）抽样方法。

抽样方法按抽取样本的方式不同分为重复抽样和不重复抽样。

①重复抽样。重复抽样是从全及总体中抽取样本时，随机抽取一个样本单位，记录该单位有关标志表现以后，把它放回到全及总体中去，再从全及总体中随机抽取第二个单位，记录它的有关标志表现以后，也把它放回全及总体中去，照此下去直到抽选n个样本单位。

重复抽样的特点是：第一，n个单位的样本是由n次试验的结果构成的。第二，每次试验是独立的，即其试验的结果与前次、后次的结果无关。第三，每次试验是在相同条件下进行的，每个单位在多次试验中选中的机会（概率）是相同的。

②不重复抽样。不重复抽样是从全及总体中抽取第一个样本单位，记录该单位有关标志表现后，这个样本单位不再放回全及总体中参加下一次抽选。然后，从总体$N-1$个单位中随机抽选第二个样本单位，记录了该单位有关标志表现以后，该单位也不再放回全及总体中去，再从全及总体$N-2$单位中抽选第三个样本单位，照此下去直到抽选出n个样本单位。其特点是：第一，n个单位的样本由n次试验结果构成，但由于每次抽取不重复，所以实质上相当于从总体中同时抽取n个样本单位。第二，每次试验结果不是独立的，上次中选情况影响下次抽选结果。第三，每个单位在多次（轮）试验中中选的机会是不等的。不重复抽样，如果考虑顺序，其样本可能个数为$\frac{N!}{(N-n)!}$；如果不考虑顺序，其样本可能个数为$\frac{N!}{(N-n)!n!}$。

根据对样本的要求不同，抽样方法又有考虑顺序抽样和不考虑顺序抽样两种。

考虑顺序抽样，即从总体N个单位中抽取n个单位构成样本，不但要考虑样本中各单位的不同性质，而且还要考虑不同性质各单位中选的顺序。相同构成成分的单位，由于中选顺序不同，也作为不同样本。

不考虑顺序抽样，即从总体N个单位中抽取n个单位构成样本。这种抽样只考虑样本各个单位的组成成分如何，而不问单位的中选顺序。如果样本的成分相同，不论顺序有多大的不同，都作为一个样本。

以上两种方法存在交叉情况，因而有：考虑顺序的重复抽样、考虑顺序的不重复抽样、不考虑顺序的重复抽样、不考虑顺序的不重复抽样。

考虑顺序的重复抽样也就是通常所说的可重复排列。从总体N个不同单位中每次抽取n个允许重复的排列，组成的样本可能数目为N^n。

考虑顺序的不重复抽样即通常所说的不重复排列。从总体N个不同单位中每次抽取n个不重复的排列，组成的样本可能数目为$\frac{n!}{(n-N)!}$。

不考虑顺序的重复抽样即通常所说的可重复组合。从总体N个不同单位中每次抽取n个允许重复的组合，组成的样本可能数目为C_{N+n-1}^{n}。

不考虑顺序的不重复抽样即通常所说的不重复组合。从总体N个不同单位中每次抽取n个不重复的组合，组成的样本可能数目为$\frac{N!}{(N-n)!n!}$。

专栏5-1

1936年美国总统民意测验

※调查

美国的《文学文摘》是一本在1890—1938年间颇为流行的杂志。1920年，《文学文摘》向6个州的选民邮寄了明信片，询问他们在即将到来的总统大选中，会投票给华伦·哈丁还是詹姆斯·考克斯。被选作民意测验的人名是从电话号码簿和汽车登记簿中选出的。根据反馈回的明信片，《文学文摘》准确地预测了哈丁将在选举中获胜。

其后，在1924年、1928年与1932年的大选中，《文学文摘》扩大了其调查的数量，并作出了准确的预测。1938年，《文学文摘》进行了一次最具雄心的民意测验活动，将选票寄给了从电话号码簿与汽车登记簿中挑选出来的1 000万人，收到了200万人以上的回应，结果显示，有57%的人支持共和党候选人阿尔夫·兰登，而当时在任的总统富兰克林·罗斯福的支持率为43%。

※预测

当时《文学文摘》的编辑们以谨慎的态度发表了一篇谈话：我们不能说我们的预测是绝对正确的。我们并不适用目前被如此随意地用在民意调查中的“绝对无误”这个词。我们十分清楚每一次模拟选举的局限性。不管搜集的样本多大，不管所用的方法多么科学，在选举日那天，如果全国48个州的每一州投票结果都如民意测验的预测，那倒是个奇迹。

※结果

两个星期之后，《文学文摘》的编辑们对民意调查的局限性了解得比以往更清楚了。投票结果显示，罗斯福以历史上最大的优势——61%的得票率，获得第二届任期。《文学文摘》的编辑们对于这次失败深感困惑。

※困惑

导致这一失败的部分原因显然是因为该次民意调查的回收率只有22%。编辑们曾有过这些疑问：为什么整个芝加哥地区，仅有1/5的选民愿意将我们寄出的调查明信片寄回？为什么大部分回函都来自共和党人？在公众服务活动中共和党人往往比民主党人更积极地与我们合作，难道共和党人离邮筒更近？还是民主党人普遍不赞同对大选进行预测？

※原因

问题的症结部分在于《文学文摘》对抽取样本的总体缺乏清楚的认识和明确的界定。因为它当时抽样所依据的并不是美国全体登记的选民名单，而是依据电话号码簿和汽车登记簿来编制抽样框，再从这些号码中进行抽取。这种设计只选择了部分富人的样本，那些没有家庭电话和私人汽车的选民就被排除在抽样的总体之外了。而在当时，受1933年开始的美国经济大萧条的影响，一方面大量人口滑落到下等阶层，另一方面此时的劳动阶层选民希望选个民主党人当总统，因而很多人出来投票。结果，这些未被抽到民意测验中的选民压倒多数地投了罗斯福的票，使《文学文摘》杂志的预测遭到惨败。

这个事例说明，样本如错，调查则必然无效。

5.2 抽样分布与中心极限定理

抽样的目的就是要根据样本统计量去估计总体的参数。要做这样的估计，我们就必须知道样本统计量的分布。某个样本统计量的抽样分布，从理论上说就是在重复选取样本容量为n的样本时，由每一个样本统计量算出的该统计量数值的相对频数分布或概率分布。

由于现实中我们不能将所有的样本都抽出来，因此，统计量的抽样分布实际上是一种理论分布。

5.2.1 抽样分布

1.重复抽样分布

（1）样本均值的抽样分布。

我们知道，从总体N个单位中抽取一个容量为n的随机样本，在重复抽样条件下，共有N^n个可能的样本，在不重复抽样条件下，共有$\dfrac{N!}{(N-n)!n!}$个可能的样本。对于每一个样本，我们都可以计算出一个样本均值（当然也可计算出每一个样本的方差、比例），因此样本均值是一个随机变量。所有的样本均值所形成的分布就是样本均值的抽样分布。为了更好地理解抽样分布的概念，我们通过一个简单的例子来说明样本均值的形成过程。

【例5–1】设一个总体，含有4个单位（个体），即总体单位数$N=4$。4个个体分别为X_1=1、x_2=2、x_3=3、x_4=4。总体分布如图5–1所示。

由图5–1可知，总体是均匀分布。计算总体均值和方差分别为：

总体均值：$\mu=\dfrac{\sum_{i=1}^{N}x_i}{N}=2.5$

总体方差：$\sigma^2=\dfrac{\sum_{i=1}^{N}(x_i-\mu)^2}{N}=1.25$

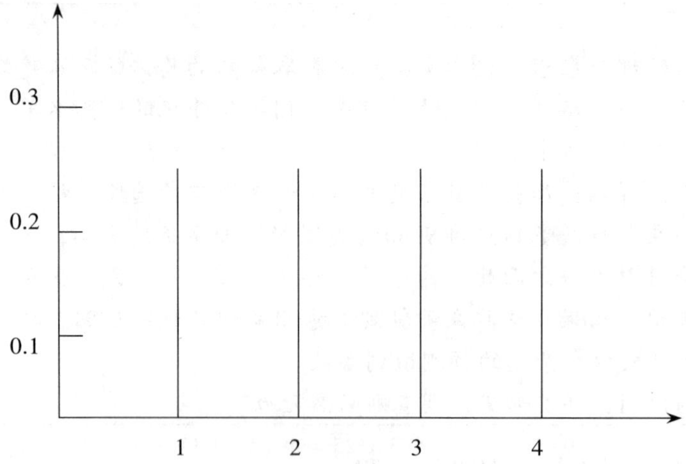

图5-1 总体各单位的分布

现随机从中采用重复抽样方法抽取容量$n=2$的样本，共有16个可能的样本，计算每一个样本的均值$\bar{X}_i$，结果见表5-1。

表5-1 16个可能的样本及其均值

样本	样本中的单位	样本均值
1	1，1	1.0
2	1，2	1.5
3	1，3	2.0
4	1，4	2.5
5	2，1	1.5
6	2，2	2.0
7	2，3	2.5
8	2，4	3.0
9	3，1	2.0
10	3，2	2.5
11	3，3	3.0
12	3，4	3.5
13	4，1	2.5
14	4，2	3.0
15	4，3	3.5
16	4，4	4.0

每个样本被抽中的概率均为1/16。样本均值经整理后见表5-2。

表5-2　**样本均值$\bar{X}$的分布**

$\bar{X}$的取值	$\bar{X}$的个数	$\bar{X}$取值的概率$P(\bar{X})$
1.0	1	1/16
1.5	2	2/16
2.0	3	3/16
2.5	4	4/16
3.0	3	3/16
3.5	2	2/16
4.0	1	1/16

将$\bar{X}$的分布绘成图5-2。

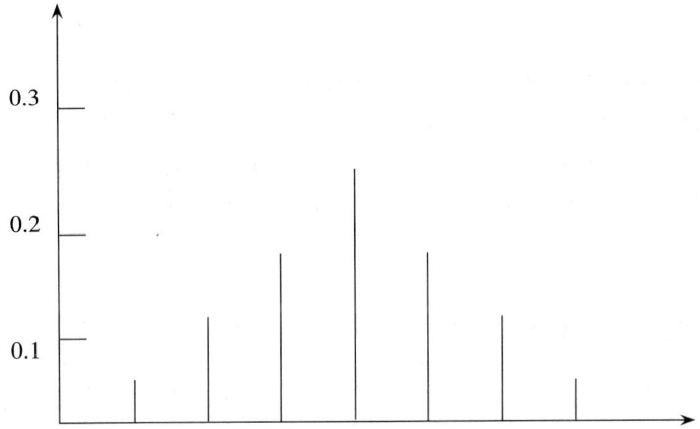

图5-2　样本均值的抽样分布

下面我们再来看看样本均值的抽样分布的特征。从抽样推断的角度看，我们所关心的分布特征主要是数学期望和方差。

根据表5-1的资料计算样本均值的期望值：

$$E(\bar{X})=\frac{1.0+1.5+\cdots+3.5+4.0}{16}=\frac{40}{16}=2.5=\mu$$

样本均值的方差为：

$$\sigma_{\frac{2}{x}}=\frac{\sum_{i=1}^{16}(\bar{X}_i-\mu)^2}{16}=\frac{10}{16}=0.625=\frac{1.25}{2}=\frac{\sigma^2}{n}$$

上例计算表明：（1）样本平均数的期望值等于总体平均数，即$E(\bar{X})=\mu$，上例中两者均等于2.5；（2）样本均值的方差等于总体方差的$\frac{1}{n}$，$\sigma_{\frac{2}{x}}=\frac{\sigma^2}{n}$，上例总体方差为1.25，样本均值的方差为0.625。

设从总体中抽出的样本为X_1，K，X_n，由于是重复抽样，每个X_i（i=1，2，…，n）

都是从总体中随机抽出的，都是与总体同分布的随机变量，并且是相互独立的。要知道$\bar{X}$的分布，必须知道总体的分布。由于正态分布是最常见的分布之一，我们首先介绍在总体分布为正态分布$N(\mu,\sigma^2)$时样本均值$\bar{X}$的分布。

设总体的平均数为μ，方差为σ^2，则样本平均数的期望值与方差分别是：

$$E(\bar{X})=E\left(\frac{X_1+\cdots+X_n}{n}\right)=\frac{1}{n}[E(\bar{X}_1)+E(\bar{X}_2)+\cdots+E(\bar{X}_n)]=\mu \tag{5.5}$$

$$\sigma^2(\bar{X})=\sigma^2\left(\frac{X_1+\cdots+X_n}{n}\right)=\frac{1}{n}[\sigma^2(\bar{X}_1)+\sigma^2(\bar{X}_2)+\cdots+\sigma^2(\bar{X}_n)]=\frac{\sigma^2}{n} \tag{5.6}$$

从以上的式子我们知道，样本平均数分布的中心与总体分布的中心完全相同，方差是总体分布方差的$\frac{1}{n}$。因此，样本平均数分布的集中趋势优于总体分布自身的集中趋势。由于样本平均数能“集中”分布于总体平均数附近，我们可以考虑用样本平均数来估计总体的平均数。用样本统计量去估计总体参数难免有误差，样本变量的离散程度越大，产生误差的可能性也越大。我们用抽样平均数的标准差来反映抽样平均数与总体平均数的平均误差程度，称其为抽样平均误差，记为：

$$\sigma_{\bar{X}}=\frac{\sigma}{\sqrt{n}} \tag{5.7}$$

抽样平均误差是总体标准差的$\frac{1}{\sqrt{n}}$，通常比总体标准差小得多。

抽样平均数的标准差称为抽样平均误差，用来反映抽样平均数与总体平均数的平均误差程度。

设X_1，…，X_n是来自正态总体$N(\mu,\sigma^2)$的一个容量为n的样本，则其样本均值$\bar{X}=\frac{1}{n}\sum_{i=1}^{n}X_i$服从正态分布$N(\mu,\frac{\sigma^2}{n})$，等价地有$\frac{\bar{X}-\mu}{\sigma/\sqrt{n}}:N(0,1)$。

然而，在实际问题中，总体的分布并不是正态分布或近似正态分布，此时$\bar{X}$的分布也将取决于总体分布的情况。值得庆幸的是，当样本容量n比较大时，人们证明了中心极限定理。该定理告诉我们不管总体的分布是什么，当样本容量n增大时，不论原来的总体是否服从正态分布，样本均值$\bar{X}$的分布都将趋于服从正态分布。

设X_1，…，X_n来自一个任意总体中的容量为n的样本，当n充分大时（一般$n>30$），样本均值$\bar{X}=\frac{1}{n}\sum_{i=1}^{n}X_i$的抽样分布近似服从均值为$\mu$、方差为$\frac{\sigma^2}{n}$的正态分布。

【例5-2】某班组有5个工人，他们的单位工时工资分别是4、6、8、10、12

元，总体服从于正态分布。现用重复抽样方式从5个工人中抽出2人，计算样本的平均工时工资的抽样平均误差。

解：

总体分布的平均数与方差分别是：

$$\mu = \frac{\sum x}{N} = \frac{4+6+8+10+12}{5} 8\text{（元）}$$

$$\sigma^2 = \frac{\sum (x-\mu)^2}{N} = \frac{(4-8)^2+(6-8)^2+(8-8)^2+(10-8)^2+(12-8)^2}{5}$$

$$= 8$$

抽样平均误差为：

$$\sigma_{\bar{X}} = \frac{\sigma}{\sqrt{n}} = \frac{\sqrt{8}}{\sqrt{2}} = 2\text{（元）}$$

（2）样本成数分布。

总体成数P是指具有某种特征的单位在总体中的比重。在前面我们已经知道，成数是一个特殊平均数，设总体单位总数目是N，总体中有该特征的单位数是N_1。设X是0、1变量，即总体单位有该特征，则X取1，否则取0，则有：

$$p = \frac{N_1}{N} = \bar{X} \tag{5.8}$$

现从总体中抽出n个单位，如果其中有相应特征的单位数是n_1，则样本成数是：

$$P = \frac{n_1}{n} \tag{5.9}$$

P也是一个随机变量，利用样本平均数分布性质的结论，有：

$$E(P) = p \tag{5.10}$$

$$\sigma(P) = \frac{\sqrt{p(1-p)}}{\sqrt{n}} = \sqrt{\frac{p(1-p)}{n}} \tag{5.11}$$

【例5-3】已知一批产品的合格率为90%，现采用重复抽样方式从中取出400件，求样本合格率的抽样平均误差。

解：$E(P) = p = 90\%$

$$\sigma(P) = \sqrt{\frac{p(1-p)}{n}} = \sqrt{\frac{0.9\times 0.1}{400}} = 1.5\%$$

由于样本容量大，样本成数的平均误差就大大减小。

2.不重复抽样分布

（1）样本平均数分布。

【例5-4】仍以例5-1资料为例，在不重复抽样条件下，所有样本平均数如表5-3所示。从表5-3中可整理出样本平均数的分布，如表5-4和图5-3所示。

根据表5-3的分布数据，可计算样本平均工资及其标准差：

$$E(\bar{X}) = \frac{1.5+2.0+\cdots+3.5}{12} = \frac{30}{12} = 2.5 = \mu$$

样本均值的方差：

表 5-3 12个可能的样本及其均值

样本	样本中的单位	样本均值
1	1，2	1.5
2	1，3	2.0
3	1，4	2.5
4	2，1	1.5
5	2，3	2.5
6	2，4	3.0
7	3，1	2.0
8	3，2	2.5
9	3，4	3.5
10	4，1	2.5
11	4，2	3.0
12	4，3	3.5

表 5-4 样本均值$\bar{X}$的分布

$\bar{X}$的取值	$\bar{X}$的个数	$\bar{X}$取值的概率$P(\bar{X})$
1.5	2	2/12
2.0	2	2/12
2.5	4	4/12
3.0	2	2/12
3.5	2	2/12

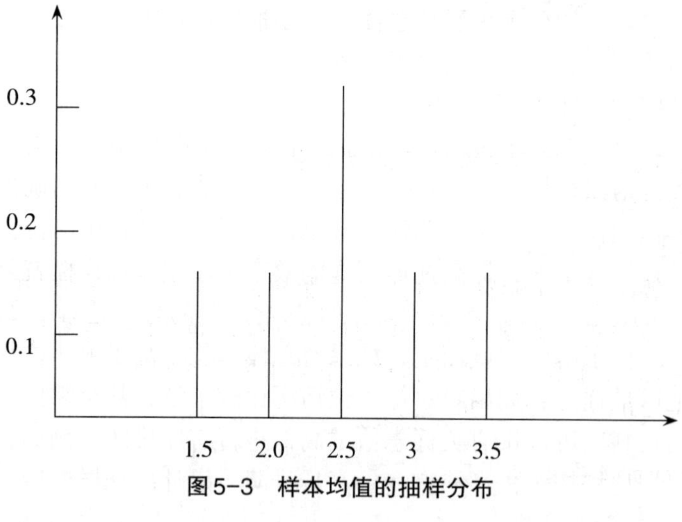

图5-3 样本均值的抽样分布

$$\sigma_{\bar{x}}^2=\frac{\sum_{i=1}^{12}(\bar{X}_i-\mu)^2}{12}=\frac{5}{12}=0.417$$

计算结果表明：在不重复抽样条件下，样本平均数分布的中心还是总体的中心，而抽样平均误差比重复抽样要小。

不重复抽样的平均误差比重复抽样小的原因是很直观的：不重复抽样排除了“每次抽出的都是极端值”的可能，这显然对降低抽样误差有利。数学上可以证明，在不重复抽样条件下，抽样平均误差为：

$$\sigma_{\bar{X}}=\sqrt{\frac{\sigma^2}{n}\left(\frac{N-n}{N-1}\right)}\approx\sqrt{\frac{\sigma^2}{n}\left(1-\frac{n}{N}\right)} \tag{5.12}$$

不重复抽样与重复抽样相比，多了一个系数 $\sqrt{\frac{N-n}{N-1}}$，这个系数称为不重复抽样的修正系数。由于该系数在0～1之间，因此，不重复抽样平均误差比重复抽样小。当 N 远大于 n 时，修正系数近似1，修正与否对平均误差几乎没有影响，这时可以不考虑抽样方式差异，都按重复抽样处理。在实际工作中，在没有掌握总体单位数的情况下或者总体单位数很大时一般均用重复抽样的公式来计算样本均值的方差。

（2）样本成数抽样分布。

由于样本成数是一个特殊的平均数，不重复抽样也有如下性质：

$$E(P)=p \tag{5.13}$$

$$\sigma(P)=\sqrt{\frac{p(1-p)}{n}\left(\frac{N-n}{N-1}\right)}=\sqrt{\frac{p(1-p)}{n}\left(1-\frac{n}{N}\right)} \tag{5.14}$$

与样本均值分布的方差一样，对于无限总体进行不重复抽样时，可以按重复抽样来处理。不重复抽样时样本比例的抽样平均误差可按重复抽样的公式来计算。对于有限总体，当 N 很大，而抽样比例 $n/N\leq 5\%$ 时，其修正系数 $\frac{N-n}{N-1}$ 趋近于1，这时样本比例的抽样平均误差可按重复抽样的公式计算。

在上面计算抽样平均误差的公式中，无论是 σ^2 还是 $p(1-p)$ 都是指全及总体而言的。但在抽样调查的实践中，这两个指标一般都是未知的，因此，通常可以采用以下四种方法解决：

①用过去调查所得资料。可以用全面调查的资料，也可以用抽样调查的资料。如果有几个不同总体方差的资料，则应该用数值较大的。

②用样本方差的资料代替总体方差。概率论的研究从理论上证明了样本方差可以相当接近于总体方差。这是实际工作中经常使用的一种方法，但它在调查之后才能计算。

③用小规模调查资料。如果既没有过去的资料，又需要在调查之前就估计抽样误差，实在不得已时，可以在大规模调查之前，组织一次小规模的试验性调查，用以确定方差。

④用估计的材料。例如，在农产品产量抽样调查中用农产品的预计产量计算出总体的方差。

5.2.2 大数定理与中心极限定理

1. 大数定理

大数定理又称作大数法则。人们在观察个别事物时，是连同一切个别的特性来观察的。个别现象受偶然因素影响，有各自不同的表现。但是，对总体的大量观察后进行平均，就能使偶然因素的影响相互抵消，消除由个别偶然因素引起的极端性影响，从而使总体平均数稳定下来，反映出事物变化的一般规律，这就是大数定理的意义。

【大数定理】独立同分布的随机变量X_1，…，X_n，设它们的平均数为μ，方差为σ^2，则对任意的正数ε，有：

$$\lim_{n\to\infty} p\left\{\left|\frac{1}{n}\sum_{i=1}^{n}X_i - \mu\right| < \varepsilon\right\} = 1 \tag{5.15}$$

该定理说明，当n充分大时，独立同分布的一系列随机变量，其平均数与它们共同的期望值之间的偏差，可以有很大的把握被控制在任意给定的范围之内。由于从总体中抽出的样本是独立且与总体同分布的，因此，当样本容量n充分大时，样本平均与总体平均之间的误差可以有很大的把握被控制在任意给定的要求之内，这就是人们用样本平均估计总体平均的理论根据。

由于成数指标是一个特殊的平均数，大数定理对成数指标自然也成立：设m是n次试验中事件A发生的次数，p是事件A发生的概率，则对于任意小的正数ε，有：

$$\lim_{n\to\infty} p\left\{\left|\frac{m}{n} - p\right| < \varepsilon\right\} = 1 \tag{5.16}$$

当n充分大时，事件A发生的频率接近（依概率收敛于）事件A发生的概率，反映了频率在大量重复试验过程中的稳定性。该定理称为贝努里大数定理，它提供了用频率代替概率的理论根据。

2. 中心极限定理

（1）正态分布的再生定理。

相互独立的两个正态随机变量相加之和仍服从正态分布，这就是正态分布的再生性。因此，从服从正态分布的总体中抽出一个容量是n的样本，则样本平均数$\bar{X}$也服从正态分布。如果总体的平均是μ，标准差是σ，则样本平均数所服从的正态分布的中心仍是μ，标准差是抽样平均误差$\sigma_{\bar{X}}$。

（2）中心极限定理。

从正态分布的再生定理，可推出样本平均数$\bar{X}$服从正态分布$N(\mu,\sigma_{\bar{x}}^2)$，前提条件是总体服从正态分布。在客观实际中，总体服从正态分布的条件不会总是成立的。在非正态总体的场合，样本平均数服从什么分布，我们只有了解了中心极限定理后，才能明确。

【中心极限定理】随机变量X_1，K，X_n相互独立，且服从同一分布，该分布存在有限的期望和方差：$E(X_i)=\mu$，$\sigma^2(X_i)=\sigma^2$，$(i=1, 2, \cdots)$，则当n趋于无穷大时，算术平均数$\bar{X}=\frac{\sum_{i=1}^{n}X_i}{n}$近似服从正态分布，即$\bar{X}:N\left(\mu, \frac{\sigma^2}{n}\right)$。

从上述定理可以得出结论：无论总体服从何种分布，只要它的期望值与方差存在，我们就可以通过增大样本容量n的方式，保证样本平均数$\bar{X}$近似服从正态分布。也就是说，大样本的平均数近似服从正态分布。

对于成数指标，我们设总体成数是p，样本成数是P，则当样本容量充分大时，P近似服从$N(p,\sigma_p^2)$。

5.3　总体参数估计

5.3.1　总体参数估计概述

总体参数估计就是以样本统计量来估计总体参数。比如，用样本均值$\bar{X}$去估计总体均值μ，用样本方差S^2去估计总体方差σ^2，用样本比例P去估计总体比例p，等等。如果我们将总体参数笼统地用一个符号θ表示，参数估计也就是如何用样本统计量去估计总体参数θ。

用来估计总体参数的统计量的名称，称为估计量，用$\hat{\theta}$表示。样本均值、样本比例、样本方差都可以是一个估计量。

用来估计总体参数时计算出来的估计量的具体数值，称为估计值。比如，我们要估计一个班的学生每月的平均消费额，从中抽出一个样本，全班的平均消费额是不知道的，称为参数，用θ表示。根据样本计算的平均数$\bar{X}$就是一个估计量，用$\hat{\theta}$表示，假定计算出来的平均消费额是650元，这个650元就是估计量的具体数值，称为估计值。

5.3.2　参数估计的方法

1.点估计与区间估计

用样本估计量$\hat{\theta}$的值直接作为总体参数θ的估计值，称为参数估计的点估计，又称定值估计。

在统计中常用的点估计有：

$\hat{\mu}=\bar{X}$

$\hat{p}=P$

$\hat{\sigma}^2=\sigma^2$

假定我们要估计一个班学生的月平均消费水平，根据随机样本计算的平均数为650元，我们就用650元作为全班平均月消费水平的值，这就是点估计。再比如，对一批某种型号的电子元件10 000只进行耐用时间检查，随机抽取100只，测试的平均耐用时间为1 055小时，合格率为91%，我们推断说10 000只电子元件的平均耐用时间为1 055小时，全部电子元件的合格率也是91%。

点估计方法简单，但不很实用。因为，抽样估计中抽样指标完全等于全及指标的可能性极小。

在点估计的基础上，给出总体参数估计的一个范围，称为参数的区间估计。

比如，我们估计全班的平均消费水平为600～700元，这就是区间估计。

在实际中，我们更多地使用区间估计，因为我们不可能指望样本估计量的值刚好等于总体参数的值。

2.优良估计量的标准

在点估计中，我们用估计量的值作为总体参数的估计值。实际上，用于估计总体参数的估计量有很多。比如，我们可以用样本均值作为总体均值的估计量，也可以用中位数作为总体均值的估计量，甚至可以用众数作为总体均值的估计量等。那么，究竟用哪种估计量作为总体参数的估计呢？我们自然要用估计效果最好的那种估计量。什么样的估计量才算一个好的估计量呢？统计学家给出了评价估计量优良的标准主要有三条：无偏性、有效性和一致性。

（1）无偏性。

用θ表示总体的待估计参数，$\hat{\theta}$是估计θ的样本统计量，我们说$\hat{\theta}$是θ的无偏估计，指的是θ满足：

$$E(\hat{\theta})=\theta \tag{5.17}$$

无偏性要求用来估计总体参数的样本统计量，其分布是以总体参数真值为中心的，在一次具体的抽样估计中，估计量或者大于总体参数，或者小于总体参数；但是，在进行重复抽样估计的过程中，所有估计量的平均数应该等于待估的总体参数。这说明，无偏估计要求估计量没有系统偏差。由于$E(\bar{X})=\mu$，所以样本平均是总体平均的一个无偏估计。

在讨论抽样分布时，我们证明了$E(\bar{X})=\mu$和$E(P)=p$，因此$\bar{X}$和P是总体均值μ和总体比例p的无偏估计量。修正的样本方差$S_n^{*2}=\dfrac{1}{n-1}\sum\limits_{i=1}^{n}(X_i-\bar{X})^2$是总体方差的无偏估计。

（2）有效性。

$\hat{\theta}_1$和$\hat{\theta}_2$都是总体参数θ的无偏估计量，如果$\sigma^2(\hat{\theta}_1)<\sigma^2(\hat{\theta}_2)$，则说明估计量$\hat{\theta}_1$比$\hat{\theta}_2$更有效。在无偏估计的条件下，估计量的方差越小，则估计量越有效。设总体的方差是σ^2，我们有：$\sigma^2(X_i)=\sigma^2$，$\sigma^2(\bar{X})=\dfrac{\sigma^2}{n}$。显然，样本平均数的方差比样本中某个单位的标志值的方差要小，只是其方差的$1/n$，所以作为估计量，样本平均数更加有效。

（3）一致性。

一致性是指随着样本容量不断增大，样本统计量接近总体参数的可能性就越来越大，或者，对于任意给定的偏差控制水平，两者间偏差高于此控制水平的可能性越来越小，接近于0。一致性用公式表示就是：

$$\lim_{n\to\infty} p\{|\hat{\theta}-\theta|<\varepsilon\}=1 \tag{5.18}$$

ε为一任意小的数。上式说明，当n充分大时，$\hat{\theta}$与θ之间的偏差，可以有很大的把握被控制在任意给定的范围之内。当n趋于无穷大时，估计量$\hat{\theta}$依概率收敛于θ。

换言之，一个大样本给出的估计量要比一个小样本给出的估计量更接近总体的参数。在介绍抽样分布时，我们给出样本均值的标准差（抽样平均误差）为$\sigma_{\bar{X}}=\frac{\sigma}{\sqrt{n}}$，由于$\sigma_{\bar{X}}$与样本容量有关，样本容量越大，$\sigma_{\bar{X}}$越小，因此可以说，大样本给出的点估计更接近于总体均值μ。同时由大数定理我们知道，抽样平均数是总体平均数的一致估计。因此，样本平均是总体平均的一个无偏、有效且满足一致性要求的估计量；因为成数是一个特殊的平均数，该结论对成数估计也成立。

5.3.3　总体均值的区间估计

1. 区间估计的基本原理

区间估计就是在点估计的基础上给出总体参数估计的一个区间范围，该区间通常是由点估计值加减抽样误差而得到的。与点估计不同，进行区间估计时，根据样本统计量的分布我们能够对样本统计量与总体参数的接近程度给出一个概率度量。下面以总体均值的区间估计来说明区间估计的原理。

由样本均值的抽样分布可知，在重复抽样或无限总体抽样的情况下，样本均值的数学期望等于总体均值，即$E(\bar{X})=\mu$，样本均值的标准差（抽样平均误差）为$\sigma_{\bar{X}}=\frac{\sigma}{\sqrt{n}}$，由此可知样本均值$\bar{X}$落在总体均值$\mu$的两侧的一个抽样平均误差范围内的概率为0.6873；落在两个抽样平均误差范围内的概率为0.9545，落在三个抽样平均误差范围内的概率为0.9973，等等。我们可以求出样本均值$\bar{X}$落在总体均值μ两侧的任何一个范围内的概率。但在实际估计时，情况刚好相反，这时$\bar{X}$是已知的，而μ是未知的，也正因为μ是未知的，所以我们才要去估计它。由于$\bar{X}$与μ的距离是对称的，如果某个样本的平均值落在μ的一个抽样平均误差范围内，反过来，μ也包括在以$\bar{X}$为中心的一个抽样平均误差的范围内。因此，有68.73%的样本均值会落在μ的一个抽样平均误差范围之内。也就是说，约有68.73%的样本均值包括μ。通俗地说，我们抽取100个样本来估计总体的均值，由100个样本所构造的区间中约有68个区间包含了总体均值，而另外32个区间则不包含总体均值。图5-4给出了区间估计的示意图。

在区间估计中，由样本统计量所构造的估计区间称为置信区间，其区间的最小值为置信下限，区间的最大值为置信上限。统计学家在某种程度上确信这个区间会包括真正的总体参数，所以取名为置信区间，与此相对应的概念是置信水平。所谓置信水平是如果我们抽取了许多不同的样本，比如说100个样本，根据每一个样本构造一个置信区间，这样，由100个样本构造的置信区间中有95%的区间包括了总体参数，5%的区间没有包括总体参数，则称95%为置信水平。

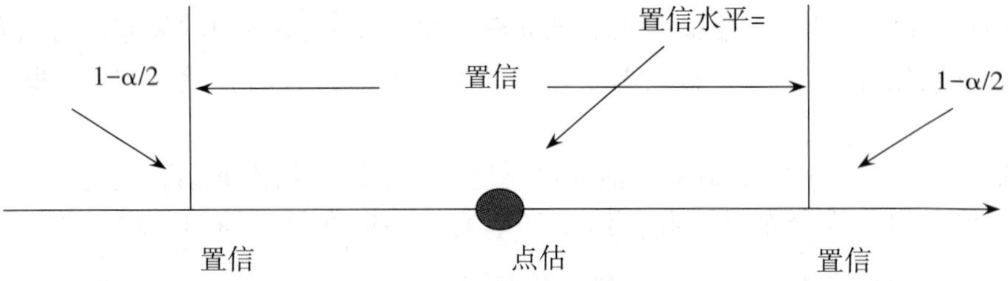

图5-4　区间估计示意图

从图5-4可以看出，置信区间对应的是估计的精度，区间越小则估计的精度越高、误差越小；置信水平对应的是估计的可靠性。当样本容量给定时，置信区间的宽度随置信水平增大而增大，从直觉上说，置信区间比较大才有更大的可能性包含总体参数的真值。但置信区间大，则估计的误差大，估计的精度低，可靠性高；反之，置信区间小则估计精度高，但可靠性会降低。现实中我们总是希望估计的精度高、误差小，同时估计的可靠性又高，但这两者又往往难以同时满足。例如，通过抽样估计某班学生某课程平均成绩的范围，这时我们要考虑这个估计可靠性大小的问题。一种极端估计是：平均成绩在0与100分之间，显然这个范围的估计，可靠性为100%，但这个估计无精度可言，没有意义。如提高精度，估计平均成绩在70分到80分之间，这时估计正确的把握性肯定低于1。可见，估计中精度要求与可靠性要求是一对矛盾。

参数估计通常应满足以下两个要求：一是估计的精度要求；二是可靠性要求。所谓精度，就是置信区间；所谓可靠性，是指置信水平。由于估计精度和估计的可靠度是一对矛盾，因此在实际估计时，要么就估计精度提出要求，要么就估计的可靠度提出要求。

在现实中置信区间可以通过统计量的值$\hat{\theta}$加减一个允许的误差项来计算，这个可以接受的误差项也叫作极限误差。

设待估计的总体参数是θ，用以估计该参数的统计量是$\hat{\theta}$，抽样估计的极限误差是Δ，即$|\theta-\hat{\theta}|\leq\Delta$，则置信上限为$\hat{\theta}+\Delta$，置信下限为$\hat{\theta}-\Delta$。

极限误差是根据研究对象的变异程度和分析任务的性质来确定的允许误差范围。显然，Δ越小，估计的精度要求越高；Δ越大，估计的精度要求越低。极限误差的确定要以实际需要为基本标准。比如，对航天元器件的估计误差，就要求控制在极小的范围内；而对一些小商品如纽扣的合格率估计，其估计误差就可以控制在较大的范围内，因为这种误差对消费者、生产企业的负面影响都有限。极限误差可用抽样平均误差的倍数表示“$\Delta=z\sigma_{\bar{X}}$”。

如果将构造置信区间的步骤重复多次，置信区间包括总体参数真值的次数所占的比率，称为置信水平，用$F(z)=1-\alpha$表示，$0<\alpha<1$。α也叫显著性水平，其取值大小由实际问题确定，经常取1%、5%和10%；$1-\alpha$为置信水平，也叫置信度。

要正确地理解置信度。如果我们用95%的置信度得到某班的平均消费水平的置信区间是600～700元，我们不能说600～700元这个区间以95%的概率包括全班同学平均消费水平的真值，我们只知道在多次抽样中有95%的样本得到的区间包含全班同学平均消费水平的真值。而对一次抽样而言，构造的置信区间为600～700元，如果真值为630元，600～700元这个区间就一定包含真值；如果真值为580元，那么区间600～700元就一定不包含真值。因此，这个概率不是用来描述某个特定区间包含总体参数真值的可能性，一个特定的区间“总是包含”或“绝对不包含”总体参数的真值，不存在“可能包含”或“可能不包含”的问题。但是，用概率可以知道在多次抽样得到的区间中大概有多少个区间包含了参数的真值。

2.平均数的区间估计

对平均数的区间估计，分两种情况：

（1）正态总体且总体方差σ^2已知，或非正态总体、大样本由抽样分布定理知道。

如果总体服从正态分布，则样本平均数$\bar{X}:N(\mu,\sigma_{\bar{X}}^2)$；如果总体正态性不成立，但是样本容量$n$充分大时，近似地也有$\bar{X}:N(\mu,\sigma_{\bar{X}}^2)$。等价地，有$z=\dfrac{\bar{X}-\mu}{\sigma/\sqrt{n}}:N(0,1)$。

如果我们就可靠性提出要求，对于给出的显著性水平α或置信水平$1-\alpha$，通过（反）查标准正态分布表可得到临界值$z_{\alpha/2}$，满足：

$$p(-z_{\alpha/2}\leqslant z\leqslant z_{\alpha/2})=1-\alpha$$

注意：

$$-z_{\alpha/2}\leqslant z\leqslant z_{\alpha/2}$$

$$\Leftrightarrow -z_{\alpha/2}\leqslant \frac{\bar{X}-\mu}{\sigma_{\bar{X}}}\leqslant z_{\alpha/2}$$

$$\Leftrightarrow -z_{\alpha/2}\sigma_{\bar{X}}\leqslant \bar{X}-\mu\leqslant z_{\alpha/2}\sigma_{\bar{X}}$$

$$\Leftrightarrow \bar{X}-z_{\alpha/2}\sigma_{\bar{X}}\leqslant -\mu\leqslant \bar{X}+z_{\alpha/2}\sigma_{\bar{X}}$$

因此，总体平均数在显著性水平是α时的区间估计为：

$$\bar{X}\pm z_{\alpha/2}\frac{\sigma}{\sqrt{n}} \tag{5.19}$$

反过来，如果就抽样精度提出要求，即给出极限误差Δ，即$|\bar{X}-\mu|\leqslant\Delta$，等价于一个区间估计：$\bar{X}-\Delta\leqslant\mu\leqslant\bar{X}+\Delta$，这个区间估计的置信度是多少呢？

$$\begin{aligned}p(\bar{X}-\Delta\leqslant\mu\leqslant\bar{X}+\Delta)&=p(|\bar{X}-\mu|\leqslant\Delta)\\&=p\left(\left|\frac{\bar{X}-\mu}{\sigma_{\bar{X}}}\right|\leqslant\frac{\Delta}{\sigma_{\bar{X}}}\right)\\&=p\left(|z|\leqslant\frac{\Delta}{\sigma_{\bar{X}}}\right)\end{aligned}$$

通过临界值$z_{\alpha/2}=\dfrac{\Delta}{\sigma_{\bar{X}}}$，去查标准正态分布，可得出上式的置信水平是$1-\alpha$。

临界值$Z_{\alpha/2}$与置信水平$1-\alpha$，两者间是密切相关的，通过查标准正态表，可互相确定。如果置信水平提高，区间估计的概率增大，α就要相应地减小，临界值$z_{\alpha/2}$增大；反之，区间估计的概率减小，临界值也减小。因此，也称临界值$z_{\alpha/2}$为概率度，简记为z，用来间接衡量区间估计的概率大小。

关于极限误差、抽样平均误差、概率度三者间的关系，有如下结果：

$$z_{\alpha/2}=\frac{\Delta}{\sigma_{\bar{X}}} \quad 或 \quad \Delta=z_{\alpha/2}\sigma_{\bar{X}} \tag{5.20}$$

以上关系式不仅在对平均数进行区间估计时有效，在对成数指标估计时也适用。

对于给出的置信水平$1-\alpha$，置信区间的公式为：

重复抽样：

$$\bar{X}\pm z_{\alpha/2}\frac{\sigma}{\sqrt{n}} \tag{5.21}$$

不重复抽样：

$$\bar{X}\pm z_{\alpha/2}\frac{\sigma}{\sqrt{n}}\sqrt{\frac{N-n}{N-1}} \tag{5.22}$$

【例5-5】某灯具生产厂家生产一种60W的灯泡，假设其寿命为随机变量并服从正态分布N（μ，1 296）。现在从该厂生产的60W的灯泡中随机抽取了27个产品进行测试，直到灯泡烧坏，测得它们的平均寿命为1 478小时。请计算该厂60W灯泡的平均寿命的置信水平为95%的置信区间。

解：

问题实际上就是求总体均值（60W灯泡的平均寿命）的置信区间，由已知条件可得，总体方差σ^2=1 296，样本容量为$n=27$，样本均值$\bar{X}$=1 478。因为置信水平为$1-\alpha=0.95$，所以查标准正态分布表可得：

$$z_{\frac{\alpha}{2}}=z_{0.025}=1.96$$

$$\sigma_{\bar{X}}=\sqrt{\frac{\sigma^2}{n}}=\sqrt{\frac{1296}{27}}=6.9282$$

$$\Delta=z\sigma_{\bar{X}}=1.96\times6.9282=13.58$$

$$\bar{X}-z_{\frac{\alpha}{2}}\frac{\sigma}{\sqrt{n}}=1\ 478-13.58=1464.42，\bar{X}-z_{\frac{\alpha}{2}}\frac{\sigma}{\sqrt{n}}=1\ 478+13.58=1\ 491.58$$

因此，该厂60W灯泡的平均寿命的置信水平为95%的置信区间为：

$$(\bar{X}-z_{\frac{\alpha}{2}}\frac{\sigma}{\sqrt{n}},\bar{X}+z_{\frac{\alpha}{2}}\frac{\sigma}{\sqrt{n}})=（1\ 464.42，1\ 491.58）$$

【例5-6】某地区的电视台委托调查公司估计地区内居民平均每日看电视时间。调查公司随机抽取了100名居民进行调查，样本数据显示平均每人每天看电视时间是3个小时。如果已知总体的标准差σ=2.0小时。试求：

（1）该地区内居民每天看电视的平均时间的置信区间（置信度是95.45%）。

（2）如果要求估计的误差不超过27分钟，这时置信度是多少？

解：

已知$\bar{X}$=3小时，n=100，σ=2.0小时，$1-\alpha$=95.45%，这时查标准正态分布表，可得临界值：

$$z_{\frac{\alpha}{2}} = z_{0.02275} = 2$$

由于样本容量在地区居民人数中所占的比重太小，重复与不重复抽样效果相差不大，按重复抽样计算可得：

$$\sigma_{\bar{X}} = \frac{\sigma}{\sqrt{n}} = \frac{2.0}{\sqrt{100}} = 0.2$$

$$\Delta = z\sigma_{\bar{X}} = 2 \times 0.2 = 0.4$$

$$\bar{X} - \Delta = 3 - 0.4 = 2.6，\bar{X} + \Delta = 3 + 0.4 = 3.4$$

因此，可用95.45%的置信度，估计该地区内居民每天看电视的平均时间在2.6到3.4个小时之间。

要求极限误差等于27分钟，即Δ=0.45小时。这时置信度为：

$$z_{\alpha/2} = \frac{\Delta}{\sigma_{\bar{X}}} = \frac{0.45}{2/\sqrt{100}} = 2.25$$

$$\bar{X} - \Delta = 3 - 0.45 = 2.55，\bar{X} + \Delta = 3 + 0.45 = 3.45$$

查概率表知这时的概率即置信度是97.56%，区间估计是：

$$(\bar{X} - \Delta_x, (\bar{X} + \Delta_x) = (3-0.45，3+0.45) = (2.55，3.45)$$

因此结论是：可用97.56%的概率保证，估计该地区内居民每天看电视的平均时间在2.55到3.45个小时之间。

（2）总体方差σ^2未知。

当总体服从正态分布但方差未知时，可用样本的标准差s代替总体标准差。这时统计量是：

$$t = \frac{\bar{X} - \mu}{s/\sqrt{n}}$$

t服从的分布不是标准正态分布，而是自由度为$n-1$的t－分布。因此，总体均值的区间估计是：

重复抽样：

$$\bar{X} \pm t_{\alpha/2, n-1} \frac{s}{\sqrt{n}} \tag{5.23}$$

不重复抽样：

$$\bar{X} \pm t_{\alpha/2, n-1} \frac{s}{\sqrt{n}} \sqrt{\frac{N-n}{N-1}} \tag{5.24}$$

以上区间估计公式中，不仅总体标准差σ用样本标准差s代替，而且临界值$t_{\alpha/2, n-1}$，要查t分布表（自由度为n−1）得到。但是，在大样本场合，t分布与标准正态分布非常接近，可直接从标准正态分布表中查临界值。

【例5-7】某灯泡厂对10 000个产品进行使用寿命检验，随机不重复抽取2%的样本进行测试。所得资料见表5-5。

表 5-5 **某灯泡厂使用寿命检验所得资料**

使用时间（小时）	灯泡数（个）	使用时间（小时）	灯泡数（个）
900 以下	2	1 050 ~ 1 100	84
900 ~ 950	4	1 100 ~ 1 150	18
950 ~ 1000	11	1 150 ~ 1 200	7
1000 ~ 1050	71	1 200 以上	3
		合计	200

试以 95.45% 的概率保证度估计该批灯泡的耐用时数。

解：标准差计算结果见表 5-6。

表 5-6 **标准差计算结果**

使用时间（小时）	组中值	灯泡数 f（个）	Xf	$(X-\bar{X})^2f$
900 以下	875	2	1 750	66 248
900 ~ 950	925	4	3 700	69 696
950 ~ 1 000	975	11	10 725	73 964
1 000 ~ 1 050	1 025	71	72 775	72 704
1 050 ~ 1 100	1 075	84	90 300	27 216
1 100 ~ 1 150	1 125	18	20 250	83 232
1 150 ~ 1 200	1 175	7	8 225	97 468
1 200 以上	1 225	3	3 675	84 672
合计	—	200	211 400	575 200

$$\bar{X}=\frac{\sum Xf}{\sum f}=\frac{211\,400}{200}=1\,057$$

$$s=\sqrt{\frac{\sum(X-\bar{X})^2f}{\sum f-1}}=\sqrt{\frac{575\,200}{200-1}}=53.63$$

$$\sigma_{\bar{x}}=\sqrt{\frac{\sigma^2}{n}\left(1-\frac{n}{N}\right)}=\sqrt{\frac{53.63^2}{200}(1-2\%)}=3.7541$$

$1-\alpha=95.45\%$ 查表得 $z=2$

$\Delta_x=z\sigma_{\bar{X}}=2\times3.7541\approx7.51$

下限 $=\bar{X}-\Delta x=1\,057-7.51=1\,049.49$

上限 $=\bar{X}+\Delta x=1\,057+7.51=1\,064.51$

因此，该批灯泡的使用寿命在 1 049.49 ~ 1 064.51 小时之间，其置信水平为 95.45%。

【例5–8】某饮料公司生产的饮料，瓶上标明净容量是500ml，在市场上随机抽取了25瓶，测得其平均容量为499.5ml，标准差为2.63ml。试求该公司生产的这种瓶装饮料的平均容量的置信水平为99%的置信区间（假定饮料的容量服从正态分布$N(\mu,\sigma^2)$）。

解：

以μ表示瓶装饮料的平均容量，由已知可得，样本容量为$n=25$，样本均值为$\bar{X}=499.5$，样本标准差为$s=2.63$。

因为置信水平$1-\alpha=0.99$，查自由度为$n-1=24$的t分布表得分位数：

$$t_{\alpha/2}(n-1)=t_{0.005}(24)=2.797$$

所以：

$$\bar{X}-t_{\frac{\alpha}{2}}(n-1)\times\frac{s}{\sqrt{n}}=499.5-2.797\times2.63/\sqrt{25}=499.5-1.4712\approx498.03$$

$$\bar{X}+t_{\frac{\alpha}{2}}(n-1)\times\frac{s}{\sqrt{n}}=499.5+1.4712\approx500.97$$

因此该公司生产的这种瓶装饮料的平均容量的置信水平为99%的置信区间为(498.03，500.97)。由于该区间包含了500，故该公司的这种瓶装饮料的容量符合其包装上的标准，不存在容量不足欺骗消费者的行为。

不论样本容量n是大还是小，只要总体为正态分布，总体方差未知，总体均值μ的置信水平为$1-\alpha$的（双侧）置信区间都可以用公式5.23和公式5.24进行计算。但是，由于在自由度较大时（比如大于或等于30或50），t分布和标准正态分布极为接近，所以也可以用标准正态分布的分位数$z_{\alpha/2}$来近似t分布的分位数$t_{\alpha/2}(n-1)$。实际上，也可以证明当样本容量n充分大时，$t=\dfrac{\bar{X}-\mu}{S/\sqrt{n}}$近似服从标准正态分布，这也可以解释当$n$较大时，用标准正态分布的分位数$z_{\alpha/2}$来近似$t$分布的分位数$t_{\alpha/2}(n-1)$的合理性。

3.成数指标的区间估计

成数指标是一个特殊的平均数，类似于总体平均数的区间估计，总体成数的区间估计是：

$$P\pm z_{\sigma/2}\sigma_p \tag{5.25}$$

式中的成数抽样平均误差在重复抽样条件下是：

$$\sigma_p=\sqrt{\frac{P(1-P)}{n}} \tag{5.26}$$

在不重复抽样条件下是：

$$\sigma_p=\sqrt{\frac{P(1-P)}{n}\left(\frac{N-n}{N-1}\right)} \tag{5.27}$$

在实践中，由于总体成数常常未知，这时，抽样平均误差公式中的总成数用样本成数代替。

【例5–9】某公司有职工3 000人，从中随机抽取100人调查其工资收入情况。

调查结果表明，职工的月平均工资为3 350元，标准差为403元，月收入在5 000元及以上职工8人。试以95.45%的置信水平推断该公司月平均工资收入在5 000元及以上职工在全部职工中所占的比重。

解：

以p表示月收入在5 000元及以上职工在全部职工中所占的比重，在抽取的100人中月收入在5 000元及以上职工所占的比重即样本成数为$P = 8/100 = 0.08$。

因为$1-\alpha = 0.9545$，所以$1-\alpha/2 = 0.97725$，查标准正态分布表得$z_{\alpha/2} = z_{0.02275}=2$。

$$\sigma_p = \sqrt{\frac{P(1-P)}{n}} = \sqrt{\frac{0.08(1-0.08)}{100}} = 0.02715$$

$$\Delta_p = z_{\alpha/2}\sigma_p = 2 \times 0.02715 = 0.0543$$

$$P - \Delta_p = 0.08 - 0.0543 = 0.0257$$

$$P + \Delta_p = 0.08 + 0.0543 = 0.1343$$

有95.45%的把握说该公司月收入在5 000元及以上职工占全部职工的比重在2.57%到13.43%之间。

【例5-10】某工厂要估计一批总数5 000件的产品的废品率，于是随机抽出400件产品进行检测，发现有32件废品。试给出该批产品的废品率的区间估计（置信度是90%）。

解：

$n = 400$，$N=5\ 000$，样本废品率$P=32/400=8\%$。置信度$1-\alpha=90\%$，$\alpha=10\%$，$\alpha/2=5\%$。查标准正态分布表得：$z_{\alpha/2} = z_{0.05}=1.645$。

$$\sigma_P = \sqrt{\frac{P(1-P)}{n}\left(\frac{N-n}{N-1}\right)} = \sqrt{\frac{0.08(1-0.08)}{400} \times \frac{5\,000-400}{5\,000-1}} = 0.0130$$

$$\Delta_p = z_{\alpha/2}\sigma_p = 1.645 \times 0.013 = 0.021$$

$$P - \Delta_p = 0.08 - 0.021 = 0.059$$

$$P + \Delta_p = 0.08 + 0.021 = 0.101$$

这批产品的废品率在5.9%与10.1%之间。

【例5-11】以例5-7资料为基础，按照质量要求，灯泡使用寿命在1 000小时以上为合格品，试以95.45%的概率保证度估计该批灯泡的合格率。

解：

$$p = \frac{n_1 = \frac{183}{200} = 91.5\%}{n}$$

$$S^2 = \frac{1}{n-1}\sum_{i=1}^{n}(X_i - \bar{X})^2 = \frac{1}{n-1}\sum_{i=1}^{n}(X_i - p)^2 = \frac{n}{n-1}p(1-p)$$

$$\sigma_p = \sqrt{\frac{P(1-P)}{n}\left(1-\frac{n}{N}\right)} = \sqrt{\frac{91.5\% \times 8.5\%}{200}(1-2\%)} = 1.952\%$$

$1-\alpha = 95.45\%$，由于是大样本，可直接利用正态分布表，查表得$z = 2$。

$$\Delta p = z\sigma_p = 2 \times 1.952\% \approx 3.90\%$$

上限$= p + \Delta p = 91.5\% + 3.9\% = 95.4\%$

下限$= p - \Delta p = 91.5\% - 3.9\% = 87.6\%$

因此，该批灯泡的合格率在87.6%到95.4%之间，其置信度为95.45%。

5.3.4　样本容量的确定

在进行估计时，我们总是希望提高估计的可靠程度和估计的精确度。但在样本容量一定时，$\Delta = z\sigma_{\bar{X}}$，当抽样平均误差保持不变时，极限误差与概率度两者间关系是：Δ增大，z也增大了；Δ减小，z也减小了。因此，抽样估计的精度与可靠性之间存在矛盾，要提高精度（Δ减小），需以牺牲概率度（z减小）为代价；要提高概率度（z增大），需以牺牲估计精度（Δ增大）为代价。在$\sigma_{\bar{X}}$不变的情况下，这对矛盾是不可调和的；而$\sigma_{\bar{X}} = \dfrac{\sigma}{\sqrt{n}}$，从中可以看出，如果增大样本容量，则可降低抽样平均误差。降低抽样平均误差后，就可以同时提高估计的精度与概率度。这时应该考虑，样本容量n究竟取多大合适？但样本容量的增大也会受到许多限制。如果n选得过大，会增加费用；如果n选得过小，会使估计误差增大。这个问题的关键是：

（1）要求什么样的精度？即我们希望估计值与真值接近到什么程度？换句话说，我们想构造多宽的区间？

（2）对于我们的置信区间来说，想要多大的置信度？即我们想要多大的可靠度？

1.估计总体均值时样本容量的确定

（1）重复抽样。

这时有：

$$\Delta = z_{\alpha/2}\frac{\sigma}{\sqrt{n}}$$

上式两边取平方，整理后可得：

$$n = \frac{(z_{\alpha/2})^2 \times \sigma^2}{\Delta^2} \tag{5.28}$$

这就是在给定极限误差、概率度要求下，至少应抽取的样本容量。

（2）总体方差已知，不重复抽样。

这时有：

$$\Delta = z_{\alpha/2}\frac{\sigma}{\sqrt{n}}\sqrt{1-\frac{n}{N}}$$

上式两边取平方，整理后可得：

$$n = \frac{(z_{\alpha/2})^2\sigma^2 N}{N\Delta^2 + (z_{\alpha/2})^2\sigma^2} \tag{5.29}$$

2.估计成数时样本容量的确定

（1）重复抽样。

$$n = \frac{{z_{\alpha/2}}^2 P(1-P)}{\Delta^2} \tag{5.30}$$

（2）不重复抽样。

$$n=\frac{{z_{\alpha/2}}^2p(1-p)N}{N\Delta^2+{z_{\alpha/2}}^2p(1-p)} \tag{5.31}$$

由式中可看到必要样本容量n与总体方差、允许误差、可靠性系数有以下关系：

第一，总体方差越大，必要的样本容量n越大，即必要样本容量n与总体方差成正比。

第二，必要样本容量n反比例于允许误差的平方，即在给定的置信水平下，允许误差越大，样本容量就可以越小；允许误差越小，样本容量就必须加大。

第三，必要样本容量n与可靠性系数成正比。也就是说，我们要求的可靠程度越高，样本容量就应越大；我们要求的可靠程度越低，样本容量就可以越小。

3.使用上述公式应注意的问题

（1）计算样本容量时，一般总体的方差与成数都是未知的，可用有关资料替代：一是用历史资料已有的方差与成数代替；二是在进行正式抽样调查前进行几次试验性调查，用试验中方差的最大值代替总体方差；三是成数方差在完全缺乏资料的情况下，就用成数方差的最大值0.25代替。

（2）如果进行一次抽样调查，同时估计总体均值与成数，用上面的公式同时计算出两个样本容量，可取一个最大的结果，同时满足两方面的需要。

（3）上面的公式计算结果如果带小数，这时样本容量不按四舍五入法则取整数，取比这个数大的最小整数代替。例如，计算得到：n=56.03，那么，样本容量取57，而不是56。

【例5-12】资产评估机构欲估计某类商店去年所花的平均广告费有多少。经验表明，总体方差约为1 800 000。如置信度取95%，并要使估计值处在总体平均值附近500元的范围内，评估机构应取多大的样本？

解：已知$\sigma^2=1\ 800\ 000$，$\alpha=0.05$，$z=1.96$，$\Delta=500$，$1-\alpha$=95%，则：

$$n=\frac{z^2\sigma^2}{\Delta^2}=\frac{1.96^2\times 800\ 000}{500^2}=27.65\approx 28$$

所以，评估机构应抽选28个商店作样本（注意抽取样本数总是整数，所以n应通过四舍五入取成整数）。

【例5-13】一家市场调研公司想调查某地区有乘用车的家庭所占的比例。该公司希望对P的估计误差不超过0.05，要求的可靠程度为95%，应取多大容量的样本？没有可利用的p估计值。

解：对于服从二项分布的随机变量，当$p=0.5$时，其方差达到最大值。因此，在无法得到p值时，可以用$p=0.5$计算。这样得出的必要样本容量虽然可能比实际需要的容量大一些，但可以充分保证有足够高的置信水平和尽可能小的置信区间。

已知：$\Delta=0.05$，$\alpha=0.05$，$t=1.96$。

由于p的估计值未知，我们可以采用$p=0.5$，计算必要的样本容量：

$$
\begin{aligned}
n &= \frac{z^2 p(1-p)}{\Delta^2} \\
&\approx \frac{(1.96)^2(0.5)(1-0.5)}{(0.05)^2} \\
&\approx 384.16 \\
&\approx 385
\end{aligned}
$$

为了以95%的可靠度保证估计误差不超过0.05，应抽取385户进行调查。

另外，请同学们思考，这个题目没有告诉我们p，为什么用0.5来替代p？样本容量为什么没有四舍五入？

5.4　抽样方案的设计与实施

5.4.1　抽样方案设计的内容

如何科学地组织抽样调查是抽样推断中一个重要的问题，在抽样调查之前首先要有一个抽样方案的设计。抽样方案是抽样调查的一个总体规划，应该包括怎样从总体中抽取样本、应取得哪些项目的资料、用什么方法取得这些资料、要求资料的精确程度和确定必要的样本单位数等等。完整的抽样方案还应该包括一些必要的附件，如调查人员的培训计划、调查问卷或调查表的设计、调查项目的编码以及汇总表的格式等。

一般而言，一个完整的抽样方案应包括以下内容：

（1）明确调查目的，确定所要估计的目标量。

例如，电视节目的收视率调查、日用品的消费调查等，往往是以户为单位的；而一般的态度、观念调查，则是以个人为单位进行的。目标量的变动将引起抽样方案的改动，一旦规定好了以后，就不要轻易变更。

（2）明确总体及抽样单元。

例如，电视节目的收视率调查，总体一般指在电视覆盖地区的拥有电视的家庭中4岁以上的居民，最小抽样单位一般为“户”。而广播电视的广告传播效果调查一般以9岁或12岁以上的公民为受众总体，最小抽样单位为“个人”。消费者调查、社会问题调查的总体一般是指年满18岁的公民。

（3）确定或构建抽样框。

所谓抽样框，就是总体单位的名单。抽样框可以分为两类：一类是总体单位的名称表；另一类是地段抽样框，一般依据地图，划分成若干个有明确边界的地段即单位。编制抽样框的作用是：①将总体所有单位置于可以被抽中的位置上，易于贯彻随机原则和进行抽选工作，提高抽样调查的效率。②编制抽样框就是确定了调查对象及全及总体的范围，否则无法确定抽样调查推断的总体是谁。如何编制抽样框，根据对总体单位了解的程度而定，如果对总体单位不甚了解，往往只能编制总体单位清单或地段抽样框；如果对总体单位情况比较了解，甚至掌握与调查内容有关的标志表现的资料，可以按有关标志值的高低进行有序排队。例如，进行农产品抽样调查，可以把地块按过去平均亩产的高低排队。设计出抽样框后，便可采用抽签的方式或按照随机数表来抽选必要的单位数。若没有抽样框，则不能计算样本单位的概率，从而也就无法进行概率选样。

（4）对主要目标的精度提出要求。例如，在收视率的调查中，平均收视率的误差不超过3%，等等。

（5）选择抽样方案的类型。例如，在收视率调查中采用多级抽样，而在各级中又采用分层抽样等组织形式，最后一级采用等距抽样方式等等。

（6）根据抽样方案的类型、对主要目标量的精确度要求及置信度等，确定样本量，并给出总体目标量的估计式（点估计或区间估计）和抽样误差的估算式。

（7）制订实施方案的具体办法和步骤。

抽样方案设计的主要步骤如图5-5所示。

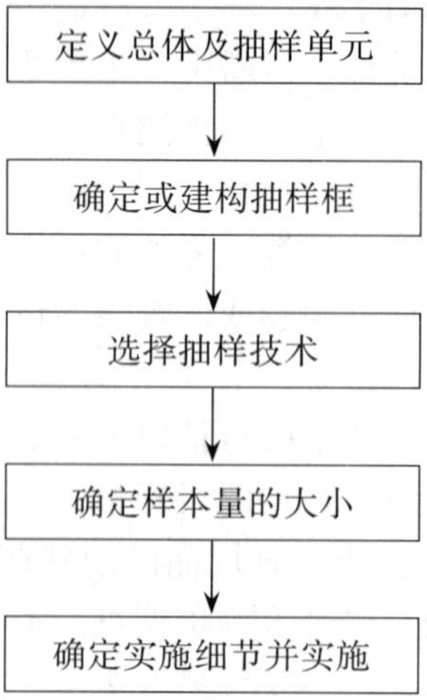

图5-5　抽样方案设计的主要步骤

5.4.2　抽样方案设计的基本原则

1.实现抽样的随机性原则

随机原则是概率抽样的基础，只有排除了人们有意识地抽选样本，保证每个样本都有同等的概率被抽中，才能用概率论的原理对总体进行正确的判断。若抽样中未按照随机原则进行抽选或抽选后未按要求进行调查，破坏了随机原则，就容易产生偏误。在抽样中常见一些破坏随机原则的现象，就是在按规定抽选样本后，有些单位似乎与总体水平相差甚远，便故意地抛弃或更换这些单位。例如，在农产品产量调查中，一些基础单位抽取地块时抽到一些丰产田或低产田，就故意把这些地块剔除或更换。实际上抽样调查的代表性是以样本作为一个整体来代表总体，并不要求每一个单位均有代表性，这样做只能人为地缩小样本方差，从而无法正确计算抽样误差，给抽样推断带来不好的后果。因此，在抽样设计时一定要保证随机抽选，而且还应考虑由于种种原因未能取得中选单位资料时替补的方法。若不按随机原则，临时更换也容易产生偏误。比如，在抽选住户进行调查时，如果该住户不在就用邻居户替代的话也会产生偏误。因为双职工不在家的机会较多，而有孩子和老人的住户在家的机会较多，这样更换就会使双职工住户的比重下降而产生偏误。因此，随机原则是抽样调查的一个重要原则。

2.实现抽样效果最佳原则

在固定的费用下，应选取抽样误差最小的方案；或在要求的精度条件下，选取调查费用最低的方案。

抽样调查与其他工作一样也有一个经济效益的问题，就是如何以较小的费用支出取得一定准确程度的数据。在抽样调查中我们总是希望调查费用越低越好，调查精度越高越好。但在通常情况下，提高精度的要求和节省费用的要求往往有矛盾，因为要求抽样误差越小，则抽样的单位数就越多，相应地要增加调查费用。但实际中并不是抽样误差最小的方案就是最好的方案，因为不同的调查项目对于精度的要求往往是不同的，而且调查精度和调查费用之间也非线性的关系。

图5-6中，用100%的费用可实现100%的精度，但是如果用75%的费用就可实现98%的精度，而且98%的精度可以满足调查要求，则没有必要再花25%的费用去获取余下2%的精度。何况抽样调查的内容也是千差万别的，精度要求也要视情况而定。因此，最好的方案是保证精度下费用最小的方案。

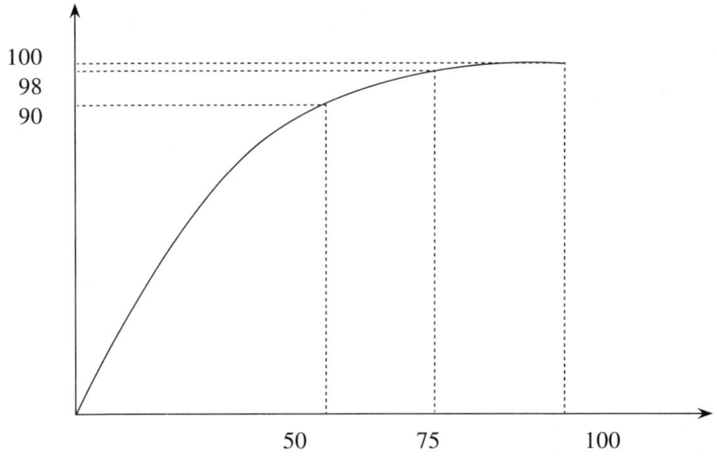

图5-6　抽样调查费用与精度之间关系

5.4.3　抽样的组织形式

抽样估计效果好坏，关键是抽样平均误差的控制。抽样平均误差小，抽样效果从整体上看就是好的；否则，抽样效果就不理想。从前面的分析知道，抽样平均误差受以下几方面的因素影响：一是总体的变异性，即与总体的标准差大小有关；二是样本容量；三是抽样方法。还有一个重要的因素，就是抽样的组织形式。抽样的组织形式有：简单随机抽样、类型抽样、等距抽样、整群抽样、阶段抽样等。不同抽样组织设计意味着对总体信息不同程度的利用，意味着不同的调查成本，它们之间抽样效果存在较大的差异。前面我们讨论的抽样组织形式，都是简单随机抽样。

1.简单随机抽样

简单随机抽样，又称为纯随机抽样，它是按照随机原则直接从总体N个单位中抽取n个单位作样本，使每个总体单位都有同等的机会被抽中。简单随机抽样是抽样调查中最基本的，也是最单纯的方式，适合于均匀总体。

简单随机抽样最原始的抽样方法就是抽签、摸球。具体做法是，将每一个被抽选总体单位都用一个签或球来代表，然后把它们搅均匀，从中随机摸取，抽中者即为样本单位，直到抽满所需的样本容量n为止。显然，这种方法一般适用于总体单位比较少的情况。如果总体单位数目很大，手续比较烦琐，则不宜采用。

最常用的抽样方法是利用随机数表，这种表是由计算机或其他随机方法制成的，即0、1、2、…、9这10个数字出现的概率是相同的，但排列的先后顺序则是随机的。在使用随机数表抽取样本之前，首先应将各个总体单位编上号码；然后在随机数表中任意地取数，凡是抽中的数字与相应的总体单位号码相一致时，该单位即为抽中的单位。若抽中的数字无相应的总体单位号码，则该数字被放弃，再重新抽取下一个数，直到抽满预定的样本容量n为止。

前面介绍的抽样平均误差的计算公式以及区间估计公式，在简单随机抽样的条件下是完全适用的，或者说前面的公式都是在简单随机抽样的条件下产生的。因此，简单随机抽样的抽样平均误差公式为：

在重复抽样条件下：

$$\sigma_{\bar{X}}=\frac{\sigma}{\sqrt{n}}$$

$$\sigma(P)=\frac{\sqrt{p(1-p)}}{\sqrt{n}}=\sqrt{\frac{p(1-p)}{n}}$$

在不重复抽样条件下：

$$\sigma_{\bar{X}}=\sqrt{\frac{\sigma^2}{n}\left(\frac{N-n}{N-1}\right)}\approx\sqrt{\frac{\sigma^2\left(1-\frac{n}{N}\right)}{n}}$$

$$\sigma(P)=\sqrt{\frac{p(1-p)}{n}\left(\frac{N-n}{N-1}\right)}=\sqrt{\frac{p(1-p)}{n}\left(1-\frac{n}{N}\right)}$$

虽然简单随机抽样从理论上说最符合随机原则，它是其他抽样方式的基础，也是衡量其他抽样方式抽样效果的标准。但是，它在统计实践中受到很大的限制：首先，当总体很大时，编号工作就很困难，对于连续生产的企业产品进行编号也不可能；其次，当总体各单位标志值之间差异很大时，采用这种抽样方式并不能保证样本的代表性。

2.类型抽样

类型抽样也称分层抽样，它是按一定标志对总体各单位进行分类，然后分别从每一类中按随机原则抽取一定的单位构成样本。类型抽样的前提是对总体的结构有着一定的了解，为了充分利用这些信息，提高估计的精确性，对总体按确定标志进行分类，保证抽出的样本与总体尽可能保持相似的结构。可见类型抽样的特点在于，它把分组法和贯彻随机原则结合起来。例如，抽样调查一个城市居民收入分配状况，如果历史资料反映了该城市居民的贫富结构：高收入者、中等收入者与低收入者的比例结构，我们可以按此结构分类分别从高收入者、中等收入者与低收入者中按一定的比例抽取样本，这样就可以避免样本全来自某一收入阶层所产生的系统偏差。

类型抽样的优点是：（1）它提高了样本的代表性。因为样本单位是从各类型组中抽取的，样本中有各种标志值水平的单位。（2）降低了影响抽样平均误差的总体方差。

提高类型抽样的效果，关键是如何分组，分组的原则是：从客观经济现象出发，在定性分析的基础上，尽量缩小组内标志值变异，增加组间标志值变异，这种做法缩小组内方差增大组间方差，从而降低影响抽样误差的总方差。

类型抽样具体分为两种方法：等比例类型抽样和不等比例类型抽样。

（1）等比例抽样方法单位数的确定。

设总体单位数N，把总体分为k组：$N = N_1 + N_2 + \cdots + N_k$。

从各组中分别按随机方式抽出n_1，n_2，...，n_k个单位组成样本。设样本容量为n，满足：$n = n_1 + n_2 + \cdots + n_k$。

采用比例抽样方式，从每一类中抽样时要求保持各组样本单位数与总体同组单位数之比，等于样本容量与总体单位数之比，即：$\frac{n_1}{N_1} = \frac{n_2}{N_2} = \cdots = \frac{n}{N}$。

各组的样本单位数应为：$n_i = \frac{nN_i}{N}$（i=1，2，…，k）。

（2）适宜抽样方法部位数的确定。

在类型适宜抽样条件下，对于标志变动程度大的组，抽取样本单位数的比例相应要大一些；反之，抽取的样本单位数要小一些。因此，各组抽取的单位数为：

$$n_i = \frac{N_i\sigma_i}{\sum N_i\sigma_i}n \quad (i=1,\ 2,\ \cdots,\ k)$$

这个公式表明，各组抽取样本单位数的多少，取决于各组总体单位数N_i与标准差σ_i的乘积占各组单位数与标准差的乘积和$\sum N_i\sigma_i$的比例。这样，各类型单位数的多少和各组标志值的差异程度这两个因素都考虑到了。

（3）类型抽样的抽样平均误差的计算。

在总体分组的情况下，总体方差由两部分组成：一部分是组间方差，即各类型组之间标志值差异程度；另一部分是组内方差，即各组组内各单位标志值之间差异程度。在类型抽样的情况下，因为从各类型组都抽取了样本单位，所以，对各类型组来说是全面调查，因此，组间方差是可以不考虑的。影响抽样误差的总方差是组内方差。

①样本平均数的计算。

各组平均数：$\bar{X}_i = \frac{\sum_j X_{ij}}{n_i}$（$i$=1，2，…，$k$）

样本平均数：$\bar{X}=\frac{\sum N_i\bar{X}_i}{N}=\frac{\sum n_i\bar{X}_i}{n}$

类型抽样各组内样本平均数的标准差：$\sigma_i\approx\sqrt{\frac{\sum(X_i-\bar{X})^2}{n}}$

平均组内方差：$\overline{\sigma_i^2}=\frac{\sum\sigma_i^2N_i}{N}$

②抽样误差的估计式。

重复抽样：$\sigma_{\bar{X}}=\sqrt{\frac{\overline{\sigma_i^2}}{n}}$

不重复抽样：$\sigma_{\bar{X}}=\sqrt{\frac{\overline{\sigma_i^2}}{n}\left(1-\frac{n}{N}\right)}$

在成数下，抽样平均误差的计算公式为：

重复抽样：$\sigma_p=\sqrt{\frac{\overline{p(1-p)}}{n}}$

不重复抽样：$\sigma_p=\sqrt{\frac{\overline{p(1-p)}}{n}(1-\frac{n}{N})}$

【例5-14】某农场种小麦12 000公顷，其中平原3 600公顷，丘陵6000公顷，山地2 400公顷，现用类型抽样法调查1 200公顷，以各种麦田占全农场面积的比重分配抽样面积数量，资料见表5-7。计算抽样平均误差。

表5-7　**麦田类型抽样的平均误差计算表**

类型	全场播种面积（公顷）	抽样调查面积（公顷）	单位面积产量不均匀程度指标（千克）	$\sigma_i^2n_i$
符号	N_i	n_i	σ_i	
丘陵地区	6 000	600	750	337 500 000
平原地区	3 600	360	840	254 016 000
山地	2 400	240	1 000	240 000 000
合计	12 000	1 200	—	831 516 000

解：

$\overline{\sigma_i^2}=\frac{\sum\sigma_i^2n_i}{\sum n_i}=\frac{831\,516\,000}{1\,200}$=692 930（千克）

$\left[\text{或}\overline{\sigma_i^2}=\frac{\sum\sigma_i^2N_i}{N}\right]$

$\sigma_{\bar{X}}=\sqrt{\frac{\overline{\sigma_i^2}}{n}(1-\frac{n}{N})}$

$=\sqrt{\frac{692\,930}{1200}(1-\frac{1\,200}{12\,000})}=\sqrt{519.6975}=22.8$(千克)

接上例，若高产田的比例如表5-8所示，试计算高产田比例的抽样平均误差。

表5-8　高产田比例的抽样平均误差计算表

类别	高产田比重(%)	非高产田比重(%)	麦田不均匀程度指标(%)	抽样调查面积(公顷)	$p_i(1-p_i)n_i$
符号	p_i	$1-p_i$	$p_i(1-p_i)$	n_i	
丘陵	80	20	16	600	96.0
平原	90	10	9	360	32.4
山地	60	40	24	240	57.6
合计	—	—	—	1 200	186

$$\overline{P(1-P)}=\frac{\sum p_i(1-p_i)n_j}{\sum n_i}=\frac{186}{1200}=15.5\%$$

$$\sigma_p=\sqrt{\frac{p(1-p)}{n}\left(1-\frac{n}{N}\right)}=\sqrt{\frac{0.155}{1200}\left(1-\frac{1200}{12000}\right)}=1.078\%$$

3. 等距抽样

等距抽样又称为机械抽样或系统抽样，它是事先将总体各单位按某一标志排列，然后依固定顺序和间隔抽选调查单位的一种抽样组织形式。例如，对职工按姓氏笔画顺序排队，然后按此顺序等间隔地抽取样本单位进行调查。等距抽样要计算抽取间隔，间隔k等于总体单位数N除以样本容量n，即$k=N/n$。

例如，从10 000名职工中抽取2%即200名进行调查，职工可先按姓氏笔画排队列表，然后按排队顺序分200组（组数等于样本容量），每组50人（50也就是抽取间隔）。假设第一组随机抽取第5号职工，那么第一组样本单位的顺序号是5，第二个样本单位的顺序号是55，第三个样本单位的顺序号是105，其余类推，最后一个样本单位的顺序号是9955。等距抽样的间隔，应避免与现象本身的节奏性或循环周期相重合。例如，进行农作物产量调查时，抽样间隔就应避免与农作物垅长或间距相重合；进行工业产品质量调查时，产品抽样时间间隔不宜和上下班时间、生产周转时间相一致，否则，就会引起系统偏差而影响样本的代表性。

（1）在等距抽样中，由于排队所依据的标志不同，等距抽样分为按无关标志排队和有关标志排队两种。

①所谓无关标志，是指排列的标志和所研究的标志值的大小无关或不起主要影响作用。例如，调查职工生活水平时，职工按姓氏笔画排队；对产品进行质量检查时，按产品入库顺序排队等都是按无关标志排队。

②所谓有关标志，即用来排列的标志和所研究的标志值的大小保持密切关系。例如，对耕地的农产品产量进行调查，把地块按往年平均亩产的高低进行排队；对职工家庭生活水平进行调查，把职工按工资水平的高低进行排队等都是按有关标志排队。

（2）等距抽样按样本单位抽选的方法不同，可分为随机起点等距抽样、半距起点等距抽样和对称等距抽样。

①随机起点等距抽样。当抽取间隔k确定以后，在第一组随机抽选一个样本单位，该样本单位的顺序号为a，则第二个样本单位的顺序号为$k+a$，第三个样本单位的顺序号为$2k+a$，其余以此类推，第n个样本单位的顺序号为（$n-1$）$k+a$。当总体按无关标志排队时，随机起点等距抽样是可以应用的。当总体按有关标志排队时，随机起点等距抽样会产生系统性误差。

②半距起点等距抽样。要求各样本单位都选在各组的中点。各样本单位的顺序是：第一个样本单位是$\frac{k}{2}$，第二个样本单位是$k+\frac{k}{2}$，第三个样本单位是$2k+\frac{k}{2}$，第n个样本单位是$(n-1)k+\frac{k}{2}$。

无论是按有关标志排队还是按无关标志排队都可采用这种方法，这种方法简单易懂、易于实践。当总体按有关标志排队时，采用这种方法抽样能保证样本有充分的代表性，因此在实践中被广泛应用。但半距起点等距抽样也存在一定的局限性：第一，随机性不足，当总体的顺序排定后按半距起点等距抽样只能抽出一个样本，没有满足抽样的随机性；第二，只能抽取一个样本，不能进行样本的轮换，抽样的利用率太低。

③对称等距抽样。要求在第一组随机抽取第1个样本单位，假设该单位的序号为a，在第2组与第样本单位对称的位置抽取第2个样本单位，它的序号为$2k-a$。在第3组与第2组样本单位对称的位置抽取第3个样本单位，它的序号为$2k+a$。以后抽出的样本单位序号依次为$4k-a$，$4k+a$，$6k-a$，$6k+a$，…。

对称等距抽样保留了半距起点等距抽样的优点，而又避免了它的局限性，使其优点更加明显。

（2）样本平均数的计算和抽样误差的估计。

①样本平均数的计算。

$$\bar{X}=\frac{\sum_{i=1}^{n}X_i}{n}$$

②抽样平均误差的估计。

一般说来，排序后总体被分成n个部分，每一部分包含k个单位，从中随机抽取一个单位，其余单位情况未知，每一部分中的方差不可计算，一般也没有历史资料替代。因此，直接计算等距抽样的平均误差是有困难的，只能以间接方式近似计算。

如果按无关标志排队，第一个单位是随机抽取的，那么它的抽样误差就与简单随机抽样误差相接近。为了方便起见，可以采用简单随机抽样的平均误差代替等距抽样平均误差：

$$\sigma_{\bar{X}}=\sqrt{\frac{\sigma^2}{n}\left(1-\frac{n}{N}\right)}$$

等距抽样一般都是不重复抽样。总体方差σ^2不知，常用样本方差代替。

有关标志排队等距抽样实质上可以看作一种特殊的分类抽样，不同的是分类更细致、组数更多，而在每个组之内则只抽选一个样本单位。因此，一般认为可以用类型抽样的抽样平均误差公式来计算抽样平均误差。

重复抽样：$\sigma_{\bar{X}} = \sqrt{\dfrac{\overline{\sigma_i^2}}{n}} \quad \sigma_p = \sqrt{\dfrac{\overline{p(1-p)}}{n}}$

不重复抽样：$\sigma_{\bar{X}} = \sqrt{\dfrac{\overline{\sigma_i^2}}{n}\left(\dfrac{N_i - n_i}{N_i - 1}\right)}$

在等距抽样时，每个组内只抽取1个单位，因此$n_i = 1$，从而$\dfrac{N_i - n_i}{N_i - 1} = \dfrac{N_i - 1}{N_i - 1} = 1$，所以：

$$\sigma_{\bar{X}} = \sqrt{\frac{\overline{\sigma_i^2}}{n}}$$

也就是说，等距抽样虽然是不重复抽样，实质上使用的是重复抽样的公式。

4.整群抽样

整群抽样是先将全及总体各单位划分成若干群（组），然后以群（组）为单位从总体中随机抽取一些群（组），对中选群（组）的所有单位进行全面调查的抽样组织形式。例如，对一城市居民进行生活水平调查，如果不是从全部城市住户中直接抽选住户进行调查，而是从城市全部居民委员会中随机抽选若干社区，对被抽中的社区所有住户都进行调查，这就是整群抽样。该城市的每一社区就是一群。再如，对连续生产的企业，每小时都抽选最后10分钟生产的全部产品进行调查。那么，每小时最后10分钟生产的全部产品就是一群。如果一天24小时生产的全部产品构成全及总体，则全及总体有144群，样本有24群。

整群抽样的优点是节约和方便。例如，整群抽样不需要编制总体单位名单，只需要编制总体群的名单。两者相比后者工作量少多了。在社会经济调查中，总体单位通常总是以某种社会经济组织形式结合为群体，所以利用这些群体作为整群抽样的“群”会给调查的组织工作和收集资料工作提供方便。例如，以社区和街道为单位组织城市住户调查是非常方便的。

设总体的全部N个单位被划分为R群，每群含有M个单位。现在从总体R群中随机抽出r群组成样本，对中选的群中的所有单位进行全面调查。

群平均数的计算公式为：

$$\bar{X}_i = \frac{\sum_{j=1}^{M} X_{ij}}{M} \quad (i, 1, 2, \cdots, r)$$

样本平均数的计算公式为：

$$\bar{X} = \frac{\sum_{i=1}^{r}\sum_{j=1}^{M} X_{ij}}{rM} = \frac{\sum_{i=1}^{r}\bar{X}_i}{r}$$

整群抽样对抽样误差的影响如何，可以分两种情况：如果总体群内方差小，群间方差大，则样本的代表性降低，抽样误差增加；如果总体群内方差大，群间方差小，则样本代表性提高，抽样误差减小。在整群抽样时，群内方差无论多大都不影响抽样误差。因为对每一个群来讲，进行的是全面调查，不发生抽样误差。因此，为了减小抽样平均误差，总体在分群的时候，注意增大群内方差，降低群间方差。群间方差的计算方法如下：

$$\delta^2 = \frac{\sum(\bar{\mu}_i - \mu)^2}{R}$$

如果用样本数据来代替，则有：

$$\delta_{\bar{X}}{}^2 = \frac{\sum(\bar{X}_i - \bar{X})^2}{r}$$

整群抽样都采用不重复抽样方法，因此在计算时要使用修正系数$\left(\frac{R-r}{R-1}\right)$。

抽样平均误差为：

$$\sigma_{\bar{X}} = \sqrt{\frac{\delta_X{}^2}{r}\left(\frac{R-r}{R-1}\right)}$$

$$\sigma_P = \sqrt{\frac{\delta_P{}^2}{r}\left(\frac{R-r}{R-1}\right)}$$

【例5-15】假如某一机器大量生产某一种零件，现每隔一小时抽取5分钟产品进行检验，用以检查产品的合格率，检查结果见表5-9。

表5-9 **抽检数据**

合格率	群数 r	p_i	$p_i r$	群间方差
80%	2	0.8	1.6	0.01984
85%	4	0.85	3.4	0.00984
90%	12	0.9	10.8	…（太小不计）
95%	3	0.95	2.85	0.00762
98%	3	0.98	2.94	0.01939
合计	24	—	21.59	0.05669

样本群平均合格率$p = \frac{\sum pr}{\sum r} = \frac{21.59}{24} = 0.8996$

群间方差$\delta_p^2 = \frac{\sum_{i=1}^{r}(p_i - p)^2 r}{\sum r} = \frac{0.05669}{24} = 0.002362$

抽样平均误差$\sigma_p = \sqrt{\frac{\delta_p^2}{r}\left(1 - \frac{r}{R}\right)} = \sqrt{\frac{0.002362}{24}\left(1 - \frac{24}{288}\right)} = \pm 0.0095$（或0.95%）

5.多阶段抽样

当总体很大时，抽样调查直接抽取总体单位，在技术上有很大困难，则将总体分成若干阶段，在每一阶段中实行随机抽样则会简单得多。多阶段抽样，顾名思义就是在抽样调查抽选样本时并不是一次直接从总体中抽取，而是分两个或两个以上的阶段来进行。

（1）多阶段抽样的作用。

①当抽样调查的面很广，没有一个包括所有总体单位的抽样框，或者总体范围太大无法直接抽取样本时，需要采用多阶段抽样。例如，全国农产品产量调查和城市居民的住户调查，样本单位遍布全国各地，显然不可能直接一次抽到所需要的样本，只能分成几个阶段来逐级抽取。

②可以相对地节约人力和物力。从一个比较大的总体，抽取一个随机样本，势必使抽到的样本单位比较分散，若要派人调查，人力和物力的支出比较大。例如，一个县要确定一些农户作样本，一次随机抽样的样本很可能分布在全县各个乡，调查的往返路费就比较大。如果分阶段进行，先抽n个乡，然后在抽中的乡中再抽若干户，这样可以使样本相对比较集中，因而可以节省人力和物力。

③可以利用现成的行政区划、组织系统作为划分各阶段的依据，为抽样调查提供方便。根据我国政治、经济、管理的特点，各级党政领导都需要统计数字，因而全国的抽样调查的数字往往不能满足各级需要。如果能把多阶段抽样和各地需要结合起来，如各阶段根据需要再适当地补充样本单位，把多阶段抽样和各地的需要结合起来从而解决这一矛盾。

以某省粮食产量调查为例。可以按行政区域划分层次，以省为总体。步骤为：

第一步，从全省所有县级单位中，抽取部分县作为第一阶段抽取的样本。

第二步，从被抽中县的所有乡或村中，抽取部分乡或村作为第二阶段抽取的样本。

第三步，从被抽中乡或村的所有农户中，抽取部分农户作为第三阶段抽取的样本。

第四步，从被抽中农户的所有播种面积中抽取部分地块，进行实割实测的调查，作为最基层阶段的样本，计算其样本平均亩产量，并推算总产量。

多阶段抽样所划分的抽样阶段数不宜过多，一般以划分两三个阶段，至多四个阶段为宜。

（2）多阶段抽样应注意的问题。

在多阶段抽样中，前几个阶段的抽样都类似整群抽样。每一阶段抽样都会存在抽样误差。为提高抽样指标的代表性，各阶段抽取群数的安排和抽样方式，都应注意样本单位的均匀分布。

第一，适当多抽第一阶段的群数，使样本单位在总体中得到均匀分布。但是，样本过于分散则需要更多的人力和经费。

第二，根据方差大小来考虑各阶段抽取群数的多少。对于群间方差大的阶段，应适当多抽一些群；反之，则可少抽一些群。

第三，各阶段抽样时，应尽可能地利用现成资料，将各种抽样组织形式灵活运用。

下面以两阶段抽样为例。设总体分成R组，每组M个单位。两阶段抽样就是：第一阶段用整群抽样方式从总体的全部R组（群）中，随机抽取r组（群）；第二阶段用类型抽样方式从每个中选组中抽出m_i个样本单位，构成一个样本，这种抽样便是两阶段抽样。其中总体单位数$N = M_1 + M_2 + M_3 + \cdots + M_R$，各组单位数$m_i$可以是相等的，也可以是不等的。样本单位数$n = n_1 + n_2 + n_3 + \cdots + n_r$，各组抽取的单位数可以是相等的，也可以是不等的。

两阶段抽样和类型抽样、整群抽样都必须先对总体加以分组，然后再抽取样本单位，但它们之间有明显的区别。类型抽样是从全部的分组中每组抽取单位，相当于在两阶段抽样中第一阶段抽取的部分组，而两阶段抽样在第一阶段只是随机地抽取了部分组。整群抽样是从全部的组中随机地抽取部分组，然后对中选组的全部单位进行调查，它和两阶段抽样的区别在于第二阶段抽取了中选组的全部单位，而两阶段抽样在第二阶段则是在中选组中随机地抽取部分单位，因此，两阶段抽样在组织技术上可以看成是整群抽样和类型抽样的结合。

6.不同抽样组织设计的比较

抽样实施前，进行抽样组织设计的目的是提高样本的代表性，增加抽样的效果。其中简单随机抽样是最基本的组织形式，在没有总体的有关信息时，人们一般都采用简单随机抽样。但是，在掌握了总体的有关信息的情况下，在抽样设计阶段，如果能充分利用这些有关信息，就有利于提高抽样的精确度和可靠度。当然，在抽样设计时，如何降低抽样的成本费用等因素，也是应该考虑的。限于篇幅，在此就不比较各抽样组织方式的费用大小了。

（1）简单随机抽样是基本抽样组织方式。

抽样推断效果如何，依赖于所抽出样本的质量；样本的质量好坏，就看样本对总体的代表性如何。代表性好的样本，能从总体中“带出”更多有关总体的信息，样本分布与总体分布两者间存在密切的联系性与相似性。要做到这一点，首先就要避免抽样人员的主观影响，克服由此产生的“偏见”，因此，抽取样本都要求满足“随机性”。例如，类型抽样先将总体分成不同的部分，再从每一个部分中抽取出一些单位，共同组成样本。因为每一部分都须进行抽样，虽然划分过程不存在随机性，但是，再从每部分中取样时，就必须遵从随机原则。对整群抽样也是这样，虽然对抽中的群进行全面调查，不存在随机性要求，但是，抽取群时，是把群看成抽样单元，通过简单随机抽样抽出来的，在抽取群时，就满足随机原则了。任何概率推断，抽样设计时都应考虑在某个阶段或某个环节上遵从随机性要求，否则的话，样本的代表性就值得怀疑，抽样推断就无从进行。再者，我们抽样的最终目的是进行统计推断，统计推断是概率推断，以随机变量的概率分布作为推断的基础。典型调查、重点调查都是判断抽样，是非概率调查方式，不一定能体现总体的结构，根据这样的样本来推断总体的参数，其可靠度如何无从量化。由此可见，简单随机抽样是抽样设计的基础。

（2）类型抽样与整群抽样比较。

类型抽样的平均误差与组间方差无关，取决于组内方差的平均水平；整群抽样的平均误差与组内方差无关，决定于组间方差大小。总体方差等于组间方差加上组内方差平均数。我们由此可推导出减小类型抽样与整群抽样平均误差的方法。

①减小类型抽样平均误差的办法。提高组间方差，降低组内方差。具体来说，就是使类型抽样的各部分内部单位差异尽可能地小，不同类型间的差异尽可能地大。如果组间方差接近于总体方差，说明组内方差接近于0，这时组内单位基本上没有差异，这是一种极端情况，类型抽样的平均误差接近于0。

②减小整群抽样平均误差的办法。为了降低抽样平均误差，应该设法降低群间方差。可通过提高群内方差方法达到降低群间方差的目的。因此，类型抽样与整群抽样对总体进行分组的要求刚好是相反的：类型抽样要尽量提高组间方差降低组内方差；整群抽样应尽量提高组内方差降低组间方差。也就是说，类型抽样时，尽量使各组内的单位差异减小，各组间的单位差异增大；整群抽样时刚好相反。

因此，我们得出结论：类型抽样的前提是对总体的结构事先有一定的认识，有辅助信息可资利用，这种信息与所研究的问题有密切关系，可以作为分类的依据。通过分类把总体中调查标志差异比较接近的单位归为一组，减少组内差异，再从各组中抽出样本，这样的样本就对总体有更大的代表性。所以，类型抽样的特点是充分利用总体的已有信息。整群抽样可以对抽中的群进行集中调查，是一种较为方便有效的抽样组织方式；在总体单位没有原始资料可资利用时，整群抽样有利于提高抽样的效率。但是，正是由于整群抽样的抽样单位较集中，限制了样本在总体中分配的均匀性，所以，整群抽样有时代表性不是很理想，抽样误差较大。在实际抽样中，通常要适当增加一些样本单位，以利于缩小抽样误差，提高抽样推断的准确度。

（3）阶段抽样平均误差的控制。

阶段抽样的特点是将抽样过程分成了几个阶段，每个阶段都有可能引起抽样的误差，因此阶段抽样误差的控制必须落实到抽样的各个阶段，抽样过程只要有一阶段误差失控都有可能使整个抽样效果不理想。两阶段抽样误差控制，要落实为第一阶段的整群抽样的误差控制与第二阶段的类型抽样的误差控制两方面。实际中，人们还可以控制抽样误差，在各个阶段进行整体性平衡，以求达到最理想效果。例如，两阶段抽样平均误差，既取决于组间方差也取决于组内平均方差，但组间方差是主要因素。这是因为组间方差通常大于组内方差，而且抽样平均误差是由组间方差的$\frac{1}{r}$和组内平均方差的$\frac{1}{rm}$决定的，前者大于后者。所以，在组织两阶段抽样时，在相同样本容量要求下，适当增加第一阶段的组数，比增加第二阶段的单位数，能更显著地提高抽样效果。

【思政课堂】

粟裕：给我搜！至少7 000敌人没被歼灭！

【思政元素】统计的生动例子，我军严谨的工作作风。

1947年5月16日下午3时，华东野战军五个纵队的突击部队胜利会师孟良崮山顶，敌整编第74师宣告覆灭。许多华野指战员都在鸣枪庆祝这来之不易的胜利，而坐镇野司的粟裕却得到电讯部门报告：孟良崮附近仍有敌人电台活动！粟裕立即命令各纵队火速清查统计毙伤和俘虏敌人的准确数字。汇总的情况让粟裕大吃一惊，总计歼敌数字不足25 000人，与掌握的敌整编第74师编制人员数量差距太大，显然有问题。于是，华野司令部立即下令各纵应不顾疲劳，组织部队进行战场搜索，电话里特别嘱咐："不要放走张灵甫一兵一卒。"经过3个小时的搜索，终于在孟良崮和雕窝之间的山谷里发现了7 000多敌人。

这股敌人就是被分割在孟良崮山下的整编第57旅大部，由于该敌弹药基本耗尽，遂隐蔽在山谷里准备伺机突围。由于其躲藏地点位于华野两个纵队的接合部，并且我军总攻开始后，这股敌人也没有开火，所以华野相邻的两个纵队都把整57旅误认为兄弟部队，未采取攻击行动，差点让这7 000多人成为漏网之鱼。

粟裕随即就近调动第4、第8和第9纵队，对残敌发起最后的攻击，由于整57旅已经没有什么弹药了，所以仅用不到两个小时便结束战斗，至此，整编第74师的32 000人才算全部被歼。

通过这个战例，能够解读出两个信息：第一是敌军的部队番号、编制人员和武器的数字，我方其实早已掌握；第二就是汇总歼敌数字的办法，主要依靠层层统计上报。

歼敌数字层层统计上报这事说起来容易，其实非常复杂，华野各纵队能够在短时间内上报大致准确的歼敌数字，使野司迅速了解战况，这与我军建立的一整套战后统计程序和严谨的工作作风分是不开的。各级单位上报战斗统计数字时，既不夸大、又不缩小。每次战斗结束，都要以连为单位进行初步战场汇总：伤亡多少、缴获多少、毙伤敌人多少，这都得战友间互相印证而不能仅凭自己汇报。

资料来源：东北行营.华野攻上孟良崮，粟裕令速报歼敌数字，却发现不对：少了7 000敌人［EB/OL］.［2020-07-07］. https://baijiahao.baidu.com/s?id=1671554745929405036&wfr=spider&f or=pc.此处有删减、改编.

本章小结

抽样调查是按随机原则从全部研究单位中抽取一部分单位进行观察，根据样本资料计算样本的特征值，然后以样本的特征值，对总体的特征值作出具有一定可靠性的估计和判断，用以反映总体的数量特征和数量表现的一种统计方法。抽样的基本概念有总体与样本、参数与统计量、样本容量与样本个数、重复与不重复抽样。

总体是所要认识的研究对象的全体，是唯一的、确定的；样本是按随机原则从全及总体中抽取的一部分单位组成的集合体，样本是随机的、不确定的。总体参数是根据总体各单位的标志值或特征计算的、反映总体某一属性的综合指标，总体参数是唯一的、确定的，但常常是未知的；样本统计量是由抽样总体各个标志值或标志特征计算的综合指标，常见的样本统计量有抽样平均数、抽样成数、样本数量标志标准差及方差、样本是非标志标准差及方差。总体参数是常数，样本统计量是随机变量。进行抽样时要考虑是重复抽样还是不重复抽样。

抽样分布是参数估计中的一个重要概念，它是我们进行抽样估计的基础。抽样分布是指样本统计量的概率分布，比如样本均值的分布、样本比例的分布等。

参数估计的方法有点估计和区间估计。点估计是用样本估计量直接作为总体参数的估计值，评价一个估计量好坏的标准主要有无偏性、有效性和一致性。区间估计则是在点估计的基础上，给出总体参数的一个置信区间，并给出相应的概率保证。

一个抽样方案应该包括怎样从总体中抽取样本、应取得哪些项目的资料、用什么方法取得这些资料、要求资料的精确程度和确定必要的样本单位数等等。在进行抽样方案的设计 时要遵循抽样的随机性原则和实现抽样效果最佳原则。为实现最佳的抽样效果需要灵活地选 择抽样的组织形式，包括简单随机抽样、类型抽样、等距抽样、整群抽样、阶段抽样等。

第6章　假设检验

学习目标

- 理解假设检验的思想、步骤和两类错误。
- 掌握单个总体均值的假设检验，了解两个总体均值的假设检验。
- 掌握单个总体比例的假设检验，了解两个总体比例的假设检验。
- 理解单个总体方差的假设检验，了解两个总体方差的假设检验。

6.1　假设检验概述

参数估计和假设检验是统计推断的两个组成部分，它们都是利用样本对总体进行某种推断，然而推断的角度不同，参数估计讨论的是用样本统计量估计总体参数的方法，总体参数在估计前是未知的，通过样本信息估计总体参数。而假设检验技术不仅可以对总体分布的某些参数进行推断，而且可以对总体本身的分布作出假设，通过对样本的统计分析来判定该假设是否成立，从而对总体分布进行进一步的确认。本章在简要介绍假设检验原理的基础上，重点讨论总体参数的假设检验问题。

6.1.1　假设检验的基本思想

所谓假设检验（hypothesis test），就是对一个关于总体参数或总体分布形式的假设，利用样本资料来检验其真或伪的可能性。具体来说，就是利用样本资料计算出有关的检验统计量，再根据该统计量的抽样分布理论来判断样本资料对原假设是否有显著的支持性或排斥性，即在一定的概率下判断原假设是否合理，从而决定应接受还是否定原假设。所以，假设检验也称为显著性检验。对总体参数（平均数、比例、方差等）所作的假设进行检验称为参数假设检验，简称参数检验（parametric test）；对总体分布形式的假设进行检验一般称为非参数检验或自由分布检验。这里只讨论总体参数的假设检验，即参数检验。

为了更好地说明假设检验的基本原理，我们从下边例子开始。

【例6-1】某瓶装饮料的标签上标明的容量为500毫升，如果从市场上随机抽取25瓶，测得其平均含量为499.5毫升，标准差为2.63毫升。据此，可否断定饮料厂商欺骗了消费者？（假定饮料的容量服从正态分布$N(\mu, \sigma^2)$）

【分析】样本平均含量低于厂商声称的平均含量，其原因不外乎有两种：一是抽样误差。如果样本平均数与总体平均数之差不大，未超出抽样误差范围，则可认为两者之差就是由抽样误差引起的，即饮料厂商不存在欺诈行为。二是饮料厂商短斤少两，即饮料厂商存在欺诈行为。在这种情况下，样本平均数与总体平均数之差就会超出抽样误差范围，因为其差异是厂商的有意行为。

我们知道，抽样误差范围是与置信水平相联系的。对于正态分布总体，若取置信水平为99%，实际的样本均值小于总体均值，则样本平均数$\bar{x}$与总体平均数的真值μ_0之差小于抽样平均误差$\sigma_{\bar{x}}$的-2.94倍这一情况发生的概率只有1%，即$\bar{x}-\mu_0\leqslant -2.94\sigma_{\bar{x}}$或$\frac{\bar{x}-\mu_0}{\sigma_{\bar{x}}}\leqslant -2.94$发生的概率只有1%，如图6-1所示。因此，$\frac{\bar{x}-\mu_0}{\sigma_{\bar{x}}}\leqslant -2.94$是一个小概率事件，这一事件在100次抽样中只发生一次，而对于一次抽样而言，可认为小概率事件实际上不会发生。

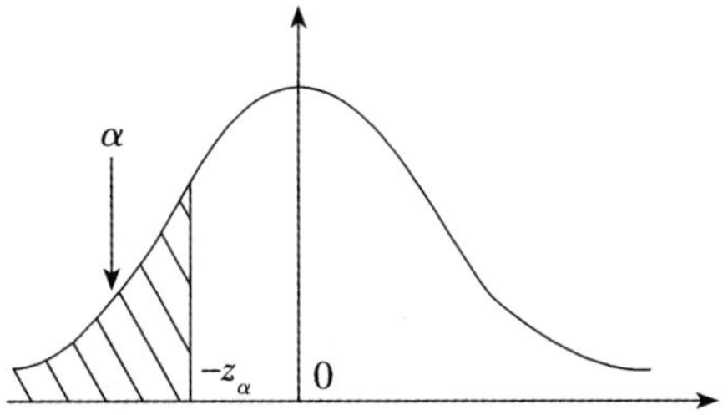

图6-1 1%概率示意图（α=0.01）

解：

在本例中，$\bar{x}$=499.5，s=2.63，n=25，假设μ_0=500，则有：

$$t=\frac{\bar{x}-\mu_0}{\sigma_{\bar{x}}}=\frac{\bar{x}-\mu_0}{s/\sqrt{n}}=\frac{499.5-500}{2.63/\sqrt{25}}=-0.9506>-2.94$$

也就是说，对于一次抽样的结果，如果小概率事件发生了，这是不合常理的，可认为原假设不成立，即该饮料容量小于500毫升。但对于本例，由于这次抽样的结果$\frac{\bar{x}-\mu_0}{\sigma_{\bar{x}}}$=-0.9506>-2.94，小概率事件没有发生，所以没有充分的理由认为总体平均数$\mu<500$这一假设成立，故没有充分的证据证明该瓶装饮料的容量不足500毫升，即没有充分的证据证明厂商存在故意欺诈行为。

通过这个例子可见，假设检验的基本思想是：先作出一个假设，然后依据小概率事件在一次抽样中实际上不会发生的推断原则，看这一假设是否会导致不合理的结果，从而判断是否拒绝原假设。

6.1.2 假设检验的步骤

1.提出假设

提出原假设（null hypothesis）H_0和备择假设（alternative hypothesis）H_1。原假设又称零假设，是对未知总体参数作出的正待检验的假设。备择假设是对立假设，其含义是，一旦否定原假设H_0，备择假设H_1即成立。例6-1中，原假设H_0：$\mu\geqslant$

500，而备择假设H_1：$\mu<500$。

一般而言，原假设和备择假设是一个完备事件组，相互对立；当原假设确定之后，备择假设也随之确定。一般假设的设定采取如下形式：

（1）原假设H_0：$\mu=\mu_0$，备择假设H_1：$\mu\neq\mu_0$，这种类型的假设检验称为双侧检验。

（2）原假设H_0：$\mu\leqslant\mu_0$，备择假设H_1：$\mu>\mu_0$，这种类型的假设检验称为右侧检验。

（3）原假设H_0：$\mu\geqslant\mu_0$，备择假设H_1：$\mu<\mu_0$，这种类型的假设检验称为左侧检验。

右侧检验和左侧检验统称为单侧检验。采用双侧检验还是单侧检验，应视所研究的问题的性质而定。

2.设计检验统计量

所设计的检验统计量应与原假设相关，与待检验参数的估计量相关，但不能包含待检验的未知参数，且能够知道当原假设H_0为真时该统计量的具体分布。上例中，检验统计量为$t=\dfrac{\bar{x}-\mu_0}{\sigma_{\bar{x}}}=\dfrac{\bar{x}-\mu_0}{s/\sqrt{n}}$，它服从自由度为24的$t$分布。

3.给定显著性水平和确定相应的临界值

显著性水平（significance level）表示假设H_0为真时拒绝原假设的概率，也就是拒绝原假设所冒的风险，用[α]表示。[α]一般取值很小，常取$\alpha=0.1$、0.05、0.01。给定了显著性水平α，也就确定了原假设H_0的接受区域和拒绝区域。这两个区域的交界点就是临界值。比如取$\alpha=0.05$，则意味着原假设H_0为真时，检验统计量落在其拒绝区域内的概率只有5%，而落入其接受区域内的概率为95%。应当指出，对于同一显著性水平α，选择不同的检验统计量，得到的临界值是不同的；对于同一显著性水平α和同一统计量，双侧检验和单侧检验的临界值也是不同的，如图6-2所示。

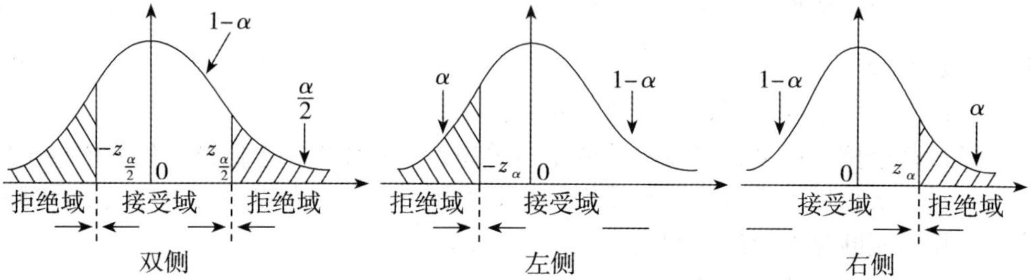

图6-2　双侧检验和单侧检验的临界值

4.得出结论

依据假设检验的规则，由样本资料计算出检验统计量的实际值，与临界值比较，视实际值落入接受区域还是拒绝区域，作出接受或拒绝原假设H_0的结论。

6.1.3　两类错误和假设检验的规则

通过假设检验，拒绝原假设H_0是在认为小概率事件在一次抽样中实际上不会发生的前提下作出的，事实上小概率事件有时也可能发生；接受原假设H_0，是因为拒绝它的理由还不充分，并非认为它绝对正确。因此，由假设检验作出的判断不可能百分之百正确。一般来说，决策结果可归纳为表6-1表现的4种情况：

表6-1　**假设检验决策结果表**

	H_0是真实的	H_0不是真实的
拒绝H_0	第Ⅰ类错误（α）	正确
接受H_0	正确	第Ⅱ类错误（β）

由假设检验作出的决策既可能犯“弃真错误”又可能犯“取伪错误”。“弃真错误”称作假设检验的“第Ⅰ类错误”，“取伪错误”称作假设检验的“第Ⅱ类错误”。假设检验犯第Ⅰ类错误的原因是，在原假设为真的情况下，检验统计量不巧刚好落入小概率的拒绝区域，从而导致拒绝了原假设。因而，第Ⅰ类错误发生的概率就是显著性水平α。第Ⅱ类错误发生的概率记为β。

概率α与β是密切相关的，在样本一定的条件下，减小α，就增大了β；反之，增大α，就减小了β，如图6-3所示。

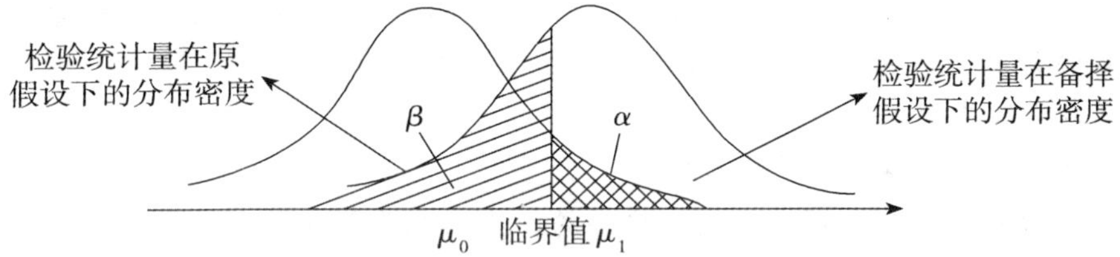

图6-3　假设检验中犯两类错误情况示意图

这里用法庭对被告进行审判的实例来说明。由于法庭采用无罪推定的审判准则，在证明被告有罪之前先假定他是无罪的，即原假设H_0：被告无罪，备择假设H_1：被告有罪。法庭可能犯的第Ⅰ类错误是：被告无罪但判他有罪，即冤枉了好人；第Ⅱ类错误是：被告有罪但判他无罪，即放过了坏人。为了减少冤枉好人的概率α，应尽可能接受原假设，判被告无罪，而这有可能增大了放过坏人的概率β；反过来，为了不放过坏人，减少放过坏人的概率β，相应地就又增加了冤枉好人的可能性α。当然，这只是在一定的证据下的两难选择。如果进一步收集有关的证据，在充分的证据下，就有可能做到既不冤枉好人，又不放过坏人。

鉴于犯第Ⅰ类与第Ⅱ类错误的概率α与β的相互关系，在一定的样本容量下，期望两者都非常小是困难的。从而，在假设检验中，内曼（J. Neyman）和皮尔逊（Egon S. Pearson）提出了一个原则，即在控制犯第Ⅰ类错误的概率α的条件下，尽可能降低犯第Ⅱ类错误的概率β。在假设检验实践中，该原则的含义是，原假设要受到维护，使它不致被轻易否定，若要否定原假设，必须有充分的理由。

专栏6-1

品茶背后的假设检验

英国的生物统计权威R.A.Fisher教授出版于1935年的著作*The Design of Experiment*中，有一个著名的“女士品茶”的故事。

那是在20世纪20年代，一个夏日的午后，一群大学的绅士和他们的夫人，正围坐在英国剑桥户外的桌旁，享用着下午茶。在品茶过程中，有一位女士声称自己在喝英式茶的时候能区分出来是先倒的茶还是先倒的奶。

于是Fisher打算设计一个实验来验证这位女士是否真的如此天赋异禀，具备这样的品奶茶能力。常识告诉我们，如果想得到有意义的结论，就应该随机给女士几杯茶让女士鉴别一番，根据她答对的次数（或者答对的比例）来判断她是否有这个能力。可是问题是，要做多少次实验呢？根据结果我们又如何来给出定量的结论呢？

教授在当年就给出了他的一套实验思路：他调配出了8杯其他条件一模一样而仅仅是倒茶倒奶顺序相反的茶，其中4杯先倒奶，4杯先倒茶。然后他让女士品尝之后告诉他哪4杯是先倒奶，剩下的当然就是先倒茶啦。

分析实验结果的时候，教授运用了这样的逻辑：他首先假设女士没有这个能力（这个假设被称为原假设），然后如果女士很好地鉴别了这8杯茶，那就说明在原假设成立的情况下，发生了非常反常的现象，以至于原假设的成立是令人怀疑的。从统计的角度来说，如果在原假设成立的前提下，发生了非常小概率的事件，那我们就有理由怀疑原假设的真实性。

这也是教授假设检验的基本思路。

教授的原假设是H_0：女士没有这样的能力。在原假设的前提下，我们认为女士是毫无根据地瞎猜。这就如一个袋子里放了8个球，黑白各4个。不放回地随机抽取4个球，其中白色球数X的概率分布为：

$$P(X=0)=\frac{C_4^0\times C_4^4}{C_2^4}=\frac{1}{70}$$

$$P(X=1)=\frac{C_4^1\times C_4^3}{C_8^4}=\frac{16}{70}$$

$$P(X=2)=\frac{C_4^2\times C_4^2}{C_8^4}=\frac{36}{70}$$

$$P(X=3)=\frac{C_4^3\times C_4^1}{C_8^4}=\frac{16}{70}$$

$$P(X=4)=\frac{C_4^0\times C_4^4}{C_8^4}=\frac{1}{70}$$

对于这样的概率分布，教授认为，即使$X=3$，女士品出了6杯茶，我们也不能拒绝原假设，认为女士有鉴别能力。如果在此时拒绝了原假设，那在$X=4$的情况下（女士鉴别出了8杯茶！）也要拒绝原假设。所以在原假设成立的前提下，拒绝原假设的概率变成了17/70。也就是说，如果女士没有这个品茶能力，她竟然能侥幸通过所有测试，使我们错误地认为她有这个能力的概率居然有17/70！这种错误被称为第一类错误α，一般来说不希望这个错误发生的概率超过5%。

根据以上分析，Fisher只有在女士把8杯茶都鉴别出来的情况下，才会认为她有这个能力。那后来这位女士怎样了呢？教授没有描述这项实验的结果，可是有位叫David Salsburg的统计学家写了一本书*The lady tasting tea*，在书中他告诉我们，这位女士还真把8杯茶都鉴别出来了！

6.2　总体均值的假设检验

6.2.1　单个总体均值的检验

本节将在上一节的基础上介绍假设检验的具体应用。与参数估计类似，研究一个总体时，要检验的参数主要是总体均值μ、总体比例π和总体方差σ^2。这一节主要研究总体均值μ的检验情况。

1.大样本的检验方法

假设检验中重要的一步是确定适当的检验统计量。根据抽样分布的知识，在大样本情况下，样本均值的抽样分布近似服从正态分布，其抽样标准差为$\sigma/\sqrt{n}$，将样本均值$\bar{x}$经过标准化后即可得到检验的统计量。可以证明，样本均值经标准化后服从标准正态分布，因而采用正态分布的检验统计量。设假设的总体均值为μ_0，当总体方差σ^2已知时，总体均值检验的统计量为：

$$z=\frac{\bar{x}-\mu_0}{\sigma/\sqrt{n}} \tag{6.1}$$

当总体方差σ^2未知时，可以用样本方差s^2来近似代替总体方差，此时总体均值检验的统计量为：

$$z=\frac{\bar{x}-\mu_0}{s/\sqrt{n}} \tag{6.2}$$

z服从$N(0,1)$。给定显著性水平α，则有：

（1）$H_0:\mu=\mu_0$　$H_1:\mu\neq\mu_0$

检验规则为：当$|z|\geqslant z_{\alpha/2}$时，拒绝$H_0$；当$|z|<z_{\alpha/2}$时，不能拒绝$H_0$。

（2）$H_0:\mu\leqslant\mu_0$　$H_1:\mu>\mu_0$

检验规则为：当$z\geqslant z_\alpha$时，拒绝H_0；当$z<z_\alpha$时，不能拒绝 H_0。

（3）$H_0:\mu\geqslant\mu_0$　$H_1:\mu<\mu_0$

检验规则为：当$z\leqslant -z_\alpha$时，拒绝H_0；当$z>-z_\alpha$时，不能拒绝H_0。

以上3个假设检验的拒绝区域如前图6-2所示，拒绝区域的面积为α。

【例6-2】某企业从长期实践得知，其产品直径X服从正态分布$N(15,0.2^2)$。从某日产品中随机抽取10个零件，测得其直径（单位：厘米）分别为14.8、15.3、15.1、15.0、14.7、15.1、15.6、15.3、15.5、15.1。问在显著性水平α=0.05时，该产品直径是否符合直径为15.0厘米的质量标准？

解：

依题意建立假设：

H_0：$\mu=15.0$　　H_1：$\mu\neq15.0$

根据公式6.1，得：

$$z=\frac{\bar{x}-\mu_0}{\sigma/\sqrt{n}}=\frac{15.15-15.0}{0.2/\sqrt{10}}=2.37$$

若取显著性水平α=0.05，则由标准正态分布表，得$z_{0.025}=1.96$。从而拒绝H_0，即认为直径不符合质量标准。若取显著性水平α=0.01，则由标准正态分布表，得$z_{0.005}=2.58$。从而不能拒绝H_0，即认为没有充分的理由说明直径不符合质量标准。

【例6-3】某企业职工上月平均奖金为402元，本月随机抽取50人来调查，其平均奖金为412.4元。现假定本月职工收入服从正态分布$N(\mu,35^2)$，问在0.05的显著性水平下，能否认为该企业职工平均奖金本月比上月有明显提高？

解：

依题意建立假设：

H_0：$\mu\leqslant402$　H_1：$\mu>402$

检验统计量：

$$z=\frac{\bar{x}-\mu_0}{\sigma/\sqrt{n}}=\frac{412.4-402}{35/\sqrt{50}}=2.101$$

显著性水平α=0.05，则由标准正态分布表，得$z_{0.05}=1.65$。从而拒绝H_0，即认为该企业职工平均奖金本月比上月有明显提高。

2.小样本的检验方法

在小样本（n<30）情形下，检验统计量的选择与总体是否服从正态分布，总体方差是否已知有着密切的联系。本节的内容都是首先以总体服从正态分布为假设前提的，然后再依据总体方差是否已知来选择合适的检验统计量。

当总体方差σ^2已知的时候，即使是小样本情况下，检验统计量的公式6.1也服从标准正态分布，因而公式6.1给出的检验统计量对总体均值进行检验，检验的程序与大样本时完全相同，不再赘述。这里着重介绍小样本情形下总体方差未知时总体均值的检验方法。此时，检验统计量为：

$$t=\frac{\bar{x}-\mu_0}{s/\sqrt{n}} \tag{6.3}$$

式中：s为样本标准差。

根据抽样分布理论，统计量t服从$t(n-1)$。给定显著性水平α，则有：

（1）$H_0:\mu=\mu_0$　$H_1:\mu\neq\mu_0$。

检验规则为：当$|t|\geqslant t_{\alpha/2}(n-1)$时，拒绝$H_0$；当$|t|<t_{\alpha/2}(n-1)$时，不能拒绝$H_0$。

（2）$H_0:\mu\leqslant\mu_0$　$H_1:\mu>\mu_0$。

检验规则为：当$t\geqslant t_\alpha(n-1)$时，拒绝H_0；当$t<t_\alpha(n-1)$时，不能拒绝H_0。

（3）$H_0:\mu \geqslant \mu_0$　$H_1:\mu < \mu_0$。

检验规则为：当 $t \leqslant -t_\alpha(n-1)$ 时，拒绝 H_0；当 $t > -t_\alpha(n-1)$ 时，不能拒绝 H_0。

以上3个假设检验的拒绝区域如前图6-2所示，拒绝区域的面积为 α。因为，t 分布与正态分布很相似，当 n 大于30以后，两者就基本重合了，如图6-4所示。

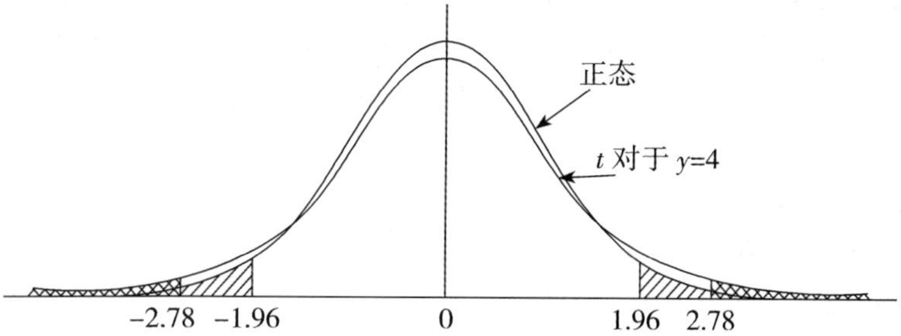

图6-4　t分布与正态分布

【例6-4】抽取某农场蔬菜样品9个，测得其中农药的平均值为0.325mg/kg，标准差为0.068mg/kg，国家卫生标准规定，蔬菜中农药残留量应不大于0.3mg/kg。假定蔬菜中农药残留量服从正态分布，问该农场蔬菜中农药残留量是否超标?

解：

依题意建立假设：

H_0：$\mu \leqslant 0.3$　H_1：$\mu > 0.3$

根据检验统计量公式6.2，可得：

$$t = \frac{\bar{x}-\mu_0}{s/\sqrt{n}} = \frac{0.325-0.3}{0.068/\sqrt{9}} = 1.1029$$

若取显著性水平 $\alpha=0.05$，则由 $t(n-1)$ 分布表，得 $t(8)_{0.05} = 1.860$。从而不能拒绝 H_0，即没有足够的证据说明该农场蔬菜中农药残留量超标。

假如我们增加样本容量，如抽取样品25个，还是得到一样的数据，那么：

$$t = \frac{\bar{x}-\mu_0}{s/\sqrt{n}} = \frac{0.325-0.3}{0.068/\sqrt{25}} = 1.8382$$

还取显著性水平 $\alpha=0.05$，则由 $t(n-1)$ 分布表，得 $t(24)_{0.05} = 1.711$。从而，拒绝 H_0，即说明该农场蔬菜中农药残留量超标。

t 检验一般用于小样本检验，往往是已知服从正态总体但方差未知。随着样本容量 n 的增大，t 分布趋近于标准正态分布（有些 t 分布表就编到30为止，超过30的就得查正态分布表了），所以在大样本情形下，总体方差未知时对总体均值的假设检验可近似采用 z 检验。对于非正态总体，大样本的情况下，在对总体均值假设检验时，也可采用 z 检验，选择检验统计量为公式6.1，如果 δ 未知，可以用 s 替代。

6.2.2　两个正态总体均值之差的检验

样本 $x_1, x_2, \cdots, x_{n_1}$ 来自正态总体 $N(\mu_1, \sigma_1{}^2)$，$y_1, y_2, \cdots, y_{n_2}$ 来自正态总体 $N(\mu_2, \sigma_2{}^2)$。

1. 总体方差 $\sigma_1{}^2$ 和 σ_2^2 已知

如果两个总体方差 $\sigma_1{}^2$ 和 σ_2^2 已知，则可构造检验统计量：

$$z=\frac{\bar{x}-\bar{y}}{\sqrt{\frac{\sigma_1^2}{n_1}+\frac{\sigma_2^2}{n_2}}} \tag{6.4}$$

统计量z服从$N(0,1)$。因此，采用z检验。

【例6–5】假设某种羊毛的含脂率服从正态分布，且处理前后的方差均为36。处理前采10个样，测得平均含脂率为27.3，处理后采8个样，测得平均含脂率为13.75，问处理前后羊毛含脂率有无显著变化（$\alpha=0.05$）?

解：

依题意建立假设：

H_0：$\mu_1-\mu_2=0$　H_1：$\mu_1-\mu_2\neq 0$

根据检验统计量公式6.3，可得：

$$z=\frac{\bar{x}-\bar{y}}{\sqrt{\frac{\sigma_1^2}{n_1}+\frac{\sigma_2^2}{n_2}}}=\frac{27.3-13.75}{\sqrt{\frac{36}{10}+\frac{36}{8}}}=4.76$$

由标准正态分布表，得$z_{0.025}=1.96$。从而拒绝H_0，即认为处理前后羊毛含脂率有显著变化。

2.总体方差$\sigma_1{}^2$和σ_2^2未知

如果两个总体方差σ_1^2和σ_2^2未知但相等，即$\sigma_1^2=\sigma_2^2=\sigma^2$，则可构造检验统计量：

$$t=\frac{\bar{x}-\bar{y}}{s_p\sqrt{\frac{1}{n_1}+\frac{1}{n_2}}} \tag{6.5}$$

其中：$s_p=\sqrt{\frac{(n_1-1)s_1^2+(n_2-1)s_2^2}{n_1+n_2-2}}$

统计量t服从$t(n_1+n_2-2)$。因此，采用t检验。

【例6–6】某废水中的镉含量服从正态分布，现用标准方法与新方法同时测定该样本中镉含量。其中新方法测定10次，平均测定结果为5.28ug/L，标准差为1.11ug/L；标准方法测定9次，平均测定结果为4.03ug/L，标准差为1.04ug/L。问两种测定结果有无显著性差异?

解：

依题意建立假设：

H_0：$\mu_1-\mu_2=0$　H_1：$\mu_1-\mu_2\neq 0$

$$s_p=\sqrt{\frac{(n_1-1)s_1^2+(n_2-1)s_2^2}{n_1+n_2-2}}=\sqrt{\frac{9\times 1.11^2+8\times 1.04^2}{10+9-2}}=\sqrt{1.16}=1.08$$

根据检验统计量公式6.5，可得：

$$t=\frac{\bar{x}-\bar{y}}{s_p\sqrt{\frac{1}{n_1}+\frac{1}{n_2}}}=\frac{5.28-4.03}{1.08\times\sqrt{\frac{1}{10}+\frac{1}{9}}}=2.53$$

取显著性水平$\alpha=0.05$，$t_{0.025}(17)=2.11$。从而拒绝H_0，即认为两种测定结果有显著性差异。

6.2.3　两个非正态总体均值之差的检验

样本$x_1,x_2,\cdots,x_{n_1}$和$y_1,y_2,\cdots,y_{n_2}$来自两个非正态总体，当样本容量n_1和n_2较大（≥30）时，构造检验统计量：

$$z=\frac{\bar{x}-\bar{y}}{\sqrt{\frac{\sigma_1^2}{n_1}+\frac{\sigma_2^2}{n_2}}}\quad 或\quad z=\frac{\bar{x}-\bar{y}}{\sqrt{\frac{s_1^2}{n_1}+\frac{s_2^2}{n_2}}} \tag{6.6}$$

此时，统计量z近似服从$N(0,1)$。因此，两个非正态总体均值之差的检验可采用z检验。这里不再详述。

6.2.4　P值检验法

P值检验法是另一种检验方法。我们知道，假设检验就是根据备择假设构造一个拒绝域，而构造拒绝域是由利用检验统计量的观察值与此统计量分布的某一分位点所形成的一个关系式决定的。由于分位点与显著性水平有关，因而显著性水平（控制犯第一类错误的概率）的大小会影响决策者的判断。这里给出的P值是在原假设为真的条件下某一统计量的取值以其观察值为最小值或最大值的事件的小概率，或说某一统计量的取值以其观察值为最小值或最大值是一个小概率事件，此小概率就是P。实际上P值是拒绝原假设的最小的显著性水平。

【例6-7】设总体$X\sim N(\mu,\sigma^2)$，μ未知，$\sigma^2=100$，现有样本$x_1,x_2,\cdots,x_{52}$，求得$\bar{x}=62.75$，现在假设$H_0:\mu\leqslant\mu_0=60$，$H_1:\mu>60$。采用z检验法，检验的统计量为：$z=\dfrac{\bar{X}-\mu_0}{\sigma/\sqrt{n}}$，将数据带入，得到$z$的观察值为：$z_0=\dfrac{62.75-60}{10/\sqrt{52}}=1.983$。

概率$P\{z\geqslant z_0\}=P\{z\geqslant 1.983\}=1-\Phi(1.983)=0.0238$。此即为图6-5和图6-6中标准正态曲线下位于$z_0$右边的尾部面积。此概率称为$z$检验法右边检验的P值。

记为P值$=P\{z\geqslant z_0\}=0.0238$。

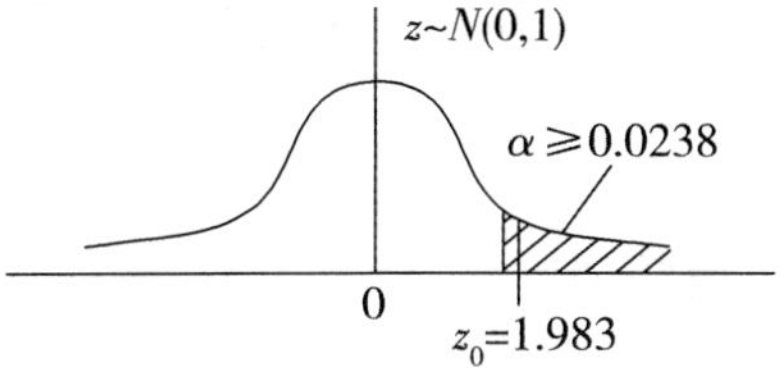

图6-5　临界值（1）

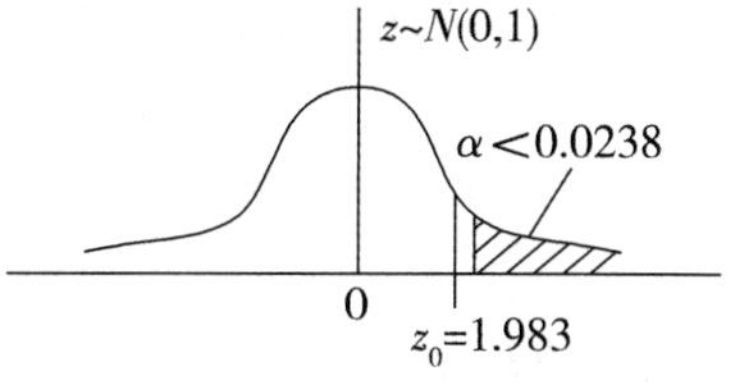

图6-6　临界值（2）

若显著性水平$\alpha\geqslant P=0.0238$，则对应的临界值$z_\alpha\leqslant 1.983$，这表示观察值$z_\alpha=1.983$落在拒绝域内（图6-5），因而拒绝H_0；若显著性水平$\alpha<P=0.0238$，则对应的临界值$z_0>1.983$，这表示观察值$z_0=1.983$不落在拒绝域内（图6-6），因而接受H_0。

假设检验问题的P值是由检验统计量的样本观察值得出的原假设可被拒绝的最小显著性水平。任一检验问题的P值可以根据检验统计量的样本观察值以及检验统计量在H_0下一个特定的参数值（一般是H_0与H_1所规定的参数的分界点）对应的分布求出。

例如，在正态分布$N(\mu,\sigma^2)$均值的检验中，当σ未知时，可采用检验统计量$t=\dfrac{\bar{X}-\mu_0}{S/\sqrt{n}}$，在以下3个检验问题中，当$\mu=\mu_0$时，$t\sim t(n-1)$。如果由样本求得统计量$t$的观察值为$t_0$，那么有：

$H_0:\mu\leqslant\mu_0$，$H_1:\mu>\mu_0$中，p值$=P_{\mu_0}\{t\geqslant t_0\}$=$t_0$右侧尾部面积，如图6-7所示；

$H_0:\mu\geqslant\mu_0$，$H_1:\mu<\mu_0$中，p值$=P_{\mu_0}\{t<t_0\}$=t_0左侧尾部面积，如图6-8所示。

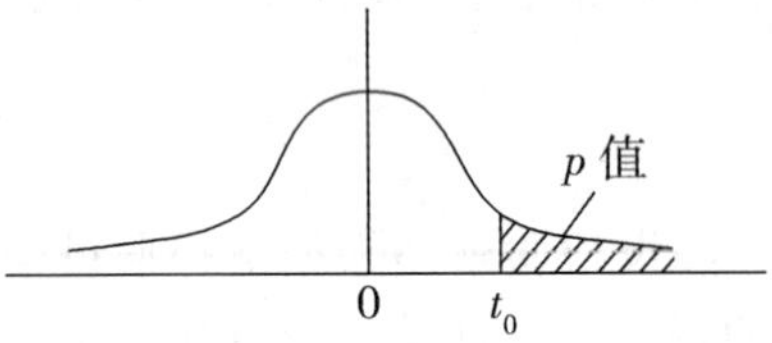

图6-7 右侧检验

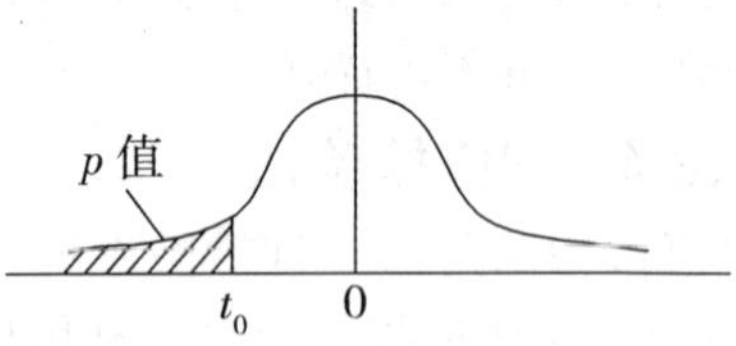

图6-8 左侧检验

$H_0:\mu=\mu_0$，$H_1:\mu\neq\mu_0$中：

（1）当$t_0>0$时，P值$=P_{\mu_0}\{|t|\geqslant t_0\}=P_{\mu_0}\{\{t<-t_0\}\cup\{t\geqslant t_0\}\}=2\times$($t_0$右侧尾部面积)，如图6-9所示。

（2）当$t_0<0$时，P值$=P_{\mu_0}\{|t|\geqslant -t_0\}=P_{\mu_0}\{\{t<t_0\}\cup\{t\geqslant -t_0\}\}=2\times$(由$t_0$界定的尾部面积)，如图6-10所示。

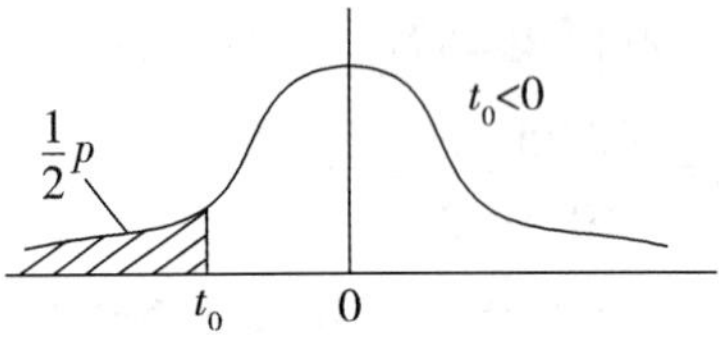

图6-9 右侧检验

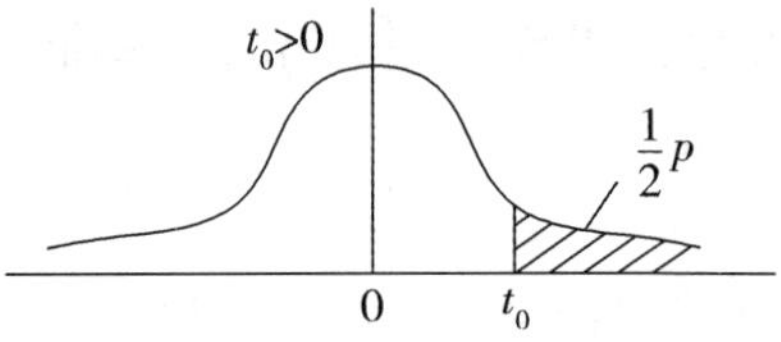

图6-10 左侧检验

上述各图中的曲线均为$t(n-1)$分布的概率密度曲线在现代计算机统计软件中，一般都给出检验问题的p值。按P值的定义，对于任意指定的显著性水平α，就有：

（1）若P值$\leqslant\alpha$，则在显著性水平α下拒绝H_0；

（2）若P值$>\alpha$，则在显著性水平α下不能拒绝H_0。

用临界值法来确定H_0的拒绝域时，例如，当$\alpha=0.05$时知道要拒绝H_0，再取$\alpha=0.01$也要拒绝H_0，但不能知道将α再降低一些是否也要拒绝H_0。而P值法给出了拒绝H_0的最小显著性水平，因此P值法比临界值法给出了有关拒绝域的更多的信息。

6.3 总体比例的假设检验

6.3.1 一个总体比例的检验

所谓总体比例，是指具有某一特征的总体单位在总体中所占的比重，用π表示。如果将具有该特征的总体单位赋值“1”，不具有该特征的总体单位赋值“0”，则总体比例即为总体均值，相应的总体方差为$\pi(1-\pi)$。同理，样本比例p是一种样本均值。在大样本情况下，满足$np \geqslant 5$且$n(1-p) \geqslant 5$，p近似服从$N\left(\pi, \frac{\pi(1-\pi)}{n}\right)$。如果要检验的假设为$H_0: \pi = \pi_0$, $H_0: \pi \neq \pi_0$，则我们可以构造检验统计量：

$$z = \frac{p-\pi_0}{\sqrt{\frac{\pi_0(1-\pi_0)}{n}}} \tag{6.7}$$

当$\pi = \pi_0$时，z近似服从标准正态分布$N(0,1)$，因此，总体比例的大样本检验采用z检验。

【例6-8】在过去的一年内，某公司的生意有30%是赊账交易，70%是现款交易，最近一个含有100笔交易的样本显示有40笔是赊账交易，若取显著性水平为0.05，问该公司的赊账交易政策是否有所变化？

解：

依题意建立假设：

H_0：$\pi=30\%$　H_1：$\pi\neq 30\%$

由题意可得，样本成数为$p=\frac{40}{100}=40\%$，根据检验统计量的公式6.6：

$$z = \frac{p-\pi_0}{\sqrt{\frac{\pi_0(1-\pi_0)}{n}}} = \frac{40\%-30\%}{\sqrt{\frac{30\% \times 70\%}{100}}} = 2.18$$

因为$z_{0.025}=1.96$，从而拒绝H_0，即认为该公司的赊账交易政策已经有所变化。

【例6-9】某公司负责人发现开出去的发票有大量笔误，而且断定这些发票中，错误的发票占20%以上。随机检查400张，发现错误的发票占25%。这是否可以证明负责人的判断正确（显著性水平为0.05）？

解：

依题意建立假设：

H_0：$\pi \leqslant 0.2$　H_1：$\pi > 0.2$

根据检验统计量的公式6.6：

$$z = \frac{p-\pi_0}{\sqrt{\frac{\pi_0(1-\pi_0)}{n}}} = \frac{0.25-0.2}{\sqrt{\frac{0.2 \times 0.8}{400}}} = 2.5$$

因为$z_{0.05}=1.65$，从而拒绝H_0，即负责人的判断是正确的。

6.3.2　两个总体比例之差的检验

在大样本条件下，两个样本比例之差的抽样分布近似为正态分布。若令：

$$z^* = \frac{p_1-p_2}{\sqrt{\frac{\pi_1(1-\pi_1)}{n_1}+\frac{\pi_2(1-\pi_2)}{n_2}}}$$

由于z^*含有未知参数π_1和π_2，所以不能成为检验统计量。当$\pi_1=\pi_2$时，π_1和π_2的联合估计值为$p=\dfrac{n_1p_1+n_2p_2}{n_1+n_2}$，故$p_1-p_2$标准差的估计值为$\sqrt{\dfrac{p(1-p)}{n_1}+\dfrac{p(1-p)}{n_2}}$，取检验统计量：

$$z=\frac{p_1-p_2}{\sqrt{\dfrac{p(1-p)}{n_1}+\dfrac{p(1-p)}{n_2}}} \tag{6.8}$$

于是，在大样本条件下，z近似服从标准正态分布$N(0,1)$。因此，两个总体比例之差的检验可采用z检验。

【例6-10】为了研究地势对小麦锈病发病率的影响，调查了低洼地麦田小麦378株，其中锈病株342株，还调查了高坡地麦田小麦396株，其中锈病株313株。若取显著性水平为0.01，比较两块麦田小麦锈病发病率是否有显著差异。

解：

依题意建立假设：

$H_0:\pi_1-\pi_2=0 \quad H_1:\pi_1-\pi_2\neq 0$

$$p_1=\frac{342}{378}=0.905 \qquad p_2=\frac{313}{396}=0.790$$

$$p=\frac{n_1p_1+n_2p_2}{n_1+n_2}=\frac{342+313}{378+396}=0.846$$

根据检验统计量的公式6.7，可得：

$$z=\frac{p_1-p_2}{\sqrt{\dfrac{p(1-p)}{n_1}+\dfrac{p(1-p)}{n_2}}}=\frac{0.905-0.790}{\sqrt{\dfrac{0.846\times0.154}{378}+\dfrac{0.846\times0.154}{396}}}=4.423$$

取$\alpha=0.01$，$z_{0.005}=2.58$，$z>z_{0.005}$，从而拒绝H_0，即两块麦田小麦锈病发病率有显著差异。

6.4 总体方差的假设检验

6.4.1 一个正态总体方差的检验

总体方差σ^2是用样本方差s^2来估计的。根据抽样分布理论，检验统计量：

$$\chi^2=\frac{(n-1)s^2}{\sigma_0^2} \tag{6.9}$$

服从$\chi^2(n-1)$。给定显著性水平α，则有：

（1）$H_0:\sigma^2=\sigma_0^2 \quad H_1:\sigma^2\neq\sigma_0^2$。

检验规则为：当$\chi^2\geqslant\chi^2_{\alpha/2}(n-1)$或$\chi^2\leqslant\chi^2_{1-\alpha/2}(n-1)$时拒绝$H_0$，否则不能拒绝$H_0$。

（2）$H_0:\sigma^2\leqslant\sigma_0^2 \quad H_1:\sigma^2>\sigma_0^2$。

检验规则为：当$\chi^2\geqslant\chi^2_{\alpha}(n-1)$时拒绝$H_0$，否则不能拒绝$H_0$。

（3）$H_0:\sigma^2\geqslant\sigma_0^2 \quad H_1:\sigma^2<\sigma_0^2$。

检验规则为：当$\chi^2\leqslant\chi^2_{1-\alpha}(n-1)$时拒绝$H_0$，否则不能拒绝$H_0$。

以上3个假设检验的拒绝区域如图6-11所示，拒绝区域的面积为α。

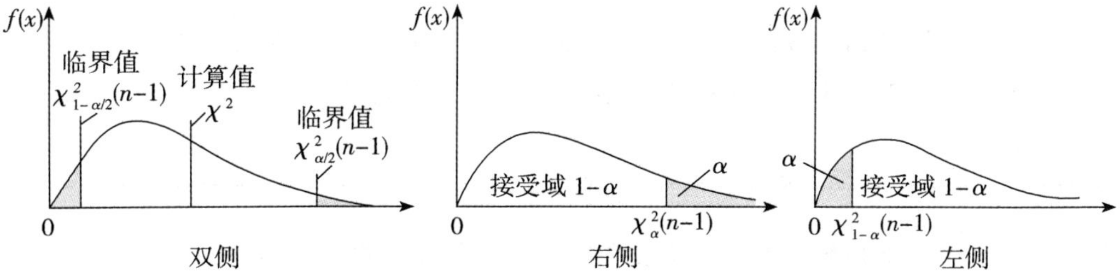

图6-11　双侧检验和单侧检验的卡方临界值

【例6-11】根据设计要求，某零件的内径标准差不得超过0.30（单位：厘米），现从该产品中随意抽验了25件，测得样本标准差为0.36，问检验结果是否说明该产品的标准差明显增大（显著性水平为0.05）?

解：

依题意建立假设：

$H_0:\sigma^2 \leqslant 0.30^2 \quad H_1:\sigma^2 > 0.30^2$

根据检验统计量的公式6.8，可得：

$$\chi^2 = \frac{(n-1)s^2}{\sigma_0^2} = \frac{(25-1)\times 0.36^2}{0.30^2} = 34.56$$

显著性水平$\alpha = 0.05$，$\chi_\alpha^2(n-1) = 36.4$，因此，不能拒绝原假设$H_0$，即没有理由认为该产品的标准差超过了0.30厘米。

6.4.2　两个正态总体方差之比的检验

根据抽样分布理论，检验统计量的计算公式为：

$$F = \frac{s_1^2}{s_2^2} \tag{6.10}$$

服从$F(n_1-1, n_2-1)$。给定显著性水平α，则有：

（1）$H_0:\sigma_1^2/\sigma_2^2 = 1 \quad H_1:\sigma_1^2/\sigma_2^2 \neq 1$。

检验规则为：当$F>F_{\alpha/2}(n_1-1, n_2-1)$或$F<F_{1-\alpha/2}(n_1-1, n_2-1)$时拒绝$H_0$，否则不能拒绝$H_0$。

（2）$H_0:\sigma_1^2/\sigma_2^2 \geqslant 1 \quad H_1:\sigma_1^2/\sigma_2^2 < 1$。

检验规则为：当$F < F_{1-\alpha/2}(n_1-1, n_2-1)$时拒绝$H_0$，否则不能拒绝$H_0$。

（3）$H_0:\sigma_1^2/\sigma_2^2 \leqslant 1 \quad H_1:\sigma_1^2/\sigma_2^2 > 1$。

检验规则为：当$F > F_{\alpha/2}(n_1-1, n_2-1)$时拒绝$H_0$，否则不能拒绝$H_0$。

【例6-12】甲、乙两台机床加工产品的直径服从正态分布，现测得样本数据如下：$n_1 = 9$，$s_1^2 = 0.17$；$n_2 = 6$，$s_2^2 = 0.14$。问这两个正态分布的方差是否相等？(α=0.1)

解：

依题意建立假设：

$H_0:\sigma_1^2/\sigma_2^2 = 1 \quad H_1:\sigma_1^2/\sigma_2^2 \neq 1$

根据检验统计量的公式6.10：

$$F=\frac{s_1^2}{s_2^2}=\frac{0.17}{0.14}=1.214$$

当$\alpha=0.1$时，$F_{\alpha/2}(8,5)=4.82$，$F_{1-\alpha/2}(8,5)=1/F_{\alpha/2}(5,8)=1/3.69=0.27$。

由于$0.27<1.214<4.82$，所以不能拒绝H_0，即没有理由认为两个正态分布的方差不相等。

【思政课堂】

发挥统计监督职能，为推进国家治理提供坚强保障

【思政元素】利用统计科学的检验功能，发挥统计的监督职能。

党的十九届四中全会强调，坚持和完善中国特色社会主义制度，推进国家治理体系和治理能力现代化。健全党和国家监督制度，发挥统计监督职能作用，面对新要求，我们要以习近平新时代中国特色社会主义思想为指导，全面深化统计管理体制改革，坚持依法统计依法治统，充分发挥统计监督职能，为推进国家治理体系和治理能力现代化提供有力的统计支撑。

一、发挥统计监督职能，是依法统计、依法治统的必然要求

统计监督是法律赋予统计部门的法定职能。《中华人民共和国统计法》明确规定："统计的基本任务是对经济社会发展情况进行统计调查、统计分析，提供统计资料和统计咨询意见，实行统计监督。"各级统计机构在履行好统计调查、统计分析职能的同时，还应发挥好统计监督职能，依法监测经济社会发展运行情况、评估监控统计数据、监督检查统计工作和查处统计违法行为。

加强统计监督，是党中央对统计部门提出的新要求。党的十八大以来，以习近平同志为核心的党中央高度重视统计工作，中央先后提出统计三大改革任务、部署深化统计体制改革、出台一系列统计工作方面重大改革文件。党的十九届四中全会明确要求发挥统计监督职能作用，这是党中央对统计工作提出的新要求，充分显示了党中央依法治统，防范和惩治统计造假弄虚作假的信心和决心。

加强统计监督，是提高统计数据质量的重要保障。统计数据质量是统计工作的灵魂，是统计数据发挥作用的前提和基础。经济社会越发展，经济形态越多样，经济形势越复杂，对统计数据质量的要求越高。新时代推进国家治理体系和治理能力现代化，也必须有真实准确、完整及时的统计数据作支撑。加强统计监督，将为提高统计数据质量营造良好的内外环境。

二、统计监督，是对党和国家监督制度体系的有益补充

统计监督是党和国家监督制度体系的重要组成部分，也是对党和国家监督制度体系的有益补充。要积极发挥统计监督职能，严肃查处统计违法违纪行为，着力解决统计数据失真失实干扰决策判断、虚增群众获得感、透支党和政府公信力的问题。要不断在统计监督方式、范围、机制上下功夫，全面提高统计数据质量和统计服务水平，客观真实准确反映高质量发展成效，使统计监督作用发挥更加充分，为国家治理体系和治理能力现代化贡献统计力量。

统计监督方式力求多样化。要通过统计法治监督、业务监督、纪律监督、社会监督，打造立体化统计监督，着力构建统计违法举报查处、统计执法“双随机”抽查、统计执法检查“三位一体”的统计监督体系。进一步完善统计执法检查制度，组织开展经常性的统计数据质量检查。进一步拓宽监督渠道，通过统计机构日常业务监管和新闻媒体的舆论监督及时发现统计违法违纪线索，全方位形成强大的监督合力。

统计监督范围确保全覆盖。要实现对各级各有关部门、统计调查对象统计监督全覆盖，通过立体化监督体系，严肃追究领导干部对严重统计违法行为失察的责任，严肃追究相关单位负责人违规干预统计工作的责任，对有关地方或部门的统计弄虚作假行为坚决实行零容忍，对统计调查对象的违法行为，依法严肃查处，决不姑息迁就，并按照国家统计信用体系建设的要求，加强对统计失信企业的公示和统计领域严重失信企业的联合惩戒。

统计监督机制必须零死角。要进一步健全防范和惩治统计造假弄虚作假责任制度和统计数据质量责任制度等统计监督机制，进一步夯实各级、各部门统计工作责任体系，探索构建“党委统一领导、政府组织主导、统计统筹协调、部门分工负责、齐抓共建共管”的基层统计工作机制，旗帜鲜明防范和惩治统计造假弄虚作假，严肃查处统计违法违纪行为，坚决守住统计数据质量红线，筑牢惩防并举的坚固防线，逐步形成“不敢假、不能假、不想假”的统计生态。

三、发挥统计监督职能，必须加强统计监督能力建设

统计造假、弄虚作假还未能彻底根治，损害了党和政府的公信力，也反映出统计监督存在缺失和死角。统计监督是党和国家监督制度体系的重要组成部分，要大力推进统计监督能力建设，充分发挥统计监督职能作用。

压实数据质量责任。各级统计机构主要负责同志要切实履行好第一责任人职责，全面系统贯彻落实中央精神，把发挥好统计监督作用、提高统计数据质量摆到更加突出的位置。建立健全统计数据质量责任体系，全面落实地方各级统计机构及其工作人员的数据质量责任，形成谁主管、谁负责，一级抓一级、层层抓落实的责任体系。

强化法治宣传教育。强化对各级党政领导干部的宣传教育，认真落实统计法进党校、进行政学院、进机关的工作部署，切实提高领导干部统计法治意识；利用法治宣传日、统计开放日等，运用各种媒体，积极面向调查对象广泛宣传统计法律法规知识，提高全社会统计法治意识，营造规范有序的统计法治环境。

狠抓统计队伍建设。全面加强统计队伍建设，夯实统计基层基础，打造综合素质高、业务能力强的专业化人才队伍。积极建设专职统计执法队伍，配强配足统计执法人员，进一步完善统计执法人才骨干库，提高统计法治队伍整体素质，充分发挥统计执法监督的震慑作用，对统计造假弄虚作假行为坚决做到有案必查、有假必惩

资料来源：朱慧. 发挥统计监督职能，为推进国家治理提供坚强保障 [N]. 湖北日报，2020-01-19.

本章小结

假设检验的基本思想是：先作出一个假设，然后依据小概率事件在一次抽样中实际上不会发生的推断原则，看这一假设是否会导致不合理的结果，从而判断是否拒绝原假设。假设检验的步骤主要包括提出假设，设计检验统计量，给定显著性水平和确定相应的临界值，进行比较4个步骤。假设检验的两类错误，包括“第一类错误”和“第二类错误”。

不同的总体参数的假设检验方法有：假设检验可以分为一个总体参数的假设检验和两个总体参数的假设检验；考虑到检验参数的不同，一个总体参数的假设检验分为均值、比率、方差等假设检验，两个总体参数的假设检验分为均值之差、比例之差、方差之比等假设检验。

进行一个总体均值的假设检验时，大致考虑两种情况：一是单个总体均值的检验，二是两个总体均值之差的检验。本章重点介绍单个总体均值的检验，分成两种情况：一是大样本，此时无需正态总体的假定前提，检验统计量在总体方差已知或未知的情况下都近似服从标准正态分布；二是小样本，在总体方差未知时需要假定总体服从正态分布，检验统计量服从t分布。对于两个总体均值之差的检验，考虑两种情况：一是两个正态总体之差的检验；二是两个非正态总体之差的检验。

对于一个（或两个）总体比例的假设检验，通常是在大样本条件下进行的，以检验统计量近似服从正态分布为理论基础。总体方差的假设检验，则是以总体服从正态分布为前提的。

第7章　相关分析与回归分析

学习目标

- 了解相关关系的概念、种类及度量方法，掌握相关系数的计算和检验；
- 理解回归分析的实质；
- 掌握一元线性回归模型及检验；
- 掌握多元线性回归模型及检验；
- 掌握常见的非线性回归的直接代换法和间接代换法。

在自然界和社会经济的客观事物与现象中，任何事物和现象都不是孤立存在的，互相之间存在着一定的联系。因此，描述事物数量特征的变量之间也就存在一定的联系。相关分析与回归分析就是在此方面进行的研究。相关分析与回归分析是现代统计学中研究变量间关系的常用统计方法。

相关分析与回归分析是现代统计学的一项重要内容。通过相关分析，可以判断变量之间是否存在相关关系以及相关关系的方向和密切程度。回归分析是对具有相关关系现象间数量变化的规律性进行计算与测定的理论与方法。相关分析与回归分析广泛应用于企业管理、商业决策和金融分析等社会科学以及自然科学的许多研究领域。在学术论文的写作上，相关分析与回归分析是经常用到的研究方法。

7.1　相关分析概述

7.1.1　相关关系的含义

客观事物与现象之间的依存关系分为两种类型：函数关系和相关关系。

1.函数关系

函数关系是指变量间一种十分严格的数量依存关系。在这种关系中，当一个变量取一定数值时，另一个变量就有一个确定的值与之相对应，这种关系可以用数学函数式反映出来，所以叫函数关系。比如，圆的面积（S）与半径（r）之间的关系可表示为$S=\pi r^2$，当圆的半径r的值确定后，圆的面积也随之确定。

变量间的函数关系是一一对应的确定性的关系，一般可以用下面的公式表示：

$$Y=f(x) \tag{7.1}$$

2.相关关系

相关关系是指变量之间存在的一种非确定性的相互依存关系。相关关系是数据分析的基石。在这种关系中，当一个变量取一定数值时，与之相对应的另一变量的数值虽然不确定，但仍按某种规律在一定的范围内变化。比如，居民的收入和消费支出密切相关，但根据消费函数理论，消费支出并不完全由收入确定，它还受消费习惯、居民财富、商品价格水平、利率等因素的影响。类似的例子还有商品销售额与广告之间的关系、经济增长速度与货币发行量之间的关系、粮食产量与施肥量之间的关系。这几组关系中，一个变量都对另一个变量有直接的影响，但又不是唯一的影响因素。

变量间的相关关系一般可以用下面的公式表示：

$$Y=f(x)+\varepsilon \tag{7.2}$$

3.函数关系与相关关系的区别与联系

函数关系与相关关系既有区别，又有联系，在一定条件下可以相互转化。具有函数关系的变量，在存在观测误差的条件下，其函数关系往往以相关关系表现出来。具有相关关系的变量，如果我们对它们的规律有了深刻认识，其变量间的关系通常可以通过函数关系近似地表现出来，这时的相关关系就可能转化为函数关系。

从这个角度讲，相关关系是相关分析的研究对象，函数关系是相关分析的工具。相关分析就是要通过对大量数据资料的研究，消除偶然因素的影响，探求现象之间相关关系的密切程度和表现形式。由此，我们把研究现象之间相关关系的理论和方法称为相关分析法。

7.1.2 相关关系的类型

现象之间的相关关系从不同的角度可以分为不同的类型。

1.按相关程度划分

按相关程度划分，相关关系可分为完全相关、不相关和不完全相关。

（1）完全相关。当一个变量完全由另一个变量的数量变化所确定时，这两个变量之间的关系为完全相关。此时，相关关系便为函数关系。例如，在速度不变的条件下，路程与时间之间的关系即为函数关系。

（2）不相关。当两个变量彼此互不影响，其数量变化各自独立时，这两个变量之间的关系为不相关。例如，学生甲的跑步速度与学生乙的跑步速度取决于各自的身体素质，互不相关。

（3）不完全相关，即两个现象介于完全相关和不相关之间，一个变量发生了变化，另一个变量会随之发生相应的变化，但变化值是不确定的。大多数相关关系都属于不完全相关关系。

2.按相关方向划分

按相关方向划分，相关关系可分为正相关和负相关。

（1）正相关。当两个变量的变化方向相同时，称为正相关。即，当一个变量的值增加或减少时，另一个变量的值也会随之增加或减少。例如，商品的价格上升，则生产供给也上升，二者即为正相关。

（2）负相关，当两个变量的变化方向相反时，称为负相关。即，当一个变量的值增加或减少时，另一个变量的值随之减少或增加。例如，商品的价格上升，则对商品的需求下降，二者即为负相关。

3.按相关形式划分

当两个变量的关系呈现线性关系时，称为线性相关，否则，即为非线性相关。

（1）线性相关也称直线相关，是指当一个变量变动时，另一个变量随之发生相等或大致均等的变动。从图形上看，其观察点的分布近似地表现为一条直线。例如，人均消费水平与人均收入水平通常呈直线相关关系。

（2）非线性相关也称曲线相关，即一个变量变动时，另一个变量也随之发生相应的变动，但这种变动不是均等的。从图形上看，其观察点的分布近似地表现为一条曲线，如抛物线、指数曲线等。例如，工人加班在一定时间内产量增加，但超过一定时间产量反而减少。

4.按变量多少划分

按所研究变量的多少划分，相关关系可分为单相关、复相关和偏相关。

（1）单相关又称一元相关，是指两个变量之间的相关关系，如广告费用与产品销售量之间的相关关系。

（2）复相关又称多元相关，是指三个或三个以上变量之间的相关关系，如商品销售额与居民收入、商品价格之间的相关关系。

（3）偏相关，即在一个变量与两个或两个以上变量相关的条件下，假定其他变量不变时，其中两个变量的相关关系。例如，在商品价格不变的条件下，该商品的需求量与消费者收入水平的相关关系即为偏相关。

7.1.3 相关分析的主要内容

相关分析（correlation analysis）是指对两个或两个以上现象之间数量上的依存关系进行的统计分析。进行相关分析的目的是揭示现象之间是否存在相关关系、相关关系的密切程度如何，以便在消除偶然因素影响的基础上，分析因素之间数量变动的规律。相关分析的主要内容如下。

1.揭示现象之间是否存在相关关系

进行相关分析时，首先需要通过定性分析方法，按照经济理论、专业知识和实践经验，判定变量之间是否存在关系，变量之间只有存在关系，才能进行相关分析。其次，要对大量的实际统计资料，通过编制相关表、绘制相关图等一系列统计分析方法，对被研究的现象变量之间是否真正存在线性关系作出统计判断。

2.判断现象之间相关关系的具体形式

若现象之间存在相关关系，就需要进一步利用相关表或相关图通过观察的方法判断这种关系呈现的具体形态和程度。例如，是线性相关还是非线性相关，只有明确了相关的具体形式，我们才能运用相应的分析方法去进行进一步的研究。

3.测定现象相关关系的密切程度和方向

相关表或相关图观察的方法只能粗略地反映变量之间相关关系的密切程度，要准确地反映变量之间相关关系的密切程度，就需要通过计算相关系数来实现。相关系数能够从数量上反映变量之间相关关系的方向和密切程度。

4.相关关系的显著性检验

根据抽样样本计算的相关系数，还必须进行总体相关的显著性检验。对相关分析的结果，从数学的角度进行检验获得通过后，才能说明其分析是科学的。客观事物或现象总体的相关程度往往与样本容量有一定关系。当样本容量很小时，所得出的相关系数不一定能反映总体的真实相关关系。为判断样本相关系数对总体相关程度的代表性，需要对相关系数进行显著性检验。若在统计上是显著的，说明它可以作为总体相关程度的代表值，否则不能作为总体相关程度的代表值。

5.相关分析与回归分析

相关分析主要研究随机变量间的相关形式及相关程度。而回归分析（regression analysis）研究一个变量相对于另一个（或几个）变量的具体依存关系，前一个变量为结果，称为因变量或被解释变量，后一个（或几个）变量为原因，称为自变量或解释变量。

相关分析与回归分析的区别主要在于：

①相关分析对称地对待任何变量，变量都被看作随机的；回归分析对变量的处理方法存在不对称性，即区分因变量和自变量，因变量是随机变量，而自变量是可以控制或者可以精确观察的变量，因此通常把自变量看作确定的。

②相关分析只关注变量间关系的密切程度，不关注具体依存关系；而回归分析更加关注变量间的具体依存关系，可以进一步通过自变量的变化来估计或预测因变量的变化，达到深入分析变量间数量关系、掌握其运动规律的目的。

7.1.4 相关关系的度量

1.图示

在第3章，我们学习过散点图，它是描述相关关系的直观工具。它是以直角坐标系的横轴代表变量x，纵轴代表变量y，将两个变量间相对应的变量值用坐标点的形式描绘出来，反映两变量之间相关关系的图形。一般在进行详细的定量分析之前，可以先利用散点图对现象之间存在的相关关系的方向、形式和密切程度作出大致的判断。图7-1总结列示了不同相关关系。

图7-1（c）和图7-1（d）是典型的线性相关形态，两个变量的观测点分布在一条直线周围。其中：图7-1（c）表明一个变量的数值增加，另一个变量的数值也相应增加，因而称为正线性相关；图7-1（d）表明一个变量的数值增加，另一个变量的数值相应减少，因而称为负线性相关。图7-1（a）和图7-1（b）表明两个变量的观测点完全落在直线上，称为完全线性相关（实际上是函数关系），其中，图7-1（a）称为完全正相关，图7-1（b）称为完全负相关。图7-1（e）表明两个变量间是非线性相关。图7-1（d）中的观测点很分散，无任何规律，表明两个变量间没有相关关系。

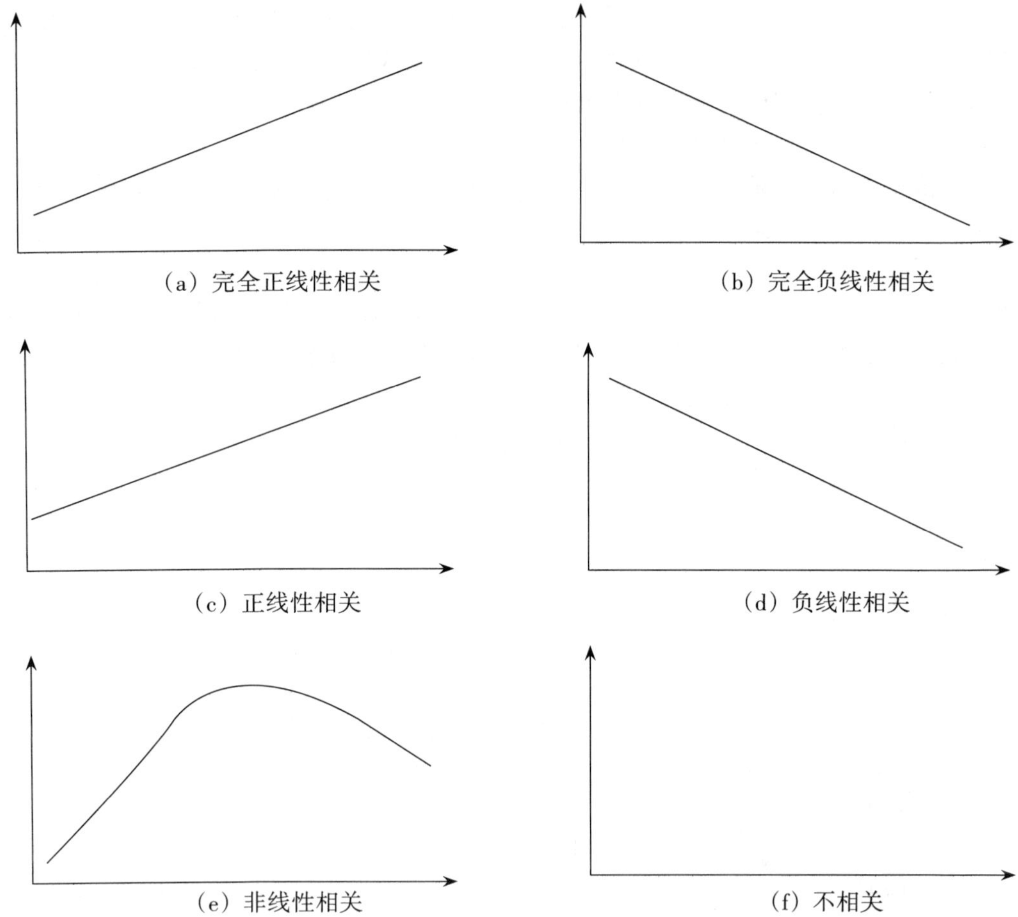

图7-1 不同相关关系图示形态

2.相关系数

(1) 概念和类型

通过散点图，我们可以直观地判断变量间相关关系的方向和程度，但这种判断只是初步的、粗略的，要进一步分析变量间的相关程度，就需要使用相关系数(correlation coefficient)。最常用的相关系数是皮尔逊相关系数。

根据所分析现象的相关形式及相关变量，相关系数主要分为以下4种。

①简单相关系数。简单相关系数是描述呈线性相关的两个变量之间密切程度及相关方向的指标。

②复相关系数。复相关系数是测量一个因变量y与其他多个自变量x_1、x_2、x_3…x_n之间线性相关程度的指标。它不能直接测算，只能采取一定的方法进行间接测算。它可以利用简单相关系数和偏相关系数求得。复相关系数取值在0和1之间。复相关系数越接近于1，表明变量之间的线性相关程度越密切；越接近于0，表明变量之间的密切程度越低。但是，复相关系数只能测定相关的程度，无法测定相关的方向。

③曲线相关系数。曲线相关系数也称相关指数，是衡量非线性关系密切程度的指标。简单相关系数和复相关系数，都是用来衡量线性相关的指标，但对于非线性的相关关系，密切程度不能用其来测量，而需要用相关指数来计算。相关指数数值越大，表明其相关程度越高。

④偏相关系数。偏相关系数是在多元相关分析中，在消除其他变量影响的条件下所计算的某两个变量之间的相关系数。例如，变量y与x_1、x_2、x_3之间具有一定的相关关系，假定x_1、x_2对变量y没有影响，只计算x_3与y的密切程度，则此时计算的相关系数即为偏相关系数。偏相关系数不同于简单相关系数。在计算简单相关系数时，只需要掌握两个变量的观测数据，并不考虑其他变量对这两个变量可能产生的影响；而在计算偏相关系数时，需要掌握多个变量的数据，一方面考虑多个变量相互之间可能产生的影响，另一方面需采用一定的方法控制其他变量，专门考察两个特定变量的净相关关系。

本章只介绍简单相关系数的相关内容，以下所称相关系数，皆为简单相关系数。

（2）皮尔逊相关系数的计算。

皮尔逊相关系数最早是由统计学家卡尔·皮尔逊（Karl Person）设计的，是用于度量两个变量之间线性相关程度的统计量。根据总体全部数据计算的相关系数称为总体相关系数，一般用ρ表示。其计算公式为：

$$\rho=\frac{Cov(x,y)}{\sqrt{|Var(x)||Var(y)|}} \tag{7.3}$$

式中：$Var(x)$、$Var(y)$分别为x和y的方差；$Cov(x,y)$为x与y的协方差。

通常情况下，由于所研究总体的规模较大，无法对总体进行全面调查，也就无法得到总体相关系数，因此只能通过样本相关系数去估计总体相关系数。根据样本数据计算的相关系数称为样本相关系数，用r表示。其计算公式为：

$$r=\frac{\sum(x-\bar{x})(y-\bar{y})}{\sqrt{\sum(x-\bar{x})^2\sum(y-\bar{y})^2}}=\frac{n\sum xy-\sum x\sum y}{\sqrt{n\sum x^2-(\sum x)^2}\cdot\sqrt{n\sum y^2-(\sum y)^2}} \tag{7.4}$$

式中：第一个算式称为积差法公式，后一个称为简捷法公式。根据简捷法公式，只需要计算x^2、y^2、xy，不必计算平均数、协方差和标准差，大大简化了运算过程，在实际计算中经常被采用。

【例7-1】某公司一产品的广告费投入与销售额情况见表7-1，计算广告费与销售额之间的相关系数。

表7-1 **广告费投入与销售额情况**

序号	广告费（万元）	销售额（万元）	x^2	y^2	xy
	x	y			
1	1.3	48	1.69	2 304	62.4
2	2	50	4	2 500	100

续表

序号	广告费（万元）	销售额（万元）	x^2	y^2	xy
	x	y			
3	3	52	9	2 704	156
4	4	52	16	2 704	208
5	5.1	53	26.01	2 809	270.3
6	6.3	54	39.69	2 916	340.2
7	6	55	36	3 025	330
8	6.2	56	38.44	3 136	347.2
9	7	56	49	3 136	392
10	7.2	57	51.84	3 249	410.4
合计	48.1	533	271.67	28 483	2 616.5

解：

把表7-1中的数据带入公式，则有：

$$r=\frac{n\sum xy-\sum x\sum y}{\sqrt{n\sum x^2-(\sum x)^2}\sqrt{n\sum y^2-(\sum y)^2}}=\frac{10\times 2\,616.5-48.1\times 533}{\sqrt{10\times 271.67-48.1^2}\sqrt{10\times 28\,483-533^2}}$$

$$=\frac{527.7}{\sqrt{403.09}\sqrt{741}}=0.9656$$

计算得到的相关系数为0.9656，这说明该公司广告投入与销售额之间不仅存在相关关系，而且高度相关。

（3）相关系数的特点。

样本相关系数r具有以下特点：

①r的取值介于−1与1之间，即$-1\leqslant r\leqslant 1$。若$0<r\leqslant 1$，表示x与y之间存在正线性相关关系；若$-1\leqslant r<0$，表示x与y之间存在负线性相关关系；若$r=0$，表示x与y之间不存在线性相关关系。特别地，如果$|r|=1$，则表明x与y完全线性相关，即线性函数关系。此时，若$r=1$，则x与y之间完全正线性相关；若$r=-1$，则x与y之间完全负线性相关。

②$|r|$越趋于1表示关系越强，$|r|$越趋于0表示关系越弱，一般可按四级划分：$|r|\leqslant 0.8$时，两个变量之间高度相关；$0.5\leqslant|r|<0.8$时，两变量中度相关；$0.3\leqslant|r|<0.5$时，两变量低度相关；$|r|<0.3$时，两个变量之间的相关程度极弱，可视为不相关。需要注意的是，上述解释必须建立在对相关系数的显著性检验的基础之上。

③r值的大小同x与y的原点位置、坐标位置及尺度无关。改变x与y的原点位置、坐标位置及计量尺度，并不改变r值的大小。

④r仅仅是x与y之间线性关系的一个度量，它不能描述和反映非线性关系或因果关系。这意味着，$r=0$只是表明两个变量之间不存在线性相关关系，它并不意味着x与y之间不存在其他类型的相关关系或因果关系。当$r=0$或很小时，不能轻易得出两个变量之间不存在相关关系的结论，而应结合散点图作出合理的解释。

了解相关系数的性质有助于揭示两个变量之间的线性关系的密切程度。但是，这种解释必须建立在对相关系数的显著性进行检验的基础之上。

严格来讲，皮尔逊相关系数仅仅是x与y之间线性关系的一个度量，它不能用于描述非线性关系。这意味着，上述性质中的正相关、负相关实际上是指正线性相关、负线性相关；而$r=0$只表示两个变量之间没有线性相关关系，而不是说变量之间没有任何相关关系，在此情况下，可结合散点图或使用其他相关系数进一步判断二者之间是否存在非线性相关关系。

（4）相关系数的显著性检验。

测算两个变量的相关系数，是从二元总体中随机抽取一个样本，再用样本的相关系数去推断，因为推断误差的存在，不可能保证百分之百的可靠。也就是说，因为样本是随机抽取的，根据其计算出的相关系数虽然很大，但总体却可能并不具备相关性。至于总体到底有没有线性相关性，在得出结论前，就必须做假设检验。

相关系数的显著性检验可以分为两类：一类是对总体相关系数是否等于0进行检验；另一类是对总体相关系数是否等于某一个给定的不为0的数值进行检验。限于篇幅，本书只介绍对总体相关系数ρ是否等于0进行检验。

检验样本（相关系数为r）是否来自于一个无线性关系的总体（总体的相关系数为ρ），可以采用t检验法。

检验的具体步骤如下：

第一步：提出假设。假设样本是从一个不相关的总体中抽取出来的，即：

H_0：$\rho=0$　H_1：$\rho\neq0$

第二步：计算检验统计量t。t的计算公式为：

$$t=|r|\sqrt{\frac{n-2}{1-r^2}}\sim t(n-2)$$

第三步：给定显著性水平α，查t分布表得临界值$t_{\alpha/2}(n-2)$。

第四步：得出结论。根据给定的显著性水平α和自由度$df=n-2$查t分布表，查出$t_{\alpha/2}(n-2)$的临界值。若$|t|>t_{\alpha/2}$，则拒绝原假设H_0，表明总体的两个变量之间存在显著的线性关系。

【例7-2】根据例7-1的计算结果，进一步检验广告费投入和销售额之间的相关系数是否显著（显著性水平$\alpha=0.05$）。

解：第一步：提出假设。

H_0：$\rho=0$　H_1：$\rho\neq0$

第二步：计算检验的统计量。

$$t=|r|\sqrt{\frac{n-2}{1-r^2}}=0.9656\times\sqrt{\frac{10-2}{1-0.9656^2}}=10.5043$$

第三步：根据给定的显著性水平$\alpha=0.05$和自由度$df=n-2=8$，查t分布表，查出$t_{\alpha/2}(n-2)=2.306$。

第四步：得出结论。由于$|t|=10.5043>t_{\alpha/2}=2.306$，则拒绝原假设$H_0$，表明该公司广告费投入与销售额之间存在显著的正线性相关关系。

最后需要指出的是，相关关系与因果关系是不同的。两个变量间的相关系数很大未必意味着变量间存在因果关系，也可能两个变量同时受第三个变量的影响而使它们有很强的伴随相关关系。比如，夏天里太阳镜的销售量和冷饮的销售量是存在相关性的，但是，这不是说因为太阳镜卖多了，冷饮就卖得多。它们呈相关关系，仅仅是因为它们受同一因素——天气炎热——的影响。它们是天气炎热的共同的果。在统计上，把逻辑上不存在联系的两个变量放在一起做相关分析没有意义，这被称为“虚假相关”，也称“伪相关”。

7.2 一元线性回归分析

7.2.1 回归分析概述

1. 回归分析的概念

相关分析可以揭示变量之间相关关系的方向和程度，但不能说明变量之间具体的数量因果关系。它不能反映一个变量发生一定数量的变化时，另一个变量会发生多少变化。为解决这一问题，就要采用回归分析方法。

回归分析（regression analysis）是通过建立模型来研究一个变量（即因变量或被解释变量）与另一个或多个变量（即自变量或解释变量）之间相互关系的一种方法。它对具有相关关系的变量之间的数量联系进行测定，确定一个回归方程，根据这个回归方程可以从已知量来推测未知量，从而为估算和预测提供方法。

“回归”一词是由英国生物统计学家高尔顿（F.Galton）在研究人体身高的遗传问题时首先提出的。根据遗传学的观点，一般而言，父母身高高的其子女身高也高，父母身高矮的其子女身高也矮。依此推论，祖祖辈辈遗传下来，身高必然向两极分化，但事实上并非如此，有一种力量将个体的身高拉向中心值，即子女的身高有向中心值回归的特点。“回归”一词即表示这个含义。最形象的例子就是，姚明的子女不会比姚明更高，几个矮个明星的子女不比其父辈更矮，当然，高矮在此没有褒贬的意思。不过，现代回归分析虽然沿用了“回归”一词，但内容已有很大变化，它是一种应用于许多领域的广泛的分析研究方法，在经济理论研究和实证研究中也发挥着重要的作用。

2. 回归分析的类别

回归分析可以从不同的角度划分为不同的种类。按照自变量个数的多少可分为一元回归分析和多元回归分析，只有一个自变量的回归分析叫一元回归分析，有两个或两个以上自变量的回归分析叫多元回归分析。自变量与因变量成直线相关的回归模型称为线性回归模型，不呈直线相关的回归模型称为非线性回归模型（也称曲线回归模型）。一元线性回归模型是最简单、最基本的回归模型形式。本节将详细讨论一元线性回归模型的构建与估计、有关统计检验及预测应用。

3.回归分析的内容和步骤

（1）确定自变量和因变量。

首先，根据理论和对问题的分析判断，从定性方面对变量之间的内在联系进行分析，确定变量之间的主从关系或因果关系，将变量分为自变量和因变量。

（2）确定回归模型的数学表达式。

依据掌握的样本数据，利用变量之间的散点图，找出最佳的回归分析模型，并通过对模型参数的估计，确定回归模型的数学表达式，即回归方程。

（3）对回归模型进行评价。

由于涉及的变量具有不确定性，还要对回归模型进行统计检验。确定回归方程后，需要对其进行检验，以判断回归模型的基本假设是否合理、是否得到满足。常用的回归方程检验有线性显著性的F检验、变量显著性的t检验、拟合优度检验等。

（4）利用回归模型进行估计或预测。

最后是利用回归模型，进行估计或预测，根据自变量的数值去估计或预测因变量的数值，即根据给定的自变量数值估计或预测因变量的数值或置信区间。

专栏7-1

高尔顿与回归分析的起源

现在统计学上的“回归”的概念是由生物统计学家高尔顿（F.Galton）最先作为统计学术语使用的。其表哥达尔文的巨著《物种起源》的问世，触动了高尔顿用统计方法研究遗传进化问题。

1855年，高尔顿发表《遗传的身高向平均数方向的回归》一文，他和他的学生K.Pearson通过观察1 078对夫妇，以每对夫妇的平均身高作为自变量，取他们的一个成年儿子的身高作为因变量，分析儿子身高与父母身高之间的关系，发现从父母的身高可以预测子女的身高，两者的关系近乎一条直线。父母越高或越矮，子女的身高一般会比其他人也更高或更矮，他将子女与父母身高的这种现象拟合出一种线性关系，其回归直线方程为儿子身高=33.73+0.516×父母身高，这种趋势及回归方程表明，父母身高每增加一个单位时，其成年儿子的身高平均增加0.516个单位。

有趣的是，通过观察，高尔顿还注意到，尽管这是一种拟合较好的线性关系，但仍然存在例外现象：较矮父母所生的子女比其父母要高，较高的父母所生子女的身高却回降到多数人的平均身高。换句话说，当父母身高走向极端，子女的身高不会像父母身高那样极端化，其身高要比父母的身高更接近平均身高，即有“回归”到平均数的趋势，这就是统计学上最初出现“回归”时的含义，高尔顿把这一现象叫作“向平均数方向的回归”（regression toward mediocrity）。虽然这是一种特殊情况，与线性关系拟合的一般规则无关，但“线性回归”的术语却因此沿用下来，作为根据一种变量（父母身高）预测另一种变量（子女身高）或多种变量关系的理论分析方法。

7.2.2　相关分析与回归分析的关系

1.相关分析和回归分析的联系

相关分析和回归分析是研究现象之间相关关系的两种基本方法。

相关分析是回归分析的基础和前提，回归分析则是相关分析的深入和继续。相关分析和回归分析有着密切的联系，它们不仅具有共同的研究对象，而且在具体应用时，常常必须互相补充。相关分析需要依靠回归分析来表现变量之间数量相关的具体形式，而回归分析则需要依靠相关分析来表现变量之间数量变化的相关程度。只有当变量之间高度相关时，进行回归分析寻求其相关的具体形式才有意义。

如果在没有对变量之间是否相关以及相关方向和程度作出正确判断之前进行回归分析，则很容易造成“伪回归”。与此同时，相关分析只研究变量之间相关的方向和程度，不能推断变量之间相互关系的具体形式，也无法从一个变量的变化来推测另一个变量的变化情况。因此，在具体应用过程中，只有把相关分析和回归分析结合起来，才能达到研究和分析的目的。

由于上述原因，回归分析和相关分析在一些统计学的书籍中被合称为相关关系分析。

2.相关分析和回归分析的区别

相关分析和回归分析的区别主要体现在以下3个方面：

（1）在相关分析中涉及的变量没有自变量和因变量的划分问题，变量之间的关系是对等的。但在回归分析中，必须根据研究对象的性质和研究分析的目的，对变量进行自变量和因变量的划分，明确因果。

（2）在相关分析中所有的变量都必须是随机变量。而在回归分析中，自变量是给定的，因变量才是随机的。也就是说，将自变量的给定值代入回归方程后，所得到的因变量的估计值不是唯一确定的，会表现出一定的随机波动性。

（3）相关分析主要是通过一个指标即相关系数来反映变量之间相关程度的大小，由于变量之间是对等的，因此相关系数是唯一确定的。而在回归分析中，对于互为因果的两个变量（如人的身高与年龄、商品的价格与销量），则可能存在多个回归方程。

（4）相关分析主要是通过一个指标即相关系数来反映变量之间相关密切程度的大小，由于变量之间是对等的，因此相关系数是唯一确定的；而在回归分析中，对于互为因果关系的两个变量（如人的身高与体重），则有可能存在两个回归方程。

需要指出的是，变量之间是否存在“真实相关”，是由变量之间的内在联系决定的。相关分析和回归分析只是定量分析的手段，通过相关分析和回归分析，虽然可以从数量上反映变量之间的联系形式及密切程度，但是无法准确判断变量之间内在联系的存在与否，也无法判断变量之间的因果关系。因此，在具体应用过程中，一定要始终注意把定性分析和定量分析结合起来，在准确的定性分析的基础上展开定量分析。

3. 二者都属于定量分析的范畴

需要明确的是，相关分析和回归分析都是进行定量分析的手段。通过相关分析与回归分析虽然可以从数量上反映现象之间的联系形式及密切程度，但是无法准确地判断现象内在联系的有无，也无法以此来确定何为因、何为果。只有以实质性科学理论为指导，并结合实际经验进行分析研究，才能正确判断事物的内在联系和因果关系。对没有内在联系的事物进行相关分析和回归分析，不但没有意义，反而会导致荒谬的结论。这也就是所谓的不要将学术研究工具化而失去了实质性的含义，沦为空洞化。在应用这两种方法进行研究时，一定要注意把定性分析和定量分析结合起来，在定性分析的基础上开展定量分析。

7.2.3 一元线性回归模型

1. 一元线性回归模型的构建

（1）总体回归模型。

当变量之间存在着显著的相关关系时，就可以利用一定的数学模型对其进行回归分析。描述因变量如何依赖于自变量的方程，称为回归模型。

在回归分析中，最简单的模型是只有一个因变量和一个自变量的线性回归模型，即一元线性回归模型，也称简单线性回归模型。该模型假定因变量y主要受自变量x的影响，它们之间存在着近似的线性函数关系，即：

$$y=\alpha+\beta x+\varepsilon \tag{7.5}$$

该方程称为总体回归模型。式中：α为常数项或截距项，表示当自变量为0时y的取值；β为斜率，表示当自变量x变动一个单位时y平均变动的数量；ε为随机误差项，反映未列入方程中的其他因素对因变量的影响效应。其中，α和β称为模型的参数。

这一模型包含了5个假定：

假定1：自变量是给定的变量，与随机误差项线性无关。

假定2：误差项ε是一个期望值为0的随机变量，即$E(\varepsilon)=0$。对于一个给定的x值，y的期望值为$E(y)=\alpha+\beta x$。

假定3：对于所有的x值，ε的方差都为常数σ^2。

假定4：不同的ε之间不相关。

假定5：误差项ε是一个服从正态分布的随机变量，且相互独立，即$\varepsilon\sim N(0,\sigma^2)$。

（2）回归方程。

描述因变量y的期望值如何依赖于自变量x的方程，称为回归方程。一元线性回归方程的形式为：

$$E(y)=\alpha+\beta x \tag{7.6}$$

在图形上它表示为一条截距为α、斜率为β的直线，这条直线被称为一元线性回归直线。因此，这个方程也称为直线回归方程。式7.6中，α为回归直线在y轴上的截距，即当$x=0$时y的期望值；β为直线的斜率，它表示当x每变动1个单位时，y

的平均变动值。

（3）估计的回归方程。

在实际工作中，总体的数据往往非常庞大，这使得总体回归函数模型事实上是未知的，需要利用样本的信息对其进行估计。于是我们可以设定样本回归模型和样本回归方程。

样本回归模型为：

$$y_i = \hat{\alpha} + \hat{\beta}x_i + e_i \tag{7.7}$$

式中：$\hat{\alpha}$为总体参数α的估计量；$\hat{\beta}$为总体参数β的估计量；e_i为总体参数ε的估计量，也称残差。

样本回归方程为：

$$\hat{y}_i = \hat{\alpha} + \hat{\beta}x_i \tag{7.8}$$

式中：$\hat{y}_i$为总体E（y）的估计量。

由公式7.7和公式7.8，显然有：

$$y_i - \hat{y}_i = e_i \tag{7.9}$$

一元线性回归分析的基本方法是，根据样本数据，采用最小二乘法得到样本回归方程，用样本的$\hat{\alpha}$和$\hat{\beta}$对总体的α和β进行估计。在这个过程中要注意的是，总体方程中的α和β是客观存在的，是我们想要知道的参数，但往往是未知的；而样本方程中的$\hat{\alpha}$和$\hat{\beta}$是可以通过样本数据采用最小二乘法得到的，但它们会随着样本的变化而变化，即它们是样本统计量，是随机变量。

2.一元线性回归模型的估计

为了由样本数据得到回归参数α、β的估计值，我们将使用德国数学家卡尔·高斯（Karl Gauss）提出的普通最小二乘法（ordinary least squares，OLS）估计。

最小二乘法的基本思想是：要使估计值$\hat{y}_i$与实际观测值y_i的偏差最小，由公式7.9可知，也就是使$\sum e_i$为最小；但是由于e_i是可正可负的，可以证明$\sum e_i$是等于0的。所以，我们用$\sum e_i^2$（残差平方和）作为衡量$\hat{y}_i$和y_i偏差程度的标准，即要求$\sum e_i^2 = \min$。

由公式7.7和公式7.9得：

$$\sum e_i^2 = \sum (y_i - \hat{y}_i)^2 = \sum (y_i - \hat{\alpha} - \hat{\beta}x_i)^2 = \min \tag{7.10}$$

令$Q = \sum (y_i - \hat{y}_i)^2$，在给定了样本数据后，$Q$是$\hat{\alpha}$和$\hat{\beta}$的函数，且最小值总是存在。很明显，残差平方和$Q$的大小将依赖于$\alpha$、$\beta$的取值。根据微积分的极值定理可知，函数$Q(\hat{\alpha},\hat{\beta})$有最小值的必要条件是对于$\hat{\alpha}$和$\hat{\beta}$的两个偏导数为零，即：

$$\begin{cases} \dfrac{\partial Q}{\partial \hat{\alpha}} = -2\sum(y_i - \hat{\alpha} - \hat{\beta}x_i) = 0 \\ \dfrac{\partial Q}{\partial \hat{\beta}} = -2\sum x_i(y_i - \hat{\alpha} - \hat{\beta}x_i) = 0 \end{cases} \tag{7.11}$$

整理可得：

$$\begin{cases} \sum_{i=1}^{n} y_i = n\hat{\alpha} + \hat{\beta}\sum_{i=1}^{n} x_i \\ \sum_{i=1}^{n} x_i y_i = \hat{\alpha}\sum_{i=1}^{n} x_i + \hat{\beta}\sum_{i=1}^{n} x_i^2 \end{cases} \tag{7.12}$$

解方程组，得：

$$\begin{cases} \hat{\beta} = \dfrac{n\sum_{i=1}^{n} x_i y_i - \sum_{i=1}^{n} x_i \sum_{i=1}^{n} y_i}{n\sum_{i=1}^{n} x_i^2 - (\sum_{i=1}^{n} x_i)^2} \\ \hat{\alpha} = \bar{y} - \hat{\beta}\bar{x} \end{cases} \tag{7.13}$$

由公式7.13可知，当$x=\bar{x}$时，$\hat{y}=\bar{y}$，即回归直线$\hat{y}_i=\hat{\alpha}+\hat{\beta}x_i$通过点（$\bar{x}$，$\bar{y}$）。这是回归直线的重要特征之一，它对于回归直线的作图很有帮助。

【例7-3】根据例7-1，求销售额对广告投入费用的估计方程，并估计模型参数。

解：由前面的分析可知，两个变量之间呈高度线性相关关系，故可建立一元线性回归方程：

$\hat{y}=\hat{\beta}_0+\hat{\beta}_1 x$

将相关数据代入公式7.13，得：

$$\begin{cases} \hat{\beta} = \dfrac{n\sum_{i=1}^{n} x_i y_i - \sum_{i=1}^{n} x_i \sum_{i=1}^{n} y_i}{n\sum_{i=1}^{n} x_i^2 - (\sum_{i=1}^{n} x_i)^2} = \dfrac{10\times 2\,616.5 - 48.1\times 533}{10\times 271.67 - 48.1^2} = \dfrac{527.7}{403.09} = 1.3091 \\ \hat{\alpha} = \bar{y} - \hat{\beta}\bar{x} = 53.3 - 1.3091\times 4.81 = 47.0032 \end{cases}$$

故，销售额对广告投入费用的估计方程为：

$\hat{y}_i = 47.0032 + 1.3091x_i$

回归系数$\hat{\beta}$= 1.3091表示广告投入每增加1万元，销售额会增加1.3091万元。

7.2.4 一元线性回归模型的检验

1.原理

回归模型$\hat{y}=\hat{\alpha}+\hat{\beta}x$中的参数估计出来之后，还不能立即就用它去作分析和预测，因为这一模型是否准确描述了因变量与自变量之间的统计规律还不是完全确定的，还必须对其进行检验，也称评价。

如果通过检验发现模型有缺陷，则必须回到模型的设定阶段或参数估计阶段，重新选择因变量和自变量及函数形式，或者对数据进行加工整理后再次估计参数。

例如，在恩格尔函数计算中，β的取值区间应在0～1之间，如果根据样本数据计算的β值大于1或者小于0，则检验不能通过，因为这样的值在实践中没有意义。在对实际的社会经济现象进行回归时，常常会遇到经济意义检验通不过的情况。造成这一结果的主要原因是：社会经济的统计数据不会像自然科学中的统计数据那样可以通过可控制的实验去取得，因而所观察的样本容量有可能偏小、代表性不够或者假定条件没有满足。

一元线性回归模型的检验主要分为拟合优度检验和方程的显著性检验，是利用统计学中的抽样理论来检验回归方程的可靠性。

2.拟合优度检验

所谓拟合优度（goodness of fit），是指样本观测值聚集在样本回归线周围的紧密程度。对于任意两个变量的一组观测值，我们总是可以通过最小二乘法得到一条直线，但该直线对观测值的拟合度是否最好呢，这就是拟合优度问题。例如，图7–2中的直线方程都是由散点表示的样本观测值的最小二乘法估计结果，对于每个问题，它们都满足最小二乘原则，但是二者对样本观测值的拟合程度显然不同。普通最小二乘法保证的最好拟合是同一个问题内部的比较，而拟合优度检验结果表示的优劣是不同问题之间的比较，通过拟合优度检验，我们可以评价二者的拟合优劣。通常把回归方程直线与各观测数据的接近程度称为回归方程直线的拟合优度。判定回归方程拟合程度优劣常用的指标是判定系数和估计标准误差。

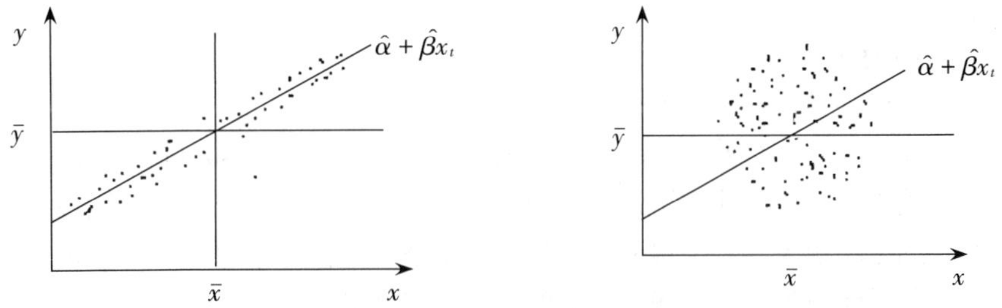

图7–2 直线方程示意图

（1）判定系数。

判定系数也称可决系数、决定系数，它是建立在对总离差平方和进行分解的基础之上的。由总离差分解可以看出，在给定样本的情况下，总离差平方和是不变的，实际观察点离样本回归线越近，即残差平方和越小，则回归平方和在总离差平方和中所占的比例越大。因此，可以用来自回归线的回归平方和占总离差平方和的比例来判断样本回归线对样本观察值的拟合优度。

对一个具体的观测值来说，y离差的大小可用实际观测值与其均值的离差$\hat{y}-\bar{y}$来表示，如图7–3所示。

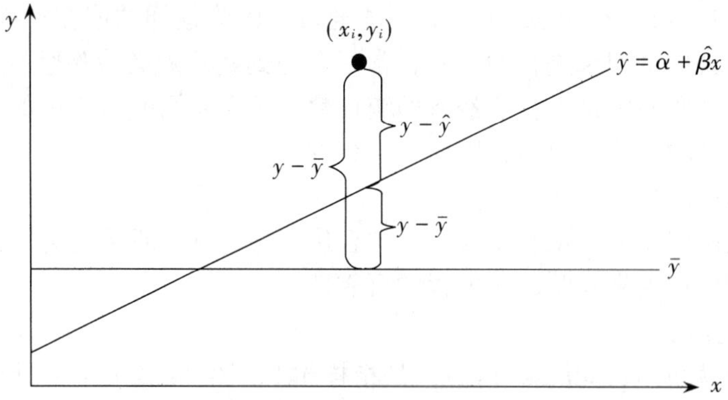

图7-3 离差分析图

对任一实际观测值y_i，总有：

$$y_i - \bar{y} = (y_i - \hat{y}_i) + (\hat{y}_i - \bar{y}) \tag{7.14}$$

对等式两边取平方，然后求和，就可得到：

$$\sum(y_i - \bar{y})^2 = \sum(y_i - \hat{y}_i)^2 + \sum(\hat{y}_i - \bar{y})^2 + 2\sum(y_i - \hat{y}_i)(\hat{y}_i - \bar{y}) \tag{7.15}$$

利用残差的定义与$\sum e_i = 0$，可以证明：

$$\Sigma(y_i - \hat{y}_i)(\hat{y}_i - \bar{y}) = 0$$

因此有：

$$\sum(y_i - y)^2 = \sum(y_i - \hat{y}_i)^2 + \sum(\hat{y}_i - \bar{y})^2 \tag{7.16}$$

即：

$$SST = SSE + SSR$$

式中：SST为总离差平方和（total deviation sum of squares），反映因变量的n个观察值与其均值的总离差；SSR为回归平方和（regression sum of squares），反映自变量x的变化对因变量y取值的影响，或者说，是由于x与y之间的线性关系引起的y的取值变化，也称为可解释的平方和；SSE为残差平方和（residual sum of squares），是不能由回归直线解释的离差平方和部分。

式7.16的两边同时除以SST，得：

$$1 = \frac{SSR}{SST} + \frac{SSE}{SST} \tag{7.17}$$

显然，各个样本观测点与样本回归直线靠得越紧，回归平方和SSR在总离差平方和SST中所占的比例就越大。因此，可定义该比例为判定系数。

判定系数通常用R^2表示，其计算公式为：

$$R^2 = \frac{SSR}{SST} = \frac{\sum(\hat{y} - \bar{y})^2}{\sum(y - \bar{y})^2} = 1 - \frac{\sum(y - \hat{y})^2}{\sum(y - \bar{y})^2} \tag{7.18}$$

判定系数是对回归模型拟合程度的综合度量。如果所有观测点都落在直线上，残差平方和SSE=0，R^2=1，拟合是完全的；如果y的变化与x无关，x完全无助于解释y的离差，则R^2=0，可见R^2的取值范围是［0，1］。R^2越接近于1，表明回归平方和占总离差平方和的比例越大，回归直线与各观测点越接近，回归直线的拟合程度就越好；反之，R^2越接近于0，回归直线的拟合程度就越差。

在一元线性回归中，相关系数r的绝对值实际上是判定系数的平方根，而相关系数r与回归系数$\hat{\beta}_1$的正负号是相同的。这一结论不仅可以使我们由相关系数直接计算判定系数R^2，也可以使我们进一步理解相关系数的意义。实际上，相关系数r也从另一个角度说明了回归直线的拟合优度。R的绝对值越接近1，表明回归直线对观测数据的拟合程度就越高。

判定系数R^2具有如下特性：

①判定系数R^2具有非负性。由判定系数的定义式可知，R^2的分子分母均是不可能为负值的平方和，因此其比值必大于0。

②判定系数的取值范围为$0 \leqslant R^2 \leqslant 1$。从$R^2$的计算公式可以看出：当所有的实际观测值都位于回归直线上时，$SSE=0$，这时$R^2=1$，说明总离差可以完全由所估计的样本回归直线来解释；当实际观测值并不是全部位于回归直线上，但又大致分布在其附近时，$SSE>0$，这时$R^2<1$；当回归直线没有解释任何离差，即模型中解释变量x与因变量y完全无关时，y的总离差可全部归于残差平方和，即$SSE=SST$，这时$R^2=0$。

③判定系数是样本观测值的函数，它也是一个统计量。

④在一元线性回归模型中，判定系数R^2是相关系数r的平方。

【例7-4】根据例7-1的数据，计算销售额对广告费投入回归的判定系数，并解释其意义。

解：$r^2=\dfrac{SSR}{SST}=r^2=0.9942^2=0.9884$

计算结果表明，月均销售额的总离差$\sum(y-\bar{y})^2$中，有98.84%可以由广告费投入和销售额的依存关系来解释，只有1.16%属于随机因素的影响，因此上述拟合$\hat{y}=116.1492+0.8849x$是合适的。

（2）估计标准误差。

估计标准误差（standard error of estimate）是对各观测数据在回归直线周围分散程度的一个度量值，它是对随机误差项u_t的标准差σ的估计。其计算公式为：

$$s_y=\sqrt{\frac{\sum(y_i-\hat{y}_i)^2}{n-2}}=\sqrt{\frac{SSE}{n-2}}=\sqrt{MSE} \tag{7.19}$$

上式计算较为烦琐，可以进一步简化，为：

$$s_y=\sqrt{\frac{\sum y^2-\hat{\alpha}(\sum y)-\hat{\beta}(\sum xy)}{n-2}} \tag{7.20}$$

估计标准误差S_y可以看作在排除了x对y的线性影响后，y随机波动大小的一个估计量。从估计标准误差的实际意义看，它反映了用估计的回归方程预测因变量y时预测误差的大小。若各观测数据越靠近回归直线，S_y越小，回归直线对各观测数据的代表性就越好，根据估计的回归方程进行预测也就越准确。由此可见，S_y也从另一个角度说明了回归直线的拟合优度。

3.显著性检验

在根据样本数据拟合回归方程时，我们实际上已经假定变量x与y之间存在着线性关系，即$Y_t=\beta_0+\beta_1X_t+u_t$，但这种假设是否成立，需要通过假设检验后才能证实。

回归分析中的显著性检验包括两方面的内容：一是对“线性关系”的显著性检验；二是对“回归系数”的显著性检验。前者通常采用F检验，后者通常采用t检验。就一元线性回归模型而言，上述两个检验是等价的。从计算公式上可以推出F统计量和t统计量之间存在等价关系：$F=t^2$。

回归方程的显著性检验，是对回归模型总体的显著性检验，即对回归模型中所有因变量与自变量之间的线性关系在总体上是否显著成立作出推断。对于一元线性回归模型，检验自变量x和因变量y之间的线性关系是否显著，我们需要构造用于检验的一个统计量。该统计量的构造是以回归平方和（SSR）以及残差平方和（SSE）为基础的。将SSR除以其相应的自由度（自变量的个数k，一元线性回归中自由度为1）后的结果称为均方回归，记为MSR；SSE除以其相应的自由度（$n-k-1$，一元回归中自由度为$n-2$）后的结果称为均方残差，记为MSE。如果原假设成立，则比值MSR/MSE的抽样分布服从分子自由度为1、分母自由度为$n-2$的F分布，即:

$$F=\frac{SSR/1}{SSE/n-2}=\frac{MSR}{MSE}\sim \mathrm{F}(1,n-2) \tag{7.21}$$

所以当原假设H_0：$\beta=0$成立时，MSR/MSE的值应接近于1，但如果原假设H_0：$\beta=0$不成立时，MSR/MSE的值将变得无穷大。因此，较大的MSR/MSE值将导致拒绝原假设H_0，我们就可以断定变量x和y之间存在显著的线性关系。线性关系检验的具体步骤如下：

第一步：提出假设。

H_0：$\beta=0$　H_1：$\beta\neq 0$

第二步：计算检验的统计量F。

$$F=\frac{SSR/1}{SSE/n-2}=\frac{MSR}{MSE}$$

第三步：确定显著性水平α。显著性水平的大小应根据哪一类可能带来损失的大小确定，一般情况下取0.05。

第四步：确定临界值。F检验的临界值是由显著水平和分子的自由度$df_1=1$和分母的自由度$df_2=n-2$决定的，通过查F分布表，找到相应的临界值$F_\alpha(1,n-2)$。

第五步：作出决策。$F>F_\alpha$，拒绝H_0，回归系数等于零的可能性小于α，表明自变量x对因变量y的影响是显著的，换言之，两个变量之间存在着显著的线性关系；若$F<F_\alpha$，则不能拒绝H_0，表明x对y的影响是不显著的，二者之间不存在线性

关系。

【例7-5】根据例7-3的有关结果，检验回归系数的显著性（$\alpha=0.05$）。

第一步：提出假设。

H_0：$\beta=0$　H_1：$\beta\neq0$

第二步：计算检验的统计量F。

$$F=\frac{SSR/1}{SSE/n-2}=\frac{MSR}{MSE}=\frac{69.0832}{0.6271}=110.1620$$

第三步：确定显著性水平$\alpha=0.05$。

第四步：确定临界值。通过查F分布表，找到相应的临界值$F_{0.05}(1,8)=5.32$。

第五步：作出决策。因为$F=110.1620>F_\alpha=5.32$，所以拒绝原假设H_0，即广告费投入与销售额之存在显著线性相关关系。

7.3　多元线性回归分析

一元线性回归反映的是一个自变量和一个因变量之间的关系。然而，现实生活中的客观现象非常复杂，许多现象的变动都涉及多个影响因素，这时，就需要对一个因变量和多个自变量联系进行分析，即多元线性回归。多元线性回归模型的分析原理同一元线性回归模型基本相同，但计算上要复杂得多，另外，可以借助Excel软件来实现。

7.3.1　多元线性回归模型的构建和估计

1.多元线性回归模型的构建

设因变量为y，p个自变量分别为x_1，x_2，…，x_p，多元线性回归模型可定义如下：

$$y=\beta_0+\beta_1x_{1t}+\beta_2x_{2t}+\cdots+\beta_px_{pt}+u_t \tag{7.22}$$

其中，下标t表示自变量和因变量的第t次观测值（t=1，…，n），β_0，β_1，β_2，…，β_p是模型的未知参数，即回归系数，u_t为误差项。

式7.22表明：y是x_1，x_2，…，x_p的线性函数（$\beta_0+\beta_1X_{1t}+\beta_2X_{2t}+\cdots+\beta_pX_{pt}$）加上误差项$u_t$。误差项反映了除$x_1$，$x_2$，…，$x_p$之外的随机因素对$y$的影响，是不能由$x_1$，$x_2$，…，$x_p$与之间的线性关系解释的误差。

由于模型中含有多个自变量，当各自变量相互独立时，β_p表示在其他自变量保持不变的情况下x_p每变化1个单位时所引起的y的均值的变化，所以β_p也称为回归方程的偏回归系数。

与一元线性回归模型相似，为了保证普通最小二乘法估计结果的优良统计特性，同时使回归模型具有更强的客观现实代表性，多元线性总体回归函数模型不仅要满足前述一元线性回归的五项统计假定，额外还需满足：

（1）要有足够数量的数据来进行估计，即观测值的个数要大于待估计的参数的个数：（p+1）<n。

（2）各自变量（x_1，x_2，…，x_p）之间不能存在严格的线性关系。

由多元线性回归模型可得，多元线性回归的总体回归方程为：

$E(y|x_1,x_2,\cdots,x_k)=\beta_0+\beta_1x_1+\beta_2x_2+\cdots+\beta_px_p$

进一步可得，多元线性回归的样本回归方程为：

$\hat{y}=\hat{\beta}_0+\hat{\beta}_1x_1+\hat{\beta}_2x_2+\cdots+\hat{\beta}_px_p$

2.多元线性回归方程的估计

与一元线性回归方程的参数估计原理一样，多元线性回归方程未知参数β_0，β_1，β_2，…，β_p的估计所选择的估计方法是，应使估计值$\hat{y}$与观测值y之间的残差在所有样本点上达到最小，即使Q达到最小。所以求β_0，β_1，β_2，…，β_p，使得

$Q(\beta_0,\beta_1,\cdots,\beta_p)=\sum_{i=1}^{n}(y_i-\beta_0-\beta_1x_{i1}-\beta_px_{ip})^2=\min$，即：

$$\sum_{i=1}^{n}(y_i-\hat{y}_i)^2=\sum_{i=1}^{n}e_i^2=e'e=(Y-X\hat{B})'(Y-X\hat{B})$$

$$=\min\sum_{i=1}^{n}(y_i-\beta_0-\beta_1x_{i1}-\beta_px_{ip})^2 \quad (7.23)$$

由多元函数求极值点的方法，可得回归系数的最小二乘估计值为：

$$\hat{B}=(X'X)^{-1}X'Y \quad (7.24)$$

另外，未知参数σ^2的一个无偏估计为$\hat{\sigma}^2=\dfrac{\sum_{i=1}^{n}(y_i-\hat{y}_i)^2}{n-p-1}=\dfrac{SEE}{n-p-1}$，实际就是残差均方和（$MSE$）。

7.3.2 多元线性回归模型的检验

1.拟合优度检验

在一元线性回归模型中，我们用判定系数来衡量估计的模型对观测值的拟合程度。在多元线性回归模型中，我们也需要考察所估计的模型对观测值的拟合程度。

（1）判定系数。

多元线性回归分析中，普通最小二乘法所保证的最好拟合，仍是同一个问题内部的比较，比较不同问题之间拟合的优劣，仍需要检验拟合优度。在多元线性回归分析中，总离差平方和的分解公式仍然成立，因此，判定系数为：

$$R^2=\frac{SSR}{SST}=\frac{\sum(\hat{y}-\bar{y})^2}{\sum(y-\bar{y})^2}=1-\frac{\sum(y-\hat{y})^2}{\sum(y-\bar{y})^2} \quad (7.25)$$

式7.25表明，能够用自变量解释因变量总变差的比例。该统计量越接近于1，模型的拟合优度越高。

但是，从式7.25可以看出，R^2的大小取决于残差平方和SSE在总离差平方和SST中所占的比重。在样本容量一定的条件下，总离差平方和SST与自变量的个数p无关，但当自变量的个数p增加时，可能会使预测误差变小，从而减少残差平方和SSE（至少不会增加），因此R^2是自变量个数p的非递减函数。

在多元线性回归模型中，不同模型所包含的自变量个数未必相同，如果在模型

中额外增加一个自变量，即使这个自变量没有经济意义、在统计上也不显著，R^2仍可能会变大。因此，R^2不适合作为衡量拟合优劣的尺度。为避免增加自变量而高估R^2，一些学者提出用样本容量n和自变量的个数p去修正R^2，计算修正自由度的判定系数（又称修正的多重可决系数），其计算公式为：

$$R_a^2=1-(1-R^2)\times\frac{n-1}{n-p-1} \tag{7.26}$$

由于R_a^2同时考虑了样本容量n和模型中参数的个数p的影响，这就使得R_a^2的值永远小于R^2，而且R_a^2的值不会由于模型中自变量个数的增加而越来越接近1。在多元回归分析中，我们通常用修正的多重判定系数来评价回归模型的拟合优度。

（2）估计标准误差。

同一元线性回归类似，多元线性回归中的估计标准误差也是对误差项u_t的方差σ^2的一个估计值，它在衡量多元回归方程的拟合优度方面也起着重要作用。计算公式为：

$$s_y=\sqrt{\frac{\sum(Y_i-\hat{Y}_i)^2}{n-p-1}}=\sqrt{\frac{SSE}{n-p-1}}=\sqrt{MSE} \tag{7.27}$$

多元线性回归中对S_y的解释与一元线性回归类似。由于S_y所估计的是预测误差的标准差，其含义是：根据自变量x_1，x_2，…，x_p来预测因变量y时的平均预测误差。

2. 显著性检验

多元线性回归模型的显著性检验包括两个方面的内容：一是对整个回归方程的显著性检验（F检验）；二是对各回归系数的显著性检验（t检验）。在一元线性回归方程的检验中，这两个检验是等价的。但是在多元线性回归中，这两种检验不再等价。F检验主要是检验因变量同多个自变量的线性关系是否显著，在p个自变量中，只要有一个自变量同因变量的线性关系不显著，F检验就不能通过，因此F检验是对方程整体线性关系的检验。而t检验则是对每个回归系数分别进行单独的检验，它主要用于检验每个自变量对因变量的影响是否都显著。如果某一个自变量没有通过检验，就意味着这个自变量对因变量的影响不显著，也就没有必要将这个自变量放进回归模型中了。

（1）F检验。

线性关系的检验是检验因变量y与p个自变量之间的关系是否显著，也称为整体显著性检验或联合检验。多元线性回归模型的显著性检验步骤如下：

第一步：提出假设。

H_0：$\beta_1=\beta_2=\cdots=\beta_p=0$

H_1：β_1，β_2，…，β_p至少有一个不等于0

第二步：构造F统计量。

$$F=\frac{SSR/k}{SSE/(n-k-1)}\sim F(k,n-k-1)$$

第三步：给定显著性水平α，查F分布表得临界值$F_\alpha(k,n-k-1)$。

第四步：作出决策。

如果$F\leqslant F_\alpha(k,n-k-1)$，则不拒绝$H_0$，表明因变量与自变量之间的线性关系不显著；如果$F>F_\alpha(k,n-k-1)$，则拒绝$H_0$，表明因变量与自变量之间的线性关系显著。

拟合优度检验与回归模型的显著性检验是从不同角度出发的两类检验，但它们的统计量之间又具有同向变化的趋势。在实际应用中，有时模型通过了F检验，但可决系数却不大，因此实际工作中不必苛求可决系数。

多元线性回归模型的方差分析表见表7-2。

表7-2 **多元线性回归模型的方差分析表**

方差来源	平方和	自由度	均方和	F检验统计量
回归	SSR	p	$MSE=SSE/(n-p-1)$	$F=\dfrac{MSR}{MSE}$
误差	SSE	$n-p-1$	$MSE=SSE/(n-p-1)$	
总计	SST	$n-1$		

（2）t检验。

回归系数的显著性可以通过t检验进行，步骤如下：

第一步：提出假设。对于任意参数βi（i=1，2，…，p），假设：

H_0：$\beta_i=0$

H_1：$\beta_i\neq0$

第二步：计算检验的统计量。

$$t_i=\frac{\hat{\beta}_i-\beta_i}{s_{\hat{\beta}_i}}\sim t(n-p-1) \tag{7.28}$$

其中：$s_{\hat{\beta}_i}$是回归系数$\hat{\beta}_i$的抽样分布的标准差。

即：

$$s_{\hat{\beta}_i}=\frac{s_y}{\sqrt{\sum X_i^2-\frac{1}{n}(\sum X_i)^2}} \tag{7.29}$$

第三步：给定显著性水平α，查F分布表得临界值$F_\alpha(k,n-k-1)$。

第四步：作出统计决策。给定显著性水平α，根据自由度（$n-p-1$）查t分布表，得$t_{\alpha/2}$的值。若$|t|>t_{\alpha/2}$，则拒绝原假设；若$|t|<t_{\alpha/2}$，则不能拒绝原假设。

需要指出的是，与一元线性回归模型不同，多元线性回归模型中的F检验和t检验在实质上并不等价。

由上述分析可以看出，多元线性回归分析的过程更加复杂，当自变量个数为3个或3个以上时，手工计算变得几乎不可能，但可利用Excel完成有关工作。

【例7-6】某企业同时投放网络广告和电视广告，并且认为二者都会影响月总收入，并且记录了最近8个月月总收入y（单位：万元）和网络广告费x_1（单位：万元）、电视广告费x_2（单位：万元）的数据，见表7-3。试建立多元线性回归模型，并进行统计检验。

表 7-3　　月总收入与广告费用　　单位：万元

A	B	C	D
月	月收入	网络广告费	电视广告费
1	96	5	1.5
2	90	2	2
3	95	4	1.5
4	92	2.5	2.5
5	95	3	3.3
6	94	3.5	2.3
7	94	2.5	4.2
8	94	3	2.5

解：利用Excel进行多元线性回归分析的方法为：

第一步：选择“数据→数据分析”。

第二步：在“数据分析”对话框中选择“回归”。

第三步：当出现“回归”对话框时：

在“Y值输入区域”方框内输入数据区域B2:B9；

在“X值输入区域”方框内输入数据区域C2:D9。

第四步：单击“确定”，输出表7-4所示的结果。

表 7-4　　多元线性回归结果

	A	B	C	D	E	F	G	H	I
1	SUMMARY OUTPUT								
2									
3	回归统计								
4	Multiple R	0.958663							
5	R Square	0.919036							
6	Adjusted R Square	0.886650							
7	标准误差	0.642587							
8	观测值	8							
9									
10	方差分析								
11		df	SS	MS	F	Significance F			
12	回归分析	2	23.435408	11.717704	28.377768	0.001865			
13	残差	5	2.064592	0.412918					
14	总计	7	25.5						
15									
16		Coefficients	标准误差	t Stat	P-value	Lower 95%	Upper 95%	下限 95.0%	上限 95.0%
17	Intercept	83.230092	1.573869	52.882479	0.000000	79.184333	87.275851	79.184333	87.275851
18	X Variable 1	2.290184	0.304065	7.531899	0.000653	1.508561	3.071806	1.508561	3.071806
19	X Variable 2	1.300989	0.320702	4.056697	0.009761	0.476599	2.125379	0.476599	2.125379

根据表7-4进行回归结果分析：

（1）拟合优度检验。在回归统计表中，Multiple R（复相关系数）是R Square（可决系数）的平方根形式，Multiple R=0.958663表明因变量与两个自变量之间存在高度相关关系；Adjusted R Square=0.886650表明两个自变量能够解释因变量

88.665%的变差。

（2）回归方程的显著性检验。在方差分析表中，F统计量为28.377768，相应的显著性概率Significance F=0.001865，若给定显著性水平α=5%，Significance $F<\alpha$，拒绝H_0，表明因变量与自变量之间的线性关系显著。

（3）线性回归方程：$\hat{y}=83.2301+2.2902x_1+1.3010x_2$。

（4）变量的显著性检验。在表7-4最下面的表格中，两个变量的t统计量（t statistics）的显著性概率（P-value）均较小，与给定显著性水平α=5%比较，拒绝H_0，表明两个自变量对因变量都有显著影响。

7.3.3 复相关系数

在多变量的情况下，变量之间的相关关系是很复杂的，多元相关分析除了要计算单相关系数外，还要计算复相关系数。例如，在定量评价公路运输的技术效率和规模效率时，可以采用复相关系数对投入指标进行处理，更准确反应公路系统的投入情况，将交通事故率纳入产出指标，综合考虑公路经济效益和外部性。

复相关系数是反映一个因变量y与一组自变量（两个或两个以上）x_1，x_2，…，x_p之间线性相关程度的指标，是度量复相关程度的指标。复相关系数的计算公式为：

$$R=\frac{\sum(Y_t-\bar{Y})(\hat{Y}_t-\bar{Y})}{\sqrt{\sum(Y_t-\bar{Y})^2\sum(\hat{Y}_t-\bar{Y})^2}} \tag{7.30}$$

公式7.30与单相关系数的基本形式十分类似，不同之处仅在于用根据x_1，x_2，…，x_p等计算的回归估计值，$\hat{Y}_t$代替了单相关系数定义式中的x_t。在多元分析中，复相关系数的平方实际上就是多元线性回归方程的判定系数R^2。

复相关系数与简单相关系数的区别是，简单相关系数的取值范围是［-1，1］，而复相关系数的取值范围是［0，1］。这是因为，在只有两个变量的情况下，回归系数有正负之分，所以在研究相关时，也有正相关和负相关之分；但在多个变量时，偏回归系数有两个或两个以上，其符号有正有负，不能按正负来区别，所以复相关系数只取正值。

因此，实际计算复相关系数时，一般不直接根据其定义式，而是先计算出判定系数，然后再求判定系数的平方根。

由此可见，$0\leq R\leq 1$。复相关系数为1，表明y与x_1，x_2，…，x_p之间存在严密的线性关系；复相关系数为0，则表明y与x_1，x_2，…，x_p之间不存在任何线性相关关系。一般情况下，复相关系数的取值在0和1之间，表明变量之间存在一定程度的线性相关关系。

7.4 非线性回归分析

线性回归模型$y=\beta_0+\beta_1x_1+\beta_2x_2+\cdots+\beta_px_p$的结构特点是：①被解释变量$y_i$是解释变量$x_i$的线性函数，即解释变量线性；②被解释变量$y_i$也是相应的参数$\beta_i$的线性函数，即参数线性。但在复杂的现象中，根据实际分析建立的模型往往不符合上述线性特点，这类模型称为非线性模型。例如，柯布-道格拉斯生产函数（即C-D函数）$Y=AL^{\alpha}K^{\beta}$就是典型的非线性关系模型、著名的恩格尔曲线表现为幂函数曲线形式、宏观经济学中的菲利普斯曲线表现为双曲线形式等。在这种情况下，就要考虑非线性回归模型。

大部分非线性回归模型可以通过一些简单的数学处理，使之转化为线性回归模型，从而可以运用线性回归分析的理论方法。非线性回归模型转换成线性回归模型的常用方法有两种：直接代换法和间接代换法。

7.4.1　直接代换法

直接代换法适用于变量之间的关系是非线性的，但因变量与参数之间的关系却是线性的非线性模型。这时可以利用变量的直接代换法将模型线性化。

1. 多项式模型

多项式模型的公式为：

$$y=\beta_0+\beta_1 x+\beta_2 x^2+\cdots+\beta_p x^p \tag{7.31}$$

令$Z_i=x^i$，则上述模型可转化为线性模型：

$$y=\beta_0+\beta_1 Z_1+\beta_2 Z_2+\cdots+\beta_p Z_p$$

在现实中，最为常用的是二次或三次多项式模型。例如，描述税收与税率关系的拉弗曲线，描述收入分配与经济发展水平的库兹涅茨曲线，都可以看作二次多项式模型，而企业生产的成本函数通常被认为是三次多项式模型。

2. 双曲线模型

双曲线模型的公式为：

$$\frac{1}{y}=\beta_0+\frac{\beta_1}{x} \tag{7.32}$$

令$U=\frac{1}{y}, V=\frac{1}{x}$，则上述模型可转化为线性模型：

$$U=\beta_0+\beta_1 V$$

双曲线模型反映的是，因变量y随着自变量x的增加而增加（或减少），最初增加（或减少）很快，以后逐渐放慢并趋于稳定。宏观经济学中反映失业与通货膨胀之间关系的菲利普斯曲线就用这种模型来描述。

3. 对数模型

对数模型的公式为：

$$y=\beta_0+\beta_1 \ln x \tag{7.33}$$

$$\ln y=\beta_0+\beta_1 \ln x$$

对于上述两式，令$U=\ln y, V=\ln x$，即可转化为线性模型：

$$y=\beta_0+\beta_1 V$$

$$U=\beta_0+\beta_1 V$$

对数模型反映的是自变量x发生一定的相对变动时，引发因变量y绝对量或相对量的变动，其回归系数对应的现实含义是，自变量x变化一个百分点引起的因变量y的百分点或绝对量的变化。比如，要研究经济增长1个百分点导致就业量的增加数时，就可以采用这种模型。

4.S形曲线模型

S形曲线模型的公式为：

$$y=\frac{1}{\alpha+\beta e^{-x}} \tag{7.34}$$

对于上式先取倒数，得：

$$\frac{1}{y}=\alpha+\beta e^{-x}$$

然后令$U=\frac{1}{y},V=e^{-x}$，即可转化为线性模型：

$$U=\alpha+\beta V$$

S形曲线中，y是x的非减函数，开始时随着x的增加，y的增长速度也逐渐加快，但是y达到一定水平之后，其增长速度又逐渐放慢，最后无论x如何增加，y只会趋近于固定的数值。由于S形曲线的S形变化特点，它常被用来表现消费品的生命周期、草原种群数量变化等现象。

7.4.2 间接代换法

间接代换法是先通过方程两边取对数后再进行变量代换，转化为线性形式。

1.指数函数模型

指数函数模型的公式为：

$$y=\alpha e^{\beta x} \tag{7.35}$$

对等式两边取自然对数，得：

$$\ln y=\ln\alpha+\beta x$$

令$y'=\ln y$，即可转化为线性模型：

$$y'=\ln\alpha+\beta x$$

指数函数被广泛应用于描述客观现象的变动趋势，比如产值、产量按一定比率增长的趋势，成本、原材料消耗按一定比率降低的趋势。

2.幂函数模型

幂函数模型的公式为：

$$y=\alpha x^{\beta} \tag{7.36}$$

对上式两边取对数，得：

$$\lg y=\lg\alpha+\beta\lg x$$

令$y'=\lg y$，$x'=\lg x$，即可转化为线性模型：

$$y'=\lg\alpha+\beta x'$$

幂函数模型中的参数可以直接反映因变量y对自变量x的弹性，这与需求的价格弹性、投入的产出弹性等弹性分析相吻合，因而得到较为广泛的应用。

需要注意的是，非线性函数通过变量变换得到的方程与原方程并不完全等价。如果做变量变换，影响到误差项时，往往不把非线性模型转化为线性回归模型进行处理，而是直接按非线性回归模型的方法处理，因此非线性回归模型及其直接的处理方法有独立存在的必要。

【例7-7】表7-5为我国1978—2009年总产出（用不变价GDP度量）与劳动投入L（用从业人员度量），以及资本投入K（用固定资本存量度量）的相关数据，试建立柯布-道格拉斯生产函数模型，并对其函数进行估计。[①]

表7-5　**1978—2009年总产出（GDP）、劳动投入与资本投入**

年份	不变价GDP（亿元）	固定资本存量（亿元）	从业人员数（万人）
1978	3 645.2	7 135.5	40 152.0
1979	3 922.2	7 563.8	41 476.0
1980	4 228.4	8 067.8	43 299.6
1981	4 450.8	8 511.9	45 186.3
1982	4 851.8	9 064.7	47 324.5
1983	5 380.3	9 749.5	49 051.1
1984	6 196.8	10 659.3	51 472.3
1985	7 031.6	11 719.9	53 849.0
1986	7 654.9	12 933.9	55 980.4
1987	8 540.7	14 382.7	58 253.8
1988	9 503.0	15 972.3	60 626.2
1989	9 889.4	17 011.0	62 416.7
1990	10 268.5	18 033.6	64 043.4
1991	11 212.6	19 427.2	65 491.0
1992	12 809.2	21 612.7	66 152.0
1993	14 595.4	25 035.5	66 808.0
1994	16 505.5	28 560.9	67 455.0
1995	18 309.8	32 109.2	68 065.0
1996	20 143.4	35 832.5	68 950.0
1997	22 013.4	39 630.2	69 820.0
1998	23 737.5	43 860.5	70 637.0
1999	25 549.2	48 347.2	71 394.0
2000	27 699.9	53 154.9	72 085.0
2001	30 000.0	58 381.1	73 025.0
2002	32 726.6	64 643.0	73 740.0
2003	36 007.3	72 618.0	74 432.0
2004	39 637.9	81 791.0	75 200.0
2005	44 121.5	91 649.2	75 825.0
2006	49 713.2	103 569.3	76 400.0
2007	56 755.8	116 139.3	76 990.0
2008	62 223.6	130 368.0	77 480.0
2009	67 644.0	148 710.7	77 995.0

① 宋旭光.统计学［M］. 大连：东北财经大学出版社，2016：111.

解：柯布-道格拉斯生产函数形式为$Y=AL^{\alpha}K^{\beta}$。为进行参数估计，需进行线性变化，两边同取对数，得到对数线性回归模型：$\ln Y=\ln A+\alpha\ln L+\beta\ln K$。因此，设要建立的多元回归分析模型为：

$\ln GDP=\beta_0+\beta_1\ln L+\beta_2\ln K+\mu$

（1）回归模型的Excel估计结果，如图7-4所示。

SUMMARY OUTPUT

回归统计	
Multiple	0.999691
R Square	0.999383
Adjusted	0.99934
标准误差	0.02287
观测值	32

方差分析

	df	SS	MS	F	gnificance F
回归分析	2	24.56198	12.28099	23481.05	2.89E-47
残差	29	0.015167	0.000523		
总计	31	24.57715			

	Coefficien	标准误差	t Stat	P-value	Lower 95%	Upper 95%	下限 95.0%	上限 95.0%
Intercept	-6.60371	0.471807	-13.9966	1.98E-14	-7.56867	-5.63876	-7.56867	-5.63876
LNK	0.803698	0.011116	72.30119	2.65E-34	0.780964	0.826433	0.780964	0.826433
LNL	0.723936	0.052006	13.92035	2.27E-14	0.617572	0.830299	0.617572	0.830299

图7-4　回归模型的Excel估计结果

$\ln GDP=-6.604+0.804\ln L+0.724\ln K$

$(-13.997)\qquad(72.301)\ (13.920)$

$R^2=0.9994,\ \bar{R}^2=0.9993,\ F=23481.05,\ S_y=0.023$

（2）模型检验。

①拟合优度检验。修正自由度的判定系数$\bar{R}^2$为0.9993，数值很高，表明模型很好地拟合了样本数据。回归标准误差为0.023，相对较小。

②方程整体显著性检验。F统计量为23481.05。在5%的显著性水平，第一自由度和第二自由度分别为2和27的条件下，在Excel中输入“=FINV（0.05，2，27）”可得其临界值为3.354。由于F统计量远大于临界值，应拒绝原假设，表明劳动投入和资本投入对产出的共同影响是显著的。F检验统计量的P值接近0.000，同样说明回归方程是相当显著的。

③单个参数显著性检验。劳动投入和资本投入的P值分别为0.0009和0.0000，说明二者对产出的影响是显著的。

【思政课堂】

客观规律性

【思政元素】马克思主义唯物辩证法认为，规律是客观存在的，世界上的任何事物都是遵循着自身的规律而运动、变化和发展的。

世界上的事物和过程，表面看来千头万绪、杂乱无章，实际上任何事物都是遵循着自身的规律而进行运动、变化和发展的。唯物辩证法以及一切科学都把深入研究联系和发展的内在本质、揭示事物及其过程的客观规律性作为研究对象。所谓规律，就是事物运动发展中的本质的、必然的、稳定的联系。规律作为联系有以下特点：

第一，规律是事物的本质联系。用河水作比喻，现象如同浮在水面上的泡沫，本质就像底层的深流。现象是个别的、片面的和表面的东西，是事物本质的具体表现，本质则是同类现象的共性，是事物内部深藏的东西；现象是多变的、易逝的，具有较大的流动性，本质则是相对稳定的；现象比本质丰富、生动，本质则比现象普遍、深刻。

第二，规律是事物的必然联系。规律和必然性是同等程度的概念，代表着事物必定如此、确定不移的趋势。

第三，规律是事物的稳定联系。规律的稳定性也就是它的重复性。只要具备一定的条件，某种合乎规律的现象就会重复出现。

规律是事物的本质的、必然的、稳定的联系，是事物运动变化发展的确定的秩序，它总是体现和贯穿于事物发展的现实过程之中。依据规律所反映的联系的范围和层次，可以把规律分为三类：一般规律、特殊规律和个别规律。一般规律是对物质世界各个领域都起支配作用的普遍规律，它是唯物辩证法的研究对象，唯物辩证法着重研究事物联系和发展的最普遍的本质，揭示支配自然、社会、思维的最一般的发展规律。特殊规律是支配几个不同领域的规律，自然界、社会和思维各领域的运动规律就是特殊规律，它们是一般规律在某一领域内的体现。如生产关系一定要适合生产力状况的规律就是一般规律，价值规律则是商品社会的特殊规律，而社会主义市场经济规律是中国特色社会主义的个别规律。这些规律之间也是相互联系、相互渗透的。个别规律是相对于特殊规律、一般规律而言的，是特殊规律向微观方面的拓展，它又可称为微观规律。但它不是物理学中讲的微观世界的微观，而是指规律作用的范围较小的意思。

规律是客观的。客观性是规律的根本特点，它的存在不依赖于人的意识。相反，人的意识活动要受规律的支配。不管人们是否认识到、承认不承认，它都客观地存在着，并以一定的方式在起作用。如我国战国时期思想家荀子说："天行有常，不为尧存，不为桀亡。"这里的"常"指的就是规律，"不为尧存，不为桀亡"是说规律是客观的，不以任何人的意志为转移。唯心主义老否认规律的客观性，如德国哲学家康德就提出过"人的理性为自然立法"的观点。万有引力规律在牛顿发现以前就存在着并起作用，只是牛顿通过研究认识了这一规律。资本主义的剩余价值规律，在马克思写《资本论》之前就存在着，只是马克思通过科学研究揭示了这一规律。规律的客观性表明，人们既不能藐视规律，更不能创造和消灭规律。但这绝不是说人们在客观规律面前是宗全消极被动无所作为的。不仅如此，人们还可以改变规律发生作用的条件和形式，使事物朝着有利于人类的方向发展。例如，“不废江河万古流”这句话蕴涵着一定的必然性，然而滔滔江河水是泛滥成灾还是造福人类，这在很大程度上取决于人的作为。人们可以拦河筑坝，发电灌溉，可以植树造林，既美化山川，又防止沙尘肆虐。因此，我们既要反对藐视规律的主观随意性和经验主义，又要反对在规律面前无所作为的思想。事实上，规律在内容上是客观的，在形式上是主观的，而正是内容的客观性决定了规律的本质特点。正因为如此，我们通常情况下习惯于把规律与客观连在一起，以强调规律的客观性，但这丝毫不否认人们在研究探索总结发现规律面前的主观能动性。

自然科学以自然现象为研究对象，以总结发现自然规律为目的，社会科学以社会现象为研究对象，以探索发现社会规律为目的，思维科学则以思维现象为研究对象、以发现思维规律为目的。自然规律与社会规律之间既有一定的联系，也有一定的区别。两者之间的联系主要表现在：自然规律和社会规律都具有不以人的意志为转移的客观性。人不能任意改变、创造或消灭它。两者之间的区别主要表现在实现方式的不同：自然规律是作为一种盲目的无意识的力量在起作用，社会规律则是通过人的有目的有意识的活动来实现的。在社会规律中既存在着客观制约主观的关系，又存在着主观制约客观的关系。即是说，社会规律的作用和实现不仅与一定的客观条件、客观因素相联系，而且还与一定的主观条件、主观因素相联系。正因如此，马克思主义哲学一方面认为，“经济的社会形态的发展是一种自然历史过程”，另一方面又认为，社会规律实质上是“人的活动的规律”。自然规律只要具备了同样的客观物质条件就可以以完全相同的形式反复出现。社会规律则是历史的，在不同的社会、国家、民族以及不同的历史阶段都有不同的表现形式。这就使得认识社会规律比认识自然规律要困难得多。打个比方来说，中国民间有句俗语叫“水往低处流，人往高处走”，那么这里的“水往低处流”就类似于自然规律，“人往高处走”就类似于社会规律。

唯物辩证法作为一个完整严密的科学体系，是由一系列范畴和基本规律所构成的。这一系列范畴和规律从各个方面揭示着联系和发展的内容。

唯物辩证法的基本规律是：对立统一规律、量变质变规律、否定之否定规律。对立统一规律是辩证法的实质和核心，它揭示了事物发展变化的内容和动力。它表明，事物内部固有的矛盾性，既是事物普遍联系的内容，也是事物变化发展的根本动力。这一规律是事物自我运动、自我发展的内在根据。量变质变规律，揭示了事物发展的状态和过程。它表明，事物的发展，总是呈现出两种状态——量变和质变，经历两个过程——量变过程和质变过程，事物发展的逻辑是，由量变引起质变，质变引起新的量变，如此循环往复以至无穷。否定之否定规律，揭示的是事物发展的道路和趋势，这一规律通过由肯定到否定，再到否定之否定的过程，表明了事物的发展道路是曲折的、迂回的；事物发展的趋势是前进的、上升的，这一规律揭示了事物自我运动、自我发展的全过程。

资料来源：本书编写组：马克思主义哲学十讲［M］. 北京：当代中国出版社，2014：34-37。

本章小结

客观事物与现象之间的依存关系分为两种类型：函数关系和相关关系。函数关系是指变量间存在的一种十分严格的数量依存关系。相关关系是指变量之间存在的一种非确定性的相互依存关系。

相关分析的主要内容包括：（1）揭示现象之间是否存在相关关系；（2）判断现象之间相关关系的具体形式；（3）测定现象相关关系的密切程度和方向；（4）相关关系的显著性检验；（5）相关分析与回归分析。

要进一步分析变量间的相关程度，就需要使用相关系数（correlation coefficient）。最常用的相关系数是皮尔逊相关系数。相关系数主要分为：简单相关系数、复相关系数、曲线相关系数、偏相关系数。

回归分析（regression analysis）是通过建立模型来研究一个变量（即因变量或被解释变量）与另一个或多个变量（即自变量或解释变量）之间相互关系的一种方法。

回归分析可以从不同的角度划分为不同的种类。按照自变量的个数多少可分为一元回归分析和多元回归分析，只有一个自变量的回归分析叫一元回归分析，有两个或两个以上自变量的回归分析叫多元回归分析。

对一个因变量和多个自变量联系进行分析，即多元线性回归。多元线性回归的主要内容包括：多元线性回归模型的构建、多元线性回归方程的估计。

多元线性回归模型的检验包括拟合优度检验和显著性检验。

多元线性回归模型的显著性检验包括两个方面的内容：一是对整个回归方程的显著性检验（F检验）；二是对各回归系数的显著性检验（t检验）。

非线性回归模型转换成线性回归模型的常用方法有两种：直接代换法和间接代换法。直接代换法适用于变量之间的关系是非线性的，但因变量与参数之间的关系却是线性的。非线性模型具体包括：多项式模型、双曲线模型、对数模型、S形曲线模型。间接代换法是先通过方程两边取对数后再进行变量代换，转化为线性形式，具体包括：指数函数模型、幂函数模型。

第8章　时间序列分析

学习目标

- 了解时间序列的概念、种类和编制原则。
- 掌握时间序列水平分析和速度分析方法。
- 掌握线性趋势的分析方法。
- 了解非线性趋势的分析方法。

8.1　时间序列概述

社会经济现象随着时间的推移不断运动和发展变化。大多数社会经济现象的数据都可以通过时间序列的形式来描述。统计学不仅要从静态的角度分析社会经济现象所处的水平和比例关系等，还要从动态的角度，即从时间推移的角度去分析其发展变化，探寻规律。

8.1.1　时间序列的概念

时间序列（time series）也称动态数列，是指将同一统计指标的数值按发生时间的先后顺序排列而成的数列。时间序列分析的主要目的是根据已有的历史数据对未来进行预测。经济数据中大多数以时间序列的形式给出。根据观察时间的不同，时间序列中的时间单位主要是年度、季度、月度、日。例如，将我国2016年至2020年的国内生产总值按照年份进行排列，就形成表8-1所示的时间序列。

表8-1　**我国2016年至2020年的国内生产总值**

年份	国内生产总值（美元）	占世界的比例
2020	14.72万亿	17.37%
2019	14.28万亿	16.31%
2018	13.89万亿	16.11%
2017	12.31万亿	15.16%
2016	11.23万亿	14.72%

上述序列表明，时间序列有两个组成部分：一个是时间；一个是各时间上相应的统计指标。

时间序列对于现象发展动态分析具有十分重要的意义，其主要作用可概括为以下几个方面：

（1）通过时间序列分析，可以描述社会经济现象的发展状态、发展趋势和依存关系。

（2）通过时间序列分析，可以探索和掌握社会经济现象发展变化的规律。

（3）通过时间序列分析，可以对社会经济现象未来的发展变化进行预测分析。

（4）通过时间序列分析，可以在不同地区之间进行对比分析，这也是统计分析的重要方法之一。

8.1.2 时间序列的种类

按照统计指标表现形式的不同，时间数列可分为绝对数时间序列、相对数时间序列和平均数时间序列。其中，绝对数时间序列是最基本的序列，相对数时间序列和平均数时间序列是绝对数时间序列的派生序列。

1.绝对数时间序列

绝对数时间序列又称总量指标时间序列，它是将某一总量指标在不同时间上的数值按时间先后顺序排列而形成的时间序列，反映某一社会经济现象在不同时间上的总规模、总水平及发展变化过程，如国内生产总值、总人口、居民储蓄余额等。绝对数时间序列按所反映的时间状态，分为时期序列和时点序列。

（1）时期序列。

时期数列是指数列中的每一个指标值都反映社会经济现象在一定时期内发展过程的总量或绝对水平，或将时期指标在不同时间上的各个指标值按时间先后顺序排列而形成的数列。表8-1的国内生产总值时间序列就是时期序列。在时期数列中，每个指标数值所包括的时间长度叫作“时期”，表8-1中的时期是年度。

时期序列的主要特点有：①序列中的指标数值具有可加性。②序列中每个指标数值的大小与其所反映的时期长短有直接联系。③序列中每个指标数值通常是通过连续不断登记汇总取得的。

（2）时点序列。

时点数列是指数列中的每一个指标值都反映社会经济现象在某一时刻（瞬间）所达到的水平，或将时点指标在不同时点上的各个指标值按时间先后顺序排列而构成的数列。例如，历年的年末总人口数序列就是时点数列。在时点数列中，相邻两个指标数值在时点上的距离叫作“间隔”。

时点序列的主要特点有：①序列中的指标数值不具可加性。②序列中每个指标数值的大小与其间隔时间的长短没有直接联系。③序列中每个指标数值通常是通过定期的一次登记取得的。

2.相对数时间序列

把一系列同种相对数指标按时间先后顺序排列而成的时间序列叫作相对数时间序列，它反映社会经济现象之间数量对比关系的发展变化过程及其规律。例如，历年第三产业增加值占GDP比重就是相对数时间数列。相对数时间数列是由总量指标派生的指标所构成的时间数列，因而它的各个指标数值也不能相加，相加后没有实际意义。

3.平均数时间序列

平均数时间序列是指由一系列同类平均指标按时间先后顺序排列的时间序列，用以反映事物一般水平的变化过程和发展趋势。例如，表8-2中的某地居民人均生活消费支出就是一个平均数时间序列，它反映该地居民生活消费一般水平快速提高的发展过程，5年时间大约增长了一倍（24 600÷12 100=2.0331≈2）。

表8-2 某地居民人均年生活消费支出 单位：元

年 份	2017	2018	2019	2020	2021
人均生活消费支出	12 100	16 500	19 280	21 560	24 600

8.1.3 时间序列的构成要素

社会经济现象的发展变化是多种因素综合影响的结果，各种因素的影响方向和强弱程度不同，具体的时间序列因此呈现出不同的变动形态。动态分析就是要对构成时间序列的各种因素加以分解和测定，以便对未来的状况作出预测和判断。

1.时间序列的构成要素

按照构成时间序列的各种因素的性质和作用，可将其大致分解为以下4个种类：长期趋势、季节变动、循环变动、不规则变动。

（1）长期趋势。

长期趋势（longtime trend）是指社会经济现象在一个相当长的时期内持续发展变化的总态势，如持续上升、下降或基本持平。长期趋势变动是现象由于受到各个时期普遍的、持续的、决定性的基本因素影响而出现的结果。长期趋势是时间序列中最基本的规律。例如，社会生产总量的长期趋势呈现增长趋势。

（2）季节变动。

季节变动（seasonal fluctuation）是指时间序列受自然季节变换和社会习俗等因素影响而发生的有规律的周期性波动。例如，很多商品的销售随季节变动而有淡旺季之分，如夏季消费品和冬季消费品。

（3）循环变动。

循环变动（cyclical movement）是指社会经济活动以若干年为周期发生的盛衰起伏交替的波动。比如，宏观经济形势、政治环境、房地产行业以及钢铁工业的变化都有这种循环变动趋势。循环变动分为长周期、中周期和短周期三种类型。测定循环变动常用残余法，即先从时间数列中剔除长期趋势和季节变动，再消除不规则变动，其剩余结果便是循环变动。对时间数列中的循环变动加以测定，分析其形成的机制，对于加强和改善宏观调控，缓解经济周期波动的影响，保持经济的健康发展有重要的意义。

（4）不规则变动。

不规则变动（erratic fluctuation），是指除了上述各种变动以外，现象因临时的、偶然的因素而引起的随机变动，这种变动无规则可循，如地震、水灾、战争等所引起的变动。从长期来看，有些偶然因素的个别影响是可以互相抵消一部分的。

2.时间要素的组合模型

（1）概况。

按照影响方式的不同，时间序列变动的这4类构成要素可以设定为不同的组合模型，最常用的有乘法模型和加法模型。

在时间序列中，通常用Y表示时间序列的指标数值，T表示长期趋势成分，S表示季节变动成分，C表示循环变动成分，I表示不规则变动成分，用下标t表示时间（t=1，2，…，n），n为时间序列的项数。

（2）乘法模型。

乘法模型假定4种变动因素之间存在着交互作用，序列各时期发展水平是各构成因素之乘积。乘法模型的表现形式为：

$$Y_t = T_t \times S_t \times C_t \times I_t$$

在乘法模型中，时间序列Y和长期趋势T用绝对数表示，季节变动S、周期变动C和不规则变动I用相对数（百分数）表示，以反映相应组成成分在长期趋势T的基础上增加或减少的相对程度。在这一模型下，要分析单一组成成分的影响，在已测知其他组成成分的情况下，只需剩余组成成分去除时间序列即可得到。

（3）加法模型。

加法模型假定4种变动因素相互独立，序列各时期发展水平是各构成因素之总和。加法模型的表现形式为：

$$Y_t = T_t + S_t + C_t + I_t$$

显然，加法模型假设季节变动、循环变动和不规则变动均围绕长期趋势值上下波动，它们可表现为正值或负值，以此测定其在长期趋势值的基础上增加或减少若干个单位，反映其各自对时间序列值的影响和作用。

（4）说明。

在一定条件下，对乘法模型取对数就转换为加法模型。由于乘法模型分析表示较为简便，且相对容易理解，因而应用得比较广泛。

需要说明的是，以上两种时间序列组合模型中均包含了4类要素，这是时间序列的完备模式，但是并非每个时间序列中都同时存在这4类要素。一般说来，在时间序列中，长期趋势是经常存在的，季节变动因素和循环变动因素则不一定存在。当季节变动成分或循环变动成分不存在时，在乘法模型中的S或C取值为1，在加法模型中的S或C取值为0。时间序列分析的任务之一，就是对序列中的这几种构成要素进行统计测定和分析，从中找出各种要素的具体作用，揭示其变动的规律和特征，从而为认识和预测事物的发展提供依据。

8.1.4 时间序列的编制原则

编制时间序列的目的是，对客观现象进行动态对比分析，以认识现象的发展变化过程和规律性。这就要求时间序列中各项指标具有可比性，而要做到可比，编制时间序列必须遵循一定的原则，这些原则可以概括为以下4个方面。

1.时间长度应当一致

在时期数列中，由于指标的各期数值大小与时期长短直接相关，因此在同一个时期数列中各个指标的时期长短应该相等，否则很难从时间数列指标数值的变化上直接作出判断和比较。

在时点数列中，虽然各个指标数值大小与时点间隔长短没有直接联系，但为便于对社会经济现象变化的趋势进行分析和比较，两个时点间的间隔也要一致，尽量编制时间间隔相等的时点数列。

2.总体范围应当一致

时间序列中各项指标所属的总体范围必须一致，例如，地区的行政区划范围、企业的隶属关系范围。如果总体范围前后发生了变化，那么，序列中的数据就不能前后直接比较，必须经过调整统一后才能进行比较分析。

3.指标内容应当一致

时间序列中的每项指标都反映着某一特定现象的内容，在一个时间序列中，每项指标的含义和内容必须严格一致，否则，它就无法反映特定现象的发展趋势和规律。如果用一个前后指标性质不一致的时间序列进行动态对比分析，就会形成错误的结论。

4.计算口技应当一致

计算口径一致指的是指标的计算方法、计算价格和计量单位等要保持一致。采用什么方法计算、按照何种价格或单位进行计量，各个指标数值都要保持前后一致。例如，在分析工业企业劳动生产率时，产量可以通过实物量计算，也可以通过价值量计算，但在同一时间序列中必须保证前后各期的统一。

8.2 时间序列的发展水平分析

为了进一步研究社会经济现象的动态及发展规律，需要计算一系列指标，对时间数列进行动态分析。有关指标主要包括发展水平、平均发展水平、增长量、平均增长量、发展速度、平均发展速度、增长速度、平均增长速度等。其中，前4种指标称为动态分析的水平指标，后4种指标称为动态分析的速度指标。

8.2.1 发展水平

发展水平（developing level）是指时间数列中的各个指标数值，反映事物在一定时期或时点上达到的规模或水平，是计算其他动态分析指标的基础。发展水平可以是总量指标，也可以是相对指标或平均指标，总量指标发展水平是计算其他各种动态分析指标的基础。发展水平是计算其他所有动态分析指标的基础，一般用符号a表示。

发展水平可以表现为统计绝对数，称为绝对水平；也可以表现为统计相对数，称为相对水平；还可以表现为统计平均数，称为平均水平。

按照发展水平在时间数列中所处的位置不同，可以对时间数列进行区分，时间数列中的第一个指标数值称为期初发展水平，如表8-1中2016年的指标数值为期初发展水平；最后一个指标数值称为期末发展水平，如表8-1中2020年的指标数值为期末发展水平；其余的指标数值称为中间发展水平。按照对时间数列进行动态对比分析的要求区分，作为对比基础时期的发展水平称为基期发展水平，作为研究时期的发展水平称为报告期发展水平。表8-1中，如果用2017年的国内生产总值与2016年的进行对比，则2016年的指标数值为基期发展水平，2017年的指标数值为报告期发展水平；如果用2018年的国内生产总值与2017年的进行对比，则2017年的指标数值为基期发展水平，2018年的指标数值为报告期发展水平。在对时间序列中的发展水平进行比较分析时，通常将要分析研究的那个时期的发展水平称为报告期水平，将作为比较基础时期的发展水平称为基期水平。

时间数列中各期发展水平用符号表示为$a_0,a_1,a_2,\cdots,a_{n-1},a_n$。其中，$a_0$为时间数列的期初发展水平，$a_n$为时间数列的期末发展水平，$a_1,a_2,\cdots,a_{n-1}$为时间数列的中间发展水平。

8.2.2 平均发展水平

1.平均发展水平的含义

平均发展水平是时间序列中各个发展水平加以平均得到的平均数，用以反映现象在一段时间内发展变化所达到的一般水平。平均发展水平又称序时平均数或动态平均数。

序时平均数与一般平均数既有相同之处，又存在明显的区别。相同点是：两者都是将现象的个别数量差异抽象化来概括地反映现象的一般水平。区别是：一是序时平均数平均的是现象在不同时间的指标数值差别，是从动态的角度说明现象的一般水平，是根据时间序列计算的；而一般平均数平均的是现象在同一个时间的数量差别，是从静态的角度说明现象的一般水平，是根据变量数列计算的。二是序时平均数是对同一现象不同时间上的数值差异的抽象化，而一般平均数是对同一时间总体某一数量标志值的抽象化。另外，序时平均数还可以解决时间序列中的某些可比性问题。例如，各月的天数不同会影响企业月产值的大小，但如果采用各月的日平均产值指标来计算对比，就具有可比性，能反映总产值的发展情况。

2.平均发展水平的计算

平均发展水平可以根据任何一种时间序列计算，但从计算方法上讲，根据绝对数时间序列计算平均发展水平是最基本的方法。

（1）根据绝对数时间序列计算平均发展水平。

绝对数时间序列有时期序列和时点序列之分，其平均发展水平的计算方法是不同的。

①时期序列平均发展水平的计算。

根据时期序列计算平均发展水平，一般直接采用简单算术平均法计算，即将观察期内的各时期数据相加，再除以相应的时期数。计算公式为：

$$\bar{a}=\frac{a_1+a_2+\cdots+a_n}{n}=\frac{\sum a}{n} \tag{8.1}$$

式中：$\bar{a}$为平均发展水平；$a_1,a_2,\cdots,a_n$为各时期的发展水平；n为时期项数（发展水平的个数）。

【例8-1】根据表8-1的资料，计算我国2016年至2020年平均每年国内生产总值。

解：

$$\bar{a}=\frac{\sum}{n}\frac{11.23+12.31+13.89+14.28+14.72}{5}=\frac{66.43}{5}=13.286\text{（万亿美元）}$$

即我国2016年至2020年平均每年国内生产总值为13.286万亿美元。

②时点序列平均发展水平的计算。

时点序列有连续时点序列和间断时点序列两种，而每一种又各有两种表现形式，计算时要区别对待。

第一，由连续时点序列计算平均发展水平。

连续时点序列是将逐日登记的资料按照时间先后的顺序排列而成的时间序列。总的来说，根据连续时点序列计算平均发展水平就是将各个时点的数据相加再除以时点数，采用算术平均法计算。如果数据未分组则采用简单算术平均法，见例8-2；如果数据已分组则采用加权算术平均法，见例8-3。

【例8-2】某快递点4月上旬每天的派件数见表8-3，计算该快递点4月上旬的平均派件数。

表8-3　**某快递点4月上旬派件统计表**

日　期	1	2	3	4	5	6	7	8	9	10
派件数	250	250	250	262	262	258	258	266	272	272

解：

该快递点日平均派件数为：

$$\bar{a}=\frac{\sum a}{n}=\frac{250+250+250+262+262+258+258+266+272+272}{10}=260\text{（件）}$$

【例8-3】某钢铁厂6月份的产品库存量见表8-4，计算该厂6月份的平均库存量。

表8-4　**某钢铁厂6月份库存量统计表**

日　期	6月1日至7日	6月8日至13日	6月14日至21日	6月22日至25日	6月26日至30日
库存量（吨）	460	530	460	560	530

解：

该企业日平均库存量为：

$$\bar{a}=\frac{\sum af}{\sum f}=\frac{460\times7+530\times6+460\times8+560\times4+530\times5}{7+6+8+4+5}=\frac{14\,970}{30}=499\text{（吨）}$$

第二，根据间断时点数列计算序时平均数。

首先，间隔相等的间断时点数列。间隔相等的间断时点数列是指掌握的资料是间隔相等的各期期末或期初时点数。在实际工作中，对于时点性质的资料，为了简化登记手续，一般每隔一段时间登记一次，如商品库存数等只统计月末数字。此时，为了计算序时平均数，需要假定所研究的社会经济现象在两个相邻时点之间的变动是均匀的，因而可以将相邻两个时点指标数值相加后除以2，求得两个时点之间的序时平均数，然后把这些序时平均数相加除以序时平均数个数，求得整段时间内的序时平均数。这种计算序时平均数的方法称为“首末折半法”，其计算公式为：

$$\bar{a}=\frac{\frac{a_1+a_2}{2}+\frac{a_2+a_3}{2}+\cdots+\frac{a_{n-1}+a_n}{2}}{n-1}=\frac{\frac{a_1}{2}+a_2+a_3+\cdots+a_{n-1}+\frac{a_n}{2}}{n-1}\tag{8.2}$$

由此可见，根据间隔相等的间断时点数列计算序时平均数可将首项数值的一半加上中间各项数值，再加上末项数值的一半，然后除以时点项数减1，此法也称为简单序时平均法。由于此公式是建立在相邻两个间断时点间的变动是均匀的这一基础之上的，因而其结果是一个近似值。

【例8–4】某商场某年3—6月各月末商品库存额见表8–5，试计算该商场第二季度月平均商品库存额。

表8–5　**某商场某年3—6月各月末商品库存额**　单位：万元

日期	3月31日	4月30日	5月31日	6月30日
商品库存额	150	160	180	175

解：

根据表8–5的资料，计算各月和第二季度的平均商品库存额如下：

4月份平均库存额$=\frac{150+160}{2}=155$（万元）

5月份平均库存额$=\frac{160+180}{2}=170$（万元）

6月份平均库存额$=\frac{180+175}{2}=177.5$（万元）

第二季度平均库存额：$\frac{155+170+177.5}{3}=167.5$（万元）

将上述计算过程进行合并，直接采用公式计算得：

$$\bar{a}=\frac{\frac{150+160}{2}+\frac{160+180}{2}+\frac{180+175}{2}}{4-1}=\frac{\frac{150}{2}+160+180+\frac{175}{2}}{4-1}=167.5\text{（万元）}$$

其次，间隔不等的间断时点数列。如果所掌握的是间隔不等的各期期末或期初的时点资料，这时应采用加权算术平均法计算序时平均数，即用各间隔长度为权数，对各相应时点上的平均水平进行加权计算序时平均数。该计算方法通常称为

“加权序时平均法”。计算公式为：

$$\bar{a}=\frac{\left(\frac{a_0+a_1}{2}\right)f_1+\left(\frac{a_1+a_2}{2}\right)f_2+\cdots+\left(\frac{a_{n-1}+a_n}{2}\right)f_n}{f_1+f_2+\cdots+f_n}=\frac{\sum_{i=1}^{n}\left(\frac{a_{i-1}+a_i}{2}\right)f_i}{\sum_{i=1}^{n}f_i} \tag{8.3}$$

【例8-5】某化肥厂去年库存量资料见表8-6，试计算该厂化肥去年平均库存量。

表8-6 **某化肥厂去年库存量** 单位：吨

时间	1月初	4月初	7月初	12月末
库存量	200	245	360	205

解：

根据表8-6资料计算的化肥年平均库存量如下：

$$\bar{a}=\frac{\frac{200+245}{2}\times 3+\frac{245+360}{2}\times 3+\frac{360+205}{2}\times 6}{3+3+6}=272.5\text{（吨）}$$

（2）根据相对指标或平均指标时间序列计算平均发展水平。

因为相对指标和平均指标都是由总量指标派生的，所以相对指标或平均指标时间序列也称派生序列，即其中各项指标都是由两个总量指标对比计算出来的。故对于相对指标和平均指标时间序列，其序时平均数一般不能直接计算，而是要先分别计算出两个总量指标的平均水平，然后进行对比。其表达公式为：

$$\bar{y}=\frac{\bar{a}}{\bar{b}} \tag{8.4}$$

式中：$\bar{y}$为相对数时间数列的序时平均数。$\bar{a}$为分子时间序列的序时平均数；$\bar{b}$为分母时间序列的序时平均数。

相对数时间数列可由两个时期数列对比形成，也可由两个时点数列对比形成，或由一个时期数列和一个时点数列对比形成，因此，根据相对数时间数列计算序时平均数时，首先要判定分子数列和分母数列的时间属性，然后根据不同的时间属性选用不同的计算方法。

①由两个时期数列对比形成的相对数时间数列。

$$\bar{y}=\frac{\bar{a}}{\bar{b}}=\frac{\frac{\sum a}{n}}{\frac{\sum b}{n}}=\frac{\sum a}{\sum b} \tag{8.5}$$

由$\bar{y}=\frac{\bar{a}}{\bar{b}}$，得$\bar{a}=by$，代入上式得：

$$\bar{y}=\frac{\sum by}{\sum b} \tag{8.6}$$

该公式从形式上看是一个加权算术平均数的计算公式。

同理，由$z=\frac{x}{y}$，得$y=\frac{x}{z}$，代入上式得：

$$\bar{z}=\frac{\sum x}{\sum \frac{x}{z}}$$

同理，由$\bar{y}=\frac{\bar{a}}{\bar{b}}$，得$\bar{b}=\frac{\bar{a}}{\bar{y}}$，代入上式得：

$$\bar{y}=\frac{\sum a}{\sum \frac{a}{b}} \tag{8.7}$$

该公式从形式看是一个加权调和平均数的计算公式。

在实际应用中，应根据所掌握资料的不同选择不同的计算方法。

【例8-6】现有三个企业20×1年第三季度产值计划完成情况的资料，见表8-7，分别计算三个企业产值月平均计划完成程度。

表8-7 三个企业20×1年第三季度产值计划完成情况

企业	指标	7月	8月	9月
甲企业	实际产值（万元）a	1 580	1 640	1 710
	计划产值（万元）b	1 500	1 550	1 600
乙企业	计划产值（万元）a	2 000	2 050	2 100
	计划完成程度（%）y	98	104	102
丙企业	实际产值（万元）ax	2 970	3 193	3 360
	计划完成程度（%）yz	99	103	105

解：

甲企业第三季度产值月平均计划完成程度：

$$\bar{y}\frac{\sum a}{\sum b}=\frac{1\,580+1\,640+1\,710}{1\,500+1\,550+1\,600}\times 100\%=\frac{4\,930}{4\,650}\times 100\%=106.02\%$$

乙企业第三季度产值月平均计划完成程度：

$$\bar{y}=\frac{\sum zy}{\sum y}=\frac{98\%\times 2\,000+104\%\times 2\,050+102\%\times 2\,100}{2\,000+2\,050+2\,100}=\frac{6\,234}{6\,150}=101.37\%$$

丙企业第三季度产值月平均计划完成程度：

$$\bar{y}=\frac{\sum a}{\sum \frac{a}{b}}=\frac{2\,970+3\,193+3\,360}{\frac{2\,970}{99\%}+\frac{3\,193}{103\%}+\frac{3\,360}{105\%}}=\frac{9\,523}{9\,300}=102.40\%$$

②由两个时点数列对比形成的相对数时间数列。

如前所述，根据时点数列计算序时平均数，有连续时点和间断时点之分，而每种时点数列又有间隔相等和间隔不等两种情况，实际计算时应视所给的资料而定。一般最常见的是根据间隔相等的间断时点数列形成的相对数时间数列计算序时平均数。其计算公式为：

$$\bar{y}=\frac{\bar{a}}{\bar{b}}=\frac{\dfrac{\dfrac{a_1}{2}+a_2+\cdots+a_{n-1}+\dfrac{a_n}{2}}{n-1}}{\dfrac{\dfrac{b_1}{2}+b_2+\cdots+b_{n-1}+\dfrac{b_n}{2}}{n-1}}=\frac{\dfrac{a_1}{2}+a_2+\cdots+a_{n-1}+\dfrac{a_n}{2}}{\dfrac{b_1}{2}+b_2+\cdots+b_{n-1}+\dfrac{b_n}{2}} \tag{8.8}$$

该公式也可以将$a=yb$和$b=\dfrac{a}{y}$分别代入上式，得两个变形公式，且三个公式计算的结果完全一样。

【例8-7】某企业2020年下半年的劳动生产率资料见表8-8，计算该企业2020年下半年月平均劳动生产率和下半年平均劳动生产率。

表8-8 **某企业2020年下半年劳动生产率资料**

月份	6月	7月	8月	9月	10月	11月	12月
总产值（万元）	87	91	94	96	102	98	91
月末职工人数（人）	460	470	480	480	490	480	450
劳动生产率（元/人）	1 948	1 957	1 979	2 000	2 103	2 021	1 957

解：

该企业2020年下半年月平均劳动生产率为：

$$\bar{y}=\frac{\bar{a}}{\bar{b}}=\frac{(91+94+96+102+98+91)/6}{(\dfrac{460}{2}+470+480+480+490+480+\dfrac{450}{2})/(7-1)}$$

$$=\frac{95.33}{475.83}=0.2003\,(\text{万元/人})=2\,003.5\,(\text{元/人})$$

该企业2020年下半年平均劳动生产率为：

$$\bar{y}=\frac{\sum a}{\bar{b}}=\frac{91+94+96+102+98+91}{(\dfrac{460}{2}+470+480+480+490+480+\dfrac{450}{2})/(7-1)}$$

$$=\frac{572}{475.83}=1.2021\,(\text{万元/人})=12\,021\,(\text{元/人})$$

③分子和分母为不同性质的序列。

分子和分母为不同性质的序列即一个为时期序列、另一个为时点序列。此时，应根据序列性质选用适当的方法，先分别计算出分子序列和分母序列的序时平均数，然后再将两个序时平均数对比以求得相对数时间序列的序时平均数。

【例8-8】某商场第四季度商品流转资料见表8-9，计算该商场该季度月平均商品流转次数。

表8-9 **某商场第四季度商品流转资料**

月份	9月	10月	11月	12月
商品销售额（万元）a	150	143	200	300
月末商品库存额（万元）b	60	65	100	120
商品流转次数（次）y	—	2.29	2.42	2.73

解：

$$\bar{y}=\frac{\bar{a}}{\bar{b}}=\frac{143+200+300}{\frac{60}{2}+65+100+\frac{120}{2}}=\frac{643}{255}=2.52\text{（次）}$$

（3）根据平均数时间数列计算平均发展水平。

平均数时间序列有静态序列和动态序列两种，因此，分两种情况计算平均发展水平：

①根据一般平均数构成的时间数列求序时平均数。

平均数时间数列也是由两个绝对数时间数列对比形成的，通常平均数时间数列的分子数列是标志总量，属于时期数列，其分母数列是总体单位总量，属于时点数列。因此，要计算这种平均数时间数列的序时平均数，其方法和根据相对数时间数列计算序时平均数的方法一样，也是先计算分子、分母两数列的序时平均数，然后再进行对比计算。

②根据序时平均数时间数列计算序时平均数。

在时期相等的情况下，可直接根据各序时平均数采用简单算术平均方法来计算平均数；在时期不相等的情况下，则要以时期为权数，采用加权算术平均数方法来计算。

【例8–9】某商场上半年商品流转情况见表8–10，求该商场上半年各月商品平均流转次数。

表8–10　**某商场上半年商品流转情况统计表**

月份	1	2	3	4	5	6
商品销售额（万元）	230	300	240	250	264	294
平均库存额（万元）	100	100	120	125	110	140
商品流转次数	2.3	3.0	2.0	2.0	2.4	2.1

解：

该商场上半年各月商品平均流转次数为：

$$\bar{y}=\frac{\bar{a}}{\bar{b}}=\frac{(230+300+240+250+264+294)/6}{(100+100+120+125+110+140)/6}=2.27\text{（次）}$$

3.平均发展水平计算的归纳

综上，对各类动态数列序时平均数计算规则进行归纳，见表8–11。

表8–11　**动态数列序时平均数计算规则**

序时平均方法	绝对数动态数列	时期数列	简单算术平均		
		时点数列	连续时点	间隔相等	简单算术平均
				间隔不等	加权算术平均
			间断时点	间隔相等	两次简单平均
				间隔不等	先简单后加权
	相对数、平均数动态数列	视情况选用：先平均再相除、先加总再相除、加权算术平均、加权调和平均等			

8.2.3 增长量

增长量是报告期发展水平与基期发展水平之差，用来反映某种社会经济现象在一定时期内增加或减少的绝对数量。其计算公式为：

增长量=报告期发展水平-基期发展水平

在增长量的计算中，由于报告期水平可以高于基期水平，也可以等于或低于基期水平，所以增长量可以是正值，也可以是零或负值，它们分别表示正增长、零增长和负增长。由于采用的基期不同，增长量可分为逐期增长量和累计增长量。

1.逐期增长量

逐期增长量又称逐期增减量，是指时间序列中各期发展水平与其前期发展水平之差，说明研究现象逐期增加或减少的数量。其计算公式为：

逐期增长量=报告期发展水平-前一期发展水平

$$=y_i-y_{i-1} \quad (i=1,2,\cdots,n) \tag{8.9}$$

2.累计增长量

累计增长量又称“累计增减量”，是指时间序列中报告期发展水平与某一固定基期发展水平之差，用以说明研究现象在一定时期内总的增加或减少的数量。其计算公式为：

累计增长量=报告期发展水平-固定时期发展水平

$$=y_i-y_0 \quad (i=1,2,\cdots,n) \tag{8.10}$$

3.逐期增长量与累计增长量的关系

逐期增长量是报告期水平与前一期水平的差额，说明现象逐期增加或减少的数量。累积增长量是报告期水平与某一固定时期水平的差额，说明现象在一定时期内的总的增长量。它们之间的关系是：

（1）逐期增长量与累积增长量分别构成新的时间数列，首项相等。

（2）累计增长量是相应的逐期增长量之和。

（3）相邻两项的累计增长量之差等于相应的逐期增长量。

【例8-10】根据表8-1中的国内生产总值，计算2016—2020年间我国国内生产总值的逐期增长量和累计增长量，结果见表8-12。

表8-12 **2016—2020年间我国国内生产总值的逐期增长量和累计增长量** 单位：万亿美元

指标		2016年	2017年	2018年	2019年	2020年
国内生产总值		11.23	12.31	13.89	14.28	14.72
增长量	逐期	—	1.08	1.58	0.39	0.44
	累计	—	1.08	2.66	3.05	3.49

4.年距增长量

在实际工作中，如果利用历年各月（季）的资料编制的时间序列，还可以计算一种特殊的逐期增减量——年距增减量，即用报告年的某月（季）的发展水平减去上一年同月（季）的发展水平。其意义在于消除由于季节不同对某些客观现象的影响。其计算公式为：

年距增长量=报告期某月（季）发展水平-上年同月（季）发展水平

5. 平均增长量

平均增长量是增长量的序时平均数，说明现象在一定时期内平均每期增长的数量。它是将动态数列各个时期上的逐期增长量相加之后除以逐期增长量的个数，或累计增量除以增长时期数。其计算公式为：

$$\text{平均增长量}=\frac{\sum_{i=1}^{n}(a_i-a_{i-1})}{n-1}=\frac{a_n-a_0}{n-1} \tag{8.11}$$

【例8-11】根据表8-9的资料，计算2016—2020年间我国国内生产总值的平均增长量。

解：

我国2016—2020年间国内生产总值的平均增长量为：

$$\text{平均增长量}=\frac{y_n-y_0}{n-1}=\frac{14.72-11.23}{5-1}=0.8725\text{（万亿美元）}$$

8.3　时间序列的发展速度分析

时间数列的速度指标是对时间数列进行分析的另一类动态分析指标，它反映社会经济现象速度的变化，有发展速度、增长速度、平均发展速度和平均增长速度，发展速度是最基本的速度指标。

8.3.1　发展速度

发展速度是报告期发展水平与基期发展水平的比值，用以表明现象发展变化的相对程度。其计算公式为：

$$\text{发展速度}=\frac{\text{报告期水平}}{\text{基期水平}}\times 100\% \tag{8.12}$$

无论报告期数比基期多多少，因为发展速度是比例关系，所以指标值总是表现为正数。当发展速度指标值大于0小于100%时，表明报告期水平低于基期水平；当发展速度指标值等于100%或大于100%时，表明报告期水平达到或超过基期水平。

（1）环比发展速度。

环比发展速度是指通过报告期发展水平与前一时期发展水平相比计算的发展速度，表明社会经济现象逐期发展变化的程度。其计算公式为：

$$\text{环比发展速度}=\frac{\text{报告期发展水平}}{\text{前一时期发展水平}}=\frac{y_i}{y_{i-1}}\quad(i=1,2,\cdots,n) \tag{8.13}$$

（2）定基发展速度。

定基发展速度是指通过报告期发展水平与某一固定时期发展水平（通常为期初发展水平）相比计算的发展速度，说明社会经济现象在一个较长时期内总的发展变化程度。其计算公式为：

$$\text{定基发展速度}=\frac{\text{报告期发展水平}}{\text{固定时期发展水平}}=\frac{y_i}{y_0}\quad(i=1,2,\cdots,n) \tag{8.14}$$

【例8-12】根据表8-1资料，计算我国2016—2020年国内生产总值的环比发展速度和定基发展速度。

解：

2017年的环比发展速度=12.31/11.23=1.0962或109.62%

2018年的环比发展速度=13.89/12.31=1.1284或112.84%

2019年的环比发展速度=14.28/13.89=1.0281或102.81%

2020年的环比发展速度=17.72/14.28=1.0308或103.08%

2017年的定基发展速度=12.31/11.23=1.0962或109.62%

2018年的定基发展速度=13.89/11.23=1.2369或123.69%

2019年的定基发展速度=14.28/11.23=1.2716或127.16%

2020年的定基发展速度=14.72/11.23=1.3108或131.08%

定基发展速度与环比发展速度之间存在如下关系：

（1）环比发展速度的连乘积等于相应的定基发展速度（总速度）；

（2）相邻两期定基发展速度之商（后一定基速度除以前一定基速度），等于后一期的环比发展速度。

另外，在实际工作中，为了消除季节变动的影响，还需要计算年距发展速度，用以说明本期发展水平与上年同期发展水平相比所达到的相对程度。其计算公式为：

$$年距发展速度=\frac{本年本期发展水平}{去年同期发展水平} \tag{8.15}$$

8.3.2 增长速度

增长速度也称增长率，是增长量与基期水平的比值，用以反映现象报告期水平比基期水平的增长程度。其计算公式为：

$$增长速度=\frac{增长量}{基期水平}\times 100\% \tag{8.16}$$

将“增长量=报告期水平-基期水平”代入上式，可得增长速度与发展速度的关系式：

增长速度=发展速度-1（或100%）

增长速度与发展速度在含义上有严格区别，但两者之间有密切关系，增长速度与发展速度之间只相差一个基数，即：

$$增长速度=\frac{报告期发展水平-基期发展水平}{基期发展水平}$$

$$=发展速度-1（或100\%）$$

由于基期的确定方法不同，增长速度的具体计算方法也有两种，即环比增长速度和定基增长速度。

（1）环比增长速度。

环比增长速度是报告期逐期增长量与前一期发展水平之比，反映现象逐期增长的程度。其计算公式为：

$$环比增长速度=\frac{逐期增长量}{前一期水平}\times100\%=环比发展速度-1 \tag{8.17}$$

（2）定基增长速度。

定基增长速度是指报告期累计增长量与基期发展水平（期初发展水平）之比，表明社会经济现象在较长时期内总的增长程度。其计算公式为：

$$定基增长速度=\frac{累计增长量}{固定基期水平}\times100\%=定基发展速度-1 \tag{8.18}$$

【例8-13】根据表8-1资料计算各年的逐期增长量、累计增长量、环比增长速度和定基增长速度，计算结果见表8-13。

表8-13 我国2016—2020年国内生产总值增长情况统计表

年份		2016	2017	2018	2019	2020
国内生产总值（万亿美元）		11.23	12.31	13.89	14.28	14.72
增长量（万亿美元）	逐期	—	1.08	1.58	0.39	0.44
	累计	—	1.08	2.66	3.05	3.49
增长速度	环比（%）	—	9.62	12.84	2.81	3.08
	定基（%）	—	9.62	23.69	27.16	31.08

计算和应用增长速度时要注意两点：

第一，与发展速度有所不同，环比增长速度与定基增长速度之间没有直接的换算关系，如果两者之间要换算，需要通过发展速度进行换算。

第二，当报告期水平和基期水平表明的是不同方向的数据时，不宜计算增长速度。例如，某公司基期利润为-100万元（亏损），报告期利润为+400万元（盈利），则对这种情况应该用文字来作定性表达（扭亏为盈），而不能定量考察增长速度。

8.3.3 平均发展速度和平均增长速度

1.平均速度的意义

平均发展速度是各个时间单位的环比发展速度的序时平均数，用以反映现象在较长一段时期内逐期平均发展变化的程度；平均增长速度是现象环比增长速度的平均水平，用以反映现象在较长一段时期内逐期递增的相对程度，又称递增率或递减率。

平均发展速度和平均增长速度之间存在以下关系：

平均增长速度=平均发展速度-1（或100%）

平均发展速度是根据环比发展速度时间序列计算的，但是平均增长速度不是直接根据环比增长速度时间序列计算的，而是在计算出平均发展速度之后，通过上述关系式换算得到的。因此，在此仅介绍平均发展速度的计算方法。

2.平均发展速度的计算方法。

实际工作中，常用的方法有几何平均法和方程法。

①几何平均法又称水平法，其特点是：从最初水平a_0出发，每期按平均发展速度发展，经过n期后，达到最末水平a_n。水平法计算平均发展速度的公式有3个：

$$\bar{x}=\sqrt[n]{x_1 \cdot x_2 \cdot x_3 \cdots x_n}=\sqrt[n]{\frac{a_n}{a_0}}=\sqrt[n]{R} \tag{8.19}$$

式中：$\bar{x}$为平均发展速度；$x_1,x_2,\cdots,x_n$为各期环比发展速度；n为时期数；a_n为最末期发展水平；a_0为最初期发展水平；R为观察期的总速度。

【例8-14】某企业增加值20×1年为200万元，20×6年为320.64万元，试计算该企业平均发展速度和平均增长速度。

解：

平均发展速度为：

$$\bar{x}=\sqrt[n]{\frac{a_n}{a_0}}=\sqrt[5]{\frac{320.64}{200}}\times 100\% \approx 109.9\%$$

平均增长速度=109.9%-1=9.9%

所以，该企业增加值平均发展速度和平均增长速度分别为109.9%和9.9%。

对于例8-14，还有个现实的意义是，如果想若干年后实现一定数值的利润，比如翻一番、增长一倍，那从现在开始需要年均多少的增长率才能达到目标。有兴趣的同学请试着进行计算。

②方程法。

方程法又称累计法、代数平均法，是以时间序列内各年发展水平的总和同基期水平对比来计算平均每年增长（或下降）的速度，即时间序列中各年发展水平的总和等于全期的总水平，而各年发展水平是基期水平与该年定基发展速度的乘积。根据定基发展速度等于环比发展速度连乘积的关系，各年发展水平也是基期水平和有关各年环比发展速度的乘积。这样，把各年环比发展速度加以平均化，列出方程式，求解即得年平均发展速度。其数学关系式为：

$$y_1+y_2+\cdots+y_n=\sum_{i=1}^{n} y_i \tag{8.20}$$

如果假设在基期水平y_0的基础上，各年的发展速度为x_i（i=1，2，…，n），则上式可以表达为：

$$y_0\times\frac{y_1}{y_0}+y_1\times\frac{y_2}{y_1}+\cdots+y_{n-1}\times\frac{y_n}{y_{n-1}}=\sum_{i=1}^{n} y_i$$

$$y_0x_1+y_0x_1x_2+\cdots+y_0x_1x_2\cdots x_n=\sum_{i=1}^{n} y_i$$

如果假设在基期水平y_0的基础上，各年按照固定的平均发展速度$\bar{x}$发展，则各年按照固定平均发展速度计算的发展水平为$y_0\bar{x}$（i=1，2，…，n）。如果假设据此计算的各年发展水平之和等于各年实际发展水平之和，则有：

$$y_0\bar{x}+y_0\bar{x}^2+\cdots+y_0\bar{x}^n=\sum_{i=1}^{n} y_i \tag{8.21}$$

上式左右两边同时除以y_0，则有：

$$\bar{x}+\bar{x}^2+\cdots+\bar{x}^n=\frac{\sum y_i}{y_0} \tag{8.22}$$

式8.22的正根就是所求的年平均发展速度。该方法计算平均发展速度着眼于各期发展水平累计之和$\sum y_i$，所以称为累计法。显然，解此方程是非常麻烦的，在实际应用中，通常借助事先编制的“累计法平均增长速度查对表”来解决。

利用累计法求平均增长速度的一般步骤如下：

第一，计算$\dfrac{\sum y_i}{y_0}$的值。该数值既可以根据各年发展水平计算，也可以根据各年定基发展速度计算。

第二，判断现象的发展类型，并从“累计法平均增长速度查对表”中的相应部分找出所需的数值。当$\dfrac{\sum y_i}{y_0}>n$时，现象为递增型，在表中的递增部分“n”所在栏找出$\dfrac{\sum y_i}{y_0}$的值，与这个数值相对应的左边栏内的百分比，即所求的年平均增长速度。当$\dfrac{\sum y_i}{y_0}<n$时，现象为递减型，则在表中的递减部分查找，方法同上。

需要注意的是，如果表中没有确切的平均增长速度与$\dfrac{\sum y_i}{y_0}$相对应，则应该找出$\dfrac{\sum y_i}{y_0}$上下界所对应的平均增长速度，然后按比例推算$\dfrac{\sum y_i}{y_0}$所对应的平均增长速度。

【例8-15】某企业2015年销售收入为3 119万元（y_0），2016—2019年各年分别为3 480万元、3 752万元、3 961万元和4 082万元，共计15 275万元（$\sum y_i$）。试用累计法求此期间的年平均增长速度和年平均发展速度。

解：

因为$\dfrac{\sum y_i}{y_0}=\dfrac{15\,275}{3\,119}\times100\%=489.74\%>n=4$，现象为递增型，故应在表中的递增部分查找。

从$n=4$来看，总发展速度489.74%在489.00%（增长速度8.2%）与490.18%（增长速度8.3%）之间，按比例计算得：

$\dfrac{489.74-489.00}{490.18-489.00}=0.6$，则有8.2+（8.3−8.2）×0.6=8.26

所以，平均增长速度为8.26%，平均发展速度为108.26%。

必须指出，几何平均法和累计法不同，几何平均法侧重考察最末一期（年）的发展水平，按这种方法确定的平均发展速度，推算的最后一年发展水平等于最末一期（年）的实际发展水平；推算的最末一期（年）的定基发展速度和根据实际资料计算的最末一期（年）定基发展速度是一致的。

累计法侧重考察全期的总和水平，按这种方法确定的平均发展速度，推算的全期的总和水平与各期实际水平总数是一致的；推算的各部分定基发展速度的总和与根据实际资料计算的定基发展速度的总和是一致的。

③几何平均法和方程法的区别。

从对二者的介绍可以看出，几何平均法和方程法存在明显的差别，前者关注首尾结果，后者关注过程。具体表现为：

第一，几何平均法和方程法各有特点和侧重。几何平均法侧重于考察最末一期的发展水平，方程法侧重于考察整个时期各期发展水平的总和。

第二，几何平均法和方程法的数理依据不同，影响因素也不同。几何平均法只受最初发展水平与最末发展水平的影响，不反映中间水平的变动；方程法则受各期发展水平的影响。

第三，几何平均法和方程法应该根据研究对象的不同特点分别采用。几何平均法适用于水平计划的编制与检查；而方程法适用于总额计划的编制与检查。

8.3.4 增长1%的绝对值

发展速度与增长速度说明的是社会经济现象发展和增长的相对程度，是对社会经济现象发展和增长情况的抽象概括，有时会出现高速度后面掩盖低指标或低速度后面掩盖着高指标的情况。为了对社会经济现象的发展有一个完整的认识，在运用发展速度和增长速度时，还要根据相对数与绝对数结合运用的原则，把它们和发展水平与增长量相结合加以研究，即计算增长1%的绝对值。增长1%的绝对值是逐期增长量与环比增长速度之比的1%，反映每增长1%的绝对量。其计算公式为：

$$\text{增长1\%的绝对值}=\frac{\text{环比增长量}}{\text{环比增长速度}}\times 1\%$$

$$=\frac{\text{逐期增长量}}{\dfrac{\text{逐期增长量}}{\text{前一时期发展水平}}\times 100}$$

$$=\frac{\text{前一时期发展水平}}{100} \tag{8.23}$$

【例8-16】某市的第三产业收入2×11年和2×12年依次为10.22亿元、16.21亿元，2×21年和2×22年依次为258.64亿元、309.3亿元，则有：

2×12年环比发展速度=16.21/10.22=158.61 %

$$2\times12\text{年增长1\%绝对值}=\frac{10.22}{100}=0.1022\text{ 或 }\frac{16.21-10.22}{158.61-1}=0.1022\text{（亿元）}$$

2×22年环比发展速度=309.3/258.64=119.59%

$$2\times22\text{年增长1\%绝对值}=\frac{258.64}{100}=2.5864\text{ 或 }\frac{309.3-258.64}{1.1959-1}=2.5864\text{（亿元）}$$

由上述计算可以看出，虽然该市2×21年第三产业收入的发展速度为119.59%小于2×11年的发展速度158.61%，但其增长1%绝对值2.5864亿元却远远大于2×11年的增长1%绝对值0.1022亿元，这说明该市第三产业的发展水平是提高了，而不是降低了。

8.3.5　速度分析中应注意的问题

时间序列的速度指标是在水平指标基础上计算而来的，是以百分数表示的抽象化指标。顾名思义，速度指标反映的是相对比例属性，这样就把现象的具体规模或水平抽象掉了，因此不能反映现象的绝对量属性。在应用速度指标进行分析时，要注意以下几个问题。

1.适当选择基期

选择基期时，要结合具体的研究目的，注意所依据的基本指标在整个研究时期的可比性。如果资料中有几个时期的环比增长速度特别快，或者有几个时期是负增长，出现显著的差别或不同的发展方向，这时如果选择的最初水平和最末水平不当，计算平均发展速度时就会降低指标的实际意义，甚至无法比较。

2.结合环比发展速度进行分析

分析平均发展速度时，还要注意结合各个时期的环比发展速度来补充。例如，几何平均法实际上只考虑最末水平和最初水平两个数据，把中间各个时期的数据过滤掉了，所以应适当结合环比发展速度加以分析。

3.结合基期水平进行分析

发展速度是由报告期水平与基期水平之比的结果，因此，基期水平低，发展速度的计算结果就会较高；基期水平高，发展速度的计算结果就会较低。因此，速度高可能掩盖低水平，速度低可能隐藏高水平。这时，可以结合“增长1%的绝对值”指标进行判断。

4.结合基本指标

考察平均速度指标时，还应结合所依据的各个基本指标，如发展水平、增长量、环比发展速度、定基发展速度等，才能深入了解现象的全面发展、具体过程和特点，从而对研究现象形成比较完整和全面的认识。

8.4　平稳型时间序列

时间序列可分为平稳型序列和趋势型序列两大类。平稳序列基本上没有趋势，观察值大体上在某个水平上波动，没有规律可循，其波动可以看成是随机的。本节介绍平稳型时间序列，下一节介绍趋势型时间序列。

平稳型时间序列分析方法主要包括简单平均法、移动平均法和指数平滑法，这些方法主要是通过对时间序列进行平滑以消除随机波动，因而也称平滑法。平滑法既可用于对平稳时间序列进行短期预测，也可用于描述时间序列的趋势。

8.4.1　简单平均法

简单平均法是根据一定观察期的数据求得平均数，并以所求平均数为基础，预测未来时期的预测值。这种方法简便易行，不需要进行复杂的模型设计和数学运用，是市场预测中常用的方法。

简单平均法的实质是依据简单平均数的原理，认为各各值出现的概率相同，简单相加后除以个数，即可得到平均数。设时间序列已有的t期观察值为$Y_1,Y_2,\cdots,Y_t$，则t+1期的预测值为：

$$F_{t+1}=\frac{Y_1+Y_2+\cdots+Y_t}{t} \tag{8.24}$$

当到了t+1期后，有了t+1期的实际值，便可计算出t+1期的预测误差e_{t+1}为：

$$e_{t+1}=Y_{t+1}-F_{t+1} \tag{8.25}$$

于是，t+2期的预测值为：

$$F_{t+2}=\frac{Y_1+Y_2+\cdots+Y_{t+1}}{t+1} \tag{8.26}$$

简单平均法常用的有算术平均法、几何平均法、加权平均法。

（1）算术平均法。算术平均法是把历史数据加以算术平均，并以平均数作为预测值的方法。算术平均值主要适用于数值型数据，不适用于品质数据。

（2）加权平均法。加权平均法就是在求平均数时，根据观察期各资料重要性的不同，分别给以不同的权数后加以平均的方法。其特点是，所求得的平均数已包含了长期趋势变动。

（3）几何平均法。几何平均法是运用几何平均数求出预测目标的发展速度，然后进行预测，是n个价格变量连乘积的n次方根。它适用于预测目标发展过程一贯上升或下降且逐期环比率速度大体接近的情况。在统计研究中，几何平均法常用来计算平均发展速度。在计算不同时期年度平均价格上涨幅度时，也用这种方法。

简单平均法的优点是计算简单明了，缺点是将分析对象的波动平均化了，因而不能反映预测对象的变化趋势，所以该方法只适合对比较稳定的、波动不大的分析对象。

8.4.2 移动平均法

1.定义

移动平均法是用一组最近的实际数据来描述未来一期或几期分析对象的指标变化的一种常用方法。移动平均法适用于即期预测。

移动平均法是一种简单平滑预测技术，它的基本思想是：根据时间序列资料、逐项推移，依次计算包含一定项数的序时平均值，以反映长期趋势的方法。因此，当时间序列的数值由于受周期变动和随机波动的影响、起伏较大、不易显示出事件的发展趋势时，使用移动平均法可以消除这些因素的影响，显示出事件的发展方向与趋势（即趋势线），然后依趋势线分析预测序列的长期趋势。

2.分类

移动平均法可以分为简单移动平均法和加权移动平均法。

（1）简单移动平均法。

简单移动平均是将最近的各期数据加以平均，来预测下一期的值。简单移动平均的各元素的权重都相等，计算公式如下：

$$\hat{Y}_{t+1}=\frac{Y_{t-N+1}+Y_{t-N+2}+\cdots+Y_{t-1}+Y_t}{N} \tag{8.27}$$

式中：$\hat{Y}_{t+1}$为下一期（第t+1期）预测值。N=1时，表示直接用上一期值预测下一期值；N=t时，表示用前面所有t期数据的简单平均数预测下一期，即第t+1期。

（2）加权移动平均法。

加权移动平均给固定跨越期限内的每个变量值以不相等的权重。其原理是：历史各期产品需求的数据信息对预测未来期内的需求量的作用是不一样的。除了以n为周期的周期性变化外，远离目标期的变量值的影响力相对较低，故应给予较低的权重。

加权移动平均法的计算公式如下：

$$\hat{Y}_{t+1}=w_1Y_t+w_2Y_{t-1}+\cdots+w_{n-1}Y_{t-n+2}+w_nY_{t-n+1} \tag{8.28}$$

式中：w_1为第t−1期实际销售额的权重；w_2为第t−2期实际销售额的权重；w_n为第t−n期实际销售额的权重；n为预测的时期数；且$w_1+w_2+\cdots+w_n=u$。

在运用加权平均法时，权重的选择是一个应该注意的问题。经验法和试算法是选择权重最简单的方法。一般而言，最近期的数据最能预示未来的情况，因而权重应大些。例如，根据前一个月的利润和生产能力比根据前几个月的，能更好地预测下个月的利润和生产能力。但是，如果数据是季节性的，则权重也应是季节性的。

加权移动平均的主要问题是各期权数（一共N个）确定起来比较困难。因此实际应用中采用得不多。

3. 主要特点

（1）移动平均对原序列有修匀或平滑的作用，使得原序列的上下波动被削弱了，而且平均的时距项数N越大，对数列的修匀作用越强。

（2）移动平均时距项数N为奇数时，只须进行一次移动平均，其移动平均值作为移动平均项数的中间一期的趋势代表值。当移动平均项数N为偶数时，移动平均值代表的是这偶数项的中间位置的水平，无法对正某一时期，则需要在进行一次相邻两项平均值的移动平均，这才能使平均值对正某一时期，这称为移正平均，也成为中心化的移动平均数。

（3）当序列包含季节变动时，移动平均时距项数N应与季节变动长度一致，才能消除季节变动；若序列包含周期变动时，平均时距项数N应和周期长度基本一致，才能较好地消除周期波动

4. 注意事项

应用移动平均法时应注意以下问题：

（1）平均项数的确定是一个重要问题，因为移动项数的多少直接影响修匀的程度。加大移动平均法的期数（即加大n值）会使平滑波动效果更好，但会使预测值对数据实际变动更不敏感。

（2）移动平均值并不能总是很好地反映出趋势。由于是平均值，预测值总是停留在过去的水平上而无法预计将来更高或更低的波动，数列的移动平均值对原数列

变化的反应有一定的滞后性。

（3）移动平均法要有大量的过去数据做基础，计算较繁。

【例8–17】已知某商场2×01—2×21年的年销售额见表8–14，试运用简单移动平均法预测该商场2×22年的年销售额。

表8–14 简单移动平均法预测表 单位：万元

年份	销售额	3期移动平均预测	预测误差	误差平方	5期移动平均预测	预测误差	误差平方
2×01	98						
2×02	97						
2×03	100						
2×04	101	98.3	2.7	7.11			
2×05	96	99.3	−3.3	11.1			
2×06	104	99.0	5.0	25	98.4	5.6	31.36
2×07	103	100.3	2.7	7.11	99.6	3.4	11.56
2×08	102	101.0	1.0	1	100.8	1.2	1.44
2×09	106	103.0	3.0	9	101.2	4.8	23.04
2×10	107	103.7	3.3	11.1	102.2	4.8	23.04
2×11	102	105.0	−3.0	9	104.4	−2.4	5.76
2×12	98	105.0	−7.0	49	104	−6	36
2×13	96	102.3	−6.3	40.1	103	−7	49
2×14	101	98.7	2.3	5.44	101.8	−0.8	0.64
2×15	105	98.3	6.7	44.4	100.8	4.2	17.64
2×16	104	100.7	3.3	11.1	100.4	3.6	12.96
2×17	103	103.3	−0.3	0.11	100.8	2.2	4.84
2×18	110	104.0	6.0	36	101.8	8.2	67.24
2×19	103	105.7	−2.7	7.11	104.6	−1.6	2.56
2×20	112	105.3	6.7	44.4	105	7	49
2×21	103	108.3	−5.3	28.4	106.4	−3.4	11.56
2×22		106.0			106.2		
合计				347			347.6

解：

采用excel进行移动平均时，在“数据分析”选项中选择“移动平均”，并在对话框中输入数据区域和移动间隔即可。各年销售量趋势及预测值如图8–1所示。

从中我们可以看到，3期移动平均的预测值为106万元，而5期移动平均的预测值为106.2万元。究竟我们应该选择哪一个移动间隔呢？这里我们比较两种预测方法的均方误差，3期移动平均的均方误差为347/18=19.28，5期移动平均的均方误差为347.6/16=21.725。我们发现，3期的均方误差小于5期的均方误差，所以，移动步长选择3期，2×22年的销售额为106万元。

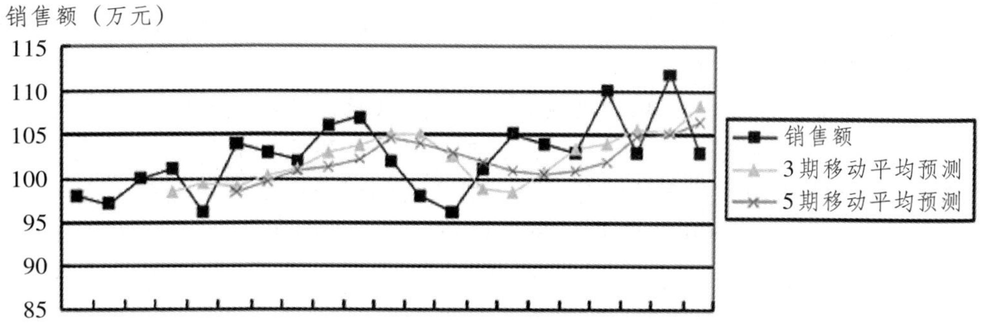

图8-1 各年销售量趋势及预测值

专栏8-1

股票移动平均线

在股票投资技术分析中，移动平均线是分析价格变动趋势的常用方法，它主要是将一定时间内的股价加以平均，根据平均值绘出图线。通常将每日的K线图与平均线绘在同一张图中，这样便于分析比较。通过分析平均线的走势以及平均线与K线之间的关系来决定买卖的时机，或判断趋势的方向。

主张采用移动平均线的人士认为，每天交易中的大多数细小的波动仅仅是重要趋势中的小插曲，如果过分看重这些小波动，反而容易忽略主要的趋势。因此，他们认为分析股价走势应有更广阔的眼光，采用平均线的方式，着眼于价格变动的大趋势。

一般平均线采样数有3天、5天、10天和20天等，甚至有长期平均线取样时间长达150天和250天。

技术分析者之所以能够用平均线来分析价格走势，是因为它具有以下基本特征：

（1）趋势的特征平均线能够表示出股价运动的基本趋势。

（2）稳重的特征移动平均线不会像日线那样大起大落，而是起落得相当平稳。向上的平均线经常是缓缓向上，向下也是这样。要改变平均线的运动趋势相当不容易。

（3）安全的特性。通常愈长期的平均线，愈能表现出安全的特性，即移动平均线不会轻易地往上往下，必须等市势明朗后，平均线才会真正改变方向。经常是市势开始回落之初，平均线却是向上的，等到市势落势显著时，才见平均线向下走。这是平均线的最大特色。越是短期的平均线，安全性越差。越是长期的平均线，其安全性越好，但也因此而使平均线反应迟钝。

（4）助涨的特性。股价从平均线下方向上突破后，平均线也开始向上移动，可以看成是多头的支撑线，市价每次跌回平均线附近时，自然会产生支撑力量。短期平均线向上移动的速度较快，中长期移动平均线向上移动的速度较慢，但都表示一定期间内平均持股成本增加，买方力量若仍然强于卖方的话，股价每次回落到平均线附近时，便是买进的时机。如果平均线助涨的功能消失，股价重回平均线之下，这时可能趋势已经转变。

（5）助跌的特性。股价从平均线上方向下突破后，平均线也由此开始向下方移动，这时平均线成为了空头的阻力线，市价每次反弹至平均线附近时，自然产生阻力。因此在平均线往下运动时，每当股价反弹到平均线附近时都是卖出的时机，平均线此时具有助跌的功能。如果市价下跌逐渐趋缓，平均线开始减速下行，此时若股价再次与平均线接近，则可能向上冲破平均线开始升势，此时平均线的助跌功能减弱。

图8–2为中国上证指数2020年下半年走势图。

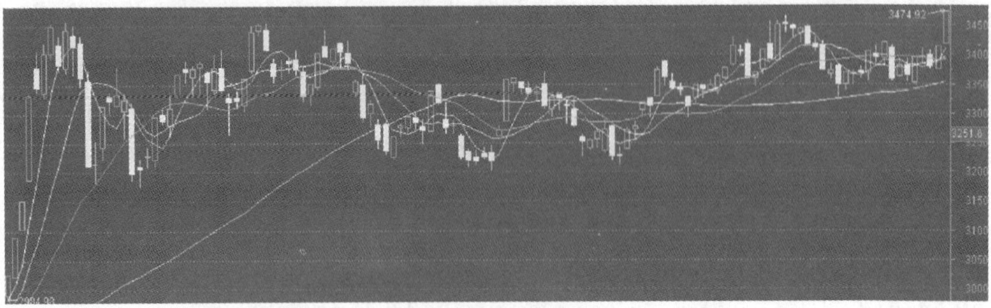

图8–2　中国上证指数2020年下半年走势图

8.4.3　指数平滑法

1.定义和计算公式

指数平滑法是在移动平均法基础上发展起来的一种时间序列分析预测法，它是通过计算指数平滑值，配合一定的时间序列预测模型对现象的未来进行预测。其原理是任一期的指数平滑值都是本期实际观察值与前一期指数平滑值的加权平均。也就是说，指数平滑法是一种特殊的加权移动平均法。

指数平滑法是生产预测中常用的一种方法，也用于中短期经济发展趋势预测，所有预测方法中，指数平滑是用得最多的一种。

指数平滑法预测的基本公式是：

$$F_{t+1}=S_t=\alpha Y_t+(1-\alpha)S_{t-1} \tag{8.29}$$

式中：S_t为t期的指数平滑值；Y_t为第t期的实际值；为$t+1$期的预测值；S_{t-1}为$t-1$期的指数平滑值；α为平滑常数，$0\leqslant\alpha\leqslant1$。

2.平滑系数

在指数平滑法中，平滑系数的选择是一个关键问题。平滑系数的大小规定了在新预测值中新数据和原预测值所占的比例。α值愈大，新数据所占的比重就愈大，原预测值所占比重就愈小，反之亦然。

①当时间序列呈稳定的水平趋势时，α应取较小值，如0.1～0.3；

②当时间序列波动较大，长期趋势变化的幅度较大时，α应取中间值，如0.3～0.5；

③当时间序列具有明显的上升或下降趋势时，α应取较大值，如0.6～0.8；

在实际运用中，可取若干个α值进行试算比较，选择预测误差最小的α值。

3.特点

指数平滑预测法的优点有：（1）对不同时间的数据的非等权处理较符合实际情况。（2）实用中仅选择一个模型参数，即可进行预测，简便易行。（3）具有适应性，也就是说，预测模型能自动识别数据模式的变化而加以调整。

指数平滑预测法的缺点有：（1）对数据的转折点缺乏鉴别能力，但这一点可通过调查预测法或专家预测法加以弥补。（2）长期预测的效果较差，故多用于短期预测。

【例8-18】利用表8-11中的数据，选择平滑常数$\alpha=0.3$和$\alpha=0.5$，采用EXCEL进行指数平滑预测，计算出预测误差，并将原序列和预测后的序列绘制成图形进行比较。

解：采用EXCEL进行指数平滑时，在“数据分析”选项中选择“指数平滑”，并单击确定，然后在弹出的对话框中输入数据区域和阻尼系数（$1-\alpha$）即可。输出结果见表8-15。

表8-15 **指数平滑法计算表** 单位：万元

年份	销售额	平滑常数取0.3	误差平方	平滑常数取0.5	误差平方
2×01	98				
2×02	97	98.0	1.0	98.0	1.0
2×03	100	97.7	5.3	97.5	6.3
2×04	101	98.4	6.8	98.8	5.1
2×05	96	99.2	10.1	99.9	15.0
2×06	104	98.2	33.4	97.9	36.8
2×07	103	100.0	9.3	101.0	4.1
2×08	102	100.9	1.3	102.0	0.0
2×09	106	101.2	23.0	102.0	16.1
2×10	107	102.6	19.0	104.0	9.0
2×11	102	104.0	3.8	105.5	12.2
2×12	98	103.4	28.8	103.7	33.1
2×13	96	101.8	33.1	100.9	23.8
2×14	101	100.0	0.9	98.4	6.6
2×15	105	100.3	21.9	99.7	27.9
2×16	104	101.7	5.2	102.4	2.7
2×17	103	102.4	0.4	103.2	0.0
2×18	110	102.6	55.0	103.1	47.8
2×19	103	104.8	3.3	106.5	12.6
2×20	112	104.3	59.8	104.8	52.2
2×21	103	106.6	12.9	108.4	29.0
2×22		105.5		105.7	
合计			334.1	—	341.1

表8-15是用α=0.3、α=0.5对各期销售量进行预测的结果，并给出了预测误差和2×22年的预测值。比较各误差平方可知，α=0.3时预测效果较好。但用一次指数平滑进行预测时，一般α取值不大于0.5。若α大于0.5才能接近实际值，通常说明序列有某种趋势或波动过大，一般不适合用指数平滑法进行预测。不同α下的预测值和实际观察值的图形如图8-3所示。

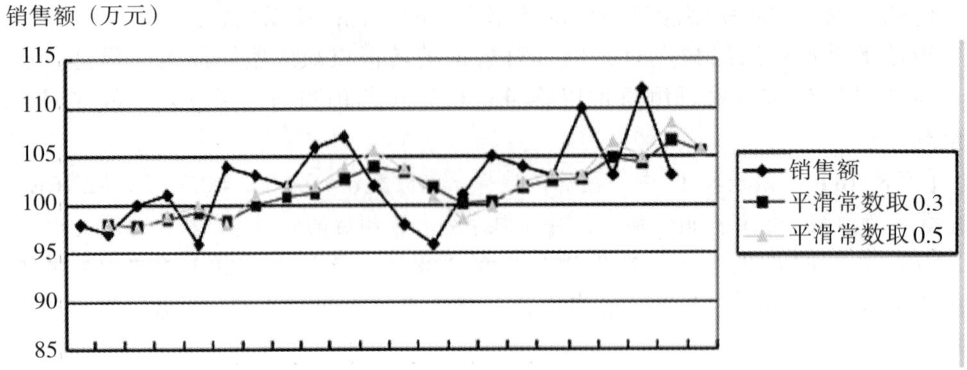

图8-3 指数平滑法预测值

8.5 趋势型时间序列

趋势就是某种社会经济现象在一个较长时期内发展变化的态势。例如，改革开放以来，我国国民经济的各项指标中很多都呈现上升趋势，都属于长期趋势。研究趋势的主要目的是把握研究对象的趋势情况和进行预测。趋势型时间序列中，社会经济现象发展变化主要有线性趋势和指数趋势。

分析趋势型时间序列的方法有很多，既有数学模型法，也有非数学模型法。数学模型法有趋势线配合法，包括线性模型和非线性模型；非数学模型法包括时距扩大法、移动平均法和指数平滑法等。

8.5.1 线性趋势

线性趋势（linear trend）是在时间数列中，社会经济现象数据呈现随时间的推移等量增加或减少的规律。表现在图形上，该现象的散点图围绕一条直线上下波动，因此线性趋势也称直线趋势。

线性趋势模型是2016年公布的管理科学技术名词，线性趋势模型（linear trend model）可以表示为：

$$\hat{y}=a+bt \tag{8.30}$$

式中：$\hat{y}$为社会经济现象的趋势值；t为时间；α为截距，表示t=0时$\hat{y}$的值；b为斜率，表示时间t变动1个单位时观察值的变动数量。

最常用的配合线性趋势模型的方法是最小平方方法，又称最小二乘法，是测定现象长期趋势的常用方法。其基本思路是：利用数学方法，配合一条较理想的趋势线。这条趋势线必须满足两个条件：一是实际观测值与趋势值的离差平方和为最小值；二是实际观测值与趋势值的离差之和等于零。在最小平方法配合趋势线之前，首先要对趋势线是直线还是曲线进行判断，然后进行应用。

最小平方法用公式表示为：

$$\sum(y-\hat{y})^2=\text{最小值}$$

或 $\sum(y-a-bt)^2=\text{最小值}$

根据微分求极值原理，分别对α、b求偏导数，并令其偏导数等于0，整理得：

$$\begin{cases}\sum y=na+b\sum t\\ \sum ty=a\sum t+b\sum t^2\end{cases}$$

对上述两式进行整理，可得α、b的计算公式：

$$\begin{cases}b=\dfrac{n\sum ty-\sum t\sum y}{n\sum t^2-\left(\sum t\right)^2}\\ a=\dfrac{\sum y-b\sum t}{n}\end{cases} \tag{8.31}$$

为了计算方便，我们可以对时序t进行假设：当n为奇数时，可假设t的中间项为0，这时时序t依次排列为：…，−3，−2，−1，0，1，2，3，…；当n为偶数时，时序t依次排列为：…，−5，−3，−1，1，3，5，…，这时，原点0实际上是在数列正中相邻两个时间的中点。以上两种设t的方法是要使时序t的正负抵消，使$\sum t=0$，由此，式8.31可以改写为：

$$b=\frac{\sum ty}{\sum t^2},\quad a=\bar{y} \tag{8.32}$$

【例8–19】某企业自20×1—20×7年的产值资料见表8–16，根据此资料计算该企业各年产值的长期趋势值并预测20×8年的产值。

表8–16 **某企业20×1—20×7年产值** 单位：万元

年份	20×1	20×2	20×3	20×4	20×5	20×6	20×7
产值	920	950	985	1025	1040	1060	1095
逐期增长量	—	30	35	45	15	20	35

解：从表8–16可以看到，该企业产值的各年逐期增长量大致相等，并且图8–4显示的散点也大致分布在一条直线附近。可以看出该企业产值呈现直线增长趋势，因此可以采用直线趋势模型$\hat{y}=a+bt$进行考察和预测。

根据表8–16的数据，可得：

$$b=\frac{n\sum ty-\sum t\sum y}{n\sum t^2-(\sum t)^2}=\frac{7\times29\,100-28\times7\,075}{7\times140-28^2}=28.571$$

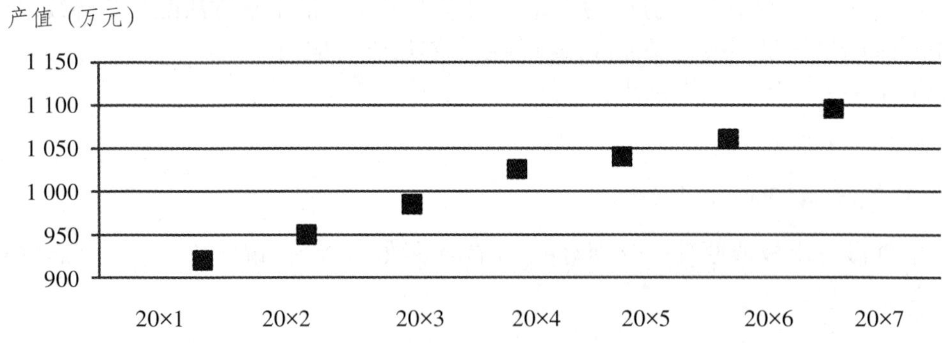

图8-4　某企业20×1—20×7年产值散点图

$a=\bar{y}-b\bar{t}=\frac{7075}{7}-28.571\times\frac{28}{7}=896.429$

由此得到趋势方程：

$\hat{y}=896.429+28.571t$

将t=1，2，…，7代入以上趋势方程即可得到该企业20×1—20×7年产值的趋势值，见表8-17，如预测20×8年产值，将t=8代入方程可得：

$\hat{y}_{2014}=896.429+28.571\times8=1124.997$（吨）

表8-17　**某企业产值直线趋势方程计算表**

年份	t	y	ty	t^2	$\hat{y}$
20×1	1	920	920	1	925.00
20×2	2	950	1 900	4	953.57
20×3	3	985	2 955	9	982.14
20×4	4	1 025	4 100	16	1 010.71
20×5	5	1 040	5 200	25	1 039.29
20×6	6	1 060	6 360	36	1 067.86
20×7	7	1 095	7 665	49	1 096.43
合计	28	7 075	29 100	140	1 696.43

在本例中，也可以将时序t依次定为−3，−2，−1，0，1，2，3，则按式8.32有：

$$b=\frac{\sum ty}{\sum t^2}=\frac{-3\times920-2\times950-1\times0+0\times1025+1\times1040+2\times1060+3\times1095}{2\times(1+4+3)}=28.571$$

$$a=\bar{y}=\frac{7\,075}{7}=1010.714$$

由此得到趋势方程：

$\hat{y}=1010.714+28.571t$

将t：−3，−2，−1，0，1，2，3代入以上趋势方程，可得到该企业20×1—20×7年产值的趋势值，如预测20×8年产值，将t=4代入方程即可。

专栏8-2

直线外推不保靠

中国经济总量超过日本，有国人无视欧盟的现实存在，乐呵呵地接过了“老二”的帽子。更有人得陇望蜀，立马做起了超越美国的梦。他们闭着眼睛算账：中国按现在的速度接着发展（低点也成，以示冷静和公允），美国也将就着按现在的低速度发展（谁让他们走下坡路了呢），那么到了某一年，中国就是世界第一！十几年或二十几年，历史长河中，弹指一挥间，美景就在眼前。

直线外推，说文气点又叫线性预测，是用事物过去的经历推断其未来，统计预测里最省力气的一种办法，过去怎样，将来还怎样。

所谓赶超梦，就是在平面上画了两条直线，中国发展直线一路陡升，美国发展直线沿途缓行。只有这两个重大假定成立，美梦才能成真。中国已经有30年接近10%的高速增长，这已属奇迹。现在有人要“高速奇迹”一续再续，而且一续就要再续它二三十年。

持续的高速度增长，是一种最为理想的状态，是一道描述统计的作业题，是一种发生概率极小的可能，处于事物可能性的最外边界。既然是奇迹，那就不可能是长时间的，不可能是一种常态，不然就不是奇迹，违背了奇迹的本意。

事物发展有很多不确定性，但有一点倒是确定的，它绝不是线性的，它总是波动起伏的。如果起伏的频率少一点、幅度小一点，那就已经很幸运了。做这个赶超梦的人忘了，我们是怎么拼到这个份上的。金融危机来临，我们不计代价保增长，代价就是经济和社会的不平衡，长远看就是更大的代价。拼着用四万亿元拉动经济，让中国率先走出金融危机所造成的萧条，完成了“保8”的目标，其代价是经济结构调整的束之高阁，不平衡加剧。我们靠举国体制，靠人海战术，靠拼资源，靠拼环境，我们已经竭尽全力了，我们已经很累了，千里之驹，我们还能总跑那么快吗？

做这个赶超梦的人忘了，“两头在外，大进大出”是有边界的，这个地球没有那么多资源让我们“大进”，这个世界也没有那么广的市场让我们“大出”。贸易份额膨胀到一定程度，在外国人眼里全是中国惹的祸：既用了他们的资源，又占了他们的市场。至于利润究竟谁拿去了他们全然不管，我们怎么勤劳地奉献都是两头不落好。

做这个赶超梦的人忘了，就算我国人民愿意勒着裤腰带继续赶超，这世界格局允许我们单靠进出口这驾马车来拼经济么？当年落后，对世界格局的影响小，把我们真放心上的人少。而今貌似强大，嫉妒和遏制如期而至，援助和同情却无影无踪。国际环境也有不容我们过分乐观的一面，这对我们继续赶超是大有影响的。

做这个赶超梦的人忘了，单打一的赶超已经让我们欠了不少该做的“功课”。不平衡是绝不可持续的，如何靠内需这驾马车来带动经济持续发展？这对我们是个新课题，需要学习和探索。该补的课都得补，而补课势必要影响到速度。

做这个赶超梦的人忘了，我们不是刚刚确定要转变发展方式吗？我们得调整结构，减少消耗，提升质量，造福民众。如果还只是盯住GDP总量，转变不成了空头支票吗？并不是赶超成功，民众福利就自然上去了，如果到这个份儿上还只是注重赶超，不是本末倒置了吗？

有人会说，那么多老外都看好中国经济增长啊，还不靠谱吗？增长的道理非常简单，国外精英自然心知肚明。忽悠，有的是揣着明白说糊涂，反正不花什么本钱。有的是期望中国继续对世界经济作贡献，多说好话，哄我们多干点活儿而已。

国外有人忽悠完全是正常的，国家间竞争的小把戏而已。但我们自己云里雾里，就实在有些不着边际了。这不禁叫人想起那个打小就听过的童话：一个农妇，手里有了一个鸡蛋，心里就有了大养鸡场，就有了无尽的财富。

直线外推要不得，首先是因为它太不保靠。

但说到底，作为中国发展的倡导者，压根就不该去想什么超越美国的事儿。我们发展经济的真正目的是让中国老百姓过上好日子，而不是去争当老大。总盘算着什么时候经济总量第一，那就是本末倒置，心思没用到正地方。中国想当老大，不仅是不明智的，政治上也是大错特错的。

直线外推要不得，不光是因为它不靠谱，更是因为它不该要。

资料来源：邱东.直线外推不保靠［J］. 中国统计，2011（7）。

8.5.2 指数趋势

相对于线性趋势，非线性趋势（non-linear trend）变动的形式有多种多样，如指数曲线型趋势、抛物线型趋势、修正指数曲线型趋势、戈伯兹曲线型趋势、逻辑曲线型趋势等。各种类型曲线的拟合方法各不相同，这里，我们对最主要的指数曲线趋势模型、抛物线曲线型趋势加以介绍。

1.指数曲线趋势模型

指数曲线趋势模型是用指数函数曲线拟合预测对象的统计数据，从而建立能描述其发展过程的预测模型，据以进行预测。大量研究表明，某种技术的发展、某种新产品的生产以及占领市场等社会发展的定量特点都符合指数增长规律，特别是在现象产生和发展初期，这一规律在数学上表现得更为精确，预测更为有效。指数曲线趋势模型主要用于研究事物在发生质变以前的发展速度与变化趋势，适用于经济技术特征参数稳定增长且远离极限值的各种经济技术特性参数增长的预测。

指数曲线趋势模型通常用于描述序列的环比速度大体接近的长期发展趋势，具体应用于以下两种情形：（1）近似等速增长的时间序列，其动态曲线为一条向上递增的曲线；（2）近似等速递减的时间序列，其动态曲线为一条向下递降的曲线。这两种情形如图8-5所示。

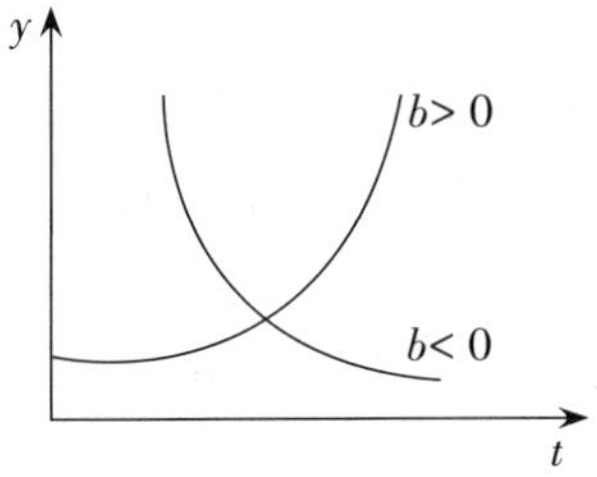

图8-5　指数曲线

指数曲线趋势的一般模型为：

$$\hat{y}=ab^t \tag{8.33}$$

进行指数曲线拟合时，也就是求解指数曲线方程中a、b的数值，通常先将指数曲线化为直线，然后再利用最小平方法求解。将指数曲线趋势方程两边分别求自然对数，得：

$$\ln\hat{y}=\ln a+t\ln b$$

设$Y=\ln\hat{y}$，$A=\ln a$，$B=\ln b$，则上述对数方程变化为如下直线趋势方程：

$$Y=A+Bt$$

根据最小平方法原理，建立如下标准方程组：

$$\begin{cases}\sum Y=nA+B\sum t\\ \sum tY=A\sum t+B\sum t^2\end{cases}$$

将上述两式进行整理后，得到A、B的计算公式：

$$\begin{cases}B=\dfrac{n\sum tY-\sum t\sum Y}{n\sum t^2-\left(\sum t\right)^2}\\ A=\dfrac{\sum Y-B\sum t}{n}\end{cases}$$

上述标准方程组的确立是以时间数列的首项为原点的，若使$\sum t=0$，则简化后A、B的计算公式为：

$$\begin{cases}B=\dfrac{\sum tY}{\sum t^2}\\ A=\dfrac{\sum Y}{n}\end{cases}$$

【例8-20】某企业20×1—20×6的产值情况见表8-18，试选择合适的趋势方程，计算20×1—20×6年该企业的产值趋势值并预测20×7年的产值。

表8-18　**某企业20×1—20×6年产值**

年份	20×1	20×2	20×3	20×4	20×5	20×6
产值（亿元）	5.3	7.2	9.6	12.9	17.1	23.2
环比增长速度（%）	—	36	33	34	33	36

解：从表8-18可以看到，该企业产值各年环比增长速度大致相等，因此可以考虑选用指数曲线方程$\hat{y}=ab^t$来拟合现象的发展趋势。

选择20×1—20×6的时序t依次为−5，−3，−1，1，3，5，得：

$$\ln b=\frac{\sum t\ln y}{\sum t^2}=\frac{10.2727}{70}=0.1468,\ \ln a=\overline{\ln y}=\frac{14.444}{6}=2.4073$$

由此得到：

$a=e^{2.4073}=11.1043, b=e^{0.1468}=1.1581$

故所得的指数曲线方程为：

$\hat{y}=11.1043\times(1.1581)^t$

将时序t：−5，−3，−1，1，3，5依次代入上述方程即可得出20× 1—20× 6年该厂产值的趋势值，见表8-19。

表8-19 **某企业产值指数曲线方程计算表**

年份	t	y	lny	tlny	t^2	$\hat{y}$
20×1	−5	5.3	1.6677	−8.3385	25	5.3299
20×2	−3	7.2	1.9741	−5.9222	9	7.1487
20×3	−1	9.6	2.2618	−2.2618	1	9.5882
20×4	1	12.9	2.5572	2.5572	1	12.8601
20×5	3	17.1	2.8391	8.5172	9	17.2486
20×6	5	23.2	3.1442	15.7208	25	23.1347
合计	0	75.3	14.444	10.2727	70	75.3103

现在预测20×7年该企业产值，将t=7代入方程可得：

$\hat{y}_{2016}=11.1043\times(1.1581)^t=31.0251$（亿元）

2.抛物线趋势模型

抛物线又称二次曲线，适用于描述时间序列二级增长量大体接近的变化趋势。具体应用有两种情形：（1）预测目标的增长逐渐加快，呈扩张的发展趋势，其图形为一条向上的抛物曲线；（2）预测目标呈先上升后下降的变化趋势，即现象的增长达到一定程度后转向递减，其图形为一条向下的抛物曲线。这两种情形如图8-6所示。

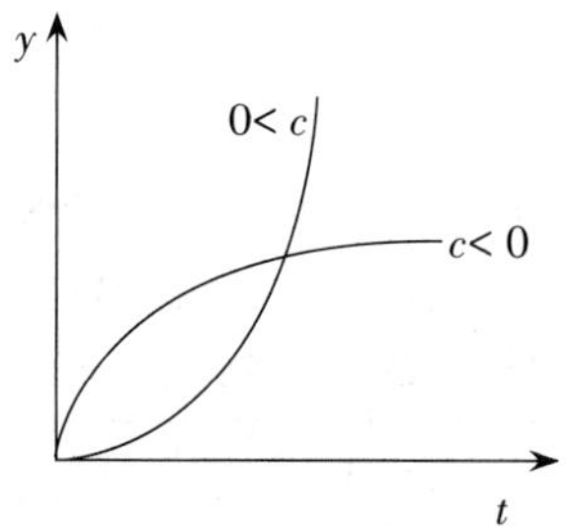

图8-6 二次曲线

抛物线趋势的一般模型为：

$$y_t = a + b_t + ct^2 \tag{8.34}$$

采用最小平方法，建立如下标准方程组：

$$\begin{cases} \sum y = na + b\sum t + c\sum t^2 \\ \sum ty = a\sum t + b\sum t^2 + c\sum t^3 \\ \sum t^2 y = a\sum t^2 \sum + b\sum t^3 + c\sum t^4 \end{cases}$$

这三个标准方程的确立是以时间数列的首项为原点的，为简化计算，确定a、b、c的数值，仍以时间数列的中点位置为原点，使$\sum t = 0$，则上述标准方程组可简化为如下标准方程组：

$$\begin{cases} \sum y = na + c\sum t^2 \\ \sum ty = b\sum t^2 \\ \sum t^2 y = a\sum t^2 + c\sum t^4 \end{cases}$$

【例8-21】某厂2×01—2×09年的产品产量见表8-20。试选择合适的趋势方程，计算2×01—2×09年产量的趋势值，并预测20×10年的产量。

表8-20 **某厂2007—2015年的产品产量** 单位：吨

年份	2×01	2×02	2×03	2×04	2×05	2×06	2×07	2×08	2×09
产量	988	1 012	1 043	1 080	1 126	1 179	1 239	1 307	1 382
逐期增长量	—	24	31	37	46	53	60	68	75
二级增长量	—	—	7	6	9	7	7	8	7

解：从表8-20可知，该厂产品产量的各二级增长量大致相等，因此可以选用抛物线趋势模型$\hat{y} = a + bt + ct^2$计算产量的各年趋势值，见表8-21。

表8-21 **某厂产品产量抛物线方程计算表**

年份	t	y	ty	t^2	t^2y	t^4	$\hat{y}$
2×01	—4	988	-3 952	16	15 808	256	988.27
2×02	—3	1 012	-3 036	9	9 108	81	1 011.64
2×03	—2	1 043	-2 086	4	4 172	16	1 042.39
2×04	—1	1 080	-1 080	1	1 080	1	1 080.52
2×05	0	1 126	0	0	0	0	1 126.03
2×06	1	1 179	1 179	1	1 179	1	1 178.92
2×07	2	1 239	2 478	4	4 956	16	1 239.19
2×08	3	1 307	3 921	9	11 763	81	1 306.84
2×09	4	1 382	5 528	16	22 112	256	1 381.87
合计	0	10 356	2 952	60	70 178	708	10 355.67

依次取2×01—2×09年的时序为-4，-3，-2，-1，0，1，2，3，4，则根据表8-21，有：

$$\begin{cases} 9a + 60c = 10\,356 \\ 60b = 2\,952 \\ 60a + 708c = 70\,178 \end{cases}$$

解得：a=1 126.03，b=49.20，c=3.69，所求的抛物线方程为：

$$\hat{y}=1126.03+49.20t+3.69t^2$$

将t：−4，−3，−2，−1，0，1，2，3，4代入以上趋势方程：可得到该厂2×01—2×09年产品产量的趋势值，如预测2×10年产品产量，将t=5代入方程可得：

$$\hat{y}_{2\times10}=1\,126.03+49.20\times5+3.69\times25=1\,464.28\ (\text{吨})$$

【思政课堂】

改革开放40年大事记

【思政元素】从改革开放40年大事的时间序列，看时代巨变、伟大成就。

1978—2018年，中国改革开放走过辉煌40载。从深圳经济特区的“杀出一条血路”、上海浦东开发、香港回归、中国加入世贸组织、北京举办奥运、中国航母服役，到中国梦与“一带一路”倡议的提出……这当中有探索、冒险、挫折；更有收获、光荣、梦想，每一步都写满了艰辛，凝固成经验与成就，传递推动人们走向未来的勇气。

1978年：真理标准大讨论；安徽小岗村农民订立“生死状”；中国共产党十一届三中全会召开。

1979年：中美建交；深圳等成立经济特区。

1984年：中英、中葡联合声明发布。

1990年：开发浦东、中国股市诞生。

1992年：邓小平视察南方；社会主义市场经济体制正式确立。

1993年：第一次“汪辜会谈”。

1994年：分税制改革。

1997年：重庆直辖；香港回归；中国共产党第十五次全国代表大会提出建设小康社会目标。

1999年：西部大开发战略提出；澳门回归。

2001年：中国加入世界贸易组织。

2003年：抗击“非典”疫情。

2005年：全面取消农业税。

2008年：北京奥运会成功举办；中国航天员首次在太空行走。

2010年：上海世界博览会成功举办。

2012年：中国首艘航母辽宁号服役；中国共产党第十八次全国代表大会召开。

2013年：“一带一路”倡议提出。

2015年：亚洲基础设施投资银行正式成立。

2017年：中国共产党第十九次全国代表召开。

2018年：宪法修正案通过。

资料来源：央视网.改革开放40年大事记［EB/OL］.［2018-12-21］. https://www.sohu.com/a/283563523_120046542.此处有删减改编.

本章小结

时间序列也称动态数列，是指将同一统计指标的数值按其发生的时间先后顺序排列而成的数列。时间序列分析的主要目的是根据历史数据对未来进行预测。按照统计指标的表现形式不同，时间数列可分为绝对数时间序列、相对数时间序列和平均数时间序列。时间序列的构成要素包括长期趋势、季节变动、循环变动、不规则变动。编制时间序列必须遵循一定的原则：时间长度应当一致、总体范围应当一致、指标内容应当一致、计算口径应当一致。

时间序列的分析指标主要包括发展水平、平均发展水平、增长量、平均增长量、发展速度、平均发展速度、增长速度、平均增长速度等。发展水平是指时间数列中的各个指标数值，反映事物在一定时期或时点上达到的规模或水平，是计算其他动态分析指标的基础。发展水平可以分为：统计绝对数，即绝对水平；统计相对数，即相对水平；统计平均数，即平均水平。平均发展水平是时间序列中各个发展水平加以平均得到的平均数，用以反映现象在一段时间内发展变化所达到的一般水平。平均发展水平又称序时平均数或动态平均数。增长量是报告期发展水平与基期发展水平之差，用来反映某种社会经济现象在一定时期内增加或减少的绝对数量。

时间数列的速度指标是对时间数列进行分析的另一类动态分析指标，它反映社会经济现象速度的变化，有发展速度、增长速度、平均发展速度和平均增长速度，发展速度是最基本的速度指标。发展速度是报告期发展水平与基期发展水平的比值，用以表明现象发展变化的相对程度。平均发展速度是各个时间单位的环比发展速度的序时平均数，用以反映现象在较长一段时期内逐期平均发展变化的程度；平均增长速度是现象环比增长速度的平均水平，用以反映现象在较长一段时期内逐期递增的相对程度，又称递增率或递减率。由于基期的确定方法不同，增长速度的具体计算方法也有两种，即环比增长速度和定基增长速度。增长速度也称增长率，是增长量与基期水平的比值，用以反映现象报告期水平比基期水平的增长程度。增长1%的绝对值是逐期增长量与环比增长速度之比的1%，反映每增长1%的绝对量。

平稳型时间序列分析方法主要包括简单平均法、移动平均法和指数平滑法，这些方法主要是通过对时间序列进行平滑来消除其随机波动，因而也称平滑法。平滑法既可用于对平稳时间序列进行短期预测，也可以用于描述时间序列的趋势。简单平均法是根据一定观察期的数据求得平均数，并以所求平均数为基础，预测未来时期的预测值。这种方法简便易行。移动平均法是用一组最近的实际数据值来预测未来一期或几期内公司产品的需求量、公司产能等的一种常用方法。移动平均法适用于即期预测，可以分为简单移动平均和加权移动平均。指数平滑法是在移动平均法基础上发展起来的一种时间序列分析预测法，它是通过计算指数平滑值，配合一定的时间序列预测模型对现象的未来进行预测。在指数平滑法中，平滑系数的选择是一个关键问题。

趋势就是某种社会经济现象在一个较长时期内发展变化的态势。研究趋势的主要目的是把握研究对象的趋势情况和进行预测。趋势型时间序列中，社会经济现象发展变化主要有线性趋势和指数趋势。线性趋势是在时间数列中，社会经济现象数据呈现随时间的推移等量增加或减少的规律。非线性趋势主要包括指数曲线型趋势、抛物线型趋势。

第9章　统计指数

学习目标

- 理解统计指数的基本概念、性质与分类；
- 掌握综合指数、平均指数的编制原则和方法；
- 理解统计指数体系的基本概念和因素分析；
- 了解常见的统计指数。

统计指数简称指数，是一种特殊的相对指标，反映社会经济现象某一时期的变动情况，在社会经济领域应用极其广泛。

统计指数产生于18世纪后半期，也是欧洲资本主义迅速发展的时期，最早是用于测定物价的变动。随后，其应用逐步扩大到工业生产、进出口贸易、工资、生活费用、成本、劳动生产率、股票等领域。统计指数已成为社会经济统计中历史最悠久、应用最广泛、同社会经济生活关系最密切的一个组成部分，成为社会经济的晴雨表。

9.1　统计指数概述

9.1.1　统计指数的基本含义

1.统计指数的定义

统计指数简称指数，是一种反映社会经济现象数量变动的相对数。统计指数有广义和狭义之分。广义来讲，任何两个数值对比形成的相对数都可以称为指数；狭义来讲，反映某一社会经济现象的一组有关联的数值对比形成的相对数称为指数。关于指数的理论和方法主要是研究狭义的指数。本章主要阐述狭义统计指数的编制原理、编制方法及应用。

在经济学领域，指数是一种表明社会经济现象动态的相对数，运用指数可以测定不能直接相加和不能直接对比的社会经济现象的总动态；可以分析社会经济现象总变动中各因素变动的影响程度；可以研究总平均指标变动中各组标志水平和总体结构变动的作用。

最早的指数是价格指数。1675年，英国学者沃汉（Rice Youghan）在其所著的

《铸币及货币铸造论》一书中，为了反映金属货币交换价值的变化，以谷物、鱼类、家畜、棉花、蔬菜、布帛和皮革为样本，将1650年的价格与1352年的价格进行了比较，其所做的工作可看作价格指数的萌芽。后来，指数被推广应用到各种商品价格的变动以及社会经济领域的各个方面，随着历史的发展，统计指数的概念、应用及理论不断发展。

在日常的工作与生活中，我们经常遇到各种指数，如居民消费者价格指数、股票价格指数等，这些指数同我们的经济生活关系非常密切。

2.统计指数的作用

统计指数的作用可以概括为以下三点：

（1）综合反映不能直接相加或对比的复杂现象的变动程度。例如，食品、服装、家电等零售商品的计量单位不同，不能直接进行相加，但是以销售量作为同度量因素，计算零售物价指数，可以反映各种商品价格的平均变动程度。

（2）分析在现象总变动中各构成因素的影响方向和影响程度。社会经济现象之间是相互联系和相互制约的，一些现象的发展变化是其他一些现象（因素）变化影响的结果。统计指数根据总体内各影响因素之间的数量联系，利用经济方程和指数体系，可以分析各因素对总体变动的影响。例如，销售额的变动是销售量和销售价格变动共同作用的结果，统计指数可用来分析这两者变动的影响方向、程度以及两者变动带来的绝对效果。

（3）反映现象变化的长期趋势。若将不同时期的指数按时间顺序排列，则形成指数数列，可以反映客观现象的连续变化，有助于开展对复杂经济现象的动态趋势分析。

9.1.2 统计指数的性质

为了更好地理解统计指数的含义，我们来了解一下指数的性质。一般来说，指数有以下性质：

（1）相对性。统计指数总体各变量在不同场合下对比形成的相对数，可以度量一个变量在不同时间或不同空间的相对变化。

（2）综合性。综合性说明指数是一种特殊的相对数，它是由一组变量或项目综合对比形成的。没有综合性，指数就不能发展成为一种独立的理论和方法。统计指数综合地反映了复杂现象总体的数量变化关系。复杂现象总体的数量变化常常受到许多因素的影响。例如，受多种因素的影响，各种商品价格变动的方向和幅度经常是不一致的，有些商品价格上涨，有些商品价格下降，而且上涨和下跌的幅度也不一样。商品价格总指数是各种商品价格综合影响变动的结果。

（3）平均性。统计指数是总体水平的一个代表性指数。平均性的含义有二：一是指数进行比较的综合数量是作为个别量的一个代表，这本身就具有平均性；二是两个综合量对比形成的指数反映了个别量的平均变动水平。

9.1.3 指数的分类

从不同的角度，指数可以分为以下几种类型：

1.个体指数和总指数

按照反映对象范围的不同，指数可以分为个体指数（individual index）和总指数（aggregative index）。个体指数是反映单个事物或现象在不同时期变动程度的指数。总指数是反映由多种要素构成的复杂现象总体数量综合变动状况的指数。例如，某商场销售20 000种商品，任意一种商品销售价格的价格指数是个体指数，全部20 000种商品的综合价格指数则为总指数。

2.数量指数和质量指数

在计算综合指数的过程中，根据反映指标性质的不同，统计指数可以分为数量指数和质量指数。

数量指数也称数量指标，是说明总体或个体在规模、水平方面变动的相对数。例如，产量指数、销售量指数、员工人数指数等都是数量指数。通常将数量指标用q表示，报告期数量指标用q_1表示，基期数量指标用q_0表示。数量指数则通常在指数符号下加下标q来表示。通常个体数量指数用k_q表示，数量综合指数即数量总指数用$\bar{k}_q$表示。

质量指数也称质量指标，是说明总体或个体内涵数量变动情况的相对数。例如，价格指数、单位成本指数、劳动生产率指数、平均工资指数等都是质量指数。通常将质量指标用p表示，报告期质量指标用p_1表示，基期质量指标用p_0表示。质量指数则通常在指数符号下加下标p表示。通常个体质量指数用k_p表示，质量指标综合指数即质量指标总指数用$\bar{k}_p$表示。

3.简单指数和加权指数

按计算形式的不同，指数可分为简单指数（simple index）和加权指数（weighted index）。简单指数又称不加权指数，它把计入指数的各个项目给予同等的重要性；加权指数则对计入指数的项目依据重要程度差异赋予不同的权数，然后再进行计算。

4.综合指数与平均指数

根据计算方法的不同，指数可分为综合指数和平均指数。综合指数是指数的基本形式，它是在确定了同度量因素之后，通过先综合、后对比的方法计算出的指数，反映总体数量的综合变动。平均指数是综合指数的代数变形，它是对个体指数进行加权平均求得的指数，包括加权算术平均指数与加权调和平均指数。

5.动态指数和静态指数

按对比性质的不同，指数可以分为动态指数和静态指数。动态指数又称为时间指数，反映同类现象在时间上的变化过程和程度，如消费者价格指数、股票价格指数、工业生产指数等。静态指数包括空间指数和计划完成情况指数两种，空间指数是将不同空间的同类现象水平进行比较得到的结果，反映现象在空间上的差异程度；计划完成情况指数则是将某种现象的实际水平与计划任务进行对比的结果，反映计划的执行情况。

6.定基指数和环比指数

对于时间指数而言，往往是随着时间推移连续编制，根据所选的基期不同，可分为定基指数和环比指数。定基指数是在指数数列中以某一固定时期作为基期，环比指数是在指数数列中以前一期作为基期。

此外，指数按所反映现象范围的不同，可分为个体指数和总指数。前者反映个体经济现象变动的相对数，后者是表明全部经济现象变动的相对数。指数是经济学家“工具箱”的有用工具。作为经济分析的重要工具之一，能够为了解经济形势和发展趋势、制定宏观经济政策提供重要的依据。

统计指数从不同的角度可做不同的分类，详细情况可以用图9-1来表示。

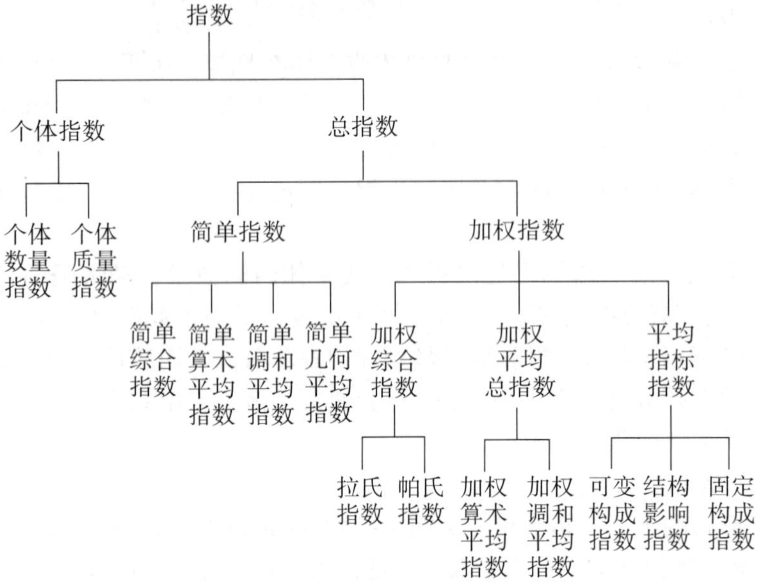

图9-1　统计指数分类图

专栏9-1

奇趣指数

有一个比较有趣的“下摆指数（hemline theory）”——女人裙子底边的高度预示了大约6个月后股市的走向。女人流行穿短裙时，股市指数会走高；相反，女人如果流行穿长裙，则股市指数会走低。有人对此现象做了分析，认为短裙意味着出风头、乐观、积极的态度，而长裙意味着潜意识中的害怕、沮丧、消极保守的情绪。

还有一个“口红指数”，是化妆品制造商雅诗·兰黛发明的衡量口红销售情况的指数。该指数表明，在经济萧条时口红相对于其他商品的销售情况比经济繁荣时好。“口红指数”背后的原因是，在经济形势不好、人们收入不高时，买口红这类产品的消费者可以从买总值小的、买得起的高价物品中得到一些安慰。

9.2 综合指数

个体指数比较简单，即相对数，而总指数则较为复杂，指数的有关理论研究的对象主要是总指数的编制。总指数包括综合指数和平均指数，本节介绍综合指数，下一节介绍平均指数。

在具体叙述上，一般以q代表数量指标，p代表质量指标；以0代表基期，1代表报告期；i代表个体指数，I代表总指数。

9.2.1 综合指数的概念

1. 基本定义

综合指数是由两个或两个以上总量指标对比所得的反映总体现象综合变动的指数。综合指数是总指数的基本形式，在总量指标中一般包括两个或两个以上的因素，通过将其中被研究因素以外的其他因素固定下来，而仅观察被研究因素的变动情况，其特点是先综合后对比。综合指数将不能直接相加或对比的复杂现象的变量值，通过同度量因素过渡到可加，然后将报告期数值与基期数值对比，说明现象变动的总体方向和程度。物价总指数就是综合指数的一个典型例子。例如，假设每千克大米的去年（基期）价格是4元，今年（报告期）价格是4.4元；每千克花生油去年（基期）的价格是30元，今年（报告期）的报告期价格是32元。采用简单综合法，则这两种商品的价格总指数为：

$$\frac{\sum p_1}{\sum p_0}=\frac{4.4+32}{4+30}\times 100\%=107.60\%$$

这个总指数的意义是，这两种商品总体上今年比去年涨了7.60%。如果进一步加上鸡蛋、肉、蔬菜等日常生活常食用的商品，就可以得出今年的物价水平相对于去年的涨跌情况。

综合指数有两种，分别为数量指标综合指数和质量指标综合指数。如果编制综合指数的指数化因素是质量指标，就是质量指标综合指数。常见的质量指标综合指数有商品价格指数、产品单位成本指数等。

2. 综合指数的特点

综合指数有如下3个特点：

（1）综合指数把总指标分解成两个或两个以上的因素指标，其中一些指标定义为数量指标因素，另一些指标定义为质量指标因素，以便于分别研究其中每一个因素指标的变动程度。例如，把商品销售额（pq）分解为销售价格（p）和销售量（q），其中销售价格（p）为质量指标，销售量（q）为数量指标，销售额（pq）为乘积结果的总指标。

（2）综合指数反映其中一个因素指标的变动程度，不能直接将两个不同时期的指标求和对比，都需要先转换成总指标后才能对比。例如，反映销售量因素（q）的变动，不能直接把报告期销售量（q_1）直接求和成$\sum q_1$，也不能把基期销售量

（q_0）直接求和成$\sum q_0$，因为各种商品的计量单位不同，使用价值不同，不能直接简单相加，而应先计算总量指标，即先计算出报告期的销售额$\sum q_1 p$，再计算出基期的销售额$\sum q_0 p$，然后才能对比。

（3）综合指数在反映其中一个因素的对比程度时，其余各个因素均保持不变，只变动所需要反映的因素指标，即分子为报告期，分母为基期。在两因素指数中，数量指标因素变动了，质量指标因素就固定不变；质量指标因素变动了，数量指标因素就固定不变。

9.2.2 编制原理

综合指数的编制原理可概括为：首先，根据社会经济现象的内在联系，引入同度量因素，将不能直接相加的指标转化为可以加总的总量指标，解决复杂总体的指数化指标不能直接比较的问题；其次，将同度量因素固定，以消除同度量因素变动的影响；最后，将两个不同时期的总量指标对比，得到综合指数值，用以测度指数化指标的数量变动程度。在编制综合指数时，一个重要的问题是同度量因素的时期选择问题，因为同度量因素不仅起到同度量的作用，而且具有加权的作用，同度量因素固定在报告期还是基期，甚至是其他时期，将对综合指数产生重要影响，得到不同的综合指数结果。在实际使用时，应根据编制指数的目的、任务和所研究现象的社会经济内涵来确定。

在指数发展史上，最初的综合指数是把多个个体的数量简单加总后对比。后来，人们逐渐发现这种简单综合法有一定的缺陷：首先，它没有考虑权数，忽视了各种商品的重要性的差别。其次，因为价格的计量单位不同，直接相加没有实际意义。虽然价格的计量单位都是货币单位，但实际上价格总是指单位商品的价格，因此其计量单位总是随着商品的计量单位不同而不同，如鸡蛋价格是“元/千克”，衣物的价格是“元/件”。所以，对于不同使用价值、不同计量单位的商品，其价格不能直接加总对比。

由上可知，要通过“先综合后对比”的方式比较科学地反映复杂现象的总变动，需要做到以下两点：

（1）找到能够使全部个体的数量得以综合起来的媒介因素。在指数理论中，这个媒介因素称为同度量因素，因为它起着同度量化的作用，能够把不同使用价值或不同内容的数值转化为同度量的数值。同时，由于它具有权衡各个个体重要性的作用，所以通常也称为综合指数的权数。

（2）将同度量因素固定在同一时期。其目的在于，使在两个不同时间（或空间）上的综合总量对比的结果只反映指数化因素的变动，而不受同度量因素变动的影响。

这两点综合起来便是综合指数的编制原理，可以用公式表达如下：

数量指标综合指数：$I_q=\frac{\sum q_1p_i}{\sum q_0p_i}$ (9.1)

质量指标综合指数：$I_p=\frac{\sum p_1q_i}{\sum p_0q_i}$ (9.2)

其中：Iq 和 Ip 分别代表数量指标综合指数和质量指标综合指数，i 为同度量因素固定的时期。

编制综合指数的一个关键问题就是引入的同度量因素的时期选择问题。由于我们将同度量因素固定于不同的时期，这样就形成两类不同的指数编制方法：一种是将同度量因素固定在基期形成的拉氏综合指数，另一种是将同度量因素固定在报告期形成的帕氏综合指数。

9.2.3 综合指数的编制方法

常用的综合指数编制方法主要有以下几种：

1. 拉氏指数

拉氏指数是拉斯贝尔指数的简称，是德国经济学家埃蒂恩·拉斯贝尔（Etienne Laspeyres）于1864年提出来的，他主张把同度量因素固定在基期，所得到的综合指数即为拉斯贝尔综合指数。拉氏指数的数量指数和质量指数计算公式分别为：

$$I_q=\frac{\sum p_0q_1}{\sum p_0q_0} \tag{9.3}$$

$$I_p=\frac{\sum p_1q_0}{\sum p_0q_0} \tag{9.4}$$

其中：Iq 表示数量指数，Ip 表示质量指数，q 表示数量指标，p 表示质量指标，下标0和1分别表示基期和报告期。

2. 帕氏指数

帕氏指数是德国经济学家哈曼·帕舍（Herman Paasche）于1874年提出来的，他主张把同度量因素固定在报告期，所得到的综合指数称为帕舍综合指数，简称帕舍指数或帕氏指数。因帕舍也译作派许，所以该指数也称为派许指数、派氏指数，本书采用帕舍的译法。帕氏指数的数量指数和质量指数计算公式分别为：

$$I_q=\frac{\sum p_1q_1}{\sum p_1q_0} \tag{9.5}$$

$$I_p=\frac{\sum p_1q_1}{\sum p_0q_1} \tag{9.6}$$

其中：I_q表示数量指数；I_p表示质量指数；q表示数量指标；p表示质量指标；下标0和1分别表示基期和报告期。

3.理想指数

美国统计学家费雪（Fisher）在20世纪20年代通过对拉氏指数和帕氏指数进行简单几何平均得到一个新指数，因为该指数能满足费雪自己提出的对指数公式测验的一些重要要求，于是称它为"理想公式"。其数量指数和质量指数分别为：

$$I_q=\sqrt{\frac{\sum p_0q_1}{\sum p_0q_0}\times\frac{\sum p_1q_1}{\sum p_1q_0}} \tag{9.7}$$

$$I_p=\sqrt{\frac{\sum p_1q_0}{\sum p_0q_0}\times\frac{\sum p_1q_1}{\sum p_0q_1}} \tag{9.8}$$

4.拉氏指数与帕氏指数的比较

通过上文的介绍可以看到，对于同一个对象，拉氏指数和帕氏指数计算的结果一般不同。实际应用中哪一种指数会更加合理一些呢？要弄清楚这一问题，就需要将两种指数进行比较分析。

通过拉氏指数与帕氏指数同度量因素时期的选择可以看到，两者的出发点是不一样的，这导致其分析问题的经济含义是不相同的。

拉氏指数把同度量因素固定在基期，对报告期进行了假定，即假定报告期的同度量因素的水平没有变化，还保持在基期水平，分析由于指数化因素的变动导致经济现象变化的程度。这种分析计算出来的指数能比较确切地只反映指数化因素的变动，而不会包含同度量因素的变动。但这种分析也有缺点，有时容易脱离实际。例如，在计算销售量指数时，价格作为同度量因素固定在基期，但某些新出现的产品，基期并无价格，而对于即将被淘汰的老产品（已经无多少使用价值），基期的价格显然又太过时，这样通过拉氏指数计算出来的结果很难与实际相符。再如，由于有些商品（如大米）的价格上涨，消费者会减少对这种商品的购买，而增加对相对便宜的替代品（如面粉）的购买，但拉氏指数在计算物价指数时，由于同度量因素（商品的购买量）固定在基期，没有考虑这种替代效应，导致结果夸大了某些商品价格上涨的影响，这显然也与实际不相符。

帕氏指数把同度量因素固定在报告期，立足于报告期的实际情况，避免了脱离实际。比如，在计算销售价格指数时，销售量作为同度量因素固定在报告期，计算结果能表明是在报告期销售数量和结构的基础上，来考察价格的变化及其对销售总额变动的影响，它可以说明由于价格变化而使销售者报告期所出售的商品增减了多少销售收入。因此，帕氏指数具有很好的现实意义，不仅包含指数化指标的变动，还包含一定程度的同度量因素的变动。因此，从这一角度看，帕氏指数的结果优于拉氏指数。

另外，拉氏指数的结果往往大于帕氏指数的结果，这是因为有联系的两个质量指标和数量指标之间往往存在着反向变动的关系，如某个商品的销售价格上升了，其销售量就可能会下降。

由于拉氏指数和帕氏指数各有优缺点，在实际应用中到底使用哪一种，要根据具体情况而定。一般而言，数量指标指数多采用拉氏指数，即同度量因素固定在基期；而质量指标指数多采用帕氏指数，即同度量因素固定在报告期。

之所以这么规定，是因为一方面实践表明拉氏指数与帕氏指数的结果一般相差不大，而且两种指数同度量因素固定在不同的时期，会给指数的应用带来好处，比如下文9.4节中要介绍的因素分析。另一方面，实际分析中，人们可能更关心在维持报告期数量指标的水平下，由于质量指标的变动所带来的影响，例如，在计算物价指数时，从实际生活的角度看，人们更关心在报告期的消费水平（即购买量）下，由于价格的变动对实际生活的影响。所以质量指标指数多采用帕氏指数。

9.3　平均指数

在编制综合指数时，需要掌握全面的数据资料，包括各种商品基期和报告期的销售量及相应的价格，当所研究的总体范围很大、包括的项目很多时，要搜集到这些数据是很困难的，工作量很大，在这种情况下，通常采用平均指数来编制总指数。

9.3.1　平均指数的概念

平均指数是以个体指数为基础，通过对个体指数的加权平均而计算的一种总指数。它是编制总指数的又一种重要形式。与综合指数相比，平均指数只是由于所掌握的资料不同，所采用的计算方法不同而已，其计算结果和经济意义与综合指数是一样的。平均指数实质上是综合指数的一种变形。平均指数有两种：一是加权算术平均数指数，二是加权调和平均数指数。

平均指数是将各个个体指数进行综合平均而得到的一种总指数形式。平均指数与综合指数既有联系又有区别，二者的联系表现在平均指数是综合指数的变形，二者的区别主要表现为两点：一是计算思路不同，综合指数是通过引进同度量因素，先计算总体的总量指标再进行对比，即“先综合，后对比”，平均指数则是先计算个体指数，再对其进行加权平均得到总指数，即“先对比，后平均”；二是需要掌握的资料及应用范围不同，综合指数的编制需要全面的原始数据，而平均指数的编制既可以利用全面资料，也可以利用非全面资料，其应用范围比综合指数要广。

9.3.2　平均指数的编制原理

编制平均指数的基本方式是“先对比，后平均”。所谓“先对比”，是指首先通过对比计算个别现象的个体指数，然后将个体指数加权平均得到总指数。所谓“后平均”，是指将个体指数赋予适当的权数，加以平均得到总指数。其中，作为权数的总量通常是两个变量的乘积，它可以是价值总量，如商品销售额、工业总产值；也可以是其他总量。由于权数所属的时期不同，加权平均指数有不同的计算形式。

9.3.3 平均指数的编制方法

根据计算平均数方法的不同，平均指数可分为加权算术平均指数和加权调和平均指数。同时，由于使用权数形式的不同，平均指数又有综合指数变形权数和比重权数两种。下面分别加以介绍。

1.加权算术平均指数

加权算术平均指数是对个体指数按加权算术平均方法进行平均，即以个体指数为变量值，以p_0q_0为权数计算的指数，其数量指标指数计算公式如下：

$$I_q=\frac{\sum i_q\cdot q_0p_0}{\sum q_0p_0}=\frac{\sum\frac{q_1}{q_0}\cdot q_0p_0}{\sum q_0p_0}=\frac{\sum q_1p_0}{\sum q_0p_0} \tag{9.9}$$

其影响的绝对额为：

$$\sum\frac{q_1}{q_0}\cdot q_0p_0-\sum q_0p_0=\sum q_1p_0-\sum q_0p_0 \tag{9.10}$$

其质量指标指数计算公式如下：

$$I_p=\frac{\sum i_p\cdot q_0p_0}{\sum q_0p_0}=\frac{\sum\frac{p_1}{p_0}\cdot q_0p_0}{\sum q_0p_0}=\frac{\sum q_0p_1}{\sum q_0p_0} \tag{9.11}$$

其影响的绝对额为：

$$\sum\frac{p_1}{p_0}\cdot q_0p_0-\sum q_0p_0=\sum q_0p_1-\sum q_0p_0 \tag{9.12}$$

可以看出，加权算术平均指数就是拉氏综合指数的变形，其本质上是一样的。

【例9-1】某企业集团下辖3个生产厂，生产3种产品，其中，甲产品20×1年生产10 000件，20×2年生产11 500件；乙产品20×1年生产20 000吨，20×2年生产生产21 000吨；丙产品20×1年生产4 000辆，20×2年生产生产50 00辆。集团欲了解总体的年度增长情况。

有关计算见表9-1。

表9-1 **某企业集团产品产量情况计算表**

产品名称	计量单位	产量			基期实际产值（万元）q_0p_0	按基期价格计算的报告期假定产值（万元）$K_qq_0p_0$
		20×1年q_0	20×2年q_1	个体指数q_1/q_0		
甲	件	10 000	11 500	1.15	100 000	115 000
乙	吨	20 000	21 000	1.05	110 000	115 500
丙	辆	4 000	5 000	1.25	80 000	100 000
合　计	—	—	—	—	290 000	330 500

3种产品的产量总指数为：

$$\overline{K}_q=\frac{\sum K_q q_0 p_0}{\sum q_0 p_0}=\frac{330\ 500}{290\ 000}\times100\%=1.1397\times100\%=113.97\%$$

$$\sum K_q q_0 p_0-\sum q_0 p_0=330\ 500-29\ 000=40\ 500\text{（万元）}$$

计算结果说明，3种产品产量20×2年比20×1年增长了13.97%，也就是报告期比基期平均增长了13.97%，产量的增加使产值增加了40 500万元。可见，如果条件一致，用算术平均数指数公式计算的结果和用综合指数公式计算的结果是相同的。其经济意义与综合指数也完全相同，只是利用的资料和计算过程不同。

由此可知，编制数量指标指数时，有时由于计算资料的限制，可将其综合指数公式改变成加权算术平均数的计算形式，这就是用综合指数的分母作权数，计算数量指标个体指数的加权算术平均数指数。

2.加权调和平均指数

加权调和平均指数是对个体指数按加权调和平均方法进行平均，即以个体指数为变量值，以p_1q_1为权数计算的指数，其数量指标指数计算公式如下：

$$I_q=\frac{\sum q_1 p_1}{\sum \frac{q_1 p_1}{i_q}}=\frac{\sum q_1 p_1}{\sum \frac{q_1 p_1}{\frac{q_1}{q_0}}}=\frac{\sum q_1 p_1}{\sum q_0 p_1} \tag{9.13}$$

其影响的绝对额为：

$$\sum q_1 p_1-\sum q_1 p_1/i_q=\sum q_1 p_1-\sum q_0 p_1 \tag{9.14}$$

其质量指标指数计算公式如下：

$$I_p=\frac{\sum q_1 p_1}{\sum \frac{q_1 p_1}{i_p}}=\frac{\sum q_1 p_1}{\sum \frac{q_1 p_1}{\frac{p_1}{p_0}}}=\frac{\sum q_1 p_1}{\sum q_1 p_0} \tag{9.15}$$

其影响的绝对额为：

$$\sum q_1 p_1-\sum q_1 p_1/i_p=\sum q_1 p_1-\sum q_1 p_0 \tag{9.16}$$

可以看出，加权调和平均指数就是帕氏综合指数的变形，其本质上是一样的。

【例9-2】某企业集团下辖3个生产厂，生产3种产品，其中，甲产品20×1年100万元/件，20×2年也是100万元/件，乙产品20×1年55万元/吨，20×2年50万元/吨，丙产品20×1年200万元/辆，20×2年250万元/辆。集团欲了解总体的价格增长情况。

有关计算可见表9-2。

表9-2 产品价格加权调和平均数指数计算表

产品名称	计量单位	价格（万元）			报告期产品产值（万元）p_1q_1	按基期价格计算的报告期假定产值（万元）$\frac{1}{K_p}\times p_1q_1$
		基期 p_0	报告期 p_1	个体指数 p_1/p_0		
甲	件	100	100	1.00	1 150 000	1 150 000
乙	吨	55	50	0.91	1 050 000	1 150 500
丙	辆	200	250	1.25	1 250 000	1 000 000
合计	—	—	—	—	3 450 000	3 300 500

计算结果表明，3种产品价格综合上涨了4.39%，价格上涨使总产值增加了149 500万元。

3种产品价格总指数为：

$$\overline{K}_q=\frac{\sum p_1q_1}{\sum\frac{1}{K_p}p_1q_1}=\frac{345\,000}{330\,500}=1.0439\text{ 或 }104.39\%$$

$$\sum p_1q_1-\sum\frac{1}{K_p}p_1q_1=3\,450\,000-3\,300\,500=149\,500\text{（万元）}$$

一般来说，加权调和平均指数是编制质量指标总指数的常用形式，其中比重形式的加权调和平均指数实际中应用较少。

9.3.4 综合指数与平均指数的比较

从前文的介绍可以看出，综合指数与平均指数两者之间既有联系，也有区别。两者之间的联系是：两者计算的都是总指数，并且平均指数的公式可以看作综合指数公式的变形，两者根据同一资料计算出的结果和经济意义完全相同。

两者的区别主要表现在以下几点：

（1）分析的逻辑不同。综合指数是从现象总量出发，通过引入同度量因素，“先综合，后对比”。而平均指数是从个体指数出发，“先对比，后平均”。

（2）运用资料的条件不同。综合指数需具备研究总体的比较全面的资料。而平均指数可使用代表性资料、抽查资料等非全面资料，权数可用现成资料或比重权数资料等计算总指数，灵活简便。

（3）作用不同。运用综合指数可以同时进行相对数分析和绝对数的分析，其计算结果的经济意义十分明显，既可说明现象变动的方向和程度，也可说明现象变动所产生的实际效果。而平均指数中，由综合指数的变形得到的平均指数，结果在说明现象变动的方向和程度上更有意义，不在于说明现象变动所产生的实际效果。

总之，在实际工作中，平均指数既是总指数的一种独立的计算形式，又可作为综合指数的变形，使用时比较方便、灵活，所以应用非常广泛。

总指数的常用计算公式见表9-3。

表9-3 总指数常用计算公式

总指数	综合法	平均法	
		算术平均法	调和平均法
数量指数	$I_q=\sum q_1p_0\Big/\sum q_0p_0$	$I_q=\sum i_q\cdot q_0p_0\Big/\sum q_0p_0$	
	$I_q=\sum q_1p_1\Big/\sum q_0p_1$		$I_q=\sum q_1p_1\Big/\sum\frac{q_1p_1}{i_q}$
质量指数	$I_p=\sum p_1q_0\Big/\sum p_0q_0$	$I_p=\sum i_p\cdot q_0p_0\Big/\sum q_0p_0$	
	$I_p=\sum p_1q_1\Big/\sum p_0q_1$		$I_p=\sum q_1p_1\Big/\sum\frac{q_1p_1}{i_p}$

9.4 指数体系与因素分析

在社会经济分析中，一个指数通常只能说明某一方面的问题，而实践中往往需要将多个指数结合起来加以运用，这就要建立指数体系和进行因素分析。

9.4.1 指数体系概述

1.定义

指数体系是指内涵上具有一定联系，数量上具有对等关系的3个及3个以上指数构成的整体。指数体系中的各个指数之间的数量对等关系表现在两个方面：一是现象总体指数等于各个影响因素指数的连乘积；二是一个受多因素影响指标的总增减量等于其各影响因素分别变动使其增减数量之和。

社会经济现象存在的客观联系可通过相应的指标体系表现出来。例如：

总产值=产品产量×价格

销售额=销售量×价格

从上面3个关系式我们可以看到，现象的总体可以分解为一个数量因素和质量因素，而现象总体的变化就可以归结为数量因素和质量因素共同作用的结果。上述指标体系按指数形式表现时，如果同度量因素所取的时期合适，这种乘积关系仍然成立，即：

总产值指数=产品产量指数×价格指数

销售额指数=销售量指数×价格指数

这些指数关系都可以归纳为：

现象总体变动指数=数量指标指数×质量指标指数

2.特点

（1）具备3个或3个以上的指数。

（2）体系中的单个指数在数量上能相互推算。例如，已知销售额指数、销售量指数，则可推算出价格指数；已知价格指数、销售量指数，则可推算出销售额指数。

（3）现象总变动差额等于各个因素变动差额的和。

3.指数体系的作用

（1）指数体系是进行因素分析的根据，利用指数体系可以分析复杂经济现象总变动中各因素变动影响方向和程度。比如，可以分析企业由于各类别职工工资水平变动和职工构成变动分别对企业总平均工资变动的影响方向和影响程度。

（2）利用各指数之间的联系进行指数间的相互推算。例如，我国商品销售量总指数往往就是根据商品销售额总指数和价格总指数进行推算的。

（3）用综合指数法编制总指数时，指数体系也是确定同度量因素时期的根据之一。因为，指数体系是进行因素分析的根据，要求各个指数之间在数量上保持一定的联系。因此，编制产品产量指数时，如用基期价格作同度量因素，那么编制产品价格指数时就必须用报告期的产品产量作为同度量因素；如果编制产品产量指数用报告期价格作为同度量因素，编制产品价格指数时就必须用基期的产品产量作为同度量因素。

9.4.2 因素分析

1.因素分析的概念

因素分析（factor analysis）是指利用指数体系分析现象总变动中各因素变动的影响方向和影响程度的一种统计分析方法。例如，用指数体系来分析价格、销售量的变动对销售额的影响；分析工资水平、职工结构、职工总数的变动对工资总额的影响等。

2.因素分析的分类

（1）两因素分析和多因素分析。因素分析法按分析对象所包含因素的多少可分为两因素分析和多因素分析。两因素分析是指对研究对象进行仅包含两个因素的变动分析，它是因素分析的基本方法，如销售额受销售价格和销售量的影响分析。多因素分析是指对研究对象进行包含有两个以上因素的变动分析，如原材料消耗额受产量、原材料单耗、原材料价格的影响。

（2）总量指标因素分析和平均指标因素分析。因素分析法按分析的指标种类不同可分为总量指标因素分析和平均指标因素分析。总量指标因素分析是指对总量指标变动中各影响因素的影响方向和影响程度的分析，如对产值变动中产量、出厂价格变动影响的分析。平均指标因素分析就是对平均指标变动中各影响因素影响方向和影响程度的分析，如同一单位不同时期职工平均工资受各类职工工资水平和职工人数构成因素影响的分析。

9.4.3 综合指数体系因素分析

编制统计指数体系，应以编制综合指数的一般原理为依据，即编制数量指标指数时，应将作为同度量因素的质量指标固定在基期；编制质量指标指数时，应将作为同度量因素的数量指标固定在报告期。其他指数体系的编制，也必须遵循这个基本原则。

对于由两个因素指数建立的统计指数体系来说，必须有一个是数量指标指数，一个是质量指标指数。

【例9–3】现仍以表9–1的资料为例，说明总量指标指数体系的编制方法和如何进行因素分析，具体见表9–4。

表9–4　**总量指标变动因素分析表**

产品名称	计量单位	产量		价格（万元）		产品产值（万元）		
		基期 q_0	报告期 q_1	基期 p_0	报告期 p_1	基期 q_0p_0	报告期 q_1p_1	按基期价格计算的报告期定产值 q_1p_0
甲	件	10 000	11 500	10.0	10.0	100 000	115 000	115 000
乙	吨	20 000	21 000	5.5	5.0	110 000	105 000	115 500
丙	辆	4 000	5 000	20.0	25.0	80 000	125 000	100 000
合　计	—	—	—	—	—	290 000	345 000	330 500

首先，计算该企业工业总产值总指数为：

$$\overline{K}=\frac{\sum q_1p_1}{\sum q_0p_0}=\frac{345\ 000}{290\ 000}\times100\%=118.97\%$$

$$\sum q_1p_1-\sum q_0p_0=345\ 000-290\ 000=55\ 000\text{（万元）}$$

上述计算结果说明，企业报告期总产值比基期增长了18.97%，增加的绝对额是55 000万元。由于工业总产值的变动是受产品产量和价格两个因素变动综合影响的结果，因此，需分别计算产品产量和价格的变动及对工业总产值的影响，即编制三种产品产量和价格综合指数。

产品产量综合指数为：

$$\overline{K}_q=\frac{\sum q_1p_0}{\sum q_0p_0}=\frac{330\ 500}{290\ 000}\times100\%=113.97\%$$

$$\sum q_1p_0-\sum q_0p_0=330\ 500-290\ 000=40\ 500\text{（万元）}$$

上述计算结果说明，企业三种产品产量报告期比基期增长了13.97%，产量增长使工业总产值增加了40 500万元。

产品价格综合指数为：

$$\overline{K}_p=\frac{\sum p_1q_1}{\sum p_0q_1}=\frac{345\ 000}{330\ 500}\times100\%=104.39\%$$

$$\sum p_1q_1-\sum p_0q_1=345\ 000-330\ 500=14\ 500\text{（万元）}$$

上述计算结果说明，企业三种产品价格报告期比基期上涨了4.39%，价格上涨使工业总产值增加了14 500万元。

上述计算的各指数所形成的统计指数体系是：

118.97%=113.97%×104.39%

55 000=40 500+14 500

从所列示的统计指数体系关系式中可以看出，该企业总产值报告期比基期增长了18.97%，增加的绝对额为55 000万元。这是由于报告期产品产量增长了13.97%，使总产值增加了40 500万元；产品价格上涨了4.39%，使总产值增加了14 500万元，这两个因素共同作用的结果。

可见，利用综合指数体系，可以测定各因素的变动对社会经济总变动的影响方向和影响程度。

上面介绍了两个因素的统计指数体系的编制与分析方法。这种方法可以推广运用于3个及3个以上的多因素的分析。多因素的统计指数体系编制与两个因素的统计指数体系的编制方法基本相同。当分析其中一个因素的影响时，要将其他因素都固定起来，同时仍按照综合指数的编制原则，即编制数量指标指数时，应将作为同度量因素的质量指标固定在基期；编制质量指标指数时，应将作为同度量因素的数量指标固定在报告期。

例如，在进行原材料费用额度分析时，其影响因素分别是产品产量、单位原材料消耗量和单位原材料价格。在这三个因素中，产品产量是数量指标，应排在第一位。单位原材料消耗量和单位原材料价格均为质量指标，应排在后面。产量乘以单耗等于总消耗量，所以单耗排在第二位，单位原材料价格排在第三位。设q表示产品产量，m表示单位原材料消耗量，p表示单位原材料价格，则qmp即为原材料费用总额。分析多因素影响的统计指数体系关系如下：

$$\frac{\sum q_1 m_1 p_1}{\sum q_0 m_0 p_0}=\frac{\sum q_1 m_0 p_0}{\sum q_0 m_0 p_0}\cdot\frac{\sum q_1 m_1 p_0}{\sum q_1 m_0 p_0}\cdot\frac{\sum q_1 m_1 p_1}{\sum q_1 m_1 p_0} \tag{9.17}$$

在具体编制多因素的统计指数体系时，一定要合理排列现象各因素的先后顺序，各因素之间的排列顺序要符合经济现象各因素之间的相互联系的客观情况。各因素的替代必须依据各因素的客观经济关系，由数量到质量，按顺序逐次进行。在分析数量指标因素及质量指标因素时，要按指数法规定的同度量因素原则进行。

9.4.4 平均指数的因素分析

我们知道，加权算术平均数受两个因素的影响：一是各组水平x；二是各组结构$\frac{f}{\sum f}$。如果平均指标发生变化，显然是x和$\frac{f}{\sum f}$变动的结果。因此，我们可以采用类似前面总量指标两因素分析的方法对平均指标的变动作因素分析，即利用指数体系从各组水平x和各组结构$\frac{f}{\sum f}$的变动对平均指标变动的影响情况进行分析。

平均指标的变动也就是平均指标指数，又称为可变构成指数，它反映平均指标的实际变动方向和程度，记为：

可变构成指数$=\frac{\sum x_1 f_1}{\sum f_1}\div\frac{\sum x_0 f_0}{\sum f_0}$ (9.18)

分子与分母的差额$=\frac{\sum x_1 f_1}{\sum f_1}-\frac{\sum x_0 f_0}{\sum f_0}$ (9.19)

公式9.18表示平均指标增加或减少的数额。

为了分析各组水平x和各组结构$\frac{f}{\sum f}$两因素的变动对平均指标变动的影响情况，需要每次分别固定一个因素，然后考虑另一个因素的变化。

首先，分析各组水平x的变动对平均指标变动的影响。这时将各组结构$\frac{f}{\sum f}$固定在报告期，由此得到的指数称为固定构成指数，它反映了各组水平x的变动方向和程度，记为：

固定构成指数$=\frac{\sum x_1 f_1}{\sum f_1}\div\frac{\sum x_0 f_1}{\sum f_1}$ (9.20)

分子与分母的差额$=\frac{\sum x_1 f_1}{f_1}-\frac{\sum x_0 f_1}{\sum f_1}$ (9.21)

公式9.20表示由于各组水平变动而使平均指标变化的数额。

其次，分析各组结构$\frac{f}{\sum f}$的变动对平均指标变动的影响，这时将各组水平x固定在基期，由此得到的指数称为结构影响指数。记为：

结构影响指数$=\frac{\sum x_0 f_1}{\sum f_1}\div\frac{\sum x_0 f_0}{\sum f_0}$ (9.22)

分子与分母的差额$=\frac{\sum x_0 f_1}{\sum f_1}-\frac{\sum x_0 f_0}{\sum f_0}$ (9.23)

公式9.23表示由于各组结构变动而使平均指标变化的数额。

可变构成指数、固定构成指数与结构影响指数在相对数上构成下列等式：

可变构成指数=固定构成指数×结构影响指数

即：$\frac{\sum x_1 f_1}{\sum f_1}\div\frac{\sum x_0 f_0}{\sum f_0}=\left(\frac{\sum x_1 f_1}{\sum f_1}\div\frac{\sum x_0 f_1}{\sum f_1}\right)\times\left(\frac{\sum x_0 f_1}{\sum f_1}\div\frac{\sum x_0 f_0}{\sum f_0}\right)$ (9.24)

在绝对数上存在如下等式：

$$\frac{\sum x_1 f_1}{\sum f_1}-\frac{\sum x_0 f_0}{\sum f_0}=\left(\frac{\sum x_1 f_1}{\sum f_1}-\frac{\sum x_0 f_1}{\sum f_1}\right)+\left(\frac{\sum x_0 f_1}{\sum f_1}-\frac{\sum x_0 f_0}{\sum f_0}\right) \quad (9.25)$$

由此可知，可变构成指数、固定构成指数与结构影响指数组成一个指数体系，我们称之为平均指标指数体系。

【例9-4】某企业职工的工资资料见表9-5。

表9-5 **平均工资因素分析表**

职工类别	月平均工资（元）		员工人数（人）		工资总额（元）		
	基期 x_0	报告期 x_1	基期 f_0	报告期 f_1	x_0f_0	x_0f_1	x_1f_1
一般员工	4 500	5 000	60	180	270 000	810 000	900 000
中层管理人员	5 000	6 000	180	270	900 000	1 350 000	1 620 000
高层管理人员	10 000	11 000	240	150	2 400 000	1 500 000	1 650 000
合计	—	—	480	600	3 570 000	3 660 000	4 170 000

要求：分析职工工资水平和工人结构的变动对总平均工资的影响。

解：

（1）总平均工资的变动。

$$\text{可变构成指数}=\frac{\frac{\sum x_1f_1}{\sum f_1}}{\frac{\sum x_0f_0}{\sum f_0}}=\frac{\frac{4\ 170\ 000}{600}}{\frac{3\ 570\ 000}{480}}\times 100\%=\frac{6\ 950}{7\ 437.5}\times 100\%=93.45\%$$

$$\frac{\sum x_1f_1}{\sum f_1}-\frac{\sum x_0f_0}{\sum f_0}=6\ 950-7\ 437.5=-487.5\text{（元）}$$

计算结果表明，该企业全体职工的月平均工资报告期比基期下降6.55%，人均减少487.5元。

（2）总平均工资受各因素影响的情况。

$$\text{固定构成指数}=\frac{\frac{\sum x_1f_1}{\sum f_1}}{\frac{\sum x_0f_1}{\sum f_1}}=\frac{\frac{4\ 170\ 000}{600}}{\frac{3\ 660\ 000}{600}}\times 100\%=\frac{6\ 950}{6\ 100}\times 100\%=113.93\%$$

$$\frac{\sum x_1f_1}{\sum f_1}-\frac{\sum x_0f_1}{\sum f_1}=6\ 950-6\ 100=850\text{（元）}$$

计算结果表明，由于各组工资上涨13.93%，而使人均工资增加850元。

$$\text{结构影响指数}=\frac{\frac{\sum x_0f_1}{\sum f_1}}{\frac{\sum x_0f_0}{\sum f_0}}=\frac{\frac{366\ 000}{600}}{\frac{357\ 000}{480}}\times 100\%=\frac{610}{743.75}\times 100\%=82.02\%$$

$$\frac{\sum x_0f_1}{\sum f_1}-\frac{\sum x_0f_0}{\sum f_0}=6\ 100-7\ 437.5=-1\ 337.5\text{（元）}$$

计算结果表明，由于职工人数结构变动，工资下降17.98%，而使人均工资减少1 337.5元。

（3）用指数体系反映。

在相对数上：93.45%=113.93%×82.02%

在绝对数上：−487.5（元）=850+（−1 337.5）

上式表明：由于各组工资水平上涨13.93%，总平均工资增加850元；由于职工人数结构变动工资下降17.98%，总平均工资减少1337.5元。两因素共同影响，使总平均工资下降6.55%，减少487.5元。

专栏9−2

中国民生发展指数

【概况】

民生指数、幸福指数已成为国际社会广泛采用的用以度量一国社会发展的重要指标体系。世界范围知名的民生指数体系包括联合国人类发展指数、世界卫生组织健康指数、盖洛普健康指数等。这些指数对评估政府作为、地方经济发展健康程度、指引国际资本流向都有着重要作用。但适合中国国情的民生发展指数开发仍然相对滞后。

为了科学地改善和发展民生，提升中国人的幸福指数，为中国建设民生型国家提供科学决策服务，2011年，由唐任伍教授领衔的北京师范大学“中国民生发展研究”课题组依托北京师范大学相关专业中青年专家团队，在国家“985”基金的支持下，充分研究与总结国内外民生、幸福度等相关理论与实践成果，结合中国经济、社会发展现实，构建了一套民生发展的监测指标体系和指数测算体系，即“中国民生发展指数”，以测度中国民生发展状况、监测中国民生发展进展。

【内容】

中国民生发展指数是要测度中国的发展和民生状况，包括经济发展、民生改善、社会进步、生态文明、科技创新、公众评价等6项一级指标，45项二级指标。其中民生改善模块设置了收入分配、生活质量、劳动就业3项二级指标；社会发展模块设置了公共服务支出、区域协调、文化教育、卫生健康、社会保障、社会安全6项二级指标。

一、指标设计原则

中国民生发展指数指标设计的原则是指构建该评价指标体系时必须遵守的原则，主要包括科学性、系统性、可操作性、可比性及可量化性等五个方面。

二、指标设计思路

构建民生发展指数指标框架的思路要点主要体现为如下三点：

1.强调民生发展质量与政府服务、管理相结合，即突出水平与进度的比较

民生发展质量主要是衡量现阶段各省（自治区、直辖市）的民生发展水平，反映当地一定条件下的民生状态；政府在推进民生发展中的作用则体现在其提供公共服务、实施社会管理的实践之中，反映民生状态的改善进度。两者结合，从横向和纵向、从静态和动态两个层面对民生发展进行测度。

2.强调政府公共服务与社会管理相结合，突出政府职能的不同层面

国家有关规划中，着重强调了“着力保障和改善民生，必须逐步完善符合国情、比较完整、覆盖城乡、可持续的基本公共服务体系，提高政府保障能力，推进基本公共服务均等化。加强社会管理能力建设，创新社会管理机制，切实维护社会和谐稳定”。政府是改善民生重要主体之一，其主导作用非常突出。本报告在选择指标和分类时，希望突出对地方政府“服务”和“管理”两个职能的评价，借以监测、督促各地政府在促进民生保障与发展实践中不断提升水平。

3.强调数据来源的公开性与权威性

采用的基础数据全部来源于公开出版的年鉴或者相关部门公布的权威指标数据。

三、指标框架

中国民生发展指数主要包括三大类，即民生质量指数、公共服务指数和社会管理指数，见表9-6。这一分类充分体现了政府行为与民生发展间的关联关系。民生质量指数反映当前民生发展的状态和水平；公共服务指数体现政府保障和促进民生所提供公共服务的水平和进度；社会管理指数反映政府加强社会管理能力建设，发展社会事业的水平和进度，引入这一指数更加体现了服务型政府由统治向服务、由政府单中心治理向多中心治理的转变。民生质量指数是民生发展水平的集中体现，提高民生质量是政府等社会组织者工作的根本出发点和落脚点，公共服务指数和社会管理则是政府从其职能角度，保障和改善民生两大手段与推力。

表9-6　**中国民生发展指数指标二级框架**

总指标	一级指标	二级指标
中国民生发展指数	民生质量指数	收入与就业质量
		文化与教育质量
		生态与环境质量
		居住与出行质量
		安全与健康质量
	公共服务指数	基础设施建设
		科教文卫建设
		生态文明建设
		公共安全建设
		住房保障建设
	社会管理指数	城乡统筹管理
		社会保障建设
		就业与收入分配调节

在民生质量指数、公共服务指数和社会管理指数这三个一级指标下，本报告从民生与群众生活的密切相关性合丰富性出发，多角度、多层次地考察了民生的内涵和外延，经过归类、调整和梳理，构建了指标体系二级指标，共计13个。

资料来源：唐任伍，等．2011中国民生发展报告［R］．北京：北京师范大学，2011：34-40.

9.5　常用统计指数

指数在实践中获得了广泛的应用。指数最初是用来反映物价变化的，后来应用领域不断扩展，从经济领域拓展到社会领域，用指数描述社会发展状况，用指数测度人们的感受。这里选择几个典型领域的指数：物价指数领域（以消费者价格指数和零售价格指数为例）、生产领域（以工业生产指数和生产者指数为例）、金融指数领域（以股票价格指数为例）等，旨在说明指数的应用领域，介绍指数应用的发展。

9.5.1　消费者价格指数

消费者价格指数（consumer price index，CPI），是通过一组代表性消费品及服务项目的价格水平变动，反映居民家庭所购买的消费品及服务的价格水平变动情况的相对数。在我国，由于城乡居民在消费水平和消费结构上仍然存在较大差别，因此，需分别计算城市居民消费者价格指数和农村居民消费者价格指数。为反映全体社会居民消费价格的变动情况，还须计算包括城乡两部分居民的综合消费者价格指数。

我国各类CPI数据每月编制一次，采用国际通行的链式拉氏公式，编制定基消费者价格指数序列，对比基期5年调整一次，现行对比基期为2020年。基本编制方法为：固定一篮子居民消费商品及服务项目以及各个项目在篮子中的权数，通过对比报告期与基期的权数金额（购买该篮子的金额）反映价格变动情况。

消费者价格指数是市场价格统计中最重要的指标之一，这一指标通常影响着政府财政、货币、消费、工资、社会保障等政策的制定，是研究人民生活水平、监测社会稳定性、进行宏观经济分析和调控的重要依据。其具体应用主要有以下几个方面：

（1）用来测定通货膨胀。

通货膨胀的程度是用通货膨胀率来反映的，它说明了一定时期内商品价格持续上升的幅度，通货膨胀率小于0表示出现了通货紧缩。测定通货膨胀的程度通常以报告期的上期为基期，最常见的方法就是用消费者价格指数来表示。其计算公式为：

$$\text{通货膨胀率}=\frac{\text{报告期消费者价格指数}-\text{基期消费者价格指数}}{\text{基期消费者价格指数}} \tag{9.26}$$

（2）反映货币购买力水平。

货币购买力是指单位货币所能购买的消费品和服务的数量。价格上升意味着货币贬值，货币购买力下降；反之，价格下降意味着货币升值，货币购买力上升。因此，消费者价格指数的倒数就是货币购买力指数。其计算公式为：

$$\text{货币购买力}=\frac{1}{\text{消费者价格指数}} \tag{9.27}$$

（3）测定实际工资水平。

消费者价格指数的提高意味着实际工资减少，消费者价格指数的下降意味着实际工资提高。因此，利用消费者价格指数可以将名义工资转化为实际工资。其计算公式为：

$$实际工资=\frac{名义工资}{消费者价格指数} \tag{9.28}$$

类似于实际工资，将各价值量指标的名义值除以消费者价格指数得到实际值，可以消除价格变化的影响。例如，也可以得到居民实际可支配收入水平和实际消费水平等。

我国消费者价格指数的编制始于1926年，当时在北平（今北京）、上海、天津编制工人生活费用指数，编制者是南开大学社会经济研究委员会，指数的分类有食物、衣着、房租、燃料、杂项共5类，包括37种代表品，采用加权平均指数方法。这是我国物价指数编制的起源。

中华人民共和国成立后，特别是改革开放后，我国消费者价格指数的编制不断完善，表现在：分类更加细致，代表品的数量不断增加，权数确定更贴近实际。目前，消费者价格指数按城乡分别编制，分为8个大类，每个大类中又分为中类和小类，指数中共有251个小类近千种代表品，权数的确定分别依据城市样本的40 000个家庭和农村样本60 000个家庭的实际消费构成。指数编制的过程有以下步骤：（1）选择代表规格品；（2）选择调查市县和调查点；（3）价格的调查与计算；（4）权数的确定；（5）指数计算。具体计算过程是，先分别计算出各代表规格品基期和报告期的全社会综合平均价，并计算出相应的价格指数，然后分层逐级计算小类、中类、大类和总指数。

9.5.2 生产者价格指数

生产者价格指数（producer price index，简称PPI）是反映在初级市场上出售的货物（即在非零售市场上首次购买某种商品）价格变动程度的一种价格指数。中国PPI由工业生产者出厂价格指数和工业生产者购进价格指数两部分组成。中国每月编制和发布的工业生产者价格指数，是工业生产产品出厂价格和购进价格在某个时期内变动的相对数，反映全部工业生产者出厂和购进价格的变化趋势和变动幅度。PPI采用链式拉氏公式，编制定基工业生产者价格指数序列，对比基期5年调整一次，现行对比基期为2020年。编制PPI的基本流程包括：

（1）确定调查产品目录。中国工业生产者出厂价格调查产品目录包括39个行业大类、191个行业中类、525个行业小类、1 702个基本分类的11 000多种工业产品；购进价格调查目录包括900个基本分类的6 000多种工业产品。上述调查产品的确定，严格遵循了对工业行业代表性强、对国计民生影响大、生产稳定、有发展前景等原则。

（2）确定调查企业。对全部规模以上工业企业（年主营业务收入2 000万元以上的工业企业）通过主观选样和抽样相结合方式确定调查企业；对规模以下工业企业通过随机抽样方式确定调查企业。目前，全国工业生产者价格调查企业近6万家，分布在430个调查市、县。

（3）确定各类调查产品的代表权数。出厂价格指数的中类、大类权数根据工业统计中分行业的销售产值资料计算，中类以下权数根据典型调查资料估算确定；购进价格指数的权数根据投入产出资料和典型调查资料估算确定。一般每5年更换一次，在5年期内各年度适当调整。

（4）编制各类PPI。PPI每月编制一次，分别编制工业生产者出厂价格指数和工业生产者购进价格指数。其中，各基本分类月度环比指数，根据所属工业产品价格变动相对数，采用几何平均法计算；小类以上月度环比指数采用逐级加权平均法计算；各省（自治区、直辖市）各类月度环比指数通过对辖区内所有调查企业相关数据逐级汇总得出；全国各类月度环比指数通过对各省（自治区、直辖市）相关指数加权汇总计算得出。由月度环比指数再分别计算各类定基、同比指数。

生产者价格指数是反映某一时期生产领域价格变动情况的重要经济指标，也是制定有关经济政策和进行国民经济核算的重要依据。生产者价格指数的变动能够反映企业生产成本的变动，由于生产过程中所面临的价格波动将反映至最终产品的价格上，因此观察生产者价格指数的变动有助于预测未来物价的变化状况。一般来说，生产者价格指数上涨是消费者价格指数上涨的先行指标，企业购进的原材料价格上涨，生产成本提高，必然造成出厂价格提高，这种价格波动通过产业链向下游产业扩散，最终传导到消费价格，导致消费者价格指数的上涨。

9.5.3 股票价格指数

股票是由股份公司发给投资者作为入股的凭证，持有者有权分享公司的利益，同时也要承担公司的风险。股票价格会受多种因素的影响而围绕股票“价值”上下波动，有时这种波动幅度相当大。除了供求关系以外，股票发行者经营业绩、政治经济形势的变化以及某些机构对股市的控制或操纵等，也都对股票价格产生一定影响。正因为如此，股票价格的变动，已成为反映一个国家、地区的政治、经济形势变动的晴雨表。股票价格指数就是综合反映所有股票整体涨跌情况的工具。

常见的股票价格指数有如下几种：中国内地有上证综合指数、深证成份指数、创业板指数、科创板指数、沪深300股票指数，中国香港有恒生指数，国外有美国的道·琼斯指数、标准普尔指数、纳斯达克指数，英国的FTSE100指数，德国的法兰克福DAX指数，法国的巴黎CAC40指数，日本的日经指数。

【思政课堂】

杜家毫：用各级干部的辛苦指数换取群众的幸福指数安全指数

【思政元素】统计指数的生动例子，数量化工作与生活实践。

2020年10月3日下午，时任湖南省委书记杜家毫来到长沙市大王山旅游度假区，检查督导节假日期间安全生产和常态化疫情防控工作。他强调，要时刻绷紧安全稳定这根弦，慎终如始抓好常态化疫情防控，坚决防范和遏制各类安全生产事故发生，用各级干部的辛苦指数换取群众的幸福指数、安全指数，确保人民群众度过一个更安全、更和谐、更幸福的假期。省领导谢建辉、张剑飞参加检查督导。

国庆黄金周进入第三天，位于大王山旅游度假区的欢乐雪域主题乐园日均游客接待量达2 500人左右。来到这里，杜家毫详细了解疫情防控各项措施落实情况，仔细查看消防设施是否配备、消防通道能否通行等，并与当地负责同志深入分析可能出现的安全隐患，研究防范应对措施。目前，欢乐雪域主题乐园内设有20条消防通道、一座微型消防站，并采取了分批限流、体温监测、信息登记、免费赠送口罩等防疫措施。杜家毫对此予以肯定，他说，企业安全效益与经济效益紧密相连。没有安全，企业发展无从谈起。要始终坚持底线思维，落细落实责任，继续坚持常态化疫情防控工作不放松，把各项安全生产工作想在前、做到位，把事故隐患消除在萌芽状态，确保广大游客生命财产安全。

在随后举行的座谈会上，杜家毫指出，今年国庆黄金周是进入常态化疫情防控阶段后的第一个长假，各地人员流动出现爆发式增长，不少景区景点持续火爆，这对做好疫情防控和安全生产工作是一场大考。各级各部门要深入学习贯彻习近平总书记关于统筹发展和安全的重要论述，深刻汲取一些地方近期发生的疫情反弹和重特大事故教训，始终把安全作为头等大事来抓，把为庆祝新中国成立71周年营造安全稳定环境作为一项重大政治任务来抓，严密防范、严阵以待、严防死守，切实维护社会和谐稳定。

杜家毫强调，越是防疫形势向好，越要警钟长鸣。要从打持久战的角度做好思想准备和工作准备，继续坚持联防联控、群防群控等经验做法，因时因势完善和落实外防输入、内防反弹各项措施，坚持常态化精准防控和局部应急处置有机结合，切实加强重点领域和场所实行“限量、预约、错峰”，强化人群密集场所“扫绿码、测体温、戴口罩”等防控措施，提高处置疫情专业化水平，一旦出现情况，迅速进入战时状态，决不能让来之不易的疫情防控成果前功尽弃。要强化风险意识、加强排查整治，更加注重加强危化品和烟花爆竹生产安全，加强对从事客运安全监督管理人员和司乘人员的安全教育；更加注重小煤矿和尾矿库安全，加强消防安全隐患排查；更加注重加强旅游景区特别是环境相对封闭且人员密集场所的管理，坚决防范和遏制重特大事故发生。节假日期间，各级干部要继续发扬坚韧不拔、连续作战的作风，坚持守土有责、守土尽责，严格执行领导干部在岗带班、关键岗位24小时值班等制度，把疫情防控和安全生产各项工作做得更加扎实一些，把有关应急预案考虑得更加周全一些，从最坏处准备、向最好处努力，推动人员到岗、措施到位、责任到位。对疫情防控和安全生产责任落实不力的，要严肃追责问责。

资料来源：周帙恒.用各级干部的辛苦指数换取群众的幸福指数安全指数［N］. 湖南日报，2020-10-04.

本章小结

统计指数简称指数，是一种反映社会经济现象数量变动的相对数。统计指数有广义和狭义之分。统计指数的作用有：(1) 综合反映不能直接相加或对比的复杂现象的变动程度。(2) 分析在现象总变动中各构成因素的影响方向和影响程度。(3) 反映现象变化的长期趋势。指数有相对性、综合性、平均性。从不同的角度，指数可以分为：个体指数和总指数；数量指数和质量指数；简单指数和加权指数；综合指数与平均指数；动态指数和静态指数；定基指数和环比指数。

综合指数是由两个或两个以上总量指标对比所得的反映总体现象综合变动的指数。综合指数是总指数的基本形式，在总量指标中一般包括两个或两个以上的因素，通过将其中被研究因素以外的其他因素固定下来，而仅观察被研究因素的变动情况，其特点是先综合后对比。按不同的编制方法，常用的综合指数可分为拉氏指数、帕氏指数、理想指数。

平均指数是以个体指数为基础，通过对个体指数的加权平均而计算的一种总指数。它是编制总指数的又一种重要形式。平均指数有加权算术平均数指数、加权调和平均数指数两种。根据计算平均数方法的不同，平均指数可分为加权算术平均指数和加权调和平均指数。同时，由于使用权数形式的不同，平均指数又有综合指数变形权数和比重权数两种。

指数体系是指内涵上具有一定联系，数量上具有对等关系的三个及三个以上指数构成的整体。指数体系的特点为：具备三个或三个以上的指数；体系中的单个指数在数量上能相互推算；现象总变动差额等于各个因素变动差额的和。指数体系的作用有：指数体系是因素分析的依据、利用指数体系可以根据已知指数推算未知指数。

因素分析是指利用指数体系分析现象总变动中各因素变动的影响方向和影响程度的一种统计分析方法。

常用的统计指数有消费者价格指数、生产者价格指数、股票价格指数。消费者价格指数是通过一组代表性消费品及服务项目的价格水平变动，反映居民家庭所购买的消费品及服务的价格水平变动情况的相对数。消费者价格指数的应用有：用来测定通货膨胀；反映货币购买力水平；测定实际工资水平。生产者价格指数是反映在初级市场上出售的货物（即在非零售市场上首次购买某种商品）价格变动程度的一种价格指数。股票价格指数是综合反映所有股票整体涨跌情况的工具。

参考文献

[1] 刘后平，王丽英.统计学［M］. 3版. 大连：东北财经大学出版社，2022.

[2] 栗方忠.统计学原理［M］. 7版. 大连：东北财经大学出版社，2020.

[3] 丁亚军.统计分析：从小数据到大数据［M］. 北京：电子工业出版社，2020.

[4] 贾俊平，金勇进. 统计学［M］. 7版.北京：中国人民大学出版社，2018.

[5] 袁卫，庞皓，曾五一. 统计学［M］. 3版. 北京：高等教育出版社，2017.

[6] 王涛.统计学［M］. 2版. 北京：科学出版社，2015.

[7] 麦克拉夫，本森，辛西奇.商务与经济统计学［M］. 易丹辉，李扬，译.12版.北京：中国人民大学出版社，2015.

[8] 胡世强，周立，许虹.统计学原理［M］. 成都：西南财经大学出版社，2015.

[9] 孙静娟.统计学［M］. 3版. 北京：清华大学出版社，2015.

[10] 李金昌，苏为华.统计学［M］. 4版. 北京：机械工业出版社，2014.

[11] 陈珍珍.统计学［M］. 5版. 厦门：厦门大学出版社，2013.

[12] 邓力.统计学原理［M］. 北京：清华大学出版社，2012.

[13] 韩兆洲.统计学原理［M］. 7版. 广州：暨南大学出版社，2011.

[14] 姚寿福，刘泽仁.统计学原理［M］. 北京：电子工业出版社，2011.

[15] 杜家龙.统计学［M］. 北京：电子工业出版社，2011.

[16] 孙文生.统计学原理［M］. 2版. 北京：中国农业出版社，2011.

[17] 张兆丰.统计学［M］. 北京：机械工业出版社，2010.

附 录

附录1 标准正态分布临界值表

$$\varphi(z)=\frac{1}{\sqrt{2\pi}}\int_{-\infty}^{z} e^{-\frac{z^2}{2}}dz$$

z	0	0.01	0.02	0.03	0.04	0.05	0.06	0.07	0.08	0.09	z
0.0	0.5000	0.5040	0.5080	0.5129	0.5160	0.5199	0.5239	0.5279	0.5319	0.5359	0.0
0.1	0.5398	0.5438	0.5478	0.5517	0.5557	0.5596	0.5636	0.5675	0.5714	0.5753	0.1
0.2	0.5793	0.5832	0.5871	0.5910	0.5948	0.5987	0.6026	0.6064	0.6103	0.6141	0.2
0.3	0.6179	0.6217	0.6255	0.6293	0.6331	0.6368	0.6406	0.6443	0.6480	0.6517	0.3
0.4	0.6554	0.6591	0.6628	0.6664	0.6700	0.6736	0.6772	0.6808	0.6844	0.6879	0.4
0.5	0.6915	0.6950	0.6985	0.7019	0.7054	0.7088	0.7123	0.7157	0.7190	0.7224	0.5
0.6	0.7257	0.7291	0.7324	0.7357	0.7389	0.7422	0.7454	0.7486	0.7517	0.7549	0.6
0.7	0.7580	0.7611	0.7642	0.7673	0.7703	0.7734	0.7764	0.7794	0.7823	0.7852	0.7
0.8	0.7881	0.7910	0.7939	0.7967	0.7995	0.8023	0.8051	0.8078	0.8106	0.8133	0.8
0.9	0.8159	0.8186	0.8212	0.8238	0.8264	0.8289	0.8315	0.8340	0.8365	0.8389	0.9
1.0	0.8413	0.8438	0.8461	0.8485	0.8508	0.8531	0.8554	0.8577	0.8599	0.8621	1.0
1.1	0.8643	0.8665	0.8686	0.8708	0.8729	0.8749	0.8770	0.8790	0.8810	0.8830	1.1
1.2	0.8849	0.8869	0.8888	0.8907	0.8925	0.8944	0.8962	0.8980	0.8997	0.90147	1.2
1.3	0.90320	0.90490	0.90658	0.90824	0.90988	0.91149	0.91309	0.91309	0.91621	0.91774	1.3
1.4	0.91924	0.92073	0.92220	0.92364	0.92507	0.92647	0.92785	0.92922	0.93056	0.93189	1.4
1.5	0.93319	0.93448	0.93574	0.93699	0.93822	0.93943	0.94062	0.94179	0.94295	0.94408	1.5
1.6	0.94520	0.94630	0.94738	0.94845	0.94950	0.95053	0.95154	0.95254	0.95352	0.95449	1.6
1.7	0.95543	0.95637	0.95728	0.95818	0.95907	0.95994	0.96080	0.96164	0.96246	0.96327	1.7
1.8	0.96407	0.96485	0.96562	0.96638	0.96712	0.96784	0.96856	0.96926	0.96995	0.97062	1.8
1.9	0.97128	0.97193	0.97257	0.97320	0.97381	0.97441	0.97500	0.97558	0.97615	0.97670	1.9
2.0	0.97725	0.97778	0.97831	0.97882	0.97932	0.97982	0.98030	0.98077	0.97124	0.98169	2.0
2.1	0.98214	0.98257	0.98300	0.98341	0.98382	0.98422	0.98461	0.98500	0.98537	0.98574	2.1
2.2	0.98610	0.98645	0.98679	0.98713	0.98745	0.98778	0.98809	0.98840	0.98870	0.98899	2.2
2.3	0.98928	0.98956	0.98983	$0.9^{2}0097$	$0.9^{2}0358$	$0.9^{2}0613$	$0.9^{2}0863$	$0.9^{2}1106$	$0.9^{2}1344$	$0.9^{2}1576$	2.3
2.4	$0.9^{2}1802$	$0.9^{2}2024$	$0.9^{2}2240$	$0.9^{2}2451$	$0.9^{2}2656$	$0.9^{2}2857$	$0.9^{2}3053$	$0.9^{2}3244$	$0.9^{2}3431$	$0.9^{2}3613$	2.4
2.5	$0.9^{2}3790$	$0.9^{2}3963$	$0.9^{2}4132$	$0.9^{2}4297$	$0.9^{2}4457$	$0.9^{2}4614$	$0.9^{2}4766$	$0.9^{2}4915$	$0.9^{2}5060$	$0.9^{2}5201$	2.5

续表

z	0	0.01	0.02	0.03	0.04	0.05	0.06	0.07	0.08	0.09	z
2.6	$0.9^{2}5339$	$0.9^{2}5473$	$0.9^{2}5604$	$0.9^{2}5731$	$0.9^{2}5855$	$0.9^{2}5975$	$0.9^{2}6093$	$0.9^{2}6207$	$0.9^{2}6319$	$0.9^{2}6427$	2.6
2.7	$0.9^{2}6533$	$0.9^{2}6636$	$0.9^{2}6736$	$0.9^{2}6833$	$0.9^{2}6928$	$0.9^{2}7020$	$0.9^{2}7110$	$0.9^{2}7197$	$0.9^{2}7282$	$0.9^{2}7365$	2.7
2.8	$0.9^{2}7445$	$0.9^{2}7523$	$0.9^{2}7599$	$0.9^{2}7673$	$0.9^{2}7744$	$0.9^{2}7814$	$0.9^{2}7882$	$0.9^{2}7948$	$0.9^{2}8012$	$0.9^{2}8074$	2.8
2.9	$0.9^{2}8134$	$0.9^{2}8193$	$0.9^{2}8250$	$0.9^{2}8305$	$0.9^{2}8359$	$0.9^{2}5411$	$0.9^{2}8462$	$0.9^{2}8511$	$0.9^{2}8559$	$0.9^{2}8605$	2.9
3.0	$0.9^{2}8650$	$0.9^{2}8694$	$0.9^{2}8736$	$0.9^{2}8777$	$0.9^{2}8817$	$0.9^{2}8856$	$0.9^{2}8893$	$0.9^{2}8930$	$0.9^{2}8965$	$0.9^{2}8999$	3.0
3.1	$0.9^{3}0324$	$0.9^{3}0646$	$0.9^{3}0957$	$0.9^{3}1260$	$0.9^{3}1553$	$0.9^{3}1836$	$0.9^{3}2112$	$0.9^{3}2378$	$0.9^{3}2636$	$0.9^{3}2886$	3.1
3.2	$0.9^{3}3129$	$0.9^{3}3363$	$0.9^{3}3590$	$0.9^{3}3810$	$0.9^{3}4024$	$0.9^{3}4230$	$0.9^{3}4429$	$0.9^{3}4623$	$0.9^{3}4810$	$0.9^{3}4991$	3.2
3.3	$0.9^{3}5166$	$0.9^{3}5335$	$0.9^{3}5499$	$0.9^{3}5658$	$0.9^{3}5811$	$0.9^{3}5959$	$0.9^{3}6103$	$0.9^{3}6242$	$0.9^{3}6376$	$0.9^{3}6505$	3.3
3.4	$0.9^{3}6631$	$0.9^{3}6752$	$0.9^{3}6869$	$0.9^{3}6982$	$0.9^{3}7091$	$0.9^{3}7197$	$0.9^{3}7299$	$0.9^{3}7398$	$0.9^{3}7493$	$0.9^{3}7585$	3.4
3.5	$0.9^{3}7674$	$0.9^{3}7759$	$0.9^{3}7842$	$0.9^{3}7922$	$0.9^{3}7999$	$0.9^{3}8074$	$0.9^{3}8146$	$0.9^{3}8215$	$0.9^{3}8282$	$0.9^{3}8347$	3.5
3.6	$0.9^{3}8409$	$0.9^{3}8469$	$0.9^{3}8527$	$0.9^{3}8583$	$0.9^{3}8637$	$0.9^{3}8689$	$0.9^{3}8739$	$0.9^{3}8787$	$0.9^{3}8834$	$0.9^{3}8879$	3.6
3.7	$0.9^{3}8922$	$0.9^{3}8964$	$0.9^{4}0039$	$0.9^{4}0426$	$0.9^{4}0799$	$0.9^{4}1158$	$0.9^{4}1504$	$0.9^{4}1838$	$0.9^{4}2159$	$0.9^{4}2468$	3.7
3.8	$0.9^{4}2765$	$0.9^{4}3052$	$0.9^{4}3327$	$0.9^{4}3593$	$0.9^{4}3848$	$0.9^{4}4094$	$0.9^{4}4331$	$0.9^{4}4558$	$0.9^{4}4777$	$0.9^{4}4988$	3.8
3.9	$0.9^{4}5190$	$0.9^{4}5385$	$0.9^{4}5573$	$0.9^{4}5753$	$0.9^{4}5926$	$0.9^{4}6092$	$0.9^{4}6253$	$0.9^{4}6406$	$0.9^{4}6554$	$0.9^{4}6696$	3.9
4.0	$0.9^{4}6833$	$0.9^{4}6964$	$0.9^{4}7090$	$0.9^{4}7211$	$0.9^{4}7327$	$0.9^{4}7439$	$0.9^{4}7546$	$0.9^{4}7549$	$0.9^{4}7748$	$0.9^{4}7843$	4.0
4.1	$0.9^{4}7934$	$0.9^{4}8022$	$0.9^{4}8106$	$0.9^{4}8186$	$0.9^{4}8263$	$0.9^{4}8338$	$0.9^{4}8409$	$0.9^{4}8477$	$0.9^{4}8542$	$0.9^{4}8605$	4.1
4.2	$0.9^{4}8665$	$0.9^{4}8723$	$0.9^{4}8778$	$0.9^{4}8832$	$0.9^{4}8882$	$0.9^{4}8931$	$0.9^{4}8978$	$0.9^{5}0226$	$0.9^{5}0655$	$0.9^{5}1066$	4.2
4.3	$0.9^{5}1460$	$0.9^{5}1837$	$0.9^{5}2199$	$0.9^{5}2545$	$0.9^{5}2876$	$0.9^{5}3193$	$0.9^{5}3497$	$0.9^{5}3788$	$0.9^{5}4066$	$0.9^{5}4332$	4.3
4.4	$0.9^{5}4587$	$0.9^{5}4831$	$0.9^{5}5065$	$0.9^{5}5288$	$0.9^{5}5502$	$0.9^{5}5706$	$0.9^{5}5902$	$0.9^{5}6089$	$0.9^{5}6268$	$0.9^{5}6439$	4.4
4.5	$0.9^{5}6602$	$0.9^{5}6759$	$0.9^{5}6908$	$0.9^{5}7051$	$0.9^{5}7187$	$0.9^{5}7318$	$0.9^{5}7442$	$0.9^{5}7561$	$0.9^{5}7675$	$0.9^{5}7784$	4.5
4.6	$0.9^{5}7888$	$0.9^{5}7987$	$0.9^{5}8081$	$0.9^{5}8172$	$0.9^{5}8258$	$0.9^{5}8340$	$0.9^{5}8419$	$0.9^{5}8494$	$0.9^{5}8566$	$0.9^{5}8634$	4.6
4.7	$0.9^{5}8699$	$0.9^{5}8761$	$0.9^{5}8821$	$0.9^{5}8877$	$0.9^{5}8931$	$0.9^{5}8983$	$0.9^{6}0320$	$0.9^{6}0789$	$0.9^{6}1235$	$0.9^{6}1661$	4.7
4.8	$0.9^{6}2067$	$0.9^{6}2453$	$0.9^{6}2822$	$0.9^{6}3173$	$0.9^{6}3508$	$0.9^{6}3827$	$0.9^{6}4131$	$0.9^{6}4420$	$0.9^{6}4696$	$0.9^{6}4958$	4.8
4.9	$0.9^{6}5208$	$0.9^{6}5446$	$0.9^{6}5673$	$0.9^{6}5889$	$0.9^{6}6094$	$0.9^{6}6289$	$0.9^{6}6475$	$0.9^{6}6652$	$0.9^{6}6821$	$0.9^{6}6981$	4.9

附录2 *t*分布临界值表

自由度 \ 双侧 / 单侧	α=0.10 α=0.20	α=0.05 α=0.10	α=0.025 α=0.05	α=0.01 α=0.02	α=0.005 α=0.01
1	3.078	6.314	12.706	31.821	63.657
2	1.886	2.920	4.303	6.965	9.925
3	1.638	2.353	3.182	4.541	5.841
4	1.533	2.132	2.776	3.747	4.604
5	1.476	2.015	2.571	3.365	4.032
6	1.440	1.943	2.447	3.143	3.707
7	1.415	1.895	2.365	2.998	3.499
8	1.397	1.860	2.306	2.896	3.355
9	1.383	1.833	2.262	2.821	3.250
10	1.372	1.812	2.228	2.764	3.169
11	1.363	1.796	2.201	2.718	3.106
12	1.356	1.782	2.179	2.681	3.055
13	1.350	1.771	2.160	2.650	3.012
14	1.345	1.761	2.145	2.624	2.977
15	1.341	1.753	2.131	2.602	2.947
16	1.337	1.846	2.120	2.583	2.921
17	1.333	1.740	2.110	2.567	2.898
18	1.330	1.734	2.101	2.552	2.878
19	1.328	1.729	2.093	2.539	2.861
20	1.325	1.725	2.086	2.528	2.845
21	1.323	1.721	2.080	2.218	2.831
22	1.321	1.717	2.074	2.508	2.819
23	1.319	1.714	2.069	2.500	2.807
24	1.318	1.711	2.064	2.492	2.797
25	1.316	1.708	2.060	2.485	2.787
26	1.315	1.706	2.056	2.479	2.779
27	1.314	1.703	2.052	2.473	2.771
28	1.313	1.701	2.048	2.467	2.763
29	1.311	1.699	2.045	2.462	2.756
30	1.310	1.697	2.042	2.457	2.750
40	1.303	1.684	2.021	2.423	2.704
50	1.299	1.676	2.009	2.403	2.678
60	1.296	1.671	2.000	2.390	2.660
70	1.294	1.667	1.994	2.381	2.648
80	1.292	1.664	1.990	2.374	2.639
90	1.291	1.662	1.987	2.368	2.632
100	1.290	1.660	1.984	2.364	2.626
125	1.288	1.657	1.979	2.357	2.616
150	1.287	1.655	1.976	2.351	2.609
200	1.286	1.653	1.972	2.345	2.601
∞	1.282	1.645	1.960	2.326	2.576

附录3 χ^2分布临界值表

$p\{\chi^2(n) > \chi^2\alpha(n)\} = a$

n \ α	0.995	0.99	0.975	0.95	0.90	0.10	0.05	0.025	0.01	0.005
1			0.001	0.100	0.016	2.706	3.841	5.024	6.635	7.879
2	0.010	0.020	0.051	0.103	0.211	4.605	5.991	7.378	9.210	10.597
3	0.072	0.115	0.216	0.352	0.584	6.251	7.815	9.348	11.354	12.838
4	0.207	0.297	0.484	0.711	1.064	7.779	9.488	11.143	13.277	14.860
5	0.412	0.554	0.831	1.145	1.610	9.236	11.071	12.833	15.086	16.750
6	0.676	0.872	1.237	1.635	2.204	10.645	12.592	14.449	16.812	18.548
7	0.989	1.239	1.690	2.167	2.833	12.017	14.067	16.013	18.475	20.278
8	1.344	1.646	2.180	2.733	3.490	13.362	15.507	17.535	20.090	21.955
9	1.735	2.088	2.700	3.325	4.168	14.684	16.911	19.023	24.666	23.589
10	2.156	2.558	3.247	3.940	4.865	15.987	18.307	20.483	23.209	25.188
11	2.603	3.053	3.816	4.575	5.578	17.275	19.675	21.920	24.725	26.757
12	3.074	3.571	4.404	5.226	6.304	18.549	21.026	23.337	26.217	28.299
13	3.565	4.107	5.009	5.892	7.042	19.812	22.362	24.736	27.688	29.819
14	4.075	4.660	5.629	6.571	7.790	21.064	23.685	26.119	29.141	31.819
15	4.601	5.229	6.262	7.261	8.547	22.307	24.996	27.488	30.578	32.801
16	5.142	5.812	6.908	7.962	9.312	23.542	26.296	28.845	32.000	34.267
17	5.697	6.408	7.564	8.672	10.085	24.769	27.587	30.191	33.409	35.718
18	6.265	7.015	8.231	9.390	10.865	25.989	28.869	31.526	34.805	37.156
19	6.844	7.633	8.907	10.117	11.651	27.204	30.144	32.852	36.191	38.582
20	7.434	8.260	9.591	10.851	12.440	28.412	31.410	34.170	37.566	39.997
21	8.034	8.897	10.283	11.591	13.240	29.615	32.671	36.479	38.932	41.401
22	8.643	9.542	10.982	12.338	14.042	30.813	33.924	36.781	40.289	42.796
23	9.260	10.196	11.689	13.091	14.848	32.007	35.172	38.076	41.638	44.181
24	9.886	10.856	12.401	13.848	15.659	33.196	36.415	39.364	42.980	45.559
25	10.520	11.524	13.120	14.611	16.473	34.382	37.652	40.646	44.314	46.928
26	11.160	12.198	23.844	15.379	17.292	35.563	38.885	41.923	45.642	48.290
27	11.808	12.879	14.573	16.151	18.114	36.741	40.113	43.194	46.963	49.640
28	12.461	13.565	15.308	16.928	18.939	37.916	41.337	44.461	48.278	50.993
29	13.121	14.257	16.047	17.708	19.768	39.087	42.557	45.722	49.588	52.336
30	13.787	14.954	16.791	18.493	20.599	40.256	43.773	46.979	50.892	53.672
31	14.458	15.655	17.539	19.281	21.434	41.422	44.985	48.232	52.101	55.003
32	15.134	16.362	18.291	20.072	22.271	42.585	46.194	49.480	53.486	56.328
33	15.815	17.074	19.047	20.867	23.110	43.745	47.400	50.725	54.776	57.648
34	16.501	17.789	19.806	21.664	23.952	44.903	48.602	51.966	56.061	58.964
35	17.192	18.509	20.569	22.465	24.797	46.059	49.802	53.203	57.342	60.275
40	20.707	22.164	24.433	26.509	29.051	51.806	55.759	59.342	63.691	66.766
50	27.991	29.707	32.357	34.764	37.689	63.167	67.505	71.420	76.154	79.490
60	35.535	37.485	43.482	43.188	46.459	74.397	79.082	83.298	88.379	91.952
70	43.275	45.442	48.758	51.740	55.329	85.527	90.531	95.023	100.425	104.215
80	51.172	53.540	57.153	60.392	64.278	96.578	101.879	106.629	112.329	116.321
90	59.196	61.754	65.647	69.126	73.291	107.565	113.145	118.136	124.116	128.299
100	67.328	70.065	74.222	77.930	82.358	118.408	124.342	129.561	135.807	140.169
200	152.241	156.432	162.728	168.279	174.835	226.021	233.994	241.058	249.445	255.264
300	240.663	245.972	253.912	260.878	269.068	331.789	341.395	349.874	359.906	366.844

附录4　F分布临界值表

$p\{F > F_{\alpha}(n,m)\} = a$

$\alpha = 0.1$

n_2 / n_1	1	2	3	4	5	6	7	8	9	10	20	30	40	60	120	∞
1	39.86	49.50	53.59	55.83	57.24	58.20	58.91	59.44	59.86	60.19	61.74	62.26	62.53	62.79	63.06	63.33
2	8.53	9.00	9.16	9.24	9.29	9.33	9.35	9.37	9.38	9.39	9.44	9.46	9.47	9.47	9.48	9.49
3	5.54	5.46	5.39	5.34	5.31	5.28	5.27	5.25	5.24	5.23	5.18	5.17	5.16	5.15	5.14	5.13
4	4.54	4.32	4.19	4.11	4.05	4.01	3.98	3.95	3.94	3.92	3.84	3.82	3.80	3.79	3.78	3.76
5	4.06	3.78	3.62	3.52	3.45	3.40	3.37	3.34	3.32	3.30	3.21	3.17	3.16	3.14	3.12	3.10
6	3.78	3.46	3.29	3.18	3.11	3.05	3.01	2.98	2.96	2.94	2.84	2.80	2.78	2.76	2.74	2.72
7	3.59	3.26	3.07	2.96	2.88	2.83	2.78	2.75	2.72	2.70	2.59	2.56	2.54	2.51	2.49	2.47
8	3.46	3.11	2.92	2.81	2.73	2.67	2.62	2.59	2.56	2.54	2.42	2.38	2.36	2.34	2.32	2.29
9	3.36	3.01	2.81	2.69	2.61	2.55	2.51	2.47	2.44	2.42	2.30	2.25	2.23	2.21	2.18	2.16
10	3.29	2.92	2.73	2.61	2.52	2.46	2.41	2.38	2.35	2.32	2.20	2.16	2.13	2.11	2.08	2.06
11	3.23	2.86	2.66	2.54	2.45	2.39	2.34	2.30	2.27	2.25	2.12	2.08	2.05	2.03	2.00	1.97
12	3.18	2.81	2.61	2.48	2.39	2.33	2.28	2.24	2.21	2.19	2.06	2.01	1.99	1.96	1.93	1.90
13	3.14	2.76	2.56	2.43	2.35	2.28	2.23	2.20	2.16	2.14	2.01	1.96	1.93	1.90	1.88	1.85
14	3.10	2.73	2.52	2.39	2.31	2.24	2.19	2.15	2.12	2.10	1.96	1.91	1.89	1.86	1.83	1.80
15	3.07	2.70	2.49	2.36	2.27	2.21	2.16	2.12	2.09	2.06	1.92	1.87	1.85	1.82	1.79	1.76
16	3.05	2.67	2.46	2.33	2.24	2.18	2.13	2.09	2.06	2.03	1.89	1.84	1.81	1.78	1.75	1.72
17	3.03	2.64	2.44	2.31	2.22	2.15	2.10	2.06	2.03	2.00	1.86	1.81	1.78	1.75	1.72	1.69
18	3.01	2.62	2.42	2.29	2.20	2.13	2.08	2.04	2.00	1.98	1.84	1.78	1.75	1.72	1.69	1.66
19	2.99	2.61	2.40	2.27	2.18	2.11	2.06	2.02	1.98	1.96	1.81	1.76	1.73	1.70	1.67	1.63
20	2.97	2.59	2.38	2.25	2.16	2.09	2.04	2.00	1.96	1.94	1.79	1.74	1.71	1.68	1.64	1.61
21	2.96	2.57	2.36	2.23	2.14	2.08	2.02	1.98	1.95	1.92	1.78	1.72	1.69	1.66	1.62	1.59
22	2.95	2.56	2.35	2.22	2.13	2.06	2.01	1.97	1.93	1.90	1.76	1.70	1.67	1.64	1.60	1.57
23	2.94	2.55	2.34	2.21	2.11	2.05	1.99	1.95	1.92	1.89	1.74	1.69	1.66	1.62	1.59	1.55
24	2.93	2.54	2.33	2.19	2.10	2.04	1.98	1.94	1.91	1.88	1.73	1.67	1.64	1.61	1.57	1.53
25	2.92	2.53	2.32	2.18	2.09	2.02	1.97	1.93	1.89	1.87	1.72	1.66	1.63	1.59	1.56	1.52
26	2.91	2.52	2.31	2.17	2.08	2.01	1.96	1.92	1.88	1.86	1.71	1.65	1.61	1.58	1.54	1.50
27	2.90	2.51	2.30	2.17	2.07	2.00	1.95	1.91	1.87	1.85	1.70	1.64	1.60	1.57	1.53	1.49
28	2.89	2.50	2.29	2.16	2.06	2.00	1.94	1.90	1.87	1.84	1.69	1.63	1.59	1.56	1.52	1.48
29	2.89	2.50	2.28	2.15	2.06	1.99	1.93	1.89	1.86	1.83	1.68	1.62	1.58	1.55	1.51	1.47
30	2.88	2.49	2.28	2.14	2.05	1.98	1.93	1.88	1.85	1.82	1.67	1.61	1.57	1.54	1.50	1.46
40	2.84	2.44	2.23	2.09	2.00	1.93	1.87	1.83	1.79	1.76	1.61	1.54	1.51	1.47	1.42	1.38
60	2.79	2.39	2.18	2.04	1.95	1.87	1.82	1.77	1.74	1.71	1.54	1.48	1.44	1.40	1.35	1.29
120	2.75	2.35	2.13	1.99	1.90	1.82	1.77	1.72	1.68	1.65	1.48	1.41	1.37	1.32	1.26	1.19
∞	2.71	2.30	2.08	1.94	1.85	1.77	1.72	1.67	1.63	1.60	1.42	1.34	1.30	1.24	1.17	1.00

$\alpha = 0.05$

n_1 \ n_2	1	2	3	4	5	6	7	8	9	10	20	30	40	60	120	∞
1	161.45	199.50	215.71	224.58	230.16	233.99	236.77	238.88	240.54	241.88	248.01	250.10	251.14	252.20	253.25	254.31
2	18.51	19.00	19.16	19.25	19.30	19.33	19.35	19.37	19.38	19.40	19.45	19.46	19.47	19.48	19.49	19.50
3	10.13	9.55	9.28	9.12	9.01	8.94	8.89	8.85	8.81	8.79	8.66	8.62	8.59	8.57	8.55	8.53
4	7.71	6.94	6.59	6.39	6.26	6.16	6.09	6.04	6.00	5.96	5.80	5.75	5.72	5.69	5.66	5.63
5	6.61	5.79	5.41	5.19	5.05	4.95	4.88	4.82	4.77	4.74	4.56	4.50	4.46	4.43	4.40	4.37
6	5.99	5.14	4.76	4.53	4.39	4.28	4.21	4.15	4.10	4.06	3.87	3.81	3.77	3.74	3.70	3.67
7	5.59	4.74	4.35	4.12	3.97	3.87	3.79	3.73	3.68	3.64	3.44	3.38	3.34	3.30	3.27	3.23
8	5.32	4.46	4.07	3.84	3.69	3.58	3.50	3.44	3.39	3.35	3.15	3.08	3.04	3.01	2.97	2.93
9	5.12	4.26	3.86	3.63	3.48	3.37	3.29	3.23	3.18	3.14	2.94	2.86	2.83	2.79	2.75	2.71
10	4.96	4.10	3.71	3.48	3.33	3.22	3.14	3.07	3.02	2.98	2.77	2.70	2.66	2.62	2.58	2.54
11	4.84	3.98	3.59	3.36	3.20	3.09	3.01	2.95	2.90	2.85	2.65	2.57	2.53	2.49	2.45	2.40
12	4.75	3.89	3.49	3.26	3.11	3.00	2.91	2.85	2.80	2.75	2.54	2.47	2.43	2.38	2.34	2.30
13	4.67	3.81	3.41	3.18	3.03	2.92	2.83	2.77	2.71	2.67	2.46	2.38	2.34	2.30	2.25	2.21
14	4.60	3.74	3.34	3.11	2.96	2.85	2.76	2.70	2.65	2.60	2.39	2.31	2.27	2.22	2.18	2.13
15	4.54	3.68	3.29	3.06	2.90	2.79	2.71	2.64	2.59	2.54	2.33	2.25	2.20	2.16	2.11	2.07
16	4.49	3.63	3.24	3.01	2.85	2.74	2.66	2.59	2.54	2.49	2.28	2.19	2.15	2.11	2.06	2.01
17	4.45	3.59	3.20	2.96	2.81	2.70	2.61	2.55	2.49	2.45	2.23	2.15	2.10	2.06	2.01	1.96
18	4.41	3.55	3.16	2.93	2.77	2.66	2.58	2.51	2.46	2.41	2.19	2.11	2.06	2.02	1.97	1.92
19	4.38	3.52	3.13	2.90	2.74	2.63	2.54	2.48	2.42	2.38	2.16	2.07	2.03	1.98	1.93	1.88
20	4.35	3.49	3.10	2.87	2.71	2.60	2.51	2.45	2.39	2.35	2.12	2.04	1.99	1.95	1.90	1.84
21	4.32	3.47	3.07	2.84	2.68	2.57	2.49	2.42	2.37	2.32	2.10	2.01	1.96	1.92	1.87	1.81
22	4.30	3.44	3.05	2.82	2.66	2.55	2.46	2.40	2.34	2.30	2.07	1.98	1.94	1.89	1.84	1.78
23	4.28	3.42	3.03	2.80	2.64	2.53	2.44	2.37	2.32	2.27	2.05	1.96	1.91	1.86	1.81	1.76
24	4.26	3.40	3.01	2.78	2.62	2.51	2.42	2.36	2.30	2.25	2.03	1.94	1.89	1.84	1.79	1.73
25	4.24	3.39	2.99	2.76	2.60	2.49	2.40	2.34	2.28	2.24	2.01	1.92	1.87	1.82	1.77	1.71
26	4.23	3.37	2.98	2.74	2.59	2.47	2.39	2.32	2.27	2.22	1.99	1.90	1.85	1.80	1.75	1.69
27	4.21	3.35	2.96	2.73	2.57	2.46	2.37	2.31	2.25	2.20	1.97	1.88	1.84	1.79	1.73	1.67
28	4.20	3.34	2.95	2.71	2.56	2.45	2.36	2.29	2.24	2.19	1.96	1.87	1.82	1.77	1.71	1.65
29	4.18	3.33	2.93	2.70	2.55	2.43	2.35	2.28	2.22	2.18	1.94	1.85	1.81	1.75	1.70	1.64
30	4.17	3.32	2.92	2.69	2.53	2.42	2.33	2.27	2.21	2.16	1.93	1.84	1.79	1.74	1.68	1.62
40	4.08	3.23	2.84	2.61	2.45	2.34	2.25	2.18	2.12	2.08	1.84	1.74	1.69	1.64	1.58	1.51
60	4.00	3.15	2.76	2.53	2.37	2.25	2.17	2.10	2.04	1.99	1.75	1.65	1.59	1.53	1.47	1.39
120	3.92	3.07	2.68	2.45	2.29	2.18	2.09	2.02	1.96	1.91	1.66	1.55	1.50	1.43	1.35	1.25
∞	3.84	3.00	2.60	2.37	2.21	2.10	2.01	1.94	1.88	1.83	1.57	1.46	1.39	1.32	1.22	1.01

$\alpha = 0.025$

n_1 \ n_2	1	2	3	4	5	6	7	8	9	10	20	30	40	60	120	∞
1	647.79	799.50	864.16	899.58	921.85	937.11	948.22	956.66	963.28	968.63	993.10	1 001.41	1 005.60	1 009.80	1 014.02	1 018.25
2	38.51	39.00	39.17	39.25	39.30	39.33	39.36	39.37	39.39	39.40	39.45	39.46	39.47	39.48	39.49	39.50
3	17.44	16.04	15.44	15.10	14.88	14.73	14.62	14.54	14.47	14.42	14.17	14.08	14.04	13.99	13.95	13.90
4	12.22	10.65	9.98	9.60	9.36	9.20	9.07	8.98	8.90	8.84	8.56	8.46	8.41	8.36	8.31	8.26
5	10.01	8.43	7.76	7.39	7.15	6.98	6.85	6.76	6.68	6.62	6.33	6.23	6.18	6.12	6.07	6.02
6	8.81	7.26	6.60	6.23	5.99	5.82	5.70	5.60	5.52	5.46	5.17	5.07	5.01	4.96	4.90	4.85
7	8.07	6.54	5.89	5.52	5.29	5.12	4.99	4.90	4.82	4.76	4.47	4.36	4.31	4.25	4.20	4.14
8	7.57	6.06	5.42	5.05	4.82	4.65	4.53	4.43	4.36	4.30	4.00	3.89	3.84	3.78	3.73	3.67
9	7.21	5.71	5.08	4.72	4.48	4.32	4.20	4.10	4.03	3.96	3.67	3.56	3.51	3.45	3.39	3.33
10	6.94	5.46	4.83	4.47	4.24	4.07	3.95	3.85	3.78	3.72	3.42	3.31	3.26	3.20	3.14	3.08
11	6.72	5.26	4.63	4.28	4.04	3.88	3.76	3.66	3.59	3.53	3.23	3.12	3.06	3.00	2.94	2.88
12	6.55	5.10	4.47	4.12	3.89	3.73	3.61	3.51	3.44	3.37	3.07	2.96	2.91	2.85	2.79	2.73
13	6.41	4.97	4.35	4.00	3.77	3.60	3.48	3.39	3.31	3.25	2.95	2.84	2.78	2.72	2.66	2.60
14	6.30	4.86	4.24	3.89	3.66	3.50	3.38	3.29	3.21	3.15	2.84	2.73	2.67	2.61	2.55	2.49
15	6.20	4.77	4.15	3.80	3.58	3.41	3.29	3.20	3.12	3.06	2.76	2.64	2.59	2.52	2.46	2.40
16	6.12	4.69	4.08	3.73	3.50	3.34	3.22	3.12	3.05	2.99	2.68	2.57	2.51	2.45	2.38	2.32
17	6.04	4.62	4.01	3.66	3.44	3.28	3.16	3.06	2.98	2.92	2.62	2.50	2.44	2.38	2.32	2.25
18	5.98	4.56	3.95	3.61	3.38	3.22	3.10	3.01	2.93	2.87	2.56	2.44	2.38	2.32	2.26	2.19
19	5.92	4.51	3.90	3.56	3.33	3.17	3.05	2.96	2.88	2.82	2.51	2.39	2.33	2.27	2.20	2.13
20	5.87	4.46	3.86	3.51	3.29	3.13	3.01	2.91	2.84	2.77	2.46	2.35	2.29	2.22	2.16	2.09
21	5.83	4.42	3.82	3.48	3.25	3.09	2.97	2.87	2.80	2.73	2.42	2.31	2.25	2.18	2.11	2.04
22	5.79	4.38	3.78	3.44	3.22	3.05	2.93	2.84	2.76	2.70	2.39	2.27	2.21	2.14	2.08	2.00
23	5.75	4.35	3.75	3.41	3.18	3.02	2.90	2.81	2.73	2.67	2.36	2.24	2.18	2.11	2.04	1.97
24	5.72	4.32	3.72	3.38	3.15	2.99	2.87	2.78	2.70	2.64	2.33	2.21	2.15	2.08	2.01	1.94
25	5.69	4.29	3.69	3.35	3.13	2.97	2.85	2.75	2.68	2.61	2.30	2.18	2.12	2.05	1.98	1.91
26	5.66	4.27	3.67	3.33	3.10	2.94	2.82	2.73	2.65	2.59	2.28	2.16	2.09	2.03	1.95	1.88
27	5.63	4.24	3.65	3.31	3.08	2.92	2.80	2.71	2.63	2.57	2.25	2.13	2.07	2.00	1.93	1.85
28	5.61	4.22	3.63	3.29	3.06	2.90	2.78	2.69	2.61	2.55	2.23	2.11	2.05	1.98	1.91	1.83
29	5.59	4.20	3.61	3.27	3.04	2.88	2.76	2.67	2.59	2.53	2.21	2.09	2.03	1.96	1.89	1.81
30	5.57	4.18	3.59	3.25	3.03	2.87	2.75	2.65	2.57	2.51	2.20	2.07	2.01	1.94	1.87	1.79
40	5.42	4.05	3.46	3.13	2.90	2.74	2.62	2.53	2.45	2.39	2.07	1.94	1.88	1.80	1.72	1.64
60	5.29	3.93	3.34	3.01	2.79	2.63	2.51	2.41	2.33	2.27	1.94	1.82	1.74	1.67	1.58	1.48
120	5.15	3.80	3.23	2.89	2.67	2.52	2.39	2.30	2.22	2.16	1.82	1.69	1.61	1.53	1.43	1.31
∞	5.02	3.69	3.12	2.79	2.57	2.41	2.29	2.19	2.11	2.05	1.71	1.57	1.48	1.39	1.27	1.01

$\alpha = 0.01$

n_1 \ n_2	1	2	3	4	5	6	7	8	9	10	20	30	40	60	120	∞
1	4 052.18	4 999.50	5 403.35	5 624.58	5 763.65	5 858.99	5 928.36	5 981.07	6 022.47	6 055.85	6 208.73	6 260.65	6 286.78	6 313.03	6 339.39	6 365.86
2	98.50	99.00	99.17	99.25	99.30	99.33	99.36	99.37	99.39	99.40	99.45	99.47	99.47	99.48	99.49	99.50
3	34.12	30.82	29.46	28.71	28.24	27.91	27.67	27.49	27.35	27.23	26.69	26.50	26.41	26.32	26.22	26.13
4	21.20	18.00	16.69	15.98	15.52	15.21	14.98	14.80	14.66	14.55	14.02	13.84	13.75	13.65	13.56	13.46
5	16.26	13.27	12.06	11.39	10.97	10.67	10.46	10.29	10.16	10.05	9.55	9.38	9.29	9.20	9.11	9.02
6	13.75	10.92	9.78	9.15	8.75	8.47	8.26	8.10	7.98	7.87	7.40	7.23	7.14	7.06	6.97	6.88
7	12.25	9.55	8.45	7.85	7.46	7.19	6.99	6.84	6.72	6.62	6.16	5.99	5.91	5.82	5.74	5.65
8	11.26	8.65	7.59	7.01	6.63	6.37	6.18	6.03	5.91	5.81	5.36	5.20	5.12	5.03	4.95	4.86
9	10.56	8.02	6.99	6.42	6.06	5.80	5.61	5.47	5.35	5.26	4.81	4.65	4.57	4.48	4.40	4.31
10	10.04	7.56	6.55	5.99	5.64	5.39	5.20	5.06	4.94	4.85	4.41	4.25	4.17	4.08	4.00	3.91
11	9.65	7.21	6.22	5.67	5.32	5.07	4.89	4.74	4.63	4.54	4.10	3.94	3.86	3.78	3.69	3.60
12	9.33	6.93	5.95	5.41	5.06	4.82	4.64	4.50	4.39	4.30	3.86	3.70	3.62	3.54	3.45	3.36
13	9.07	6.70	5.74	5.21	4.86	4.62	4.44	4.30	4.19	4.10	3.66	3.51	3.43	3.34	3.25	3.17
14	8.86	6.51	5.56	5.04	4.69	4.46	4.28	4.14	4.03	3.94	3.51	3.35	3.27	3.18	3.09	3.00
15	8.68	6.36	5.42	4.89	4.56	4.32	4.14	4.00	3.89	3.80	3.37	3.21	3.13	3.05	2.96	2.87
16	8.53	6.23	5.29	4.77	4.44	4.20	4.03	3.89	3.78	3.69	3.26	3.10	3.02	2.93	2.84	2.75
17	8.40	6.11	5.18	4.67	4.34	4.10	3.93	3.79	3.68	3.59	3.16	3.00	2.92	2.83	2.75	2.65
18	8.29	6.01	5.09	4.58	4.25	4.01	3.84	3.71	3.60	3.51	3.08	2.92	2.84	2.75	2.66	2.57
19	8.18	5.93	5.01	4.50	4.17	3.94	3.77	3.63	3.52	3.43	3.00	2.84	2.76	2.67	2.58	2.49
20	8.10	5.85	4.94	4.43	4.10	3.87	3.70	3.56	3.46	3.37	2.94	2.78	2.69	2.61	2.52	2.42
21	8.02	5.78	4.87	4.37	4.04	3.81	3.64	3.51	3.40	3.31	2.88	2.72	2.64	2.55	2.46	2.36
22	7.95	5.72	4.82	4.31	3.99	3.76	3.59	3.45	3.35	3.26	2.83	2.67	2.58	2.50	2.40	2.31
23	7.88	5.66	4.76	4.26	3.94	3.71	3.54	3.41	3.30	3.21	2.78	2.62	2.54	2.45	2.35	2.26
24	7.82	5.61	4.72	4.22	3.90	3.67	3.50	3.36	3.26	3.17	2.74	2.58	2.49	2.40	2.31	2.21
25	7.77	5.57	4.68	4.18	3.85	3.63	3.46	3.32	3.22	3.13	2.70	2.54	2.45	2.36	2.27	2.17
26	7.72	5.53	4.64	4.14	3.82	3.59	3.42	3.29	3.18	3.09	2.66	2.50	2.42	2.33	2.23	2.13
27	7.68	5.49	4.60	4.11	3.78	3.56	3.39	3.26	3.15	3.06	2.63	2.47	2.38	2.29	2.20	2.10
28	7.64	5.45	4.57	4.07	3.75	3.53	3.36	3.23	3.12	3.03	2.60	2.44	2.35	2.26	2.17	2.06
29	7.60	5.42	4.54	4.04	3.73	3.50	3.33	3.20	3.09	3.00	2.57	2.41	2.33	2.23	2.14	2.03
30	7.56	5.39	4.51	4.02	3.70	3.47	3.30	3.17	3.07	2.98	2.55	2.39	2.30	2.21	2.11	2.01
40	7.31	5.18	4.31	3.83	3.51	3.29	3.12	2.99	2.89	2.80	2.37	2.20	2.11	2.02	1.92	1.80
60	7.08	4.98	4.13	3.65	3.34	3.12	2.95	2.82	2.72	2.63	2.20	2.03	1.94	1.84	1.73	1.60
120	6.85	4.79	3.95	3.48	3.17	2.96	2.79	2.66	2.56	2.47	2.03	1.86	1.76	1.66	1.53	1.38
∞	6.63	4.61	3.78	3.32	3.02	2.80	2.64	2.51	2.41	2.32	1.88	1.70	1.59	1.47	1.32	1.00